ELMAR STACHELS

Das Stabilitätsgesetz im System des Regierungshandelns

NEUE KÖLNER RECHTSWISSENSCHAFTLICHE ABHANDLUNGEN

HERAUSGEGEBEN VON

DER RECHTSWISSENSCHAFTLICHEN FAKULTÄT DER UNIVERSITÄT ZU KÖLN

HEFT 69

Berlin 1970

WALTER DE GRUYTER & CO.

vormals G. J. Göschen'sche Verlagshandlung · J. Guttentag, Verlagsbuchhandlung
Georg Reimer · Karl J. Trübner · Veit & Comp.

Das Stabilitätsgesetz im System des Regierungshandelns

von

Elmar Stachels

Köln

Berlin 1970

WALTER DE GRUYTER & CO.

vormals G. J. Göschen'sche Verlagshandlung · J. Guttentag, Verlagsbuchhandlung
Georg Reimer · Karl J. Trübner · Veit & Comp.

Archiv-Nr. 27 08 70/3

Satz und Druck: Saladruck, Berlin 36

INHALTSVERZEICHNIS

LITERATURVERZEICHNIS

Albers, W.	Die automatische Stabilisierungswirkung der Steuern, Möglichkeit und Problematik in der Bundesrepublik Deutschland, Jahrbuch für Nationalökonomie und Statistik, Bd. 180, 1967, S. 99 ff.
ders.	Einige Fragen zur mittelfristigen Finanzplanung, in: Geldtheorie und Geldpolitik 1968, S. 201 ff.
Albers, W./ *Oberhauser*, A.	Die Entwicklung des Sozialprodukts und der öffentlichen Einnahmen in der Bundesrepublik Deutschland bis 1975, in: Sozialprodukt, Öffentliche Haushalte und Bildungsausgaben in der Bundesrepublik, Gutachten und Studien der Bildungskommission, Bd. 5, 1968.
Amphoux, J.	Le chancelier fédéral dans le régime constitutionel de la Republique fédérale d'Allemagne, 1962.
Ando/Brown	„Lags in Fiscal Policy", in: Stabilization Policies, US-Commission of Money and Credit, 1966, p. 145 ff.
Arbeitsgemeinschaft deutscher wirtschaftswissenschaftlicher Forschungsinstitute e. V.	Tagung v. 30. und 31. Mai 1968 über das Thema „Mittelfristige Finanzplanung", in: Beihefte der Konjunkturpolitik, Heft 15/1968.
Arndt, A.	Gesetzesrecht und Richterrecht, NJW 1963, S. 1273 ff.
Arndt, H. J.	Neue Sachzwänge und neuer Sachverstand, in: Die Staatskanzlei, Schriftenreihe Speyer, Bd. 34, 1967, S. 181 ff.
ders.	Der Plan als Organisationsfigur und die strategische Planung, PVS 1968, S. 177 ff.
Arrow, K. J.	Social Choice and Individual Values, New York 1951 (1963).
Bachmann, G.	Das Bundeskanzleramt, in: Die Staatskanzlei, Schriftenreihe Speyer, Bd. 34, 1967, S. 161 ff.
Badura, P.	Verfassung, in: Evangelisches Staatslexikon, 1966, Sp. 2343 ff.
ders.	Die Rechtsprechung des Bundesverfassungsgerichts zu den verfassungsrechtlichen Grenzen wirtschaftspolitischer Gesetzgebung im sozialen Rechtsstaat, AöR Bd. 92, 1967, S. 382 ff.
Ballerstedt, K.	Staatsverfassung und Wirtschaftsfreiheit, DÖV 1951, S. 159 ff.

Barion, H. — Die sozialethische Gleichschaltung der Länder und Gemeinden durch den Bund, in: Der Staat, Bd. 3, 1964, S. 1 ff.

Bäumlin, R. — Staat, Recht und Gesellschaft, 1961.

ders. — Verfassung und Verwaltung in der Schweiz, in: Festschrift für H. Huber, 1961, S. 69 ff.

ders. — Rechtsstaat, in: Evangelisches Staatslexikon, 1966, Sp. 1733 ff.

Baumel, W. J. — Economic Dynamics, New York 1951.

Beckerath, H. v. — Gesellschaftliche Voraussetzungen des Marschallplans, Kyklos 4, 1950, S. 105 ff.

Behmenburg, E. W. — Können Gemeinden Konjunkturpolitik treiben? in: Der Gemeindehaushalt, 1961, S. 98 ff.

Benda, E. — Die aktuellen Ziele der Wirtschaftspolitik und die tragenden Grundsätze der Wirtschaftsverfassung, NJW 1967, S. 849 ff.

Besters, K. — Währungsstabilität, Vollbeschäftigung, Zahlungsbilanzausgleich, in: Staatslexikon Bd. 8, 1963, Sp. 750 ff.

Biedenkopf, K. H. — Rechtsfragen der Konzertierten Aktion, BB 1968, S. 1005 ff.

ders. — Abkehr von den Grundlagen der Marktwirtschaft, in: FAZ v. 20. Juni 1968.

ders. — Gefährliche Sucht nach Größe, in: FAZ v. 6. Juli 1968.

Blessing, K. — Bietigheimer Rede, in: Neue Züricher Zeitung v. 17. November 1968.

Blum, R. — Von der Konjunkturpolitik zur langfristigen Wirtschaftspolitik, ZfgStW, Bd. 123, 1967, S. 733 ff.

Böckenförde, E. W. — Gesetz und gesetzgebende Gewalt, 1958.

ders. — Die Organisationsgewalt im Bereich der Regierung 1964.

Bombach, G. — Wirtschaftswachstum, HdSW Bd. 12, 1965, S. 792 ff.

Bornhak, C. v. — Allgemeine Staatslehre, 1896.

ders. — Preußisches Staatsrecht, Bd. I, 2. Aufl. 1910.

Breuer, R. — Die hoheitliche raumgestaltende Planung, Bonner Rechtswissenschaftliche Abhandlungen, Bd. 80, 1968.

Broniard, W. C./*Dolbear*, F. T. — The Possibility of Oversupply of Local Public Goods, in: The Journal of Political Economy, Vol. 75, 1967, S. 86 ff.

Bülck, H. — Öffentliche Unternehmen im deutschen und europäischen Recht, Politik und Verwaltung, Heft 10, 1968.

Bullinger, H. — Vertrag und Verwaltungsakt, Beiträge zum öffentlichen Recht (res publica), Bd. 9, 1962.

Bundeskanzler *Kiesinger*	Regierungserklärung, 80. Sitzung des Bundestages vom 13. Dezember 1966, Sten. Ber., S. 3657 ff.
Bundesministerium der Finanzen	Finanzbericht 1967 Finanzbericht 1968 Finanzbericht 1969
Bundesregierung	Presse- und Informationsamt, Aktuelle Beiträge zur Wirtschafts- und Finanzpolitik, Nr. 5, 1967, teilw. abgedr. in: BB 1967, S. 216.
Bundesregierung	Bulletin v. 26. Juli 1967
Bundesregierung	Jahreswirtschaftsbericht 1968. Jahreswirtschaftsbericht 1969.
Bundesverband der deutschen Industrie	Mitteilungen, Sondernummer aus Anlaß der 18. Jahrestagung am 20./21. April 1967.
Burmeister, J.	Zur Staatshaftung für Planschäden der Wirtschaft, in: Die Verwaltung 1969, S. 21 ff.
Clement, W.	Bildungsökonomik als Entscheidungshilfe für die Wachstumspolitik, in: Sonderschrift des Ifo-Instituts für Wirtschaftsforschung, Nr. 36, 1968.
Colm, W.	Volkswirtschaftliche Gesamtrechnung, HdSW Bd. 11, 1961, S. 390 ff.
Deutsche Bundesbank	Geschäftsbericht für das Jahr 1967.
Deutsches Industrieinstitut	Variable Steuersätze in der Diskussion, Bericht zur Wirtschaftspolitik Nr. 2, 1967.
Dobb, M.	Ökonomisches Wachstum und Planung (An Essay on Economic Growth and Planning, dt.), 1969.
Downs, A.	Ökonomische Theorie der Demokratie, hrsg. v. R. Wiedemann, Die Einheit der Gesellschaftswissenschaften, Studien in den Grenzbereichen der Wirtschafts- und Sozialwissenschaften, Bd. 8, 1968.
Dürr, E.	Wachstumstheorie und Wachstumspolitik, Jahrbuch für Nationalökonomie und Statistik, Jg. 176, 1964, S. 365 ff.
ders.	Wachstumspolitisch relevante Ergebnisse der Wachstumstheorie, Verein für Sozialpolitik, Wirtschaftspolitischer Ausschuß, Sitzung vom 7. u. 8. Juni 1968 in München-Solln, masch.-schr.
ders.	Probleme der Konjunkturpolitik, Beiträge zur Wirtschaftspolitik, Bd. 7, 1968.
Duguit, L.	L'Etat. Les gouvernants et les agents, Paris 1903.
ders.	Traité de droit constitutionel, 2ème éd., Bd. 2, 1903.
Dungern, F. v.	Die drei Theorien vom Staatshaushalt, ZfgStW, Bd. 108, 1952, S. 460 ff.
Ehmke, H.	Wirtschaft und Verfassung, Die Verfassungsrechtsprechung des Supreme Court zur Wirtschaftsregulierung, 1961.

Ehrenberg, H.	Konzertierte Aktion und gewerkschaftliche Einkommenspolitik, in: Gewerkschaftliche Monatshefte, 1968, S. 340 ff.
Elsner, H.	Einbeziehung der Gemeinden in die staatliche Konjunkturpolitik, DÖV 1968, S. 520 ff.
Elsner, K.	Wachstums- und Konjunkturtheorie, in: Kompendium der Volkswirtschaftslehre, Bd. I, 1967.
Europarat	Empfehlungen an die Mitgliedstaaten v. 14. April 1964, abgedr. in BTags-Drucks. IV, 1752, Anl. 2.
Fack, F. U.	Herrschen die Verbände? in: FAZ v. 8. Juni 1968, S. 17.
Finanzausschuß des Bundestages	Protokolle, 33. Sitzung v. 22. September 1966, 59. Sitzung v. 15. Februar 1967, 94. Sitzung v. 24. Mai 1967.
Fischer-Menshausen, H.	Haushaltspolitik im modernen Bundesstaat, Schriftenreihe des Deutschen Industrie- und Handelstages, Heft 100, 1967, S. 9 ff.
ders.	Mittelfristige Finanzplanung im Bundesstaat, in: Planung III, 1968, S. 73 ff.
Föhl, C.	Wieweit ist Wachstum machbar? in: Sonderschrift des Ifo-Instituts für Wirtschaftsforschung, Nr. 37, 1968.
Forsthoff, E.	Begriff und Wesen des sozialen Rechtsstaates, VVDStRL Heft 12, 1954.
ders.	Gewaltenteilung, Evangelisches Staatslexikon, 1966, Sp. 655 ff.
ders.	Lehrbuch des Verwaltungsrechts, 9. Aufl. 1967.
ders.	Über Mittel und Methoden moderner Planung, in: Planung III, 1969, S. 21 ff.
Fraenkel, E.	Das amerikanische Regierungssystem, 1960.
Friauf, K. H.	Verfassungsrechtliche Grenzen der Wirtschaftslenkung und Sozialgestaltung durch Steuergesetze, in: Recht und Staat, Heft 325/6, 1966.
ders.	Sondersteuern als verfassungsgerechtes Mittel zur Eindämmung des Straßengüterverkehrs? BB 1967, S. 1345 ff.
ders.	Öffentlicher Haushalt und Wirtschaft, Referat auf der Staatsrechtslehrertagung 1968 in Bochum, S. 1 ff. VVDStRL Heft 27, 1969,
ders.	Der Staatshaushaltsplan im Spannungsfeld zwischen Parlament und Regierung, 1968.
Fröhler, L.	Das Wirtschaftsrecht als Instrument der Wirtschaftspolitik, 1969.
Galbraith, J. K.	The New Industrial State, Boston 1967.
Geller-Kleinrahm-Fleck	Die Verfassung des Landes Nordrhein-Westfalen, 2. Aufl. 1963.

Gemeinschaft zum Schutz der deutschen Sparer — Mitteilungen und Kommentare zur Geldwertstabilität v. 21. 1. 1969.

Geyer, H. — Linear Tax Variations in the Stabilization Law, FinArch. N. F. Bd. 28, 1969, S. 96 ff.

Gneist, R. v. — Gesetz und Budget; 1879.

ders. — Der Rechtsstaat und die Verwaltungsgeschichte in Deutschland, 2. Aufl. 1879.

ders. — Verordnungsrecht, in: Rechtslexikon, Bd. III, 3. Aufl. 1881.

Gönnenwein, O. — Gemeinderecht, 1963.

Gördel, K. J./ *Schöpf*, M. M. — Antwort auf Biedenkopf, Der Volkswirt Nr. 31/68, S. 23 f.

Götz, V. — Recht der Wirtschaftssubventionen, 1966.

Greitemann, G. — Die Verwaltung der Staatskassenmittel als Rechtsproblem im Schnittpunkt von Finanzrecht, Bankrecht und Recht der Währungspolitik, Bd. 1 der Bankrechtlichen Schriften des Instituts für Bankwirtschaft und Bankrecht an der Universität zu Köln, 1968.

ders. — Das Stabilitätsgesetz als Schrittmacher des Rechts- und Wirtschaftswissenschaftlichen Zusammenwirkens, in: Wirtschaftsprüfer im Dienste der Wirtschaft, Festschrift für Ernst Knorr, 1968, S. 257 ff.

Grewe, W. — Planung in der Außenpolitik, in: Planung I, 1965, S. 335 ff.

Grund, W. — Steuergesetzgebung — Steuerverwaltung — Steuergerichtsbarkeit, in: 50 Jahre deutsche Finanzgerichtsbarkeit, Festschrift des Bundesfinanzhofs 1968, S. 27 ff.

ders. — Die mehrjährige Finanzplanung des Bundes, in: Planung III, 1968, S. 47 ff.

Haenel, A. — Studien zum deutschen Staatsrecht, Bd. II, Das Gesetz im formellen und materiellen Sinne, 1888.

Haller, H. — Wandlungen in den Problemen föderativer Staatswirtschaften, Fin.Arch. N. F. Bd. 27, 1967, S. 249 ff.

ders. — Probleme der mittelfristigen Finanzplanung, in: Konjunkturpolitik, Zeitschr. f. angewandte Konjunkturforschung, 14. Jg., 1968.

ders. — Finanzpolitik, 1968.

Hamann, A. — Wirtschaftsverfassungsrecht, 1958.

ders. — Das Grundgesetz für die Bundesrepublik Deutschland, Ein Kommentar für Wissenschaft und Praxis, 2. Aufl. 1961.

Hamm, W. — Schwächen einer unkoordinierten Branchenpolitik, dargestellt am Beispiel des Verkehrspolitischen Programms der Bundesregierung, Ordo 1968, S. 63 ff.

Hansmeyer, K. H.	Wandlungen im Handlungsspielraum der Notenbank? in: Geldtheorie und Geldpolitik, 1968, S. 155 ff.
ders.	Stabilitätsgesetz und Marktwirtschaft, Die Aussprache, 1968, S. 90 ff.
Harrod, R. F.	Towards a Dynamic Economics, London 1948.
Hatschek, J.	Englisches Staatsrecht, Bd. 2, Die Verwaltung, 1906.
Haurion, H.	Précis de droit constitutionel, 1923.
Hayek, F. A.	The Road to Serfdom, 1945.
Hegel, G. W. F.	System der Philosophie, Teil 3, Philosophie des Gesetzes, hrsg. von Boumann, 1929.
ders.	Grundlinien der Philosophie des Rechts, hrsg. v. Ed. Gans, 3. Aufl., 1952.
Heller, W. W.	New dimensions of Political Economy, Cambridge, Mass., 1966.
Hettlage, K. H.	Grundsatzfragen antizyklischer Finanzpolitik, in: Geldwert und öffentliche Finanzen, 1965, S. 52 ff.
ders.	Probleme einer mehrjährigen Finanzplanung, in: Fin.Arch. N. F., Bd. 27, 1968, S. 239 ff.
Herzog, R.	Gesetzgeber und Verwaltung, VVDStRL, Heft 24, 1966, S. 183 ff.
ders.	Pluralismus, Evangelisches Staatslexikon, 1966, Sp. 1541 ff.
Hochschule für Verwaltungswissenschaften Speyer	Die Staatskanzlei: Aufgaben, Organisation und Arbeitsweise auf vergleichender Grundlage, Vorträge und Diskussionsbeiträge der Verwaltungswissenschaftlichen Arbeitstagung 1966, in: Schriftenreihe der Hochschule Speyer, Bd. 34, 1967.
Hochschule für Verwaltungswissenschaften Speyer	Wohl der Allgemeinheit und öffentliche Interessen, Vorträge und Diskussionsbeiträge der 36. Staatswissenschaftlichen Fortbildungstagung 1968, in: Schriftenreihe der Hochschule Speyer, Bd. 39, 1968.
Hoffmann, U.	Struktur und Wachstum der öffentlichen Investitionen, in: Wirtschaftskonjunktur, Berichte des Ifo-Instituts, 1967.
Huber, K.	Maßnahmegesetz und Rechtsgesetz, 1963.
Institut „Finanzen und Steuern"	Die mittelfristige Finanzplanung des Bundes, 1967.
Ipsen, H. P.	Verwaltung durch Subventionen, VVDStRL Heft 25, 1967, S. 257 ff.
ders.	Enteignung und Sozialisierung, VVDStRL Heft 10, 1952, S. 74 ff.
ders.	Rechtsfragen der Investitionshilfe, AöR, Bd. 78, 1953, S. 284 ff.
ders.	Rechtsfragen der Wirtschaftsplanung, in: Planung II, 1966, S. 63 ff.

Irmler, H. Zur gegenwärtigen kredit- und währungspolitischen Lage, Vortrag vor der Vollversammlung der Oldenburgischen Industrie- und Handelskammer in Oldenburg am 28. November 1968, abgedr. in: Deutsche Bundesbank, Auszüge aus Presseartikeln v. 6. Dezember 1968, S. 1 ff.

Jecht, H. Finanzwirtschaft, öffentliche, in HdSW Bd. 3, 1961, S. 674 ff.

Jellinek, G. Gesetz und Verordnung, 1919 (Neudruck).

Jesch, D. Gesetz und Verwaltung, 1961.

Jochimsen, R. Theorie der Infrastruktur, 1966.

Jöhr, W. A. Konjunktur, in: HdSW Bd. 6, 1959, S. 114 ff.

Jürgensen, H./*Kantzenbach*, E. Ansatzmöglichkeiten gesamtwirtschaftlicher Planung, in: Planung II, 1966, S. 49 ff.

Kade, G. Planung als Instrument der Entscheidungsvorbereitung und des Mitteleinsatzes im privatwirtschaftlichen Bereich, in: Referate und Diskussionen des Internationalen Seminars über Bildungsplanung, Institut für Bildungsforschung in der Max-Planck-Gesellschaft, 1967.

Kaiser, J. H. Der Plan als ein Institut des Rechtsstaats und der Marktwirtschaft, Umrisse eines Aktionsmodells, in: Planung II, 1966, S. 11 ff.

ders. Ausblicke vom Standpunkt des Staatsrechts, in: Die Staatskanzlei, Schriftenreihe Speyer, Bd. 34, 1967, S. 233 ff.

Keller, Th. Merkliche oder unmerkliche Steuern, Fin.Arch. N. F. Bd. 27, 1968, S. 110 ff.

Kellner, H. Der sogenannte Beurteilungsspielraum in der verwaltungsgerichtlichen Prozeßpraxis, NJW 1966, S. 857 ff.

Klaus, J. Orientierung des staatlichen Haushaltsvolumens an gesamtwirtschaftlichen Richtgrößen, Zeitschrift für Nationalökonomie, Bd. XXVII, 1967, S. 89 ff.

Klein, H. Die Teilnahme des Staates am wirtschaftlichen Wettbewerb, 1968.

Klein, L. R. Langfristige Wirtschaftspolitik in Westeuropa, 1966.

Kleps, K. Langfristige Finanzplanung der öffentlichen Hand, Zeitfragen der schweizerischen Wirtschaft und Politik, Heft 90, Zürich 1967.

ders. The Keynesian Revolution 2 ed., London-Melbourne, 1968.

Knöpfle, F. Tätigkeitssphären und Organisationsstrukturen, in: Die Staatskanzlei, Schriftenreihe Speyer Bd. 34, 1967, S. 39 ff.

Kölble, J. Wirtschaftsplanung und Grundgesetz, NJW 1966, S. 473 ff.

Kölle	Kann der Fiskus Wirtschaftskrisen verhindern? in: Die Welt v. 2. März 1968, S. III.
Köttgen, A.	Bundesregierung und Oberste Bundesbehörden, DÖV 1954, S. 4 ff.
ders.	Wesen und Rechtsform der Gemeinden und Gemeindeverbände, in: HKWP I, 1956, S. 185 ff.
ders.	Die gegenwärtige Lage der deutschen Verwaltung, DVBl. 1957, S. 441 ff.
ders.	Die Organisationsgewalt, VVDStRL Heft 16, 1958, S. 154 ff.
ders.	Einfluß des Bundes auf die deutsche Verwaltung und die Organisation der bundeseigenen Verwaltung, JöR, N. F. Bd. 11, 1962, S. 173 ff.
ders.	Fondsverwaltung in der Bundesrepublik, 1965.
ders.	Zur Diskussion über das konjunkturpolitische Instrumentarium des Bundes gegenüber Ländern und Gemeinden, AfK Bd. 5, 1966, S. 3 ff.
Kommission für die Finanzreform	Gutachten über die Finanzreform in der Bundesrepublik Deutschland, 1966.
Krüger, H.	Grundgesetz und Kartellgesetzgebung, 1950.
ders.	Staatsverfassung und Wirtschaftsverfassung, DVBl. 1951, S. 361 ff.
ders.	Wirtschaftsverfassung, Wirtschaftsverwaltung, Rechtsstaat, BB 1953, S. 565 ff.
ders.	Von der reinen Marktwirtschaft zur gemischten Wirtschaftsverfassung, 1966.
ders.	Rechtsetzung und technische Entwicklung, NJW 1966, S. 617 ff.
Kruse-Rodenacker, A.	Wachstumspolitik, Evangelisches Staatslexikon 1966, Sp. 2463 ff.
Kullmer, L.	Zeitwahl und administrativer Vollzug als Problem einer konjunkturorientierten Finanzpolitik, Fin.Arch. Bd. 20, 1960, S. 384 ff.
Kunze, R.	Kooperativer Föderalismus in der Bundesrepublik, 1968.
Laband, P.	Das Staatsrecht des Deutschen Reiches, Bd. 1, 5. Aufl. 1911; Bd. 2, 5. Aufl. 1911.
ders.	Deutsches Reichsstaatsrecht, Bd. 1, 6. Aufl. 1912.
Lechner, H./ *Hülshoff*, K.	Parlament und Regierung, 2. Aufl., 1958, S. 399 ff.
Leibfried, S./ *Quilisch*, H.	Planung im Sozialstaat, Atomzeitalter 1968, S. 552 ff. und S. 610 ff.
Leibholz, G.	Das Wesen der Repräsentation und der Gestaltwandel der Demokratie im 20. Jahrhundert, 1960.
Lenk, K.	Aspekte der gegenwärtigen Planungsdiskussion in der Bundesrepublik, PVS 1966, S. 364 ff.

Lerche, P.	Übermaß und Verfassungsrecht 1961, S. 45 ff.
ders.	Rechtsprobleme der wirtschaftslenkenden Verwaltung, DÖV 1961, S. 486 ff., 491 f.
Letsch, H.	Die Infrastruktur im Rahmen der längerfristigen Finanzplanung, Die Aussprache 1968, S. 34 ff.
Littmann, A.	Die Gestaltung des kommunalen Finanzsystems unter raumordnungspolitischen Gesichtspunkten, Veröffentlichungen der Akademie für Raumforschung und Landesplanung, Bd. 50, 1968.
Loewenstein, K.	Verfassungsrecht und Verfassungspraxis in den Vereinigten Staaten, 1959.
Lohmar, U.	Politik und Planung, in: Die Zeit v. 3. Dezember 1965.
Luhmann, N.	Funktion und Folgen formaler Organisation, Schriftenreihe Speyer, Bd. 20, 1964.
Lutzke, H.	Der Jahreswirtschaftsbericht und die Wachstumsideologie, Die Aussprache 1968, S. 30 ff.
Mackenzie, W. Z. H.	The Structure of Central Administration, in: British Government since 1918, London 1951, p. 56 ff.
Malchus, v.	Handbuch der Finanzwissenschaft und Finanzverwaltung, 2. Teil, Finanzverwaltung, 1830.
Mangoldt, H. v.	Das Bonner Grundgesetz, 1953.
Mann, F. K.	Die Staatswirtschaft unserer Zeit, 1930, S. 29 ff.
Martitz, F. v.	Über den Konstitutionellen Begriff des Gesetzes nach Deutschem Staatsrecht, ZfgStW Bd. 36, 1880, S. 254 ff.
Maunz, Th.	Deutsches Staatsrecht, 1951.
Maunz, Th./*Dürig*, G.	Grundgesetzkommentar, 1966.
Mennel, A.	Investitionslenkung durch Steuern — ein internationaler Vergleich, DStR 1964, S. 474 ff.
Merkl, A.	Allgemeines Verwaltungsrecht, Wien 1927.
Mises, L. v.	Theorie des Geldes und der Umlaufmittel, 1912.
Möller, A.	Finanzwirtschaft als Mittel der Politik, in: Stabilität und Aufstieg 1963, S. 67 ff.
ders.	Kommentar zum Gesetz zur Förderung der Stabilität und des Wachstums der Wirtschaft, 1968.
Möller, H./*Holzheu*, F.	Wirtschaftspolitik, Evangelisches Staatslexikon, 1966, Sp. 2546 ff.
Molitor, E.	Vollbeschäftigung und Wirtschaftssystem, BB 1951, S. 313 ff.
Molnar, Th.	Die neo-utopische Staatsauffassung, Ordo 1968, S. 13 ff.
Morstein-Marx, F.	Amerikanische Verwaltung, Schriftenreihe Speyer, Bd. 15, 1963, S. 89 ff.
ders.	Zum Ursprung des Stabsbegriffes in den Vereinigten Staaten, Verw.Arch. Bd. 55, 1964, S. 97 ff.

ders. — Regierungsprogramm und Haushaltsplanung in vergleichender Sicht, PVS 1965, S. 442 ff.

Müller-Armack, A. — Wirtschaftslenkung und Marktwirtschaft, 1948.

ders. — Die Konjunkturelle Lage, das Stabilisierungsgesetz und die nächsten wirtschaftspolitischen Aufgaben, in: Wirtschaftspolitische Chronik, 1967.

Münch, F. — Die Bundesregierung, 1954.

Musgrave, R. A. — The Theory of Public Finance, New York 1959, dt. Ausgabe v. L. Kullmer, Finanztheorie, 1966.

Muten, L. — Auf dem Kongreß des Institut International de Finance Publique 1964 in Budapest, in: Public Finance Policy and Techniques for Economic Stability and Balanced Economic Growth, vol. 21, 1966, S. 237 ff.

ders. — Die schwedischen Finanzen, Fin.Arch. N. F. Bd. 26, 1967, S. 284 ff.

Neumark, F. — Theorie und Praxis der Budgetgestaltung, in: HdFW I, 1952, S. 554 ff.

ders. — Grundsätze und Arten der Haushaltführung und Finanzbedarfsdeckung, in: HdFW I, 1952, S. 606 ff.

ders. — Interventionsstaat, 1961.

ders. — Probleme und Mittel moderner Finanzpolitik, in: Festschrift für E. Schöttle, 1964, S. 177 ff.

ders — Grundsätze der Besteuerung in Vergangenheit und Gegenwart, 1965.

ders. — Planung in der öffentlichen Finanzwirtschaft, in: Schriften des Vereins für Sozialpolitik, N. F. Bd. 45, 1967, S. 173 ff.

ders. — Fiskalpolitik und Wachstumsschwankungen, 1968.

ders. — Mittelfristige Finanzplanung und Konjunkturpolitik, in: Beihefte der Konjunkturpolitik, Heft 15, 1968.

ders. — Ein Kommentar zum Deutschen Stabilitätsgesetz, Besprechung von Stern-Münch, Fin.Arch. N. F. Bd. 27, 1968, S. 561 ff.

ders. — Zur Problematik einer Steigerung der Effizienz fiskalpolitischer Instrumente des Stabilitätsgesetzes, Fin.Arch. Bd. 28, 1969, S. 100 ff.

Niehaus, J. — Probleme einer konjunkturgerechten Steuerpolitik, Basel 1958.

Nipperdey, H. C. — Soziale Marktwirtschaft und Grundgesetz, 3. Aufl. 1965.

Nissen, K. H. — Die steuerlichen Vorschriften des Konjunkturgesetzes, Deutsche Steuerzeitung, 1967, S. 224 ff.

ders. Einkommensteuer und Körperschaftsteuer als Konjunkturinstrument nach dem Konjunkturgesetz, Deutsches Steuerrecht, 1967, S. 500 ff.

Oettle, K. Finanzreform und kommunale Schuldenwirtschaft, in: Die Finanzreform und die Gemeinden, Schriftenreihe des Vereins für Kommunalwissenschaften, Bd. 14, 1966, S. 121 ff.

Oldiges, M. Grundlagen eines Plangewährleistungsrechts, Schriften zum Wirtschaftsverfassungs- und Wirtschaftsverwaltungsrecht, Bd. 1, 1970.

Oppenländer, K. Ist Wirtschaftswachstum machbar? in: Sonderschrift des Ifo-Instituts für Wirtschaftsforschung, Nr. 37, 1968.

Ortlieb, H.-D./*Dörge*, F. W. Wirtschaftsordnung und Strukturpolitik, Modellanalysen Bd. II, 1964.

Ossenbühl, F. Verwaltungsvorschriften und Grundgesetz, 1968.

Ott, A. E. Leitlinien für die branchenmäßige Lohnbindung, Schriftenreihe der Wirtschaftsvereinigung Eisen- und Stahlindustrie zur Wirtschafts- und Industriepolitik, Heft 10, 1968.

Pahlke, J. Steuerpolitische Grundsatzfragen, Fin.Arch. Bd. 28, 1969, S. 42 ff.

Perroux, F. Frankreichs trial-and-error Methode, der IV. Plan 1962—1965, Aus dem Französischen (1962) Berlin 1964.

Peters, H. Verwaltung ohne gesetzliche Ermächtigung? in: Festschrift für H. Huber, 1961, S. 206 ff.

Pfleiderer, O. Was kann die Finanzpolitik zur Geldwertstabilität beitragen? Jahrb. f. Nationalökonomie und Statistik, Bd. 180, 1967, S. 285 ff.

Preiser, E. Wirtschaftliches Wachstum als Fetisch und Notwendigkeit, ZfgStW, Bd. 123, 1967, S. 586 ff.

Prest Public Finance in theorie and practice, London 1960.

Prost, G. Die Deutsche Bundesbank im Spannungsbereich anderer unabhängiger Organe und Institutionen, in: Geld, Kapital und Kredit, hrsg. v. H. E. Büschgen, 1968.

Pryov, F. L. Elements of a Positive Theory of Public Expenditures, Fin.Arch. N. F. Bd. 26, 1967, S. 495 ff.

Püttner, G. Die öffentlichen Unternehmen — Verfassungsfragen zur wirtschaftlichen Betätigung der öffentlichen Hand, Kölner Habilitationsschrift 1969.

Raiser, C. Wirtschaftsverfassung als Rechtsproblem, in: Festgabe für J. v. Gierke, 1950.

Ramser, H. J. Dezentrale Planung der Infrastrukturaufgaben, Fin.-Arch. N. F. Bd. 27, 1967, S. 484 ff.

Rasch, E./*Patzig*, W./*Brauchitsch*, M. v. — Verwaltungsorganisation und Verwaltungsverfahren, 1962.

Rechtsausschuß des Bundestages — Protokolle der 18. Sitzung v. 6. 10. 1966, der 19. Sitzung vom 12. 10. 1966, der 108. Sitzung vom 10. 5. 1967, der 118. Sitzung vom 24. 5. 1967.

ders. — Schriftlicher Bericht zu BTags-Drucks. V/1876.

Reichow, H. — Zur Theorie der Planung, in: Grundfragen der Planung, Die öffentliche Wirtschaft 1967, S. 7 ff.

Reuß, H. — Die Wirtschaftspolitik im Spiegel des Verfassungsrechts, DVBl. 1961, S. 875 ff.

ders. — Verfassungsrechtliche Grundlegung der Wirtschaftsordnung in der Bundesrepublik Deutschland, DVBl. 1967, S. 349 ff.

ders. — Die Verwaltung im Rechtsstaat, DÖV 1967, S. 217 ff.

Ridder, H. — Zur verfassungsrechtlichen Stellung der Gewerkschaften im Sozialstaat, 1960.

Rieger, H. C. — Begriff und Logik der Planung, 1967.

Ritter, E. H. — Der Wandel der Wirtschaftspolitik und die wirtschaftsverfassungsrechtliche Bedeutung des Gesetzes gegen Wettbewerbsbeschränkungen, BB 1968, S. 1393 ff.

Ritter, G. A. — Das britische Regierungssystem, Quellenbuch, 1958.

Röper, B. — Zur Frage nach den Trägern der Wirtschaftspolitik, ZfgStW 1968, S. 759 ff.

Rotteck, C. v. — Lehrbuch des Vernunftrechts und der Staatswissenschaft, Bd. 2, Allgemeines Staatsrecht, 2. Aufl. 1840.

Rüfner, W. — Formen öffentlicher Verwaltung im Bereich der Wirtschaft, 1967.

Rumpf, H. — Verwaltung und Verwaltungsrechtsprechung, VVDStRL Bd. 14, 1956, S. 136 ff.

Rupp, H. H. — Zur Problematik öffentlich-rechtlicher Machtpotenzierung durch Funktionenkombination, NJW 1968, S. 569 ff.

Sachverständigenrat zur Begutachtung der gesamtwirtschaftlichen Entwicklung — Jahresgutachten 1964/65: „Stabiles Geld — stetiges Wachstum"; Jahresgutachten 1965/66: „Stabilisierung ohne Stagnation"; Jahresgutachten 1966/67: „Expansion und Stabilität"; Jahresgutachten 1967/68: „Stabilität und Wachstum"; Jahresgutachten 1968/69: „Alternativen außenwirtschaftlicher Absicherung".

Salzwedel, J. — Staatsaufsicht in der Verwaltung, VVDStRL Heft 22, 1965, S. 206 ff.

Samm, C. Th. — Die Stellung der Bundesbank im Verfassungsgefüge, 1967.

Smend, R. — Die politische Gewalt im Verfassungsstaat und das Problem der Staatsform, in: Festgabe W. Kahl, 1923.

ders. — Verfassung und Verfassungsrecht, 1928.

ders. — Integration, in: Evangelisches Staatslexikon, 1966, Sp. 803 f.

Schaeder, R. — Gemeinwohl und öffentliche Interessen im Recht der Wirtschafts- und Finanzplanung, in: Wohl der Allgemeinheit und öffentliche Interessen, Schriftenreihe Speyer, Bd. 39, 1968, S. 92 ff.

Scheuner, U. — Die staatliche Intervention im Bereich der Wirtschaft, VVDStRL Heft 11, 1954, S. 1 ff., 27.

ders. — Das parlamentarische Regierungssystem in der Bundesrepublik, DÖV 1957, S. 633 ff.

ders. — Verfassungsrechtliche Probleme einer zentralen staatlichen Planung, in: Planung I, 1965, S. 67 ff.

Schick, W. — Gesetz, Gesetzgebung, in: Evangelisches Staatslexikon, 1966, Sp. 643 ff.

Schiller, K. — Darf der Staat sich stärker verschulden? in: Aktuelle Beiträge zur Wirtschafts- und Finanzpolitik, hrsg. vom Presse- und Informationsamt der Bundesregierung v. 3. August 1967.

ders. — Strukturanpassung und Wachstumspolitik, Arbeitsgemeinschaft für Rationalisierung, Heft 95, 1968.

ders. — Marktwirtschaft mit Globalsteuerung, in: Reden zur Wirtschaftspolitik, hrsg. von der Pressestelle des Bundeswirtschaftsministeriums, 1967, S. 41 ff.

ders. — Preisstabilität durch Globalsteuerung der Marktwirtschaft, Vorträge und Aufsätze, hrsg. v. W. Eucken Institut Freiburg, Nr. 15, 1968.

ders. — Konjunkturpolitik auf dem Wege zu einer Affluent Society, Kieler Vorträge N. F. 54, 1968; und in: Jahre der Wende, Festgabe für A. Möller, 1968.

Schlecht, O. — Konzertierte Aktion als Instrument der Wirtschaftspolitik, Walter Eucken Institut, Vorträge und Aufsätze, Heft 21, 1968.

Schlieffen, A. Graf von — Begriff und aktuelle Elemente militärischer Planung, in: Planung II, 1966.

Schmidhenner, F. — Grundlinien des allgemeinen oder idealen Staatsrechts, 1845.

Schmidt-Bleibtreu, B./*Klein*, F. — Steuerrecht unter Verfassungskontrolle, 1966.

Schmidt, D. — Der öffentliche Auftrag der Sparkassen, Zeitschrift für das gesamte Kreditwesen, 1968, S. 1024 ff.

Schmidt, K. — Zur ordnungspolitischen Problematik wachsender Staatsausgaben, in: Beiträge zur Theorie der öffentlichen Ausgaben, Schriften des Vereins für Sozialpolitik N. F. Bd. 47, 1967, S. 126 ff.

Schmitt, C. — Verfassungslehre 1928.

ders. Gespräch über die Macht und den Zugang zum Machthaber, 1954.

Schmölders, G. Finanzpolitik, in: Evangelisches Staatslexikon, 1966, Sp. 510 ff.

ders. Wandlungen der Finanzwissenschaft, in: Jahre der Wende, Festgabe für A. Möller, 1968, S. 95 ff.

Schneider, E. Sparen und wirtschaftliches Wachstum, 1967, S. 167 ff.

Stein, L. v. Die Verwaltungslehre, Teil 1, Die Lehre von der vollziehenden Gewalt, 1865.

ders. Handbuch der Verwaltungslehre, Teil 1, 3. Aufl. 1888.

Stern, K. Gedanken über den wirtschaftslenkenden Staat aus verfassungsrechtlicher Sicht, DÖV 1961, S. 325 ff.

ders. Ermessen und unzulässige Ermessensausübung, 1964.

ders. Die verfassungsrechtliche Position der kommunalen Gebietskörperschaften in der Elektrizitätsversorgung, Bd. 1 der Studien zum öffentlichen Recht und zur Verwaltungslehre, 1966.

ders. Die Verfassungsgarantie der kommunalen Selbstverwaltung, Sonderdruck aus dem Bonner Kommentar des Grundgesetzes, 1966.

ders. Sozialstaat, in: Evangelisches Staatslexikon, 1966, Sp. 2091 ff.

Stern, K./*Gröttrup*, H. Kommunalrecht und Kommunalverfassung, in: Kommunalwissenschaftliche Forschung, Bd. 12 der Schriftenreihe des Vereins für Kommunalwissenschaften, 1967, S. 144 ff.

Stern, K./*Münch*, P. Gesetz zur Förderung der Stabilität und des Wachstums der Wirtschaft, Kommentar, 1968.

Stern, K. Konjunktursteuerung und kommunale Selbstverwaltung, Gutachten E zum 47. Deutschen Juristentag 1968.

ders. Probleme staatlicher Konjunktursteuerung, in: Die Fortbildung, Studien- und Mitteilungsblatt des Bundseverbandes der Deutschen Verwaltungs- und Wirtschaftsakademien und des Bundes der Diplominhaber der VWA, 14. Jg., 1969, S. 1 ff.

ders. Grundfragen der globalen Wirtschaftssteuerung, Vortrag vor der Juristischen Gesellschaft e. V. in Berlin v. 10. 1. 1969, abgedr. in: Schriftenreihe der Juristischen Gesellschaft Berlin, Heft 1969.

ders. Globale Wirtschaftssteuerung, Staatslexikon, Ergänzungsband, Bd. 2, 1970.

Stohler, J. Zur rationalen Planung der Infrastruktur, in: Konjunkturpolitik, Zeitschr. f. angewandte Konjunkturforschung, Jg. 11, 1965, S. 279 ff.

Strauß, F. J. — Vortrag in der Evangelischen Akademie in Tutzing, in: Die Welt v. 13. 7. 1966.

ders. — Mittelfristige Finanzplanung in Bund, Ländern und Gemeinden, Schriftenreihe des deutschen Städtebundes, Heft 10, 1968.

Strümpel, B. — Die subjektive Liquidität als Zielvariable, in: Geldtheorie und Geldpolitik, Günter Schmölders zum 65. Geburtstag, 1968, S. 94 ff.

Stucken, R. — Sind weitere Rezessionen vermeidbar, in: Sparkasse, Zeitschrift des Deutschen Sparkassen- und Giroverbandes e. V. Bonn, 86. Jg. Heft 1, 1969, S. 5 ff.

Subcommittee — On Fiscal Policy of the Joint Economic Comittee über „Tax changes for Shortrun Stabilization“, Hearings 1966.

Svennelson, J./*Edding*, F./*Elvin*, L. — In: OECD, Politiques de croissance économique et d'investissement dans l'einseignement, Conférence de Washington, 16—20 octobre 1961, 2. Aufl. 1965.

Thoma, R. — Grundbegriffe und Grundsätze, HdStR II, 1932.

Tiefenbacher, E. — Planung in der Marktwirtschaft, BB 1967, S. 1 ff.

Uhlenbruck, D. — Die verfassungsmäßige Unabhängigkeit der Deutschen Bundesbank und ihre Grenzen, 1968.

Verein für Sozialpolitik — Rationale Wirtschaftspolitik und Planung in der Wirtschaft von heute, Verhandlungen auf der Tagung Hannover 1966, in: Schriften des Vereins für Sozialpolitik, N. F. Bd. 45, 1967.

Das Verhältnis der Wirtschaftswissenschaft zur Rechtswissenschaft, Soziologie und Statistik, Verhandlungen auf der Tagung Würzburg 1963, in: Schriften des Vereins für Sozialpolitik, N. F. Bd. 33, 1964.

Verne, R. E. — Planung wozu? Begriff, Verwendungen und Probleme volkswirtschaftlicher Planung, 1969.

Vialon, F. K. — Moderne Entwicklungstendenzen des öffentlichen Haushalts in der Bundesrepublik, in: Gegenwartsprobleme des öffentlichen Haushalts, Schriftenreihe Speyer, Bd. 12, 1962.

Wagner, H. — Öffentlicher Haushalt und Wirtschaft, Referat auf der Staatsrechtslehrertagung 1968 in Bochum, demnächst in: VVDStRL Heft 27, 1969, S. 47 ff.

Watrin, Ch. — Marktwirtschaft und Globalsteuerung in: Die Aussprache 1967, S. 97 ff.

Weber, W. — Kommunalaufsicht als Verfassungsproblem, in: Aktuelle Probleme der Kommunalaufsicht, Schriftenreihe Speyer, Bd. 19, 1963, S. 28.

Weber, W. — Koalitionsfreiheit und Tarifautonomie als Verfassungsproblem, 1965.

ders. — Das Bundesverfassungsgericht und die Steuerverordnung, AöR Bd. 10, 1965, S. 452 ff.

Weisbrod, B. — External Benefits of Public Education, an Economic Analysis, 1964.

Weller, F. — Wirtschaftspolitik und föderativer Staatsaufbau, in: Forschungsbeiträge der Adolf-Weber-Stiftung, Bd. 2, 1967.

Wiebel, M. — Zur verwaltungsrechtlichen Bedeutung des Stabilitätsgesetzes, DVBl. 1968, S. 899 ff.

Wilke, D. — Art. 109 GG und das Stabilitätsgesetz in ihrer Bedeutung für das Verwaltungsrecht, AöR Bd. 93, 1968, S. 270 ff.

Williams, A. — The Optimal Provision of Public Goods in a System of Local Government, in: The Journal of Political Economy, Vol. 74, 1966, S. 17 ff.

Wirtschaftsausschuß des Bundestages — Sachverständigen-Anhörung v. 20. Oktober 1966.

Wissenschaftlicher Beirat beim Bundesfinanzministerium — Gutachten zur Reform der direkten Steuern (Einkommensteuer, Körperschaftsteuer, Vermögensteuer und Erbschaftsteuer), Schriftenreihe des Bundesministeriums der Finanzen, Heft 9, 1968.

Wissenschaftlicher Beirat beim Bundeswirtschaftsministerium — Gutachten über „Instrumente der Konjunkturpolitik und ihre sachliche Institutionalisierung", in: Der Wissenschaftliche Beirat beim Bundeswirtschaftsministerium, Bd. 4, Gutachten v. Januar 1955 bis Dezember 1956, Göttingen 1957.

Wissenschaftlicher Beirat beim Bundeswirtschaftsministerium — Gutachten zum Thema „Zusammenwirken von staatlichen und nichtstaatlichen Kräften in der Wirtschaftspolitik", 6. Bd., Gutachten v. April 1961 bis März 1966, S. 59 ff.

Wolff, H. J. — Verwaltungsrecht I, Lehrbuch, 6. Aufl. 1965.

Woll, A. — Wachstum als Ziel der Wirtschaftspolitik, Walter Eucken-Institut, Vorträge und Aufsätze, Heft 22, 1968, S. 7 ff.

Zahn, L. — Die französische Planifikation, in: Konjunktur und Krise, Wissenschaftliches Bulletin des Instituts für Wirtschaftswissenschaften bei der Deutschen Akademie der Wissenschaften zu Berlin 1968, S. 209 ff.

Zeidler, K. — Maßnahmegesetz und „klassisches" Gesetz, 1961.

Zuck, R. — Die globalgesteuerte Marktwirtschaft und das neue Recht der Wirtschaftsverfassung, NJW 1967, S. 1301 ff.

ders. — Aktuelle Probleme der Wirtschaftspolitik und die tragenden Grundsätze der Wirtschaftsverfassung, BB 1967, S. 805 ff.

ABKÜRZUNGSVERZEICHNIS

AfK	Archiv für Kommunalwissenschaften
AöR	Archiv des öffentlichen Rechts
BB	Der Betriebs-Berater
BVerfGE	Entscheidungen des Bundesverfassungsgerichts
BVerwGE	Entscheidungen des Bundesverwaltungsgerichts
DIHT	Deutscher Industrie- und Handelstag
DJT	Deutscher Juristentag
DÖV	Die Öffentliche Verwaltung
DStR	Deutsches Staatsrecht
DVBl.	Deutsches Verwaltungsblatt
EWGV	Vertrag zur Gründung der Europäischen Wirtschaftsgemeinschaft vom 25. 3. 1957 (BGBl. II S. 766)
FinArch.	Finanzarchiv
HdbdFW	Handbuch der Finanzwissenschaft
HdbDStR	Handbuch des Deutschen Staatsrechts, hrsg. von Anschütz von Thoma
HDSW	Handwörterbuch der Sozialwissenschaften
JöR	Jahrbuch des öffentlichen Rechts
JuS	Juristische Schulung
JZ	Juristenzeitung
NJW	Neue Juristische Wochenschrift
OVGE	Entscheidung des Oberverwaltungsgerichts
StabG	Gesetz zur Förderung der Stabilität und des Wachstums der Wirtschaft
VerwArch.	Verwaltungsarchiv
VVDStRL	Veröffentlichungen der Vereinigung der Deutschen Staatsrechtslehrer

Vorwort

Das Stabilitätsgesetz und Wachstumsgesetz erfaßt einen regierungspolitischen Bereich, der nach herkömmlichen Gesichtspunkten einer rechtlichen Normierung kaum zugänglich erscheint. Mit der rechtlichen Bindung staatlicher und kommunaler Körperschaften an die Erfordernisse des gesamtwirtschaftlichen Gleichgewichts hat das Gesetz der Tatsache Rechnung getragen, daß ein Staat, durch dessen öffentliche Haushalte über 40 % des Sozialproduktes fließen, seinen unabweisbaren gesamtwirtschaftlichen Einfluß bewußt in den Dienst der Konjunkturpolitik stellen und eine konzeptionelle Konjunktursteuerung betreiben sollte.

Entsprechend enthält das als „Grundgesetz moderner Prozeßpolitik mit dem modernsten konjunkturpolitischen Werkzeugkasten" bezeichnete Gesetz sowohl kurzfristige Instrumente zum Ausgleich eingetretener Konjunkturschwankungen als auch planerische Elemente eines vorausschauenden Krisenmanagements, das den Einsatz jener kurzfristigen Instrumente gerade möglichst entbehrlich machen soll. Die verfassungsrechtliche Problematik ergibt sich in einer föderativen Staatsordnung mit parlamentarisch-demokratischem Regierungssystem und sozialer Marktwirtschaft gerade auch aus dem Charakter des Gesetzes als Konjunkturplanungsgesetz, zumal das zu einer konzeptionellen Globalsteuerung erforderliche Aneinanderrücken aller mit Konjunkturpolitik befaßten Entscheidungsträger in einem natürlichen Spannungsverhältnis zu institutionalisierter Gewaltengliederung und Funktionentrennung jeglicher Art steht. Insoweit sind — auch im Verhältnis von Markt und Plan — Effektivitätsgesichtspunkte und Verfassungsgrundsätze in Einklang zu bringen. Bei der Praktizierung des Gesetzes ergibt sich aus der Problematik, daß die jeweiligen Ziele antizyklischer Konjunkturpolitik und die Wahl der einzusetzenden Mittel kaum juristisch nachprüfbar zu konkretisieren sind, die Frage, inwieweit sich die rechtsnormative gesamtwirtschaftliche Verpflichtung der Staatsorgane dadurch effektivieren läßt, daß einerseits auf konjunkturgerechtem Verhalten Prämien stehen, andererseits konjunkturelles Fehlverhalten bestimmten Sanktionen ausgesetzt ist. Angesichts fragwürdiger Möglichkeit und Wirksamkeit nachträglicher politischer Interorgankontrolle und gerichtlichen Rechtsschutzes steht die staatliche Dogmatik vor der Aufgabe, nach neuen Wegen und Formen zu suchen, um den hinter den rechtsstaatlich-demokratischen Grundsätzen stehenden Anliegen der Verfassung durch neuartige, den geänderten Staatsfunktionen entsprechende institutionelle und funktionelle Möglichkeiten rationaler Ausgestaltung staatlicher Willensbildungs- und Entscheidungsprozesse Rechnung zu tragen, insbesondere durch Formen zeitlich vorverlagerter Berücksichtigung betroffener Interessen und Einbeziehung wissenschaftlichen Sachverstandes. Diese Aufgabe zu konkretisieren und ihrer Lösung näherzukommen, hat sich die Arbeit zum Ziel gesetzt.

Die Arbeit hat 1969 der Rechtswissenschaftlichen Fakultät der Universität zu Köln, der ich die Möglichkeit zu ihrer Veröffentlichung verdanke, als Dissertation vorgelegen.

Meinem verehrten Lehrer, Herrn Professor Dr. jur. Klaus Stern, dessen staatswissenschaftliche Kommentierung des Stabilitätsgesetzes die verfassungsrechtliche Problematik, mit der sich die vorliegende Arbeit befaßt, grundlegend aufgezeigt hat, möchte ich für die zahlreichen Anregungen und das Interesse, daß er der Arbeit entgegengebracht hat, auch an dieser Stelle sehr danken.

ERSTER TEIL

Funktionsbereich der Konjunktur- und Wachstumspolitik

Mit dem 15. Gesetz zur Änderung des Grundgesetzes vom 8. Juni 1967 (BGBl. I S. 581) und dem Gesetz zur Förderung der Stabilität und des Wachstums der Wirtschaft vom gleichen Tag (BGBl. I S. 582) hat das staatliche konjunkturpolitische Instrumentarium eine erhebliche Erweiterung und Verfeinerung erfahren. Schon in den vorausgegangenen Jahren hatten sich die Stimmen zusehends gemehrt, die einer effektvolleren Ausrüstung des konjunkturpolitischen Arsenals des Staates das Wort redeten,[1] bis schließlich, nachdem 1965/66 die Konjunkturschatten immer länger wurden, unter dem Druck der öffentlichen Meinung, nicht zuletzt aufgrund der Anregungen der Kommission für die Finanzreform[2], der dezidierten Stellungnahme des Sachverständigenrates[3] und der Mahnrufe der Deutschen Bundesbank[4], gesetzliche konjunkturpolitische Ermächtigungen und Verpflichtungen der Regierung unausweichlich wurden. Angesichts dessen erschien die durch das Stabilitätsgesetz erfolgte konjunkturpolitische Aufrüstung als ein Gebot der Stunde. In der Tat haben die aufgrund des Stabilitätsgesetzes seit Mitte 1967 eingeleiteten Antirezessions-

[1] U. a.: Gutachten des Wissenschaftlichen Beirats beim Bundeswirtschaftsministerium vom 3. 6. 1956 und 8. 7. 1956, Instrumente der Konjunkturpolitik und ihre rechtliche Institutionalisierung, in: Der Wissenschaftliche Beirat beim Bundeswirtschaftsministerium, Bd. 4, Gutachten v. Januar 1955 bis Dezember 1956, Göttingen 1957; Empfehlungen des Rates der Europäischen Wirtschaftsgemeinschaft an die Mitgliedstaaten vom 14. April 1964, BTags-Drucks. IV/1752/Anl. 2; Programm der Europäischen Wirtschaftsgemeinschaft für die mittelfristige Wirtschaftspolitik (1966—1970), Kapitel V, Amtsblatt der Europäischen Gemeinschaft, v. 25. 4. 1967, S. 1557 ff.

[2] Gutachten über die Finanzreform in der Bundesrepublik Deutschland, 1966.

[3] Sachverständigenrat zur Begutachtung der gesamtwirtschaftlichen Entwicklung, Jahresgutachten 1964/65 „Stabiles Geld — stetiges Wachstum", 1965; Jahresgutachten 1965/66 „Stabilisierung ohne Stagnation", 1965; Jahresgutachten 1966/67 „Expansion und Stabilität", 1966.

[4] Geschäftsberichte der Deutschen Bundesbank, bes. für die Jahre 1965 und 1966.

maßnahmen den konjunkturellen Abschwung gerade rechtzeitig auffangen können, so daß das Stabilitätsgesetz insoweit seine Bewährungsprobe sicherlich — wenn auch nur partiell in der expansiven Richtung der Wachstumsförderung[5] — bestanden hat.

Viele noch unausgetragene Probleme stellen indes die staatsrechtliche Dogmatik vor die Aufgabe, nach Lösungen zu suchen, die im Einklang mit den Grundprinzipien und Grundanliegen der Verfassung stehen, um den im Bereich der Konjunktur- und Wachstumspolitik erweiterten staatlichen Funktionsbereich sowohl *funktionsadäquat* und *systemgerecht* als auch *verfassungskonform* zu erfassen. Die rechtliche Seite der Konjunktur- und Wachstumssteuerung ist nicht ohne Zweck- und Systemanalyse der neuen finanzpolitischen Funktionen zu verstehen. Darin liegt zugleich die Legitimation des Juristen, der sich auf das Feld der Nationalökonomie begibt.

Erstes Kapitel

Ziele staatlicher Finanzpolitik

I. Stabilität und Wachstum

Nach § 1 StabG haben Bund und Länder die Erfordernisse des gesamtwirtschaftlichen Gleichgewichts zu beachten und mit ihren wirt-

[5] Alle Anzeichen deuten darauf hin, daß sich das Haushaltsjahr 1969 zu einem Testfall für die Stabilisierungswirkung des Gesetzes entwickelt. Rechtzeitig betont die Gemeinschaft zum Schutz der deutschen Sparer im Rahmen ihrer Kritik des „unrealistischen Wunschbildes“, das die Bundesregierung in ihrem Jahresbericht 1969 zeichne, die Notwendigkeit einer stabilitätsbetonten Gegensteuerung, in ihren „Mitteilungen und Kommentaren zur Geldwertstabilität“ v. 21. 1. 1969: „Ohne jegliche Unterstützung seitens der mächtigen Interessentengruppen, weder der Unternehmer noch der Gewerkschaften, weder der Industrie noch der Banken, nur sekundiert von einem Teil der Wirtschaftswissenschaft und der Wirtschaftspresse und begleitet von Sympathien der letztlich doch auf Bonn hörenden Bundesbank, appelliert die Sparerschutzgemeinschaft an die Bundesregierung, das Steuer der Konjunkturpolitik zu wenden. Sie empfiehlt eine sofortige Kürzung öffentlicher Investitionen, die Verwendung von Steuermehreinnahmen für Schuldentilgung, die Bildung einer Konjunkturausgleichsrücklage — alles Instrumente, über welche die Bundesregierung aufgrund des neuen Konjunkturgesetzes verfügt und die sie nur einzusetzen brauchte“, in: Deutsche Bundesbank, Auszüge aus Presseartikeln, Nr. 14 v. 21. 2. 1969; vgl. auch die pessimistische Prognose von R. *Stucken:* „Wenn es bei dem bisherigen Notenbankinstrumentarium bleibt, dann kommt die nächste Rezession bestimmt — wie der nächste Winter“, R. *Stucken,* Sind weitere Rezessionen vermeidbar, in: Sparkasse, Zeitschrift des Deutschen Sparkassen- und Giroverbandes e. V. Bonn, 86. Jg., Heft 1, 1969, S. 5 ff., 8.

schafts- und finanzpolitischen Maßnahmen zur Erreichung der Ziele Stabilität des Preisniveaus, hoher Beschäftigungsstand, außenwirtschaftliches Gleichgewicht bei stetigem und angemessenem Wirtschaftswachstum im Rahmen der marktwirtschaftlichen Ordnung beizutragen.

Damit ist Klarheit geschaffen über drei Tatsachen, deren Gültigkeit im bundesrepublikanischen Rechtskreis vor Erlaß des Stabilitätsgesetzes und der hierzu erforderlichen Verfassungsänderung keineswegs selbstverständlich war, sondern sich erst nach der gesamtwirtschaftlichen Fehlentwicklung der Jahre 1965/66 im öffentlichen Bewußtsein als unabweisbar herausstellte:

1. Die Staatsorgane können sich ihrer gesamtwirtschaftlichen Verantwortlichkeit nicht mehr entziehen — auch nicht durch den Hinweis auf die monetäre Konjunkturpolitik der Deutschen Bundesbank als „Hüterin der Währung".

2. Die gesamtwirtschaftliche Steuerung ist zu einer *permanenten* Aufgabe des Staates geworden. Geboten ist nicht nur eine fallweise, sondern eine umfassende, nicht nur eine repressive, sondern auch — und in erster Linie — eine präventive Einflußnahme des Staates auf die gesamtwirtschaftliche Entwicklung.

3. Zur konjunkturpolitischen Sicherung der gesamtwirtschaftlichen Entwicklung (Wohlstandserhaltung) ist ihre wachstumspolitische Förderung (Wohlstandsmehrung) hinzugetreten. Aus der Sicht des Bürgers heißt dies: die (leistungs-)staatliche Daseinsvorsorge erweitert sich zur (lenkungs-)staatlichen Wohlseinsvorsorge.

Das Ziel aller wirtschafts- und finanzpolitischen Maßnahmen, die aus dem konjunkturpolitischen Werkzeugkasten stammen, ist nach § 1 StabG das „gesamtwirtschaftliche Gleichgewicht". Daß mit diesem Begriff allerdings mehr vorausgesetzt als ausgesagt ist, liegt letztlich an der Schwierigkeit, komplexe ökonomische Ablaufvorgänge überhaupt einer juristischen Normierung zugänglich zu machen. Sicherlich läßt sich, wie auch von der Nationalökonomie verschiedentlich unternommen, das Ziel der Konjunkturpolitik entsprechend der Vielfalt der den Konjunkturverlauf bestimmenden Einflußfaktoren und ihrer Reaktionen in unterschiedliche Kombinationen auffächern[6], doch handelt es sich dabei, ebenso wie bei der in § 1 StabG erfolgten Auf-

---

[6] K. *Schiller*, Wirtschaftspolitik, HdSW, Bd. 12, 1965, S. 210 ff., 220: Wohlstandförderung, hohe und stabile Beschäftigung, Erhaltung der Marktwirtschaft, Neutralität des Geldes, Ausgleich des Staatshaushalts, internationale Zusammenarbeit; vgl. auch W. A. *Jöhr*, HdSW, Bd. 6, 1959, S. 125 f.

schlüsselung des „magischen Dreiecks" in seine Teilziele, „Stabilität des Preisniveaus, hoher Beschäftigungsstand, außenwirtschaftliches Gleichgewicht"[7], eher um eine Aufsplitterung in teilweise sich widersprechende Teilziele als um eine echte Konkretisierung. Das eigentliche Konjunkturziel läßt sich allgemeingültig kaum konkreter erfassen als mit dem Begriff des gesamtwirtschaftlichen Gleichgewichts, d. h. der Vermeidung „lang andauernder Ungleichgewichtslagen zwischen gesamtwirtschaftlicher Nachfrage und Produktionskapazität"[8]. Wenn somit einer aktuellen aktiven Konjunkturpolitik kaum ein handhabbarer Maßstab[9] geliefert wird, so liegt dies letztlich in der Natur der Konjunktur als wechselhaftem Bewegungsprozeß begründet, da sich das konkrete Ziel der Konjunktursteuerung erst aus der jeweiligen Situation ergibt. So wünschenswert aus Gründen der Kontrolle und Überprüfbarkeit der Konjunkturpolitik im Interesse der Rechtssicherheit eine konkrete Fixierung ihrer Ziele gewesen wäre — dessen war sich auch der Rechtsausschuß des Bundestages durchaus bewußt — sowenig läßt sich dies ohne einseitige Verkürzungen und ohne Verzicht auf Allgemeingültigkeit erreichen. Handhabbare Maßstäbe für eine aktive staatliche Konjunkturpolitik vermögen daher nur die von dem Stabilitätsgesetz vorausgesetzten Erkenntnisse der Konjunkturtheorie und Konjunkturbeobachtung zu bilden, die das allgemeine konjunkturpolitische Ziel des gesamtwirtschaftlichen Gleichgewichts auf die jeweilige Konjunktursituation übertragen.

Das Stabilitätsgesetz hat neben dem gesamtwirtschaftlichen Gleichgewicht ein „stetiges und angemessenes Wirtschaftswachstum"[10] als

---

[7] Vgl. K. *Besters*, Staatslexikon Bd. 8, 1963, Sp. 750: Währungsstabilität, Vollbeschäftigung, Zahlungsbilanzausgleich.

[8] K. *Stern*, Konjunktursteuerung und kommunale Selbstverwaltung — Spielraum und Grenzen, Gutachten E zum 47. Deutschen Juristentag, 1968, E 20.

[9] Dieser kann sich nur aus der empirischen und — trotz mancher Skepsis der Praktiker der Wirtschaftspolitik — theoretischen Konjunkturforschung ergeben. Zu deren Verhältnis s. aus jüngster Zeit E. *Dürr*, Probleme der Konjunkturpolitik, Beiträge zur Wirtschaftspolitik Bd. 7, 1968, bes. S. 20: „Da also für den Wirtschaftspolitiker die in Zukunft gegebenen Prämissen entscheidend sind und die meisten Verhaltensprämissen nicht einmal für die jüngste Vergangenheit festgestellt werden können, müßte der reinen Theorie eine empirisch gehaltvolle Theorie vorgeschaltet werden."

[10] Als Wirtschaftswachstum wird in der Regel die langfristige Größenzunahme wirtschaftlicher Einheiten, wie sie in der jährlichen Zuwachsrate des realen, d. h. gütermäßig bestimmten Sozialprodukts zum Ausdruck kommt, bezeichnet. Allerdings stellt das Aggregat Sozialprodukt einen sehr groben Wachstumsindex dar, der in verschiedener Hinsicht einer Verfeinerung bedarf: Erstens ist es nicht ausgeschlossen, daß die Bevölkerung in stärkerem

wirtschaftspolitisches Ziel proklamiert. Die Tatsache, daß damit ein Begriff rechtlicher Normierung zugänglich gemacht worden ist, auf den nationalökonomische Lehrgebäude aufgebaut sind, entbindet auch den Juristen nicht von der Notwendigkeit der Interpretierung des wachstumspolitischen Zieles.

Eine „Wachstumsbeobachtung" vermag ihm hierbei allenfalls insofern Hilfestellung zu leisten, als sie über die Höhe der anzustrebenden Wachstumsrate Aufschluß gibt. Im übrigen aber dient sie in erster Linie der Frage des erfolgversprechenden Einsatzes der wirtschafts- und finanzpolitischen Instrumente.[11]

Die Wachstumstheorie, obwohl „eine der hervorragendsten Leistungen unserer ökonomischen Wissenschaft"[12], besitzt insofern nur begrenzten Aussagewert für die praktische Wachstumspolitik, als „die Wachstumstheorie mehr noch als jede andere ökonomische Disziplin ein Suchprozeß ist, der noch sehr am Anfang steht"[13]. Für eine zielbewußte Wachstumspolitik ergeben sich heute aus den empirischen und erkenntnistheoretischen Forschungen im wesentlichen die Funktionen der Beschleunigung des technischen und organisatorischen Fort-

---

Maße wächst (vgl. den Zustrom von Fremdarbeitern) als das quantitative Produktionsergebnis, so daß trotz zunehmenden Sozialproduktes die gütermäßige Verteilung pro Kopf der Bevölkerung sinkt. — Zweitens richtet sich das Produktionsergebnis nach der Länge der Arbeitszeit, so daß als Bemessungsrichtlinie die Erhöhung des realen Sozialprodukts pro Arbeitsstunde in den Maßstab für das Wirtschaftswachstum einbezogen werden sollte. — Drittens sind die Anteile der in das Sozialprodukt eingerechneten Güter infolge von Sättigungsgrenzen, Geschmacksänderung, Modeerscheinungen und technischen Fortschritten einer dauernden Wandlung unterworfen. — Viertens spiegelt erst die Verteilung des Wachstumszuwachses auf die verschiedenen Schichten von Einkommensbeziehern den Fortschritt im „social welfare" wider.

[11] Insoweit gilt auch im Rahmen der Wachstumspolitik, was allgemein die Voraussetzung einer gesamtwirtschaftlichen Steuerung bildet, „daß die Gesamtwirtschaftslage rechtzeitig annähernd auf Fehlentwicklungen hin diagnostiziert und ihre Weiterentwicklung unter ceteris paribus-Bedingungen leidlich zutreffend prognostiziert wird", F. *Neumark*, Fiskalpolitik und Wachstumsschwankungen, Sitzungsberichte der Wissenschaftlichen Gesellschaft an der Johann Wolfgang Goethe-Universität Frankfurt, Bd. 6, 1967, Wiesbaden 1968, S. 70 (20).

[12] C. *Föhl*, Wieweit ist Wachstum machbar?, in: Sonderschrift des Ifo-Instituts für Wirtschaftsforschung, Nr. 37, 1968, S. 5.

[13] W. *Clement*, Bildungsökonomik als Entscheidungshilfe für die Wachstumspolitik, in: Sonderschrift des Ifo-Instituts für Wirtschaftsforschung, Nr. 36, 1968, S. 7. Wenig ermutigend ist auch die ebenda zitierte Bemerkung G. *Bombachs*, er habe von seinem wachstumstheoretischen Wissen „nichts, absolut nichts" für wachstumspolitische Empfehlungen profitiert.

schritts[14] und zu deren schneller Verwirklichung die Erhöhung der Investitionsquote[15].

Seit dem Zweiten Weltkrieg ist das mit der langfristigen Zunahme des Sozialprodukts befaßte Wachstumsproblem zunehmend in den Mittelpunkt wirtschaftspolitischen und -theoretischen Interesses gerückt. Ob es sich indes bei dem aufkommenden „Wachstumsfetischismus"[16] um eine echte Renaissance der „magnificient dynamics"[17], jener von den Klassikern der Nationalökonomie (Molthus, Ricardo, Mill, Marx) entwickelten Gesamtkonzeption der Entwicklung einer kapitalistischen Volkswirtschaft handelt, bleibt abzuwarten. Viele Anzeichen deuten allerdings darauf hin, daß die isolierte Hervorhebung kurzfristiger Phänomene, verbunden mit der Loslösung der Konjunktur-

---

[14] „So kann der Wachstumstheorie sozusagen auch die Vaterschaft der modernen bildungsökonomischen Forschung, welche nun rund zehn Jahre alt ist, zuerkannt werden", W. *Clement*, ebenda. Eine amerikanische, sich über einen Zeitraum von zehn Jahren erstreckende Untersuchung hat in ihren Bemühungen, technischen Fortschritt ökonomisch zu erklären, darauf hingewiesen, daß der Zuwachs des Bruttosozialprodukts zu einem Viertel auf Verbesserungen in der Ausbildungsordnung beruhte.

Einen Querschnittsvergleich für 22 Länder über die Zusammenhänge von Bildung und Wirtschaftswachstum bringt die Studie von J. *Svennelson*, F. *Edding* und L. *Elvin* für die Washington-Konferenz der OECD 1961, in: OECD, Politiques de croissance économique et d'investissement dans l'enseignement, Conférence de Washington 16—20 octobre 1961, 2. Aufl. 1965. Für Europa: „Der Gedanke einer ständigen Parallelität (permanent education) bzw. alternierender Phasen (Sandwich System) von produktiver Arbeit und Ausbildung wird mittlerweile auch in Europa heftig diskutiert", G. J. *Stöber*, „Europas technologische Lücke", Mitteilungen der List-Gesellschaft v. 10. 4. 1968, S. 175 ff., 183.

[15] Allerdings hat sich auch die Erkenntnis durchgesetzt, daß hohe Investitionen durchaus nicht zwangsläufig hohe Wachstumsraten bewirken, weil „wachstumspolitische Maßnahmen sowohl die Investitionsquote als auch den Kapitaleinsatz pro Produktionseinheit beeinflussen, wobei sich dann beide Größen in ihren Wachstumseffekten kompensieren können". K. H. *Oppenländer*, Ist Wirtschaftswachstum machbar? (2. Vortrag), in: Sonderschrift des Ifo-Instituts für Wirtschaftsforschung, Nr. 37, 1968, S. 27 u. H. auf E. *Dürr*, Wachstumstheorie und Wachstumspolitik, Jahrbücher für Nationalökonomie und Statistik, JBd. 176, 1964, S. 385 ff., 406, s. auch E. *Dürr*, Wachstumspolitisch relevante Ergebnisse der Wachstumstheorie, Gesellschaft für Wirtschafts- und Sozialwissenschaften, Verein für Sozialpolitik, Wirtschaftspolitischer Ausschuß, Sitzung am 7.—8. Juni in München-Solln, masch. schrift. S. 2.

[16] Den *Galbraith* mit der Formulierung verspottet: Man kann jetzt annehmen, daß der hl. Petrus dereinst jeden Himmelsbewerber fragen wird: „Was hast du zur Vermehrung des Bruttosozialprodukts getan?"

[17] W. J. *Baumol*, Economic Dynamics, New York 1951.

von der Wachstumstheorie, wie sie seit Beginn des 20. Jahrhunderts, besonders aber nach dem Stabilitätsschock der Weltwirtschaftskrise erfolgte, wiederum einer wachsenden Aufmerksamkeit sowohl von wirtschaftstheoretischer als auch von wirtschaftspolitischer Seite gegenüber mittel- und langfristigen Problemen Platz macht mit dem Ziel der Integration der Konjunkturpolitik in eine langfristige Wachstumspolitik. In der Tat hat das Konjunkturproblem an praktischer Brisanz und theoretischem Interesse verloren, seitdem Konjunkturschwankungen nicht mehr durch ein Absinken des realen Sozialproduktes gekennzeichnet sind[18], sondern nur Schwankungen in der Größe der Zuwachsraten um den langfristigen Trend auslösen[19]. Die Entwicklung zu einer stärkeren Ausrichtung der Wirtschaftspolitik an langfristigen Wachstumszielen wird darüber hinaus forciert durch die zunehmende Erkenntnis der Interdependenz der wirtschaftspolitischen Funktionen, derzufolge fallweise Interventionen unerwartete Nebenwirkungen und Wechselwirkungen auslösen. Im Zuge fortschreitenden Wissens um die einzel- und gesamtwirtschaftlichen Zusammenhänge wird denn auch die früher isolierte Behandlung interdependenter Teilbereiche wie der Verkehrspolitik, Agrarpolitik, Handelspolitik, Industriepolitik usw. durch ausgedehnte Wirtschafts- und Sozialprogramme abgelöst.[20]

Auch bei der Formulierung des wachstumspolitischen Zieles stellt sich die Schwierigkeit, ein Höchstmaß an Allgemeingültigkeit mit einem Höchstmaß an Konkretheit zu vereinbaren. Sicherlich ist es das Ziel der Wachstumspolitik, die Infrastruktur zu verbessern oder die Ausbildungsmöglichkeiten zu erweitern oder die Kapitalbildung zu erhöhen oder die Ersparnisbildung zu fördern oder die Nachfrage nach Investitionsgütern zu steigern — jedoch handelt es sich dabei lediglich um die Fixierung von Teilzielen. Allgemeingültig läßt sich das wachstumspolitische Grundziel wohl nur als die *Förderung aller für die Erreichung, Erhaltung und Steigerung des Wachstums bedeutsamen Determinanten — das sind alle mittelbaren und unmittelbaren Produktionsfaktoren — bestimmen.* Allerdings haben sich in jüngster

---

[18] Vgl. die Projektion bis 1975 von W. *Albers* und A. *Oberhauser*, Die Entwicklung des Sozialprodukts und der öffentlichen Einnahmen in der Bundesrepublik Deutschland bis 1975, in: Sozialprodukt, Öffentliche Haushalte und Bildungsausgaben in der Bundesrepublik, Gutachten und Studien der Bildungskommission, Bd. 5, 1968.

[19] Vgl. H. *Möller*, F. *Holzheu*, Wirtschaftspolitik, Evangelisches Staatslexikon, 1966, Sp. 2555.

[20] Wobei allerdings schon Vorläufer den Weg gewiesen haben: New Deal (USA), Beveridge-Plan (GB), Vierteljahresplan (Deutsches Reich), Monnet-Plan (Frankreich).

Zeit die Stimmen gemehrt, die in Absage an eine Wachstumspolitik um jeden Preis die Ausschaltung bzw. Abschwächung von Leistungsschwankungen als wesentliches Ziel der Wirtschaftspolitik betonen[21], auch wenn dabei eine geringere Wachstumsrate in Kauf genommen werden muß[22]. Danach stellt sich nicht nur die Aufgabe, „Depressionen bzw. Rezessionen hintanzuhalten“[23], sondern ist es „ein legitimes Ziel rationaler Wirtschaftspolitik, die mittelfristigen Wirtschaftswachstumsschwankungen tunlichst innerhalb bestimmter Grenzen zu halten“[24], wobei die Ausgangshypothese zugrundegelegt wird, „daß eine Milderung der Wirtschaftswachstumsschwankungen selbst dann als ein erstrebenswertes Ziel anzusehen ist, falls eine solche Politik mit einer gewissen Verringerung der bei größeren Amplituden zu realisierenden durchschnittlichen Wachstumsrate verbunden sein sollte“.[25]

Diese Ansicht verweist nicht nur den in einer Wachstumspolitik um jeden Preis zum Ausdruck kommenden „Wachstumsfetischismus“[26] in seine Schranken, sondern vermag darüber hinaus dem dehnbaren Begriff „angemessenes Wachstum“ in § 1 StabG feste Konturen zu verleihen. Angemessenheit in diesem Sinne bedeutet eine Abschwächung der Wachstumsschwankungen auf tolerierbare Amplituden. Dabei lassen sich durch entsprechende Quantifizierung die Grenzen der Angemessenheit wirtschaftlichen Wachstums präzisieren: Der gegenwärtige Standpunkt bezeichnet eine Wachstumsrate von 4 % als diejenige Grenze, über die hinaus Differenzen zwischen nominalem und realem Wachstum kaum zu vermeiden sind[27]. Inflationseinflüsse und Beschäftigungsfluktuationen erscheinen angemessen limitiert, wenn die Wachs-

---

[21] „Eine mittel- oder langfristig vorausschauende Politik stetigen Wachstums ist noch mehr als eine defensiv ausgerichtete Konjunkturpolitik darauf bedacht, konjunkturelle Extremsituationen, ja Ausschläge der wirtschaftlichen Aktivität überhaupt zu verhindern. Da sie bereits in einem Stadium eingreift, in dem sich die Ungleichgewichte gerade erst ankündigen, und sie zudem auf ein größeres Arsenal von Instrumenten zurückgreift, muß sie ein einzelnes Instrument typischerweise sehr vorsichtig handhaben. Während in einer extremen konjunkturellen Situation nur die Richtung des Eingreifens problematisch ist, ist es unter den neuen Bedingungen mehr die Dosis“, B. *Strümpel*, Die subjektive Liquidität als Zielvariable, in Geldtheorie und Geldpolitik, Günter Schmölders zum 65. Geburtstag, 1968, S. 94 ff., 99.

[22] F. *Neumark*, Fiskalpolitik und Wachstumsschwankungen, 1968, S. 59 ff., (9 ff.).

[23] F. *Neumark*, ebenda, S. 59 (9).

[24] F. *Neumark*, ebenda, S. 61 (11).

[25] F. *Neumark*, ebenda, S. 69 (19).

[26] Vgl. E. *Preiser*, Wirtschaftliches Wachstum als Fetisch und Notwendigkeit, ZfgStW, Bd. 123, 1967, S. 586 ff.

[27] Die Zielprojektion der mittelfristigen Finanzplanung des Bundes 1967 bis 1971, BRats-Drucks. 442/67, betrachtet eine Wachstumsrate von 4 % als

tumsschwankungen nicht über 6 % hinausgehen und 2 % nicht unterschreiten.

Dabei sollte „angemessenes Wirtschaftswachstum“ nicht nur per saldo als gesamtwirtschaftliche Wachstumsrate mit starken regionalen und sektoralen Differenzen verstanden werden, sondern als sowohl im Durchschnitt eines mittelfristigen Zeitraumes als im Querschnitt der Branchen und Sektoren gleichmäßige allseitige Zunahme der Produktionsentwicklung ohne größere zeitliche und räumliche Disparitäten.

II. Zielkonflikt und Ausgleich

Wenn die Zusammenhänge zwischen Konjunktur und Wachstum noch als weitgehend ungeklärt bezeichnet werden,[28] und Kriterien für optimales Wirtschaftswachstum noch allgemein fehlen[29], so beruht dies nicht zuletzt darauf, daß seit Beginn des 20. Jahrhunderts Konjunktur- und Wachstumstheorie getrennte Wege gegangen sind. In jüngster Zeit zeigt sich — unter der Vorhut der angelsächsischen Literatur[30] — die Tendenz, Konjunkturtheorien in Wachstumstheorien übergehen zu lassen.[31] Auch von seiten der Praxis wird in Erkenntnis der Interdependenz von Konjunktur und Wachstum gefordert, daß Konjunkturpolitik, deren Aufgabe es ist, auf die Nachfrage so einzuwirken, daß alle Produktionsfaktoren beschäftigt werden, wachstumsorientiert

---

angemessen. *Der Sachverständigenrat* bescheinigt, daß diese Rate mit den Zielen des magischen Dreiecks kompatibel sei, Jahresgutachten 1967, BT-Drucks. V/2310, S. 133, Tz. 303. Es handelt sich bei der Zielprojektion nicht lediglich um eine Vorausschätzung der mutmaßlichen Entwicklung, sondern um die Hypothese, daß „erstens die Realisierung der projektierten Entwicklung wünschbar ist, und daß zweitens erforderlichenfalls die Bedingungen hierfür im Rahmen der marktwirtschaftlichen Ordnung geschaffen werden“, *Jahreswirtschaftsbericht 1968* der Bundesregierung, BRats-Drucks. 55/68, S. 9 *Tz. 30;* Die Bundesregierung hält erst im Endjahr der Projektionsperiode, also 1972, die „optimale Kombination der großen wirtschaftspolitischen Ziele für erreichbar: ein reales Wachstum von 4 %, was einer Arbeitslosenquote von 0,8 %, einer Preiserhöhung von 1 % und einem Anteil des Außenbeitrags am Bruttosozialprodukt von 1,5 % entspräche, *Der Bundesminister für Wirtschaft,* Die Wirtschaftspolitische Lage der BRD, 1. Vierteljahr 1968, abgeschlossen am 12. 6. 1968, S. 4, 8; *Finanzbericht des Bundesfinanzministeriums* 1968: „Bei einem Wachstum, das langfristig über die Größenordnung von 4 v. H. hinausgeht, erscheint die Preisstabilität gefährdet.“

[28] *Münch,* in Stern-Münch, 1. Teil, Einführung A III, S. 42.

[29] G. *Bombach,* Wirtschaftswachstum, HdSW Bd. 12, 1965, S. 792.

[30] Vgl. R. F. *Harrod,* Towards a Dynamic Economics, London 1948.

[31] Vgl. F. *Neumark,* Fiskalpolitik und Wachstumsschwankungen, 1968, S. 58 ff. (8 ff.).

und Wachstumspolitik konjunkturorientiert zu betreiben ist. Soweit der Unterschied nicht lediglich in der Fristigkeit gesehen wird, unterscheiden sich beide Phänomene lediglich darin, daß Wachstumsschwankungen Veränderungen in der Zuwachsrate des Bruttosozialprodukts darstellen, während die Amplituden der Konjunkturschwankungen insoweit weiterreichen, als sie nicht nur Rezessionen, sondern bei sinkendem Bruttosozialprodukt auch Depressionen umfassen.[32] Danach ist das konjunkturpolitische Instrumentarium mit dem der Wachstumspolitik identisch und zeigt sich der Unterschied nur im Timing und Dosieren der jeweiligen Maßnahmen. Der Angelpunkt für das Verhältnis zwischen Konjunktur- und Wachstumspolitik ist die Frage, ob Konjunkturschwankungen stimulierend auf eine vornehmlich auf private Initiative aufgebaute Wirtschaft wirken oder ob sie die gesamtwirtschaftliche Entwicklung hemmen. Folgt man der Ansicht Elsners: „Konjunkturschwankungen reduzieren die langfristig durchschnittliche Wachstumsrate“[33], so erscheint die Antinomie zwischen Konjunktur- und Wachstumspolitik nicht gegeben[34]. Dagegen scheint ein Zielkonflikt zwischen Stabilität und Wachstum unvermeidlich zu sein, folgt man der Ansicht, „daß der Wechsel von guten und schlechten Zeiten Unternehmer und Arbeiter aus der Lethargie der Vollbeschäftigung reißt und überhaupt stimulierend auf die spontanen Kräfte der Gesellschaft wirkt, daß Rezessionen wie die von 1966/67 den Charakter heilsamer Reinigungskrisen haben und daß Rezessionen nötig sind als Wachstumspausen, in denen die Grundlagen für einen neuen Wachstumsschub gelegt werden“[35]. Gegen diese Ansicht führt der Sachverständigenrat eine Reihe von Argumenten ins Feld[36], die angesichts ihrer Bedeutung für die Grundtendenz der Wirtschaftspolitik in der gebotenen Kürze wiedergegeben werden sollen:

— Stetiges Wachstum bedeutet keine konstante, gleichförmige Ausdehnung aller Wirtschaftszweige, erst recht nicht aller Unternehmen. Auch bei stetigem Wachstum können sich die Unter-

---

[32] F. *Neumark*, ebenda.

[33] K. *Elsner*, Wachstums- und Konjunkturtheorie, in: Kompendium der Volkswirtschaftslehre, Bd. I, 1967, S. 252.

[34] Ebenso E. *Dürr*, Die konjunkturpolitische Bedeutung der Geld-, Finanz- und Einkommenspolitik, S. 106 ff., 111: „Die gegen die restriktive Geldpolitik erhobenen Einwände, sie drossele das Wirtschaftswachstum, sind nach theoretischen Überlegungen und ihren empirischen Überprüfungen nicht haltbar. Das langfristige Wirtschaftswachstum ist nicht von der Geldpolitik abhängig, sondern vermutlich von der Initiative dynamischer Unternehmer, der Freiheit der Märkte und der Intensität des Wettbewerbs.“

[35] Mit dieser Auffassung setzt sich das *Jahresgutachten des Sachverständigenrates 1967/68* auseinander, Tz. 237.

[36] Tz. 238—240.

nehmen angesichts ihrer ständigen Konfrontation mit neuartigen Situationen, die Risiken und Chancen bergen, eine *Lethargie* nicht leisten.

— Einer *Reinigungskrise* bedarf es nicht, wenn die auf Stetigkeit ausgerichtete Wachstumspolitik den kräftigen Aufschwung rechtzeitig und sanft zu bremsen versteht. Bei einer zukunftsbezogenen mittelfristigen Betrachtungsweise gelten andere Maßstäbe als aus traditioneller Sicht.

— *Wachstumspausen* sind nicht notwendig, wenn im Aufschwung eine aktive rationale Strukturpolitik betrieben worden ist und Produktionskräfte bei den Wachstumsindustrien zur Ausnutzung ihres Expansionsspielraumes agglomeriert werden statt in Bereichen, die zur Stagnation oder „zum Gesundschrumpfen" verurteilt sind.

— Schließlich hat der Sachverständigenrat die psychologische Seite angesprochen, daß eine Besänftigung der Konjunkturschwankungen das Vertrauen der Investoren stärkt, das um so bedeutender sei, je mehr in den Wachstumsindustrien Großunternehmen vorherrschen, weil Nachfrageschwankungen für Großunternehmen, die sich angesichts hoher Fixkosten und ihres schwerfälligen Steuerungssystems nicht so leicht anpassen können wie kleinere selbständige Unternehmen, eine kostspielige Belastung darstellen[37].

Konfliktstoffe zwischen Konjunktur- und Wachstumspolitik sind sicherlich reichlich vorhanden im Verhältnis der Ziele Preisstabilität und Vollbeschäftigung. Streng genommen handelt es sich dabei um einen konjunkturinternen Zielkonflikt. Insofern stimmen Wachstumspolitik und Konjunkturpolitik als Inbegriff des magischen Dreiecks überein und besteht ein Zielkonflikt lediglich zwischen Wachstumspolitik und Teilzielen der Konjunktursteuerung[38]. Soweit aber Konjunkturpolitik Stabilität auf Kosten eines möglichst hohen Beschäftigungsstandes bedeutet, kann sie mit den Zielen der Wachstumspolitik in Konflikt geraten. Dennoch kann der weitverbreiteten Ansicht, Wachstumspolitik stünde in einem natürlichen Gegensatz zur Stabili-

---

[37] Tz. 240 u. H. auf J. K. *Galbraith*, The New Industrial State, Boston 1967, S. 224 f.

[38] K. *Schiller*, Konjunkturpolitik auf dem Wege zu einer Affluent Society, Kieler Vorträge, N. F. 54, 1968, S. 3: „Und wenn wir demnach also als erstes Merkmal jener Affluent Society wirtschaftliches Wachstum als ein gesellschaftliches ‚Muß' bezeichnen, so heißt das dennoch nicht Wachstumsfetischismus. Wachstum aber ist notwendige Voraussetzung, um die mit dem bekannten Zielkatalog unlösbar verbundenen Zielkonflikte zu lösen. Allein das Magische Dreieck — hoher Beschäftigungsgrad, stabiles Preisniveau, außenwirtschaftliches Gleichgewicht — ist bekanntlich nur bei angemessenem und stetigem Wachstum zu erreichen."

tätspolitik, in dieser allgemeinen Form nicht gefolgt werden. Vielmehr erscheint eine grundlegende Differenzierung angebracht zwischen den beiden das Wirtschaftswachstum bestimmenden Komponenten in Gestalt der nachfrageausweitenden Beschäftigungs- (1) und der angebotsausweitenden Strukturpolitik (2).

1. Konjunkturpolitik und Beschäftigungspolitik

Langfristige Untersuchungen in Großbritannien (Philipps-Kurve) haben empirisch bestätigt, was nach verbreiteter Auffassung die Antinomie zwischen Konjunktur- und Wachstumspolitik bewirkt: Das Stadium der Vollbeschäftigung verleiht den Anbieterorganisationen (Gewerkschaften) gegenüber den Nachfrageorganisationen (Arbeitgeberverbände) eine so starke Position, daß sie stabilitätswidrige Lohn- und Preisforderungen durchzusetzen geneigt sind. Dennoch sind auch hier Einschränkungen zu machen. Für die Bundesrepublik ist sogar nach Ansicht des Sachverständigenrates ein systematischer Zusammenhang zwischen Beschäftigungstrend und Veränderung des Preisniveaus nicht nachweisbar,[39] weil der internationale Preiszusammenhang und die Gesetzmäßigkeiten des Arbeitsmarktes für die Veränderung der Löhne und Preise Grenzen setzen. Die infolge internationaler Integration geschaffene *Elastizität des Arbeitsangebotes* grenzt den lohnpolitischen Spielraum dadurch ein, daß ein Überhang der Gesamtnachfrage nach Arbeitskräften die Zuwanderung von Gastarbeitern bewirkt, wodurch eine Entspannung der Arbeitsmarktlage eintritt. Darüber hinaus setzt der *internationale Wettbewerb* jeder Preis- und Lohnpolitik ihre Grenze, da ein relativ überhöhtes Preis- und Lohnniveau Zahlungsbilanzdefizite bewirkt, die bei festen Wechselkursen nur durch eine restriktive Konjunkturpolitik beseitigt werden können, so daß durch den Rückschlag auf die Zuwachsraten der heimischen Wirtschaft die Initiatoren extremer Lohn- und Preispolitik letztlich selbst die Betroffenen wären[40]. Ebensowenig läßt sich mittelfristig das Preisniveau weit unter demjenigen des Auslandes halten, da der dann wachsende Export früher oder später einen inländischen Aufschwung indiziert, der den Wiederanschluß an die internationale Preis- und Lohnentwicklung bringt. Daher wird der Zielkonflikt zwischen Konjunktur- und Beschäftigungspolitik in erster

---

[39] Jg. 1967/68, Tz. 271 ff.

[40] Das hat sich deutlich in Frankreich an den Folgen der Mai-Unruhen 1968 gezeigt, vgl. H. *Irmler,* Zur gegenwärtigen kredit- und währungspolitischen Lage, Vortrag vor der Vollversammlung der Oldenburgischen Industrie- und Handelskammer in Oldenburg am 28. Nov. 1968, abgedr. in: Deutsche Bundesbank, Auszüge aus Presseartikeln v. 6. Dez. 1968, S. 1 ff.

Linie akut in einer geschlossenen Volkswirtschaft (das spricht für flexible Wechselkurse) oder Volkswirtschaften mit geringer Außenhandelsabhängigkeit wie die USA (économie dominante). Dennoch macht sich auch in der Bundesrepublik innerhalb bestimmter Marginalwerte die Antinomie zwischen Konjunktur- und Beschäftigungspolitik bemerkbar.

2. *Konjunkturpolitik und Strukturpolitik*

Bei hohem Beschäftigungsstand kann wirtschaftliches Wachstum kaum noch durch Nachfragesteigerung gefördert werden. Weitere Nachfragesteigerungen, die über das Produktionskapital hinausgehen, würden nur noch Preissteigerungen, aber keine stärkere Auslastung der Kapazitäten bewirken können. Bei solcher Lage ist eine Wachstumspolitik im wesentlichen (abgesehen von den Möglichkeiten der Intensivierung des Sparprozesses, der Verbesserung der Investitionsmöglichkeiten und der Beschleunigung des technischen Fortschritts) nur noch Strukturpolitik[41], d. h. „ein System von Maßnahmen, die geeignet sind, das Angebot von Gütern auszuweiten, indem sie die Branchen- und Regionalstruktur verbessern und die beruflichen Qualifikationen der Erwerbstätigen und derer, die nicht, noch nicht oder nicht mehr beschäftigt sind, an den steigenden Bedarf anpassen“[42]. Zu den Möglichkeiten, die Expansionspolitik durch eine angebotsfördernde Strukturpolitik zu ergänzen[43], hat der Sachverständigenrat in seinem zweiten Jahresgutachten ausführlich Stellung genommen. Indes bedürfen die Notwendigkeiten der Ausschöpfung brachliegender und der Anpassung fehlgeleiteter Produktivitätskräfte keiner weiteren Erläuterung. Als Grundvoraussetzung einer wachstumsorientierten Strukturpolitik läßt sich der Grundsatz statuieren: Eine aktive Strukturpolitik muß weniger durch retrovertierte, protektionistische Erhaltung bestimmt sein als vielmehr die Förderung und Anpassung wachstumsintensiver Wirtschaftszweige zum Ziele haben. Nur unter dieser Voraussetzung ist Strukturpolitik mit hohen Produktivitätseffekten

---

[41] E. *Preiser*, Wirtschaftliches Wachstum als Fetisch und Notwendigkeit, ZfgStW 1967, S. 586 ff., 597: „Während die Konjunkturpolitik mit ihren Instrumenten im wesentlichen auf der Nachfrageseite eingreift, ist der Ansatzpunkt für den Wachstumspolitiker die Produktion und sein Ziel die Hebung der Produktivität, das heißt der Produktmenge je Kopf.“

[42] *Jg. 1967/8*, Tz. 334.

[43] Zur gesamtwirtschaftlichen Verpflichtung der Strukturpolitik vgl. W. *Hamm*, Schwächen einer unkoordinierten Branchenpolitik, dargestellt am Beispiel des Verkehrspolitischen Programms der Bundesregierung, Ordo 1968, S. 63 ff.

verbunden[44]. Dabei sind folgende grundsätzliche Entwicklungstendenzen zu berücksichtigen:

— Während der relative Anteil der Beschäftigten im landwirtschaftlichen Sektor durchweg abnimmt, steigt in zunehmendem Maße der Anteil im industriellen Sektor und werden beide Anteile nur noch durch den wachsenden Anteil im Dienstleistungssektor übertroffen.

— Der Anteil der Investitionen in die Konsumgüterindustrie nimmt relativ ab, während der Anteil in die Investitionsgüterindustrien, d. h. in die der Konsumgütererzeugung vorgelagerten Produktionsstufen der Kapitalgüterindustrien relativ und absolut zunimmt.

— Mit steigender Arbeitsproduktivität erhöht sich der Betrag des durchschnittlich pro Arbeitsplatz investierten Kapitals.

— Mit steigendem Lebensstandard wächst die kollektive Nachfrage nach Gütern und Leistungen der Infrastruktur.[45]

Wachstumspolitik als Strukturpolitik ist auf lange Sicht angelegt[46]. Insofern ist es richtig, wenn kurzfristige Konjunkturpolitik und langfristige Wachstumspolitik gegenübergestellt werden. Dennoch handelt es sich dabei gerade nicht um eine Antinomie beider Bestrebungen.[47] Angebotsfördernde Strukturpolitik wirkt sich anders als eine nachfragefördernde Beschäftigungspolitik nicht negativ auf die Stabilität der Preise aus. Im Gegenteil — sie ermöglicht durch Steigerung der Produktionskapazität eine im Zuge der Vollbeschäftigung eintretende Nachfrageausweitung ohne Auswirkung auf das Preisniveau[48]. Ziel-

---

[44] Tz. 337: „Anpassungshilfen machen sich, da sie in Richtung der Strukturwandlungen gehen, die der Markt so oder so durchmachen muß, selbst überflüssig und können daher von vornherein degressiv angelegt und zeitlich begrenzt werden."

[45] A. *Kruse-Rodenacker*, Wachstumspolitik, Ev. Staatslexikon, Sp. 2466.

[46] *Jg. 1967/68*, Tz. 334.

[47] Von diesem strukturpolitischen Ausgangspunkt aus konnte Bundeswirtschaftsminister *Schiller* feststellen: „Für die praktische Politik stellt sich diese Alternative nur selten; sie stellt sich als Alternative eigentlich nur in Extremsituationen, und es lassen sich kaum einfache Zusammenhänge zwischen hohen realen Zuwachsraten und einem starken Anstieg des Preisniveaus nachweisen — weder im internationalen Vergleich noch im zeitlichen Vergleich. Niedrige Zuwachsraten können ebenso von schleichender Inflation begleitet sein — ich erinnere wieder an das Beispiel von Großbritannien über Dezennien hinweg — wie hohe Zuwachsraten", K. *Schiller*, Strukturanpassung und Wachstumspolitik, Arbeitsgemeinschaft für Rationalisierung, Heft 95, 1968, S. 14.

[48] H.-D. *Ortlieb*, F. W. *Dörge*, Wirtschaftsordnung und Strukturpolitik, S. 74 ff.: Strukturpolitik in der wachsenden Wirtschaft.

konflikte zwischen Konjunktur- und Wachstumspolitik bestehen daher wohl kurzfristig, nicht aber auf lange Sicht gesehen.[49]

Insofern scheint in einer langfristigen, aktiven, angebotsfördernden Strukturpolitik der Schlüssel zur Bewältigung des kurzfristigen Zielkonflikts zwischen einer stabilitätsbetonten Konjunkturpolitik und einer nachfragesteigernden Beschäftigungspolitik zu liegen. Darüber hinaus bietet sich die Chance, durch eine längerfristig ausgerichtete, positiv planende Beeinflussung der gesamtwirtschaftlichen Entwicklung Zielkonflikte möglichst zu vermeiden und damit eine repressiv-reagierende Konjunkturpolitik weitgehend entbehrlich zu machen.[50]

III. Gesamtwirtschaftliche Ziele und moderner Gemeinwohlbegriff

Mit dem Übergang vom leistenden Staat der Wohlstandssicherung zum lenkenden Staat der Wohlstandsförderung haben sich entsprechend die Einstellungen der Bürger im Verhältnis zum Staatsganzen geändert. Die Ansprüche an den interventionistisch verteilenden Staat der Daseinsvorsorge sind anderer Art als die Erwartungen, die an den globalsteuernd datensetzenden, gesamtwirtschaftlich verantwortlichen, „wohlseinsvorsorgenden Staat" (Etat Providence[51]) gestellt werden. Entsprechend hat sich in der Vorstellung über das Wohl der Allgemeinheit, soweit es (auch) als Summe der Einzelinteressen verstanden wird,[51] ein Wandel vollzogen. Daraus ergeben sich Folgerungen mannigfacher Art, die kaum einen Aspekt der Staat-Bürger-Beziehung unberührt lassen. Hervorzuheben ist die Bedeutung für den das öffentliche Recht durchziehenden Vertrauensgrundsatz. Das Vertrauen des Einzelnen richtet sich nunmehr nicht nur auf die Sicherung seiner Existenz und der vorhandenen „sozialen Errungenschaften", sondern auf die Gewährleistung *und* Förderung seines sozialen Status und erstreckt sich im Rahmen dieser Aufgabe nicht nur auf die Ziele, sondern auch auf die Durchführung mit funktionsgerechten staatlichen Mitteln.[52] Damit ist die zu berücksichtigende Erwartung des Einzelnen

---

[49] *Jg. 1967/68,* Tz. 247 ff.; hierzu „Gesamtwirtschaftliche Ziele und Zielkonflikte auf mittlere Sicht", Die Aussprache 1968, S. 25 ff.

[50] Dem widerspricht nicht die seinerzeit großes Aufsehen auslösende aus den Mitteln mathematischer Logistik gewonnene These von K. J. *Arrow,* daß sich das Gemeinwohl nicht widerspruchslos aus den Wertschätzungen der Individuen zusammensetzen lasse, K. J. *Arrow,* Social Choice and Individual Values, New York 1951 (1963).

[51] Th. *Molnar,* Die neo-utopische Staatsauffassung, Ordo 1968, S. 13 ff., 18.

[52] Vgl. K. *Stern,* Grundfragen der globalen Wirtschaftssteuerung, Vortrag v. 10. 1. 1969 vor der Juristischen Gesellschaft e. V. Berlin, Schriftenreihe der

verbunden, im Rahmen des staatlichen „wohlstandsfördernden" präventiven crisis management seine Interessen präventiv, d. h. im Stadium der gesamtwirtschaftlichen Wissens- und Willensbildung zur Geltung bringen können. In einer Zeit, in der die Feststellung gilt: „Dominant ist überall nur noch die Gruppe oder ihre Repräsentanz"[53] bedeutet dies, daß im Vorstadium der gesamtwirtschaftlichen Entscheidung die engagierten Verbände in Kooperationsgremien zu Wort kommen, um durch möglichst intensive gegenseitige Information im Wege eines „multilateralen Interessenclearings" zu einer möglichst rationalen Programmierung und einem allseitig überzeugenden Aktionsmodell finden zu können. Dabei dürfte es die Aufgabe kommender Rechtsdogmatik sein, einer Antwort auf die Frage näherzukommen, bei welchen Konstellationen sich jene Erwartung des einzelnen jeweiligen Marktteilnehmers zu einem aus dem Vertrauensgedanken entwickelten schutzwürdigen Recht verdichtet.

Die Verfolgung der gesamtwirtschaftlichen Ziele liegt nicht lediglich im öffentlichen Staatsinteresse, sondern auch im Interesse jedes Teilnehmers am Wirtschaftsleben.[54] Insoweit handelt es sich bei den umfassenden Zielen der Stabilität und des Wachstums der gesamten Volkswirtschaft um moderne Formulierungen eines wesentlichen Merkmals des Gemeinwohlbegriffs.

Ein weiterer Aspekt verdient Berücksichtigung, der auf der 36. Staatswissenschaftlichen Fortbildungstagung der Hochschule für

---

Juristischen Gesellschaft Berlin Heft X, 1969, sub I, 2: „Genauer müßte wohl von einem Staat gesprochen werden, der allgemein nur noch in seiner Funktion zur Gewährleistung gesellschaftlicher und ökonomischer Sekurität gebilligt wird, die freilich untereinander so interdependent sind, daß das, was man für gesellschaftlichen Fortschritt hält, überhaupt nur durch ökonomisches Wachstum erreichbar ist. Zwangsläufig rückt damit die Förderung wirtschaftlicher Stabilität und wirtschaftlichen Wachstums in die gravitätische Mitte staatlicher Aufgabenerledigung."

[53] *Stern*, ebenda.

[54] Vgl. H. J. *Vosgerau*, Wachstum und Stabilisierung, in: Fragen der wirtschaftlichen Stabilisierung (hrsg. v. A. E. Ott), 1967, S. 21; H. J. *Jaksch*, ebenda, S. 68 ff.; G. *Briefs*, Lohnpolitik, Ev. Staatslexikon, 1966, Sp. 1252 ff., 1257: „Wenn man, wie das allgemein geschieht, das Gemeinwohl der westl. Demokratien heute konkret dahin formuliert, daß Vollbeschäftigung, stabiler Preisspiegel und ausgeglichene Zahlungsbilanz gesichert werden müssen, dann stehen die Staaten hier vor einer ungewöhnlich schwierigen Verantwortung." Demgegenüber in ausdrücklicher Betonung des staatlichen Interesses an einem stetigen und angemessenen wirtschaftlichen Wachstum E. *Preiser*, Wirtschaftliches Wachstum als Fetisch und Notwendigkeit, ZfgStW Bd. 123, 1967, S. 568 ff., 592 ff.

Verwaltungswissenschaften Speyer 1968 über „Wohl der Allgemeinheit und öffentliche Interessen“[55] nur am Rande aufgetaucht ist: Im Zuge häufig vermerkter[56] wachsender Osmose von Staat und Gesellschaft ist auch die im Laufe sozialer und wirtschaftlicher Entwicklung zeitweise aufgetretene Polarität von öffentlichem Interesse und Gemeinwohl schwächer geworden und hat ein Prozeß der Integration staatlicher Interessen in das Gemeinwohl stattgefunden. Genauer handelt es sich um das Zusammentreffen eines gemeinsamen Interesses von Staat und Staatsbürgern an der Erhaltung und Entwicklung der Funktionsfähigkeit des übergreifenden gesamtwirtschaftlichen Systems, in dem der Staat ebenso als Faktor eingeordnet ist wie die Privatwirtschaft.[57] Das führt zu der entscheidenden Konsequenz, daß Konfliktsituationen zwischen Staat und Bürger im Rahmen der Globalsteuerung nicht aus einer Interessenabwägung zwischen öffentlichem und privatem Interesse zu lösen sind, sondern in erster Linie an Hand der übergeordneten gesetzlich fixierten gesamtwirtschaftlichen Ziele des Stabilitätsgesetzes, das den Staat ebenso wie die Privatwirtschaft in Pflicht genommen hat, zu bemessen sind.

Zweites Kapitel

Die Doppelfunktion des gesamtwirtschaftlich verantwortlichen Staates

I. Staatliche Machtpotenzierung durch Globalsteuerung — Folgewirkung haushaltswirtschaftlichen Funktionswandelns

Die Entwicklung des tatsächlichen Umfanges des Staatshaushaltes erscheint als klare Bestätigung von Adolf Wagners „Gesetz der wachsenden Staatsausgaben“. Unabhängig von der jeweils bestehenden Ideologie hat sich in allen Industrieländern der Anteil der Staatsausgaben an der gesamtwirtschaftlichen Wertschöpfung innerhalb eines halben Jahrhunderts zumindest verdreifacht, eine Entwicklung, die von Fritz Karl Mann[58] einprägsam als Übergang vom „Anteilsystem“ (Volkswirtschaft mit kleinem finanzwirtschaftlichem Sektor) zum „Kontrollsystem“ (Volkswirtschaft mit großem finanzwirtschaft-

---

[55] Schriftenreihe Speyer, Bd. 39, 1969.

[56] Statt aller A. *Köttgen*, Zur Diskussion über das konjunkturpolitische Instrumentarium des Bundes gegenüber Ländern und Gemeinden AfK, Bd. 5, 1966, S. 3 ff., S. 25 ff.

[57] S. unten S. 24 ff.

[58] F. K. *Mann*, Die Staatswirtschaft unserer Zeit, 1930, S. 29 ff.

lichem Sektor) charakterisiert und durch seine Formel von der „Ökonomisierung der Finanzpolitik" umschrieben wird. Genauer handelt es sich um die gegenseitige Durchdringung von Finanz- und Wirtschaftspolitik, denn gemeint ist jener Doppelvorgang: Unterordnung der Finanzpolitik unter die Wirtschaftspolitik einerseits — wachsende Bedeutung finanzpolitischer Mittel für die Wirtschaftspolitik andererseits. Tatsächlich besitzt die quantitative Veränderung der Staatsausgaben ein solches Ausmaß, daß ihr ganz im Sinne der Hegelschen These eine qualitative Wirkung in Form einer Beeinflussung der gesamtwirtschaftlichen Entwicklung zukommt — gleichgültig, ob diese haushaltspolitisch beabsichtigt wird oder nicht. Von einer gewissen Größenordnung an — die bei einem Anteil der öffentlichen Haushalte von 40 % am Sozialprodukt zweifellos erreicht ist — wird der ökonomische Effekt der Staatsausgaben unabweisbar, so daß sich die „Anstoßwirkung" der öffentlichen Haushalte auch bei extremer Elastizität der Marktwirtschaft nicht mehr abfangen läßt. Insoweit zieht Herbert von Beckerath das treffende Resumée: „Ein Staat, der 20—40 % des Volkseinkommens erwirbt und verausgabt, wird dadurch ganz unvermeidlich zu einem wesentlichen Faktor in der Gestaltung der Wirtschaftslage, ob er dies systematisch und mit bestimmten Zielen tut oder nicht"[59].

Von der unabweisbaren Realität der konjunkturellen Wirkung des Staatshaushalts ist es nur ein kurzer Schritt zur bewußten Ausnutzung der bisher dem Zufall überlassenen Anstoßwirkung des Budgets im Wege interventionistischer Finanzpolitik und von dort wiederum nur ein „Katzensprung" zu einer nicht nur punktuellen sondern systematischen, vorausschauend konzipierten, d. h. längerfristig geplanten Ausrichtung der ökonomischen Budget-Funktion[60]. Wenn, wie kaum zu bestreiten ist, die Finanzpolitik im modernen Sozialstaat das ent-

---

[59] H. v. *Beckerath*, Gesellschaftliche Voraussetzungen des Marshallplans, Kyklos IV, 1950, S. 105. Damit ist der Entstehungsgrund der fiscal policy im Gegensatz zum Kameralismus oder Liberalismus nicht ideologischer sondern faktischer Natur.

[60] Nichts zeigt die Kehrtwendung von der früheren „Parallelpolitik" (Neumark) zur antizyklischen „fiscal policy" (Im Haushaltsgrundsätzegesetz als „Ordnungsfinanzpolitik" bezeichnet) deutlicher als die Tatsache, daß am Vorabend des New Deal Präsident Hoover im Wahlkampf 1932 für den Fall seines Wahlsieges unverzüglich eine drastische Ausgabensenkung durchzuführen versprach. Kurz darauf hielt die Lehre der antizyklischen Finanzpolitik, angeführt vor allem von Keynes, ihren Siegeszug. Die Bundesrepublik ist mit einem erheblichen time-lag gefolgt: „Die Einbringung des ersten Entwurfs zum Stabilitätsgesetz am 14. September 1966 war der Beweis, daß Wirtschaftspolitik nicht mehr nach freischaffender Künstlerart zu betreiben war. Mit dem ersten Eventualhaushalt vom 19. Januar 1967 und

scheidende Mittel der gesamten Wirtschafts- und Sozialpolitik darstellt[61] und der öffentliche Haushalt eine „Schlüsselfigur par excellence“[62] für die gesamte Verfassungsordnung besitzt, so richten sich Grad und Ausmaß und die Frage der Kontrolle der damit verbundenen Machtpotenzierung entscheidend nach den Erscheinungsformen, in denen sich die gesamtwirtschaftliche Lenkungsfunktion des Staates manifestiert. An den in § 1 StabG zwingend festgelegten Zielen läßt sich nicht rütteln. Die rechtsstaatliche Bewältigung des mit der finanzpolitischen Erstarkung des Staates verbundenen Machtgewinns kann daher nur an den Mitteln und Formen der gesamtwirtschaftlichen Steuerung ansetzen.

---

dem endgültigen Gesetz zur Förderung der Stabilität und des Wachstums der Wirtschaft vom 8. Juni 1967 wurden dann wesentliche Instrumente moderner, quantitativer Wirtschaftspolitik, von der Wissenschaft in langer Arbeit präpariert, in großen Schüben tatsächlich in die praktische Politik importiert“, K. *Schiller,* Konjunkturpolitik auf dem Wege zu einer Affluent Society, Kieler Vorträge N. F. 54, 1968, S. 5.

In jüngster Zeit sieht sich auch die Lehre der fiscal policy Angriffen von wissenschaftlicher Seite, vorwiegend in den USA, ausgesetzt. Insbesondere *Friedmann* und seine Anhänger betrachten die Auffassung der fiscal theory, der Staatshaushalt sei das wirksamste Instrument für Vollbeschäftigung und Wachstum und Defizit-spending die beste Methode, sie zu erhalten, als überholt. Die heutigen brennenden ökonomischen Probleme seien nicht mehr hohe Arbeitslosigkeit und stillgelegte Arbeitsplätze, wie in den dreißiger Jahren, sondern strukturelle Arbeitslosigkeit durch technischen Fortschritt und Automation, außenwirtschaftliche Ungleichgewichte und schleichende Inflation. Diese Probleme seien durch Veränderung der Geldmenge und weniger durch haushaltswirtschaftliche Manipulationen zu bewältigen. Vgl. für die BRD in jüngster Zeit die Kritik hinsichtlich der Wirksamkeit der fiscal policy in der Hochkonjunktur: F. K. *Vialon,* in: „Gegenwartsprobleme des öffentlichen Haushalts“, Schriftenreihe Speyer, Bd. 12, 19, S. 13 ff., 26; F. *Neumark,* Probleme und Mittel moderner Finanzpolitik, in: Festschrift für E. Schöttle, S. 177 ff., 183; K. *Blessing* in seiner Bietigheimer Rede, Neue Züricher Zeitung, v. 17. 11. 1968. Conclusio für den Stand der finanzwissenschaftlichen Diskussion: „Beide Seiten sind blutig geschlagen, aber ungebeugt“, Kölle, Kann der Fiskus Wirtschaftskrisen verhindern?, Die Welt v. 2. 3. 1968, S. III.

[61] K. H. *Friauf,* Auf der Staatsrechtslehrertagung 1968 in Bochum über das Thema „Öffentlicher Haushalt und Wirtschaft“ in seinem Referat sub I, 3 demnächst in VVDStRL Heft 27, 1969 unter Hinweis auf: G. *Schmölders,* Wandlungen der Finanzwissenschaft, in: Jahre der Wende, Festgabe für Alex Möller, 1968, S. 95 ff., 98: A. *Köttgen,* Fondsverwaltung in der Bundesrepublik, 1965, S. 25; U. *Scheuner,* Verfassungsrechtliche Probleme einer zentralen staatlichen Planung, in: Planung I, 1965, S. 67 ff., 81 f.; A. *Arndt,* Gesetzesrecht und Richterrecht, NJW 1963, S. 1273 ff.; H. *Krüger,* Rechtssetzung und technische Entwicklung NJW 1966, S. 617 ff., 618.

[62] K. H. *Friauf,* ebenda.

Die adäquate Erscheinungsform des präventiven crisis management durch den gesamtwirtschaftlich verantwortlichen Staat bildet im Rahmen einer marktwirtschaftlichen Ordnung die Globalsteuerung.[63]

Nach deren rechtlicher Qualifikation bestimmen sich im Staat-Bürger-Verhältnis die gegenseitigen Einfluß- und Abwehrrechte.[64]

Wenngleich Globalsteuerung nicht normativregelnd, sondern mit sanfter Gewalt durch Datenveränderung strategisch[65] wirksam wird, so ist damit noch nicht gesagt, daß globalsteuernde Maßnahmen die Grundrechtssphäre nicht tangieren. Der Grundrechtsschutz versagt gegenüber der finanzpolitischen, gesamtwirtschaftlich orientierten Lenkungsfunktion des Staates, wenn rechtsdogmatisch zur Voraussetzung gemacht wird, daß sich die staatliche finanzpolitische Aktivität zu direkter Einwirkung in Privatgüter und Persönlichkeitsrechte verdichtet haben muß.[66]

---

[63] S. hierzu näher die ökonomisch-rechtliche Analyse der Globalsteuerung unter Darstellung der gesamtwirtschaftlichen Ziel-Mittel-Relation K. *Stern*, Grundfragen der globalen Wirtschaftssteuerung, Vortrag vor der Juristischen Gesellschaft e. V. in Berlin v. 10. 1. 1969, insbesondere sub II, 1: „Auf eine staatsrechtliche Formel gebracht bedeutet sie (scil. die Globalsteuerung) die Verwirklichung der ... Verfassungsaufträge der Konjunkturpflege und Wachstumsvorsorge mit dem Mittel der Projektierung und Steuerung des volkswirtschaftlichen Rahmens, in dem sich der Wirtschaftsprozeß der Unternehmen und Haushalte abspielt, mit dem Ziel einer Sicherung des gesamtwirtschaftlichen Gleichgewichts."

[64] Das Problem der rechtssystematischen Erfassung der Globalsteuerung wird keineswegs durch die auf der Staatsrechtslehrertagung 1968 in Bochum unbestritten gebliebene These K. H. *Friaufs* — im Referat, insbesondere sub I, 5 — abgeschnitten, daß die finanzpolitischen Impulse hinsichtlich ihrer Bedeutung und Wirkung in die bisherige Stellung der Rechtsnormen hineingewachsen sind und damit das staatliche Finanzwesen eine Ersatzfunktion, zumindest aber eine Komplementärfunktion des Rechts angenommen habe. Die Tatsache, daß das makroökonomisch wirksame Aktionsmodell der Globalsteuerung nicht dem *funktionellen* Rechtsnormensystem angehört, entbindet nicht von der Notwendigkeit, daß es sich in das institutionelle System der dem Grundgesetz immanenten Rechtsordnung einfügen lassen und im Einklang mit deren Verfassungsgrundsätzen stehen muß.

[65] Vgl. unten S. 95 ff.

[66] Allerdings können finanzpolitische Aktionen auch ohne rechtsnormativen Charakter in ihrer Regelungswirkung mit herkömmlichen Geboten und Verboten des Eingriffsstaates auf einer Stufe stehen, K. H. *Friauf*, Öffentlicher Haushalt und Wirtschaft, a. a. O., sub I, 5, u. H. auf K. M. *Hettlage*, Grundsatzfragen antizyklischer Finanzpolitik, in: Geldwert und öffentliche Finanzen, 1965, S. 52 ff., 64; Th. *Keller*, Merkliche oder unmerkliche Steuern, FinArch N. F. Bd. 27, 1968, S. 110 ff., 117. Die Frage ist aber gerade, ob dies auch im Rahmen rein datensetzender Globalsteuerung gilt.

Die in der klassischen Eingriffsverwaltung gewachsene Konzeption des Grundrechtsschutzes, die dem Bürger schon kaum im Verhältnis zum daseinsvorsorgenden Staat eine richtige Position zuweisen konnte, vermag dem einzelnen keinesfalls gegenüber dem durch gesamtwirtschaftliche Manipulation Wohlseinsvorsorge betreibenden Staat den ihm gebührenden Rechtsstandort zu bestimmen. *Eine Neubesinnung wird davon ausgehen müssen, daß ein effektiver Grundrechtsschutz auf präventive Gewährleistung in Form von Mitsprache- und Mitbestimmungsrechten im Stadium der Wissens- und Willensbildung angewiesen ist.* Konzertierte Aktion, Konjunkturrat und Finanzplanungsrat und eine fällige Parlamentsreform sind Ansatzpunkte in Richtung eines präventiven Grundrechtsschutzes im Wege multilateralen Interessenclearings. Der *Forderung eines präventiven crisis management im Makrobereich entspricht die Notwendigkeit eines präventiven Grundrechtsschutzes im Mikrobereich im Wege (verbandsorganisierter) Mitbestimmung!* Soweit in zweiter Linie die grundrechtliche Rückversicherung im Wege des repressiven gerichtlichen Rechtsschutzes in Rede steht, erscheint die formelle Ausrichtung an der äußeren Rechtsnatur der globalsteuernden Maßnahmen zumindest unbefriedigend, wenn nicht sachfremd, vorwiegend aus zwei Gründen: Einmal sagt die äußere Rechtsnatur nichts darüber aus, ob die Wirkung einer finanzpolitischen Maßnahme von einem Reflex zu einer unmittelbaren Ingerenz erstarkt ist. Zum anderen kann infolge der mit indirekter Wirtschaftslenkung verbundenen Formenvertauschung, Funktionenleihe und Ziel — Mittel — Verschiebung[67] die Ausrichtung des gerichtlichen Rechtsschutzes an der jeweiligen Handlungsform irreführend sein. Die zunehmend geforderte[68] Neubesinnung der Rechtsschutzprobleme wird mehr Gewicht auf den materiellen Gehalt der Maßnahmen legen und die funktionelle Seite der Globalsteuerung in den Vordergrund stellen müssen. Für die einzelnen haushaltswirtschaftlichen Maßnahmen der Globalsteuerung gilt das gleiche wie für

---

[67] U. *Scheuner,* Die staatliche Invention im Bereich der Wirtschaft, VVDStRL Heft 11, 1954, S. 1 ff., 27; P. *Lerche,* Übermaß und Verfassungsrecht, 1961, S. 45 f.; ders., Rechtsprobleme der wirtschaftslenkenden Verwaltung, DÖV 1961, S. 486 ff., 491 f.; P. *Badura,* Die Rechtsprechung des Bundesverfassungsgerichts zu den verfassungsrechtlichen Grenzen wirtschaftspolitischer Gesetzgebung im sozialen Rechtsstaat AöR Bd. 92, 1967, S. 382 ff., 386; K. *Klein,* Die Teilnahme des Staates am wirtschaftlichen Wettbewerb, 1968, S. 41 f.; H. *Rupp,* Zur Problematik öffentlich-rechtlicher Machtpotenzierung durch Funktionenkombination, NJW 1968, S. 569 ff.; K. H. *Friauf,* Öffentlicher Haushalt und Wirtschaft, Staatsrechtslehrertagung 1968 in Bochum, VVDStRL Heft 27, 1969, S. 1 ff.

[68] K. *Stern,* Grundfragen der globalen Wirtschaftssteuerung, a. a. O.; K. H. *Friauf,* Öffentlicher Haushalt und Wirtschaft a. a. O.

den Haushaltsplan[69] als Ganzes: Erst eine funktionelle Betrachtungsweise kann die politische Funktion des Budgets erschließen und läßt die Einbeziehung des öffentlichen Haushalts in den Gesamtzusammenhang staatlicher rationaler Wirtschaftsplanung sichtbar werden.[70]

Das gilt für alle globalsteuernden Maßnahmen einschließlich ihrer Umsetzungsakte, soweit diese Lenkungscharakter besitzen.[71]

Aber auch aus dem Blickwinkel einer funktionellen Betrachtungsweise dürfte der repressive gerichtliche Rechtsschutz nur in den seltensten Fällen gegenüber globalsteuernden Maßnahmen im Rahmen der *Konjunkturpolitik* durchgreifen. Bei extremen Konstellationen, wenn infolge einer Summierung globalsteuernder Maßnahmen eine konkrete, sichtbare Belastung eines einzelnen Marktteilnehmers eintritt, sollte der gerichtliche Rechtsschutz nicht aus formellen Gründen wegen der Handlungsform dieser Maßnahmen scheitern. Dagegen kommt dem gerichtlichen Rechtsschutz im Rahmen der *strukturpolitischen* Wachstumssteuerung erhöhte Bedeutung zu, allerdings in der Hauptsache deswegen, weil Strukturpolitik im Gegensatz zur Konjunkturpolitik eher gezielt als global betrieben wird. *Im Rahmen der Globalsteuerung beruht der Lenkungseffekt der finanzpolitischen Maßnahmen auf dem datensetzenden Eigengewicht des öffentlichen Haushalts, nicht aber auf einem hoheitlichen Machtwort des Staates.* Die Marktteil-

---

[69] Eine Definition des Haushaltsplans hat die verschiedenen Funktionen des Budgets zu berücksichtigen: *Der Haushaltsplan ist ein vom Parlament festgestelltes und von der Regierung unter parlamentarischer Kontrolle vollzogenes Aktionsmodell, das dazu bestimmt ist, den zur Erfüllung staatlicher Aufgaben notwendigen Finanzbedarf festzustellen, die Grundlage für die staatliche Haushalts- und Wirtschaftsführung zu bilden und den Erfordernissen des gesamtwirtschaftlichen Gleichgewichts Rechnung zu tragen.*

[70] Nach eingehender Analyse der verfassungsgeschichtlichen Grundlagen des Haushaltsplans in Deutschland zieht K. H. *Friauf* das Resumée: „Die Aufgabe, ein in sich geschlossenes System des Haushaltsplans im Verfassungsrecht der Bundesrepublik Deutschland zu entwickeln, liegt noch vor uns. Bei der Lösung dieser Aufgabe darf Heckels seinerzeit revolutionäre Erkenntnis, daß Gegenstand des Haushaltsplans ‚ein staatliches Gesamtprogramm für die staatliche Wirtschaftsführung und damit zugleich für die Politik des Landes während der Etatperiode' sei, nicht aus dem Auge verloren werden. Es geht darum, den zutreffenden Kern der Lehre Heckels, nämlich die Einsicht in den eminent politischen Charakter der budgetären Entscheidungen zu bewahren, gleichzeitig aber die Reste traditioneller, begriffsjuristischer Argumentation auszumerzen, von denen sich Heckel selbst nicht befreien konnte." Der Staatshaushaltsplan im Spannungsfeld zwischen Parlament und Regierung, 1968, S. 286. Damit ist die Richtung gewiesen zu einer von abstrakt-begrifflichen Deduktionen losgesprochenen konkret-verfassungsbezogenen Etattheorie.

[71] Zur verwaltungsrechtlichen Bedeutung des Stabilitätsgesetzes vgl. M. *Wiebel*, DVBl. 1968, S. 899 ff.

nehmer werden durch Veränderung der Daten ihrer Rentabilitätsrechnung mit leichter Hand in die gewünschte Richtung geführt. Die Reichweite echt globalsteuernder strategischer Einflußnahme erstreckt sich in der Regel nicht auf Grundrechtsbereiche, sondern läßt Privatgüter und Persönlichkeitsrechte unberührt.

Der Machtpotenzierung des gesamtwirtschaftlich operierenden Staates steht per Saldo keine entsprechende Erweiterung des Grundrechtsschutzes gegenüber. Die Frage ist aber gerade die, ob eine kompensatorische Aufwertung der Bürgerposition überhaupt erforderlich ist. Eine negative Wirkung staatlicher Machtpotenzierung durch Globalsteuerung auf die grundrechtsgeschützte Privatsphäre ist gar nicht vorhanden, wenn Globalsteuerung als „Wohlseinsvorsorge" gerade überwiegend oder wenigstens zusätzlich der effektiven Gewährleistung von Privatgütern und/oder Persönlichkeitsrechten dient. Dezidiert wendet sich H. *Wagner*[72] gegen die Forderung nach einer Einschränkung des fiskalischen Manövrierfeldes durch Ausdehnung des Grundrechtsschutzes auch gegenüber mittelbaren Eingriffen und „motivationsbestimmenden" Einwirkungen oder durch Rügen von Verfassungsverletzungen über Art. 2 GG. In der Tat bedeutet es eine widersprüchliche Forderung, Lenkungsinstrumente neutral, also nichtlenkend auszugestalten und erscheint, soweit der Staat durch Globalsteuerung Marktlenkungsfunktionen übernimmt, gegenüber diesen die gleiche Indolenz geboten wie gegenüber dem Marktmechanismus selbst.[73]

Aber auch für *Wagner* ergibt sich eine gewisse Aktualisierung des Grundrechtsschutzes aus seiner Feststellung: „Aber alle Erfahrung zeigt, daß eine Globalsteuerung eines Tages ergänzende Maßnahmen erzwingt, um die Nichtdifferenzierung auszugleichen, sei es, weil sie für einzelne Branchen und Unternehmen mit Härten verbunden ist, die für untragbar erachtet werden, sei es, um die von den Globalmaßnahmen nicht betroffenen Unternehmer — z. B. Unternehmer mit Eigenfinanzierungsmöglichkeiten bei Kreditrestriktionen — zu erfassen."[74]

Erst recht ist die Aufrüstung des Grundrechtsschutzes geboten, wenn, wie von Nationalökonomen aus empirischen Vergleichen gefolgert[75], der Globalsteuerung die Tendenz innewohnt, in imperative

---

[72] H. *Wagner*, Öffentlicher Haushalt und Wirtschaft, Staatsrechtslehrertagung 1968 in Bochum, VVDStRL Heft 27, 1969, S. 47 ff., 63 ff.

[73] Ebenda.

[74] Ebenda, sub I, B, 6.

[75] K. *Kleps*, Langfristige Wirtschaftspolitik in Westeuropa, 1966, S. 454 ff., vgl. die Bspr. v. R. *Clapham* in Ordo 1968, S. 455 ff., Chr. *Watrin*, Marktwirtschaft und Globalsteuerung, Die Aussprache 1967, S. 97; vgl. K. *Stern*, Grundfragen der globalen Wirtschaftssteuerung, a. a. O., sub II, 2 a).

Steuerung überzugehen.[76] Jedenfalls dürfte sich aus der Tatsache, daß Globalsteuerung der gesamtwirtschaftlichen Entwicklung im Interesse aller dient und eine florierende Wirtschaft erst dem einzelnen effektive Bewegungsfreiheit sichert[77], keine Folgerung für die Entbehrlichkeit eines erweiterten Grundrechtsschutzes herleiten lassen. Vielmehr erscheint gegenüber jeglicher staatlichen Machtpotenzierung ein kompensatorischer Ausbau des Grundrechtsschutzes erforderlich, um dem einzelnen Marktteilnehmer gegenüber „Pannen“ und Fehlentwicklungen, wie sie im erweiterten staatlichen Aktionsradius auftreten können, Abhilfe- und Abwehrmöglichkeiten zu bieten.

II. Staatliche Machtbegrenzung durch Inkorporation des Staatsverbandes in das gesamtwirtschaftliche System — Ende des Dualismus von Staat und Wirtschaft —

Die durch das Stabilitätsgesetz und die hierzu erforderliche Verfassungsänderung erfolgte gesamtwirtschaftliche Inpflichtnahme der öffentlichen Haushalte hat einen bisher kaum beachteten[78] Wandel in der Subjektivität des Staates bewirkt insofern, als der Staat einen Teil einer anderen Gesamtheit bildet: Gemeint ist jene Inkorporation des Staatsverbandes in das übergreifende System der Volkswirtschaft, wie sie im Kontenrahmen der volkswirtschaftlichen Gesamtrechnung des Statistischen Bundesamtes Wiesbaden sichtbar wird, nämlich in der Aufteilung nach den vier Sektoren „Unternehmen“, „Staat“, „Private Haushalte“ und „Übrige Welt“.

Die Einbeziehung des Staates in ein übergeordnetes gesamtwirtschaftliches System bewirkt eine Machtlimitierung des finanzpolitisch agierenden Staates: Eingebunden in ein System von Sachzwängen, aus

---

[76] Vgl. K. H. *Friauf*, Öffentlicher Haushalt und Wirtschaft, a. a. O., sub II, 1: „Gleichwohl wird man im Auge behalten müssen, daß in Extremfällen die Quantität der makroökonomischen Steuerung in die Qualität mikroökonomischer Eingriffe umschlagen kann. Der Reflex, dem der Einzelne durch die Steuerungsmaßnahmen ausgesetzt ist, kann sich so intensivieren, daß eine unmittelbare individuelle Betroffenheit angenommen werden muß.“

[77] H. *Wagner*, Öffentlicher Haushalt und Wirtschaft, a. a. O., sub II, B, 4 b: „Die heute mögliche Freiheit ist also an die Konjunktur und vor allem an die Vollbeschäftigung gebunden.“

[78] Soweit ersichtlich lediglich bei H. J. *Arndt*, Der Plan als Organisationsfigur und die strategische Planung, PVS 1968, S. 177 ff., 183/4; *ders.*, Neue Sachzwänge und neuer Sachverstand, in: Staatskanzlei, Schriftenreihe Speyer, Bd. 34, 1967, S. 181 ff., 185 f.; K. H. *Friauf*, Öffentlicher Haushalt und Wirtschaft, a. a. O., sub I, 1.

dem es auch aus rechtlichen Gründen wegen Art. 109 GG und § 1 StabG kein Ausweichen gibt, ist auch der Staat zu einem relativen Faktor geworden. Allerdings sind die Bindungen des § 1 StabG so global, daß sich der einzelne Bürger wohl kaum jemals auf sie berufen kann. Vielmehr dürften sie lediglich im Rahmen der politischen Interorgankontrolle aktuell werden. Eine stabilitäts- oder wachstumsfeindliche und damit „systemwidrige" gesamtwirtschaftliche Strategie des Staates dürfte sich nicht im Wege des gerichtlichen Rechtsschutzes anfechten lassen.

Staat und Wirtschaft sind wechselseitig integriert. Einerseits ist der Staat den übrigen Teilnehmern am Wirtschaftsleben übergeordnet, bzw., soweit er fiskalisch am marktwirtschaftlichen Wettbewerb teilnimmt, gleichgeordnet, andererseits ist der Staat Teil eines übergreifenden wirtschaftlichen Funktionensystems — ein Konto in der volkswirtschaftlichen Gesamtrechnung. Damit gehört der Dualismus von Staat und Wirtschaft im mikroökonomischen und im makroökonomischen Bereich der Vergangenheit an. Aus der Mehrspurigkeit des Verhältnisses von Staat und Wirtschaft folgt, daß die konkrete Beziehung wechselt, je nachdem, ob der Staat kooperierend, intervenierend, globalsteuernd oder als inkorporierter Teil im gesamtwirtschaftlichen System in Blick genommen wird.[79]

Der Staat im Dienste eines übergeordneten Totums, des Funktionensystems der Gesamtwirtschaft, d. h. der Staat als *Wirtschaftspolitik* treibendes Subjekt ist weder mit dem *Wirtschaft* treibenden Staat (Fiskus, der in der Rolle eines privaten Marktteilnehmers auftritt[80]) identisch noch mit der klassischen hoheitlich fungierenden (einschließlich Daseinsvorsorge) Staatsfigur gleichzusetzen. Das klassische haushaltende Subjekt ist etwas völlig anderes als ein makroökonomisch wirkendes Subjekt, das auf neue Systemziele wie gesamtwirtschaftliches Gleichgewicht und angemessenes Wirtschaftswachstum hin plant. Der Staat im Dienste der fiscal policy ist „Treuhänder" eines gesamtwirtschaftlichen Funktionensystems, der im Interesse der

---

[79] S. zur mehrfachen und mehrförmigen Präsenz des Staates in der Wirtschaft K. *Stern*, Grundfragen der globalen Wirtschaftssteuerung a. a. O., sub I, 1; K. H. *Friauf*, Öffentlicher Haushalt und Wirtschaft, a. a. O., sub I, 1 u. 4; G. *Püttner*, Die öffentlichen Unternehmen — Verfassungsfragen zur wirtschaftlichen Betätigung der öffentlichen Hand, Kölner Habilitationsschrift 1969; W. *Rüfner*, Formen öffentlicher Verwaltung im Bereich der Wirtschaft, 1967; K. H. *Klein*, Die Teilnahme des Staates am wirtschaftlichen Wettbewerb, 1968; H. *Bülck*, Öffentliche Unternehmen im deutschen und europäischen Recht, Politik und Verwaltung Heft 10, 1968.

[80] Vgl. etwa L. v. *Mises*, Theorie des Geldes und der Umlaufmittel, 1912, S. 56: „Die Stellung des Staates auf dem Markte ist in keiner Weise von der der anderen am Verkehr teilnehmenden Subjekte verschieden."

Aufrechterhaltung des übergeordneten Totums teilweise gegen sich selbst als klassischem Staatssubjekt handeln muß — etwa indem er einen gedeckten Staatshaushalt aus konjunkturellen Gründen kürzen muß. Damit hat die Tendenz, allein staatsfernen Instanzen wie z. B. einer unabhängigen Notenbank oder einem unpolitischen Sachverständigenrat zur Begutachtung der gesamtwirtschaftlichen Entwicklung die Rolle des Wächters über den Gang der Volkswirtschaft zuzuweisen, eine entscheidende Wende erfahren.[81]

Die Entwicklung zu einem in ein System von Eigengesetzlichkeiten und automatischen Abläufen eingefangenen, in seiner Autonomie beschränkten Staat hat Müller-Armack schon 1948 in etwa vorweggenommen, indem er die Marktwirtschaft als einen „variablen Rechnungs- und Signalapparat" bezeichnet, der „als Ziel des Wirtschaftens nicht von sich aus bestimmt, sondern als ein Datum hinnimmt"[82]. Es ist gewiß kein Zufall, daß zu derselben Zeit, in der der Staat als ein Subjekt der fiscal policy in Erscheinung tritt, jene Phänomene wie *Planung, Globalsteuerung, Rahmenpakt, konzertierte Aktion, formierte Gesellschaft usw.* aufgetaucht sind, auf die sich die Rechtswissenschaft erst allmählich einzustellen beginnt. Der Staat kann seine Funktion als Treuhänder gesamtwirtschaftlicher Entwicklung nur im Wege planvoller, „systemgerechter" Gestaltung erfüllen. Der Bedeutungswandel, den die Staatsfunktionen in den letzten Jahren erfahren haben, ist besonders an zwei Zitaten abzulesen, von denen das erste aus dem Jahre 1952, das zweite von der verwaltungswissenschaftlichen Arbeitstagung 1966 der Hochschule für Verwaltungswissen-

---

[81] Die Doppelnatur der Staatsfunktion zeigt sich insbesondere am Vorgang der Besteuerung: „Besteuerungsvorgänge haben einen entscheidend anderen funktionellen Charakter je nachdem, ob sie dazu dienen oder dafür gemeint sind, das klassische Staatsbudget mit den klassischen Staatsleistungen formaler und materialer Art zu alimentieren, oder aber ob sie dazu dienen, mit funktionellem Effekt das Gesamtsystem zu steuern, wie z. B. bei der antizyklischen Konjunkturpolitik. Es ist doch etwas ganz anderes, ob ich Steuern einnehme, um sie für bereits bestehende oder neu geschaffene Aufgaben wieder auszugeben, oder aber ob ich Steuern einnehme mit dem dezidierten Ziel, sie im Zentralbanksystem stillzulegen, wobei sie übrigens volkswirtschaftlich vernichtet werden, so daß also ihre Wiederausgabe nicht nur ein Einsparakt ist, sondern ein Geldschöpfungsakt. Es ist also etwas ganz anderes, Steuern für notwendige Ausgaben zu erheben oder Geld einzuziehen, um damit funktionelle Effekte des Gesamtsystems hervorzurufen. Im übrigen ist es irrelevant, ob das die klassische Staatsfigur als Subjekt über die sogenannte „functional finance" tut, oder ob das die Zentralbank tut, auch wenn sie ausdrücklich von der Regierung weisungsunabhängig gestellt ist, H. J. *Arndt,* Neue Sachzwänge und neuer Sachverstand, in: Die Staatskanzlei, S. 186.

[82] A. *Müller-Armack,* Wirtschaftslenkung und Marktwirtschaft, 1948, S. 90 ff.: Prinzipien einer gesteuerten Marktwirtschaft, S. 92.

schaft in Speyer stammt. In seinem Aufsatz „Die drei Theorien des Staatshaushalts“[83] schreibt F. v. Dungern: „Die Wirtschaft ohne Subjekt heißt heute Makroökonomik, das Wirtschaften der einzelnen Subjekte aber Mikroökonomik. Die Staatswirtschaft und der öffentliche Haushalt gehören dem letzteren Bereich an. Es handelt sich um das Wirtschaften eines Subjektes.“ Demgegenüber konstatiert H. J. Arndt: „Ich habe fast das Gefühl, daß die Systemerhaltung, die keinesfalls aus der Verfassung abzulesen ist, zuweilen höherrangig angesehen wird als die Verfassungserhaltung. Als Beispiel sei angeführt, daß es zur Einführung des Stabilitätsgesetzes, eines typischen Gesetzes zur Systemerhaltung, einer Verfassungsänderung bedarf.“[84]

---

[83] F. v. *Dungern*, ZfgStW, Bd. 108, 1952, S. 460.
[84] H. J. *Arndt*, Neue Sachzwänge und neuer Sachverstand, S. 189.

ZWEITER TEIL

Funktionsmittel der Konjunktur- und Wachstumspolitik nach dem Stabilitätsgesetz

Eine ökonomisch-rechtliche Betrachtung und Bewertung der durch das Stabilitätsgesetz eingeführten teils neuen, teils ergänzten Funktionsmittel setzt die Prüfung der Funktionsadäquanz (Erstes Kapitel), Systemgerechtigkeit (Zweites Kapitel) und Verfassungskonformität (Drittes Kapitel) des konjunktur- und wachstumspolitischen Steuerungsinstrumentariums voraus.

Erstes Kapitel

Funktionsadäquanz

Die Spannweite[1] des Stabilitätsgesetzes kommt schon allein an der Zahl der an seinem Entwurf und Erlaß Beteiligten zum Ausdruck. Zu dem von der Bundesregierung eingebrachten[2] und dem Ausschuß für Wirtschaft und Mittelstandsfragen federführend überwiesenen[3] Gesetzentwurf äußerten sich gutachtlich: der Finanzausschuß; der Ausschuß für Arbeit; der Ausschuß für Sozialpolitik; der Haushaltsausschuß; der Ausschuß für Kommunalpolitik, Raumordnung, Städtebau und Wohnungswesen und der Rechtsausschuß. In einer nicht öffentlichen Sitzung des Wirtschaftsausschusses[4] kamen Vertreter der Bundesbank und bei einem zweitätigen Hearing[5] Vertreter der kommu-

---

[1] Die nicht immer einhellig begrüßt worden ist: „Viel zu viel Variable" hieß es wörtlich in der Öffentlichkeit. Mit Recht betont BWMin Schiller, daß ja schließlich der Marktprozeß selber viele Variable aufweise, K. *Schiller*, Konjunkturpolitik auf dem Wege zu einer Affluent Society, Kieler Vorträge, N. F. 54, 1968, S. 9.

[2] Am 15. 7. 1966 im Bundesrat, am 29. 1. 1966 im Bundestag.

[3] 56. Sitzung des Bundestages vom 15. 9. 1966.

[4] 31. Sitzung des Ausschusses für Wirtschaft und Mittelstandsfragen vom 13. 10. 1966.

[5] Am 19./20. Okt. 1966 in Berlin.

nalen Spitzenverbände[6], der wirtschaftswissenschaftlichen Forschungsinstitute,[7] der Spitzenverbände der gewerblichen Wirtschaft[8] und der Tarifpartner zu Wort.

I. Geldpolitische Maßnahmen

Nach § 29 StabG erhält die *Deutsche Bundesbank* einen zusätzlichen Spielraum für ihre Offenmarktpolitik durch Erweiterung des Ausgabeplanfonds für *Mobilisierungspapiere* (in Schatzwechsel und unverzinsliche Schatzanweisungen umgewandelte Ausgleichsforderungen[9]) und *Liquiditätspapiere* (Schatzwechsel oder unverzinsliche Schatzanweisungen). Da der Bundesbank kein eigenes Emissionsrecht zusteht, ist sie in ihrer Offenmarktpolitik (Liquiditätsabschöpfung durch Verkauf, Liquiditätsausweitung durch Ankauf von Offenmarkttiteln) auf die Ausgabe von Staatspapieren angewiesen. Bisher hatte die Bundesbank einen Anspruch auf Umtausch von Ausgleichsforderungen in Mobilisierungspapiere bis zum Höchstbetrag von 4 Mrd. (§ 42 Abs. 1 BBankG a. F.), nunmehr (§ 42 Abs. 1 n. F.) bis zur vollen Höhe der Ausgleichsforderungen (z. Z. noch ungefähr 8 Mrd.). Zusammen mit dem zulässigen Volumen von 8 Mrd. an Liquiditätspapieren steht der Bundesbank nunmehr ein Spielraum von 16 Mrd. für ihre Offenmarktpolitik zur Verfügung. Damit ist die Munition für Offenmarktoperationen erheblich erweitert worden. Es handelt sich um die Ergänzung eines herkömmlichen Funktionsmittels, nicht um ein neues Instrument.

Eine weitere geldpolitische Maßnahme bedeutet die in § 30 StabG geschaffene Möglichkeit der *Bundesregierung*, durch Rechtsverordnungen den Rentenversicherungsträgern und der Bundesanstalt für Arbeitsvermittlung und Arbeitslosenversicherung die Anlage von Reserven in Mobilisierungs- und Liquiditätspapiere aufzugeben, wenn die Bundesbank dies zur Wahrung der Währungsstabilität vorschlägt.

---

[6] Deutscher Städtetag, Köln.

[7] Ifo-Institut für Wirtschaftsforschung München; Rheinisch-Westfälisches Institut für Wirtschaftsforschung Essen; Deutsches Institut für Wirtschaftsforschung Berlin; Institut Finanzen und Steuern e. V.

[8] Hauptgemeinschaft des deutschen Einzelhandels; Bundesverband des deutschen Groß- und Außenhandels; Deutscher Industrie- und Handelstag; Deutscher Sparkassen- und Giroverband, Deutscher Genossenschaftsverband Schulze-Delitzsch; Zentraler Kreditausschuß.

[9] Diese ergeben sich aus der Erstausstattung der Volkswirtschaft mit Notenbankgeld entsprechend den gesetzlichen Vorschriften zur Neuordnung des Geldwesens 1948.

II. Außenwirtschaftliche Maßnahmen

Im Verhältnis zu der Bedeutung der Außenhandelspolitik als Teil des „Dreigestirns“[10] (Geldpolitik, Finanzpolitik, Außenhandelspolitik) ist das Stabilitätsgesetz hinsichtlich der instrumentalen Methode zur Erreichung des außenwirtschaftlichen Gleichgewichts äußerst zurückhaltend. Dies mag nicht zuletzt an der Tatsache liegen, daß die Mittel und Formen außenwirtschaftlicher Absicherung noch nicht hinreichend praktikabel und zweckentsprechend ausgestaltet sind. Während die konjunkturpolitische Orientierung der Geldpolitik im Bundesbankgesetz geregelt ist und die öffentliche Haushaltswirtschaft durch Art. 109 GG i. V. m. dem Stabilitätsgesetz in voller Breite eine gesamtwirtschaftliche Ausrichtung erfahren hat, findet sich eine Aussage des Gesetzgebers zur konjunkturpolitischen Erschließung der Außenwirtschaftspolitik lediglich in § 4 StabG.

III. Finanzpolitische Maßnahmen

Diese haben im Stabilitätsgesetz weitaus vorrangige Bedeutung. Die Konjunkturpolitik ist durch das Stabilitätsgesetz gerade dadurch auf eine neue Grundlage gestellt worden, daß die öffentliche Finanzwirtschaft den Zielen des gesamtwirtschaftlichen Gleichgewichts und Wachstums dienstbar gemacht worden ist. Insoweit läßt sich das Stabilitätsgesetz als ein Gesetz der fiscal policy verstehen. Eine Differenzierung der einzelnen Maßnahmen erscheint angebracht. Unter dem Gesichtspunkt der Funktionsadäquanz wäre eine Einteilung nach angebots- und nachfragewirksamen Maßnahmen vertretbar. Um aber auch die Funktionsweise der Maßnahmen in den Griff zu bekommen, soll zwischen Ausgabe- (1), Einnahme- (2) und Ausgleichspolitik (3) unterschieden werden.

1. Ausgabepolitik

a) § 11 StabG

Von den beiden Möglichkeiten, mittels öffentlicher Investitionen eine Abschwächung der Wirtschaftstätigkeit aufzufangen, nämlich:

- Beschleunigte Durchführung ohnehin geplanter Investitionsvorhaben
- Erweiterung des Investitionsprogramms durch zusätzliche ad hoc beschlossene Vorhaben

---

[10] H. *Haller*, Finanzpolitik, 1968, S. 299.

hat das Stabilitätsgesetz die erstgenannte Möglichkeit gewählt. Darin liegt zugleich die Konsequenz aus der seit der Einführung einer mittelfristigen „gleitenden“ Finanzplanung geschaffenen Tatsache, daß es nunmehr eine „Investitionsvorratsplanung“[11] gibt, welche die Regierung der Verlegenheit enthebt, im Zeitpunkt dringender Notwendigkeit von Investitionen erst nach ökonomisch sinnvollen Vorhaben Ausschau halten zu müssen[12]. Damit wird zugleich verhindert, daß Vorhaben mit bloßem Einkommenseffekt nur mangels anderweitiger kurzfristig realisierbarer Projekte in Angriff genommen werden.[13] Die Notwendigkeit, Zusatzprogramme zu beschleunigen, entfällt bei einer halbwegs ausgefeilten Finanzplanung, welche geeignete Investitionsvorhaben vorkalkuliert. Die Durchführung der Projekte dürfte kaum schneller erfolgen können als es im Plan vorgesehen ist[14], wohl aber kann der *Beginn der Durchführung* vorgezogen werden. § 11 StabG verpflichtet zur beschleunigten Durchführung von Investitionsvorhaben nur indirekt durch die Auferlegung einer beschleunigten Auftragsvergabe. Die Vorschriften der Verdingungsordnung lassen genügend Raum, um innerhalb ihres Rahmens eine beschleunigte Auftragsvergabe durchzuführen[15]. Ausnahmen von dem in § 46 Abs. 1 RHO festgelegten Grundsatz öffentlicher Ausschreibung sind nunmehr möglich, weil eine Abschwächung der allgemeinen Wirtschaftstätigkeit über § 11 Satz 2 StabG einen besonderen Umstand im Sinne von § 46 Abs. 1 RHO darstellt.[16] Entsprechend bemängelt Neumark, daß die Vorschrift „so lange ziemlich wirkungslos (ist), wie nicht konkret gesagt wird, wie die gewünschte Beschleunigung zu erreichen ist“[17].

---

[11] *Stern*, in Stern-Münch, Erl. 1 zu § 11, S. 145; § 11 StabG versteht unter Planung allerdings nur die technische Seite, die sachliche, prioritätensetzende Planung erfolgt durch den Finanzplan, BT-Drucks. V/890, S. 13.

[12] Wie es bei den beiden Konjunkturprogrammen 1967 der Fall gewesen ist.

[13] In der Ausgabepolitik besitzt das Motto: „Anything better than nothing“ keine Gültigkeit, wie Prest, Public Finance in theory and practice, London 1960, S. 98, nachgewiesen hat.

[14] Hinzu kommt die zeitliche Verzögerung der Vergabe und Durchführung, Ando and Brown, „Lags in Fiscal Policy“, in: Stabilization Policies, US-Commission of Money and Credit, p. 145 ff.

[15] Wirtschaftsausschuß des Bundestags, 28. Sitzung v. 5. 10. 1966, Prot. S. 4, § 11 StabG ist insbesondere bei der Auslegung von §§ 3 Abs. 3 d und Abs. 4 d; 11; 16; 18; 19 VOBA §§ 3 Abs. 2 u. 3 f u. h; 13; 19; 20 Vol/A heranzuziehen.

[16] Vgl. die vom Bundeskabinett beschlossenen „Grundsätze für die Beschleunigung des Vergabeverfahrens in konjunkturpolitischen Ausnahmesituationen“ v. 6. Juli 1967, Handelsblatt v. 18. 7. 1967.

[17] F. *Neumark*, Fiskalpolitik und Wachstumsschwankungen, 1968, S. 91/41.

Eine mittelfristige Finanzplanung kann insoweit Abhilfe schaffen, als sie eine Liste von sofort realisierbaren, kurzfristig konjunkturwirksamen Investitionsvorhaben bereitstellt. Dazu ist allerdings eine erheblich über die „Finanzplanung des Bundes 1967—1971"[18] hinausgehende Erweiterung erforderlich.

Die Lösung für das Problem kurzfristiger antizyklischer Investitionsverwirklichung dürfte darin bestehen, daß „auf allen politischen Ebenen und bei öffentlichen Unternehmen, wie namentlich Bahn und Post, genügend technisch, administrativ und finanziell kurzfristig durchführbare Projekte, die bis zur Entstehung des Bedarfsfalles ständig à jour zu halten sind, vorliegen"[19].

§ 11 StabG betrifft nur den Fall der Rezession, trägt also expansiven Charakter. Eine entsprechende Regelung mit restriktiver Zielrichtung für den umgekehrten Fall übermäßig starker Wirtschaftstätigkeit ist nicht vorgesehen, obwohl es durchaus einer funktionsgerechten, restriktiven Ausgabepolitik entspricht, in der Hochkonjunktur Investitionsvorhaben langsamer als im mittelfristigen Finanzplan vorgesehen durchzuführen. Zwar sind einzelne Projekte schon aus technischen Gründen an einen bestimmten Realisierungsrhythmus gebunden, aber bei manchen Einzelfällen sind Verzögerungen im Vollzug durchaus möglich[20]. *Insoweit hätte es durchaus nahegelegen, die Möglichkeit zurückhaltender Investitionstätigkeit den relativ einschneidenden Maßnahmen des § 6 Abs. 1 StabG vorzuschalten, etwa in Form einer rangierenden abgestuften Subsidiarität ähnlich derjenigen des § 4 StabG.*

b) § 6 Abs. 1 Stabilitätsgesetz

In der Reihe ausgabenpolitischer Handhaben der antizyklischen Finanzpolitik kommt § 6 StabG eine besondere Bedeutung zu. Während § 6 Abs. 1 StabG im Dienst restriktiver Konjunkturpolitik steht, trägt § 6 Abs. 2 StabG expansiven Charakter. Ähnlich wie schon in den Haushaltsgesetzen der letzten Jahre[21] ist nunmehr in § 6 Abs. 1 StabG die Disposition der Ressorts über bestimmte Ausgabemittel, über den Beginn von Baumaßnahmen und über das Eingehen von Verpflichtungen zu Lasten künftiger Rechnungsjahre an die Zustimmung des Finanzministers gebunden. Der Bundesfinanzminister kann die Ausgabemittel, an denen er Anstoß nimmt, nicht selbst bestimmen, sondern kann seine Zustimmung nur zu den Ausgabemitteln versagen,

[18] BRats-Drucks. 442/67.
[19] F. *Neumark*, a. a. O., S. 90 (40).
[20] F. *Neumark*, ebenda, S. 86 (36).
[21] Vgl. § 7 Bundeshaushaltsgesetz 1967, BGBl. I, S. 1961.

welche die Bundesregierung bezeichnet hat[22]. Insoweit scheint der Ansicht Neumarks, der Bundesfinanzminister könne, wenn auch im Einvernehmen mit dem Wirtschaftsminister, „nach seinem Ermessen bestimmen, welche Haushaltsmittel er in welchem Umfang reduzieren will"[23], eine andere Interpretation der Vorschrift zugrunde zu liegen. Bei solcher Interpretation läge in der Vorschrift allerdings eine „gewaltige Machtverschiebung zugunsten der Exekutive". Fraglich erscheint, ob der Finanzminister nur vor der Alternative steht, die Zustimmung gänzlich zu verweigern oder den Ausgabetitel voll anzuerkennen, oder ob er auch eigenständig Korrekturen (Kürzungen) vornehmen kann. Angesichts der Tatsache, daß die Kürzung im Verhältnis zur verweigerten Zustimmung ein Minus darstellt, wird man das Mitwirkungsrecht des Bundesfinanzministeriums nicht auf eine Art Vetorecht beschränken können, sondern auch auf ein konstruktives Vorschlagsrecht erstrecken müssen, das sich als Teilablehnungsrecht im Rahmen der Ermächtigung hält. Der Finanzminister muß nicht nur „ja" oder „nein" sondern auch „teils-teils" sagen können. Auf der anderen Seite besteht die Gefahr, daß durch „Rechenkunststücke" des Finanzministers komplizierte Änderungen im Haushaltsplan eintreten können, die eine neue parlamentarische Kontrolle erforderlich werden lassen kann. Eingriffe in den parlamentarisch sanktionierten Haushaltsplan sind von „großer finanzpolitischer und wirtschaftlicher Tragweite und belasten die Bundesregierung mit einer erheblichen politischen Verantwortung"[24]. Jedenfalls dürfte der Finanzminister aber zu kleineren Korrekturen befugt sein. Bei der Ausübung seines Ermessens dürften für den Bundesfinanzminister folgende Punkte von grundsätzlicher Bedeutung sein:

Eine restriktive Ausgabenpolitik kann dazu führen, daß der Anteil des Staates am Sozialprodukt unter im übrigen gleichbleibenden Bedingungen in Zeiten der Hochkonjunktur relativ abnimmt. Das Gesetz Adolf Wagners von den wachsenden Staatsausgaben gilt zwar absolut, aber nach den Erfahrungen der vergangenen zwei Jahrzehnte nicht unbedingt im Verhältnis zur Entwicklung des Bruttosozialprodukts[25]. Eine „Orientierung des staatlichen Haushaltsvolumens an gesamtwirtschaftliche Richtgrößen" erscheint insoweit bedenklich.[26]

---

[22] *Münch*, in Stern-Münch, Erl. II, 1 zu § 6, S. 129; A. *Möller*, Rdnr. 3 zu § 6, S. 109; a. A. *Neumark*, Fiskalpolitik und Wachstumsschwankungen **1968, S. 93 (43).**

[23] F. *Neumark*, ebenda.

[24] *Münch*, in Stern-Münch, Erl. II, 1 zu § 6, S. 129.

[25] In den USA sind die Bundesstaatsausgaben zwischen 1955 und 1965 von 17 % auf 15 % des Bruttosozialprodukts gefallen, W. W. *Heller*, New Dimensions of Political Economy, Cambridge, Mass., 1966, p. 95. In der Bundesrepublik haben die Zuwachsraten außerordentlich stark geschwankt

Bei zunehmendem Wachstum des allgemeinen Wohlstandes nimmt die Nachfrage nach Sozialausgaben eher zu als umgekehrt[27]. Das spricht dafür, Steuermehrerträge im Wirtschaftswachstum nicht zu Steuersenkungen, sondern zu Mehrausgaben zu verwenden.

Eine restriktive Ausgabepolitik neigt dazu, die in einer „affluent society" ohnehin bestehende Gefahr eines „sozialen Ungleichgewichts", wie sie Galbraith aufgezeigt hat, noch zu verstärken, indem die Produktion privater Sondergüter unberührt bleibt, während die Produktion von kollektiven Bedarfsgütern eingeschränkt wird.

Investitionsorientierte Ausgaben sind weniger variabel als konsumorientierte Ausgaben. Sozialausgaben und Subventionen müssen in einer restriktiven Phase mindestens ebenso stark, wenn nicht stärker, eingeschränkt werden als Investitionsausgaben. Besonders wachstumsorientierte Ausgaben, vor allem Investitionen in die Infrastruktur, sollten möglichst überhaupt nicht aus Rücksicht auf vorübergehende Konjunkturlagen angetastet werden[28].

Zwar sind 80 bis 90 % der Staatsausgaben gesetzlich oder vertraglich gebunden, dennoch bestehen Variationsmöglichkeiten durch zeitliche Ausgabenverschiebung und/oder durch Änderungen der gesetzlich bzw. vertraglichen Grundlagen[29].

Kürzungen brauchen daher nicht auf den relativ kleinen variablen Ausgabenteil konzentriert zu werden.

(24 % im Jahre 1952 — 2 % im Jahre 1960). Der Anteil der öffentlichen Gesamtinvestitionen an der Summe der Ausgaben aller politischen Ebenen beträgt gegenwärtig ungefähr ein Viertel, vgl. zu den diesbezüglichen quantitativen Zusammenhängen, U. *Hoffmann,* Struktur und Wachstum der öffentlichen Investitionen, in: „Wirtschaftskonjunktur", Berichte des Ifo-Instituts, 1967, S. 31 ff.

[26] Vgl. den gleichnamigen Aufsatz von J. *Klaus,* Zeitschrift für Nationalökonomie, Bd. XXVII, 1967, S. 89 ff.

[27] K. *Schmidt,* Zur ordnungspolitischen Problematik wachsender Staatsausgaben, in: Beiträge zur Theorie der öffentlichen Ausgaben, Schriften d. Vereins f. Sozialpolitik, N. F. Bd. 47, 1967, S. 126 ff.; F. L. *Pryov,* Elements of a Positive Theory of Public Expenditures, FinArch. N. F. Bd. 26, 1967, S. 495 ff.

[28] F. *Neumark,* Fiskalpolitik und Wachstumsschwankungen, S. 82 (33): „Wachstumsfördernde öffentliche Ausgaben müssen ‚als ein fester Kern des Budgets angesehen und aufrechterhalten werden ... sie tragen sozusagen überkonjunkturellen Charakter ... Zum anderen dürfen Verschiebungen des Verhältnisses von sogenanntem Sozialkonsum zu den Sozialinvestitionen zugunsten des ersteren, wenn überhaupt, so nur in Zeiten schwachen, als zu gering empfundenen Wirtschaftswachstums (vorübergehend) zugelassen werden'."

[29] Das Haushaltssicherungsgesetz von 1966 hat gezeigt, daß Kürzungen auch bei den gebundenen Ausgaben erfolgen können.

Kürzungen von öffentlichen Ausgaben ohne gesamtwirtschaftlichen Nutzeffekt dienen stets der Verbesserung der Allokation der Ressourcen und sollten auf jeden Fall im Boom zur Entspannung der Konjunkturlage, aber — wenn es in der politischen Realität eben anders nicht geht — auch bei leeren Kassen in der Rezession vorgenommen werden[30]. Insgesamt ist der Feststellung von Musgrave[31] beizupflichten: „Unwirtschaftliche Ausgaben haben keinen Platz in einer effizienten Antidepressionspolitik, und es ist Vergeudung, wesentliche öffentliche Ausgaben zur Bekämpfung der Inflation zu kürzen."

c) § 6 Abs. 2 StabG

Nach § 6 Abs. 2 StabG kann die Bundesregierung bei nachlassender allgemeiner Wirtschaftstätigkeit bestimmen, daß zusätzliche Ausgaben, d. h. Ausgaben, die nicht von einer vorherigen parlamentarischen Ermächtigung gedeckt sind, geleistet werden. Die erforderlichen Mittel sind in erster Linie durch Entnahme aus der Konjunkturausgleichsrücklage, § 6 Abs. 2, Satz 3 StabG, und in zweiter Linie durch Defizitspending zu beschaffen. Sie sind nur für Zwecke zu verwenden, die im Finanzplan vorgesehen sind. Das gilt sowohl für die schon behandelten investiven Ausgaben, deren Forcierung im wesentlichen durch ihre beschleunigte Durchführung erfolgen kann[32], als auch für Sozialausgaben, die der Förderung der konsumtiven Nachfrage dienen. Bei zusätzlichen Ausgabeprogrammen haben die mitspracheberechtigten Instanzen (Bundesregierung, Bundeswirtschaftsminister, Bundesfinanzminister) zu berücksichtigen,

— daß eine Förderung der konsumtiven Nachfrage auch durch Steuersenkungen zu erreichen ist,
— daß aber Transferausgaben schneller und intensiver wirken und
— daß aus soziologischen Gründen Sozialleistungen in der Regel irrevisibel sind[33].

2. *Einnahmepolitik*

Das Stabilitätsgesetz sieht folgende einnahmepolitischen Maßnahmen im Dienste der Konjunktur- und Wachstumssteuerung vor:

---

[30] Unter diesem Aspekt erscheinen die ausgabenpolitischen Eingriffe, wie sie laut Bulletin der Bundesregierung vom 26. Juli 1967 in Angriff genommen wurden, durchaus vertretbar.

[31] R. A. *Musgrave*, The Theory of Public Finance, New York 1959, p. 519, dt. Ausgabe von L. *Kullmer*, Finanztheorie, 1966, S. 485.

[32] „Für ad hoc-Investitionen sollte künftig in der Fiskalpolitik kein Raum mehr sein", F. *Neumark*, Fiskalpolitik und Wachstumsschwankungen, S. 92 (42).

[33] R. *Jochmisen*, Theorie der Infrastruktur, 1966, S. 125 ff.; F. *Neumark*, Interventionsstaat, S. 233 f., 268.

§ 26 Nr. 1 und 2: Anpassung der Einkommensteuervorauszahlungen;
§ 26 Nr. 3 a: Abzug von der Einkommensteuer für Investitionen;
§ 26 Nr. 3 b (Einfügung eines Abs. 2 in § 51 EStG): Aussetzung von degressiven und Sonder-Abschreibungen;
§ 26 Nr. 3 b (Einfügung eines Abs. 3 in § 51 EStG): Variation der Einkommensteuer;
§ 27: Variation der Körperschaftssteuer, Abzug von der Körperschaftssteuer für Investitionen und Aussetzung von degressiven und Sonder-Abschreibungen;
§ 28: Anpassung der Gewerbesteuervorauszahlungen.

Danach sind drei Funktionsarten zu unterscheiden:
Variation der Steuertarife bei Einkommens- und Körperschaftssteuer;
Variation der Steuerbemessungsgrundlage bei Einkommen- und Körperschaftssteuer;
Steueranpassung für Vorauszahlungen bei Einkommen-, Körperschafts- und Gewerbesteuer.

Damit hat das Stabilitätsgesetz sowohl nach der *Steuerart* als auch nach dem *Steuerverfahren* eine Auswahl unter anderen konjunkturpolitisch begründeten Fiskalmaßnahmen getroffen. Entsprechend bestimmt sich die Funktionsgerechtigkeit[34] der Regelungen danach, ob Steuerarten (a) und Steuerverfahren (b) zweckentsprechend gewählt worden sind. Schließlich fragt sich, ob die Einrichtung von automatischen Stabilisierungsfaktoren anstelle von manipulierenden Maßnahmen nicht funktionsgerechter erscheint (c).

a) *Einkommen- und Körperschaftssteuer als Lenkungsmittel*

Angesichts der Tatsache, daß der britische Schatzkanzler seit der „Finance Act" von 1961 ermächtigt ist, die „purchase tax" und bestimmte Verbrauchsabgaben zu konjunkturpolitischen Zwecken kurzfristig um 10 % herauf- oder herunterzusetzen und de facto von dieser Ermächtigung schon Gebrauch gemacht hat, und daß es in Schweden einen spezifisch konjunkturpolitisch ausgerichteten *Investitionsfonds* gibt[35], hätte es nahegelegen, auch (Einzel- und Allgemein-)

---

[34] K.-H. *Hansmeyer*, Stabilitätsgesetz und Marktwirtschaft, Die Aussprache 1968, S. 90: „Grundsätzlich ist die steuerpolitische Beeinflussung der unternehmerischen Investitionsneigung ein lange diskutiertes und sektoral durchaus erprobtes Mittel der Investitionsstimulierung, erprobt in der BRD freilich nur in expansiver Richtung im Rahmen der sog. 7er Gruppe des Einkommensteuergesetzes."

[35] Leif *Muten*, Die schwedischen Finanzen, FinArch. Bd. 26 N. F., 1967, S. 284 ff., 301 ff.; *ders.* auf dem Kongreß des Institut International de Finances Publiques 1964 in Budapest, in: Public Finance Policy und Techniques for Economic Stability and Balanced Economic Growth, vol. 21, 1966, S. 237 ff.

Verbrauchssteuern in den Dienst der Konjunktur- und Wachstumsbeeinflussung zu stellen. Tatsächlich hat Hamburg zu dem ersten von der Regierung Erhard vorgelegten Entwurf eines Stabilitätsgesetzes einen Ergänzungsvorschlag des Inhalts nachgereicht, die Ermächtigung zu kurzfristigen Steuervariationen auch auf die Umsatz- und bestimmte Verbrauchssteuern zu erstrecken. Dennoch sprechen gewichtige Argumente für den heute überwiegend in der Finanztheorie vertretenen Standpunkt[36], daß nur Einkommen- und Körperschaftssteuer als spezifische Konjunktur- und Wachstumssteuer in Frage kommen[37]:

Es erscheint nicht gerechtfertigt, Konsumenten und Produzenten nur dieser oder jener Konsumgüter (auch wenn es sich um Luxusgüter wie Alkohol, Tabak usw. handelt), in Zeiten der Rezession Unterbeschäftigungen, in Zeiten des Booms inflatorische Preisentwicklungen anzulasten. Das Problem der Verteilungsgerechtigkeit stellt sich weniger dringlich bei den allgemeinen Verbrauchsabgaben in Form der Umsatz- oder Mehrwertsteuer[38]. Dennoch erscheint es auch hier zweifelhaft, ob Steuersenkungen in Zeiten der Rezession einer gerechten Restribution entsprechend in Form von Preissenkungen tatsächlich voll an die Konsumenten weitergegeben werden. In Zeiten der Hochkonjunktur dürfte die Erhöhung der grundsätzlich überwälzbaren indirekten Steuern zu einer verstärkten Inflationsentwicklung führen. Schließlich ergeben sich Probleme aus der erstrebten Harmonisierung des Steuersystems im EWG-Raum und nicht zuletzt wegen der berüchtigten Ankündigungseffekte bei Steuerveränderungen.

---

[36] Das kam insbesondere in den Hearings des Subcommittee on Fiscal Policy des Joint Economic Committee über „Tax changes for shortrun stabilization" zum Ausdruck, 1966.

[37] F. *Neumark,* Fiskalpolitik und Wachstumsschwankungen, 1968, S. 105 f. (55 f.) m. w. Nachw. aus der angelsächsischen und französischen Literatur.

[38] Die Einführung der Mehrwertsteuer ist verschiedentlich gerade deshalb gefordert worden, weil sie konjunkturpolitisch handhabbarer sei, so in den USA von A. *Harberger* in den eben genannten Hearings, p. 69: „a powerful and flexible instrument of fiscal policy, capable of providing shortterm variations in tax yield". In der Bundesrepublik besteht eine konjunkturpolitisch bedeutsame Besonderheit der Mehrwertsteuer durch § 30 Umsatzsteuergesetz vom 29. 5. 1967, BGBl. I, S. 545, demzufolge eine Staffelung für den sogenannten Selbstverbrauch von 8 % am 1. 1. 1968 bis 2 % am 31. 12. 1972 vorgesehen ist. Im Zusammenhang mit der Verabschiedung des Stabilitätsgesetzes hat der Bundestag am 10. 5. 1967 den Entschluß gefaßt: „Vor Ausnutzung einer Ermächtigung nach § 26 Nr. 3 Buchst. a wird die Bundesregierung aufgefordert zu prüfen, ob nicht bei dieser Gelegenheit eine Abänderung des Stufenplanes gemäß § 30 des Mehrwertsteuergesetzes in Erwägung gezogen werden kann wegen einer größeren konjunkturpolitischen Wirkung", Sten. Bericht, Anl. 5, S. 5137 D.

b) Steuerverfahren

Obgleich für die stabilitätspolitische Wirkung von Steuervariationen die Veränderung des Umfanges der Steuerlasten (Steuererträge) den Ausschlag gibt, kommt auch dem Verfahren der Steuervariation vorwiegend aus drei Gründen entscheidendes Gewicht zu:

— Der Grundsatz der Stetigkeit des Steuerrechts wird je nach Verfahren unterschiedlich tangiert.

— Die unterschiedlichen Verfahren zeitigen unterschiedliche Auswirkungen auf die Einkommensverteilung.

— Konsum und Investition können verschieden stark betroffen sein.

Die möglichen Verfahrensarten ergeben sich aus Zahl und Art der Faktoren, die den Umfang der Steuerlasten (Steuererträge) bestimmen: Tarif, Bemessungsgrundlage, Ausnahmen (Freibeträge). Die Steuervariationsmaßnahmen des Stabilitätsgesetzes setzen bei den ersten beiden Faktoren an, also sowohl bei dem Steuertarif (Erhöhung bzw. Senkung der Einkommen- und Körperschaftssteuer um 10 %) als auch bei der Steuerbemessungsgrundlage (Steuerabzug für Investitionen in der Rezession bis zur Höhe von 7,5 %, Einschränkung der Abschreibungsmöglichkeiten im Boom bei Einkommen- und Körperschaftssteuer)[39].

Eine Variation der Steuerfreibeträge ist nicht vorgesehen. Veränderungen der Freibeträge in Form langfristiger Anpassung an die Entwicklung des Volkseinkommens erscheinen durchaus sinnvoll, nicht jedoch Variationen, die an kurzfristigen gesamtwirtschaftlichen Fluktuationen ausgerichtet sind[40]. Die im Stabilitätsgesetz vorgesehene Anpassung der Vorauszahlungen ein Jahr über den Veranlagungszeitraum hinaus dient der Verstärkung der antizyklischen Wirkung der Steuertarifvariationen. Sie sind nicht weiter problematisch.

aa) Variation der Steuertarife

Entgegen den Bedenken des Finanzausschusses wegen der konjunkturellen Wirksamkeit kurzfristiger Steuerveränderungen[41] wurde im Wirtschaftsausschuß „weitgehende Übereinstimmung" über die kon-

---

[39] Zu den quantitativen Auswirkungen dieser Maßnahmen vgl. K. H. *Nissen,* Die steuerlichen Vorschriften des Konjunkturgesetzes, Deutsche Steuerzeitung, 1967, S. 224 ff., *ders.,* Einkommensteuer und Körperschaftsteuer als Konjunkturinstrument nach dem Konjunkturgesetz, Deutsches Steuerrecht, 1967, S. 500 ff.

[40] F. *Neumark,* Fiskalpolitik und Wachstumsschwankungen, 1968, S. 107 (57).

[41] Finanzausschuß des BT, 59 Sitg. v. 15. 2. 1967, Prot. S. 4.

junkturpolitische Zweckmäßigkeit dieser Regelung erzielt[42]. Im wesentlichen stehen sich folgende Ansichten gegenüber.

Einerseits: Kurzfristige Variationen der Ertragssteuern verstoßen gegen den Grundsatz der Stetigkeit des Steuerrechts[43]; sie tragen zusätzliche Unsicherheit in die Kalkulationen der Unternehmer[44]. Steuererhöhungen führen in eine Einbahnstraße, da sie kaum rückgängig gemacht werden können.

Andererseits: „... tarifarische Flexibilität der Steuerpolitik ist heute geradezu eine unabdingbare Voraussetzung für wirtschaftliche Stabilität“[45].

Die Regelung des Stabilitätsgesetzes ist so zu verstehen, daß die Variationen auf die *Steuerschuld* zu berechnen sind, so daß es sich um *lineare Veränderungen* handelt[46]. Dadurch trägt das Instrument der Steuervariation ambivalenten Charakter, indem es auch die Einkommensverteilung verändert: Lineare Steuervariationen bedeuten eine gleichmäßige prozentuale Veränderung der Steuersätze und damit eine gleiche relative Veränderung der Steuerbeträge, so daß bei einer Tarifgestaltung in Form der Einkommensteuerprogression die höheren Einkommen stärker positiv und negativ betroffen werden[47]. Bei der Festsetzung des Prozentsatzes der Zuschläge bzw. Abschläge zur Einkommen- bzw. Körperschaftssteuerschuld ist daher auch der restributive Nebeneffekt in Rechnung zu stellen, evtl. durch Anpassung der Progressionstarife[48].

bb) Variation der Steuerbemessungsgrundlage

Methodisch lassen sich drei mögliche Formen der Konjunktursteuerung über die kurzfristige Veränderung der Steuerbemessungsgrundlage unterscheiden:

[42] Schriftlicher Bericht des Wirtschaftsausschusses des BT, BTags-Drucks. V/1678, S. 5, 12.

[43] Andererseits: „Man könnte sich sogar vorstellen, daß Unsicherheit in der Hochkonjunktur geradezu ein Instrument ist, die zu hohe Investitionsneigung zu dämpfen“, K.-H. *Hansmeyer*, Stabilitätsgesetz und Marktwirtschaft, Die Aussprache 1968, S. 90 ff., 92.

[44] Zur Bedeutung dieses Prinzips F. *Neumark*, Grundsätze der Besteuerung in Vergangenheit und Gegenwart, 1965, S. 30 f.

[45] F. *Neumark*, Fiskalpolitik und Wachstumsschwankungen, S. 109 (59) m. w. Nachw.

[46] Wirtschaftsausschuß des BT, 46. Sitg. v. 2. 2. 1967, Prot. S. 17.

[47] In der Bundesrepublik sind etwa 5—6 Millionen Arbeitnehmer nicht lohnsteuerpflichtig. In erster Linie berühren Einkommensteuervariationen daher die Investitionsgüterindustrie.

[48] Über die verschiedenen Techniken hierbei vgl. J. *Niehaus*, Probleme einer konjunkturgerechten Steuerpolitik, Basel 1958.

— Erweiterung und Beschränkung der Absetzungen für Abnutzungen *(Abschreibungen)*;
— Gewährung und Aufhebung eines teilweisen *Steuerabzugs* für neubeschaffte Investitionsgüter[49];
— Gewährung und Aufhebung von *Investitionsprämien*, also von Vergütungen auch für diejenigen Unternehmer, die — mangels Gewinne — keine Einkommen- oder Körperschaftssteuer zu entrichten haben.

Das Stabilitätsgesetz hat die zweite Methode gewählt (für die Einkommensteuer § 26 Nr. 3 b: Einfügung eines Abs. 2 § 51 EStG, für die Körperschaftssteuer § 51 Abs. 2 in Verbindung mit § 6 Abs. 1 KStG). Gegen die kurzfristige Steuervariierung der Steuerbemessungsgrundlagen wird generell vorgebracht, sie zeitige unerwünschte Wirkungen hinsichtlich der Einkommensverteilung. Das trifft insoweit zu, als es sich um einseitige Vergütungen handelt, denen keine gleichwertige Belastung gegenübersteht[50]. Im Vergleich zu den übrigen finanzpolitischen Maßnahmen (Ausgabepolitik, Variierung der Steuertarife) schlägt der relativ stärkere redistributive Nebeneffekt kurzfristiger Veränderungen der Steuerbemessungsgrundlage negativ zu Buche. Dagegen ist innerhalb dieser Gruppe die Regelung des Stabilitätsgesetzes im Vergleich zu Abschreibungsmaßnahmen und Investitionsprämien günstiger[51]:

— Gegen die echte Investitionsprämie sprechen strukturpolitische Bedenken, da durch sie wachstumsschwache Strukturen häufig künstlich aufrechterhalten werden.
— Soweit der Umfang der Abschreibungen den betriebswirtschaftlichen Erfordernissen angemessen ist, erscheint eine Variierung kaum möglich. Im Verhältnis der Branchen und Betriebe untereinander wirken Abschreibungen insofern wenig funktionsgerecht, als sie die Steuerbemessungsgrundlage bei einer progressiven Tarifgestaltung in einer Form verändern, die dem Leistungsfähigkeitsprinzip entgegengerichtet ist.
— Darüber hinaus ist zweifelhaft, ob die Gewährung zusätzlicher Abschreibungen in der Rezession die Nettoinvestition überhaupt — jedenfalls über die ohnehin geplanten Vorhaben hinaus — erweitert, ob also damit auf die Determinanten der unternehmerischen Investitionstätigkeit eingewirkt werden kann.

---

[49] Sie wird häufig mißverständlich als Investitionsprämie bezeichnet.

[50] Zum sozialpolitischen Ausgleich schlägt F. *Neumark* — normale Wirtschaftsverhältnisse vorausgesetzt — kompensatorische Steuermaßnahmen für Nichtunternehmer vor.

[51] Zum folgenden F. *Neumark*, Fiskalpolitik und Wachstumsschwankungen u. H. auf angelsächs. neueres Schrifttum.

Angesichts dessen scheint das Stabilitätsgesetz mit der Regelung über die Möglichkeit von Investitionsabzügen, die konjunkturpolitisch schneller und intensiver wirken und gerade auf konjunkturpolitisch besonders relevante Investitionen abgestimmt sind, den besten Weg gewählt zu haben. Allerdings wäre das Pendant zum Investitionsabzug die Investitionssteuer im Boom und nicht die Einschränkung der Abschreibungsmöglichkeiten.

c) *Automatische Stabilisatoren*

Angesichts der Problematik teilweiser Steuervariierungen fragt es sich, ob nicht eine verfeinerte Ausgestaltung der sogenannten Built-in-flexibility, d. h. die Ausstattung des Steuersystems mit einem hohen Grad an eingebauter Flexibilität funktionsgerechter wirkt, indem sie eine automatische — und damit vorhersehbare — antizyklische Reaktion des Steuersystems herbeiführt[52]. Die automatische Stabilisierungswirkung der Steuern erhöht sich mit zunehmendem Anteil derjenigen Steuern am Gesamtsteueraufkommen, die einen hohen Elastizitätsgrad besitzen. Ohne in der gebotenen Kürze einen entsprechenden Nachweis liefern zu können[53], läßt sich feststellen, daß die Ertragssteuern die größte Elastizität aufweisen und von diesen wiederum die Körperschaftsteuer den stärksten Schwankungen unterliegt, weil die Gewinne der Kapitalgesellschaften besonders auf die jeweilige gesamtwirtschaftliche Entwicklung reagieren. Diese Elastizität der Besteuerungsmenge kann durch eine solche des Tarifs in Form progressiver Tarifgestaltung noch erhöht werden, wie es in der Bundesrepublik bei der Einkommenbesteuerung stärker als der Körperschaftssteuer geschieht. Daraus ergibt sich: Je höher der Anteil der Einkommen- und Körperschaftssteuer am Gesamtsteueraufkommen ist, um so größer

[52] Bericht des Deutschen Industrieinstituts zur Wirtschaftspolitik, 1967, Nr. 2, „Variable Steuersätze in der Diskussion", S. 37: „Als Fazit der Ausführungen darf festgehalten werden, daß eine variable Steuersatzpolitik zu viele Nachteile und Schwierigkeiten aufweist, um als wirkungsvolles Instrument einer den heutigen Verhältnissen angepaßten Konjunkturpolitik in Frage zu kommen. Statt der formula flexibility auf der Einnahmenseite empfiehlt sich für eine Politik der Konjunkturstabilisierung, die built-in-flexibity auszubauen (z. B. Abbau der Steuerpauschalierung, steuerlicher Befreiungen und Vergünstigungen etc.) und das Schwergewicht der fiscal policy auf die Ausgabenpolitik zu legen. Hier ist aufgrund der Finanzplanung und des Eventualbudgets ein gezielter und rascher konjunkturpolitischer Einsatz möglich."

[53] Vgl. insoweit F. *Neumark,* Wirtschafts- und Finanzprobleme des Interventionsstaates, 1961, S. 222 ff.; W. *Albers,* Die automatische Stabilisierungswirkung der Steuern, Möglichkeit und Problematik in der Bundesrepublik Deutschland, Jahrbuch für Nationalökonomie und Statistik, Bd. 180; 1967, S. 99 ff.

sind die Schwankungen der Steuererträge im Vergleich zur Entwicklung des Sozialprodukts, so daß in der Rezession antizyklisch wirkende Budgetdefizite und im Boom entsprechende Budgetüberschüsse entstehen. Dennoch stellt auch das System der eingebauten Stabilisatoren keine Patentlösung dar. Zwar erscheint es technisch durchaus möglich, durch eine entsprechende Strukturierung der Besteuerungsmenge und der Tarife das Steuerungssystem überaus flexibel auszugestalten, aber darin liegt zugleich die Problematik dieser Ausgestaltung insofern, als ein zu hoher Grad an eingebauter Flexibilität zu einer überhöhten Besteuerung führt, die eine Abweichung des faktischen vom potentiellen Sozialprodukt impliziert. *Angesichts dessen erscheint die Einführung eines Instrumentariums zur kurzfristigen. diskretionären Steuervariierung trotz eingebauter Stabilisatoren durchaus gerechtfertigt und zweckentsprechend.*

Diese soeben dargestellten ausgaben- und einnahmenpolitischen Instrumente des Stabilitätsgesetzes wurden entsprechend der Aufgabe, ihren zweckentsprechenden Charakter zu testen, nach rein rationalen Gesichtspunkten beurteilt. Es bedarf keiner weiteren Hervorhebung. daß in der Praxis politisch-ideologische Gesichtspunkte, wenn nicht gar Ressentiments, eine nicht zu unterschätzende Rolle spielen. Generell läßt sich sagen, daß bei der Entscheidung für einnahme- und/oder ausgabepolitische Maßnahmen aus liberaler Sicht in der Rezession eher für Steuersenkungen (statt Ausgabeerhöhungen), im Boom eher für Ausgabesenkungen (statt Steuererhöhungen) plädiert wird, weil so die Entscheidung über Umfang und Struktur der Nachfrage am wenigsten durch staatliche Maßnahmen präjudiziert wird. Anhänger einer interventionistischen Wirtschaftspolitik dürften demgegenüber die staatliche Ausgabenpolitik auf möglichst hohem Niveau halten wollen. Die Wahrheit dürfte auch hier in der Mitte liegen, d. h. bei einer kombinierten Anwendung von ausgabe- und einnahmepolitischen Maßnahmen zu finden sein. Erinnert sei an die in den USA 1964 von Präsident Johnson durchgeführte Rezessionsbekämpfung in Form der von Präsident Kennedy angeregten Steuersenkung plus Ausgabenerhöhung (jedenfalls ohne Ausgabesenkung).

In Zeiten der Hochkonjunktur empfiehlt Neumark[54] aus verteilungspolitischen Gründen eine Steuererhöhungsaktion gegenüber Ausgabesenkungen.

3. *Ausgleichspolitik*

Voraussetzung für den antizyklischen Erfolg der einnahmen- und ausgabepolitischen Maßnahmen ist die funktionsadäquate Verwendung des sich aus den Steuervariationen ergebenden budgetären Nettoergebnisses. Daraus folgert grundsätzlich, daß Mehreinnahmen

---

[54] F. *Neumark,* Fiskalpolitik und Wachstumsschwankungen, S. 96 (46).

aufgrund restriktiver Maßnahmen nicht wieder dem Geldkreislauf zugeführt werden dürfen, soll nicht inflationärer Entwicklung durch die Hintertür wieder Zugang verschafft werden. In Zeiten der Rezession entstandene Fehlbeträge aufgrund von Ausgabenerhöhungen und/oder Steuersenkungen müssen durch zusätzliche Kredite finanziert werden, soll die expansive Wirkung nicht paralysiert werden.

Aus diesem Grunde hat das Stabilitätsgesetz folgende Regelungen getroffen:

a) § 7 StabG

Einführung einer Konjunkturausgleichsrücklage, deren Prinzip darin besteht, daß Mehreinnahmen in Form einer Rücklage bei der Notenbank stillzulegen sind und Mittel zu expansiven Maßnahmen aus ihr entnommen werden, sei es zur Deckung von Mindereinnahmen, sei es zur Finanzierung von Mehrausgaben, § 7 StabG;

b) §§ 5 Abs. 2; 6 Abs. 1 S. 3 StabG

Mehreinnahmen können im Boom außer zur Zuführung an die Konjunkturausgleichsrücklage auch zur Tilgung von Schulden bei der Deutschen Bundesbank verwendet werden, §§ 5 Abs. 2; 6 Abs. 1 Satz 2 StabG;

c) § 6 Abs. 3 i. V. m. Abs. 2 StabG

Ermächtigung des Finanzministers, zur Finanzierung konjunkturpolitisch berechtigter Mehrausgaben „Kredite über die im Haushaltsgesetz erteilten Ermächtigungen hinaus bis zur Höhe von 5 Mrd. DM, gegebenenfalls mit Hilfe von Geldmarktpapieren, aufzunehmen", § 6 Abs. 3 i. V. m. Abs. 2 StabG.

d) §§ 19—22 StabG

Auch die Ermächtigung der Bundesregierung, durch kreditlimitierende Rechtsverordnungen eine übermäßige kreditäre Finanzierung von Mehrausgaben im Boom seitens der öffentlichen Haushalte zu unterbinden, §§ 19—22 StabG, gehört hierher.

ad a) Zu unterscheiden ist zwischen der *Bildung* der Konjunkturausgleichsrücklage einerseits (aa) und ihrer *Verwendung* andererseits (bb).

aa) Es handelt sich um die *Bildung* je eines Konjunkturfonds bei Bund und Ländern, der aus mehreren Quellen gespeist wird[55], nämlich:

---

[55] Die in der Stellungnahme des Bundesrates zu dem Regierungsentwurf vorgeschlagene Aufteilung in eine freiwillige Konjunkturausgleichsrücklage I (§§ 5, 6) und eine obligatorische Rücklage II (§ 15) fand nicht die Zustimmung des Bundestages, BTags-Drucks. V/890, S. 24, 26.

Fakultativ[56] in Form der Veranschlagung bei der Haushaltsaufstellung „zur Zuführung an eine Konjunkturausgleichsrücklage" im Falle „einer die volkswirtschaftliche Leistungsfähigkeit übersteigenden Nachfrageausweitung", § 5 Abs. 2 StabG;

bedingt obligatorisch durch Zuführung der durch die Finanzminister nach § 6 Abs. 1 Satz 1 „gekappten" Ausgabemittel, die nach Ablauf des Regierungsjahres frei geworden sind,[57] § 6 Abs. 1 Satz 3, für die Länder in Verbindung mit § 14 StabG;

uneingeschränkt obligatorisch[58] durch Rechtsverordnung der Bundesregierung, daß Bund und Länder ihrer Konjunkturausgleichsrücklage Mittel zuzuführen haben, § 15 Abs. 1 StabG;

uneingeschränkt obligatorisch durch die Verpflichtung, Mehrerträge aus Steuervariationen zuzuleiten, § 15 Abs. 4 StabG.

Die Bildung der Konjunkturausgleichsrücklage nach dem Stabilitätsgesetz unterscheidet sich damit wesentlich von Fondsbildungen nach Art des seinerzeit durch Finanzminister Schäffer geschaffenen „Juliusturms", indem sie nicht wie dieser eine vorsorgende Vorsichtsmaßnahme für schlechte Zeiten darstellten, sondern ad hoc zum Ausgleich überhöhter Wachstumsraten gebildet werden sollen. Haushaltstechnisch ist für die Bildung von Konjunkturausgleichsrücklagen ein Leertitel im Haushaltsplan vorgesehen, § 8 Abs. 2 StabG.

bb) Gerade der soeben erwähnte Juliusturm der 50er Jahre hat die Problematik offensichtlich werden lassen, die in *der Art der Verwendung* von Ausgleichsrücklagen liegt. Das Stabilitätsgesetz hat daraus die Konsequenzen gezogen: Nach § 7 Abs. 1 Satz 2 StabG dürfen Mittel der Konjunkturausgleichsrücklage nur zur Deckung von Fehl-

---

[56] Zu dieser Einteilung *Stern,* in Stern-Münch, Erl. I, 2 zu § 7, S. 134.

[57] Die Art der Verwendung der freigewordenen Mittel bis zu diesem Zeitpunkt bleibt ungeklärt, vgl. F. *Neumark,* „Hier bleibt offen, was mit den betreffenden Mitteln während des Budgetvollzugs geschieht", Fiskalpolitik und Wachstumsschwankungen, S. 124 (74). Entsprechend dem Grundgedanken der Regelung, vgl. die Begründung der Bundesregierung, BRats-Drucks. 316/66, S. 12, dürfte jedoch eine Verwendung zu allgemeinen Deckungszwecken ausgeschlossen sein.

[58] Nach *Neumark* handelt es sich auch hier allenfalls um eine bedingt obligatorische Rücklage, weil es im Ermessen der Bundesregierung stehe, ob sie die Rechtsverordnung erläßt, ebenda, S. 125 (75), FN 2 und *ders.*, in: Ein Kommentar zum Deutschen Stabilitätsgesetz, Bespr. v. Stern-Münch, FinArch. Bd. 27,1968, S. 561 ff., 567. Diese Kritik trifft allenfalls insoweit zu, als es sich um Rücklagen des Bundes handelt. Die Länder können bei der Rücklagenbildung in keiner Hinsicht eine eigene Ermessensentscheidung zur Geltung bringen. Ausdrücklich hat der Finanzausschuß betont, daß freiwillige Rücklagen nicht ausreichten, da es nicht sicher sei, ob die Finanzminister diese in ihren Kabinetten durchsetzen könnten, Finanzausschuß des Bundestages, 33. Sitg. v. 22. 9. 1966, Prot. S. 12 f.

beträgen aufgrund konjunkturpolitisch bedingter Mindereinnahmen (§ 5 Abs. 3 StabG) und zur Finanzierung von konjunkturpolitisch notwendigen Mehrausgaben (§ 6 Abs. 3 StabG) verwendet werden. Indem darüber hinaus die zusätzlichen Ausgaben nach § 6 Abs. 2 StabG nunmehr an den Finanzplan gebunden sind, erscheint grundsätzlich eine funktionsentsprechende Verwendung der Mittel aus der Konjunkturausgleichsrücklage gewährleistet.

ad b) Stillegung von Mehreinnahmen in Form ihrer Zuführung zu einer Konjunkturausgleichsrücklage oder in Form der *Tilgung von Schulden bei der Notenbank* sind wirkungsmäßig gleichrangig. Faktisch dürfte nach allgemeiner Auffassung der Schuldentilgung der Vorzug gegeben werden[59]. Das Stabilitätsgesetz hat in den Fällen uneingeschränkt obligatorischer Zuführung an die Konjunkturausgleichsrücklage, § 15 Abs. 1 und Abs. 4 StabG, die alternative Möglichkeit der Schuldentilgung bei der Bundesbank nicht vorgesehen. Der Grund hierfür liegt nicht schon darin, daß die Länder zur Zeit keine Schulden gegenüber der Bundesbank haben[60], denn einerseits gelten §§ 15 Abs. 1 und Abs. 4 StabG auch für den Bund, andererseits §§ 5 Abs. 2, 6 Abs. 1 Satz 3 StabG auch für die Länder. Vielmehr dürfte wegen der Tatsache, daß Schuldentilgungen de facto bevorzugt werden, die Absicht zugrundeliegen, Anreicherungen der Konjunkturausgleichsrücklage und damit eine Kontrolle über die Wiederverwendung der obligatorisch zugeführten Mittel sicherzustellen. Die weitere Möglichkeit, die freigewordenen Mittel nach § 75 RHO zur Verminderung des Anleihebedarfs zu verwenden, erscheint weniger funktionsgerecht, da ihre restriktive Wirkung wesentlich schwächer ist. Angesichts der Ausschließlichkeit, mit der § 6 Abs. 1 Satz 3 StabG die Verpflichtung des Bundesfinanzministers zur zusätzlichen Tilgung von Schulden bei der Bundesbank oder zur Zuführung an die Konjunkturausgleichsrücklage normiert, scheint diese Form der Stillegung durch das Stabilitätsgesetz ausgeschlossen[61].

Jedenfalls erteilt das Stabilitätsgesetz eine klare Absage an die Tilgung von Staatsschulden gegenüber anderen Gläubigern als der Notenbank zum Zwecke der Konjunkturdämpfung, obwohl noch in jüngster Zeit vereinzelt auch dieser Möglichkeit eine deflatorische Wirkung zugeschrieben wird[62].

---

[59] A. *Möller*, Rdnr. 3 zu § 6, S. 109; F. *Neumark*, Fiskalpolitik und Wachstumsschwankungen, S. 127 (77).

[60] So aber F. *Neumark*, ebenda.

[61] Bedenklich insoweit *Münch*, in Stern-Münch, Erl. II, Nr. 4 b zu § 6, S. 130.

[62] O. *Pfleiderer*, Was kann die Finanzpolitik zur Geldwertstabilität beitragen?, Jahrb. f. Nationalökonomie und Statistik, Bd. 180, 1967, S. 285 ff., 290 FN 12.

ad c) Trotz einer weitverbreiteten Auffassung, daß eine Verschuldung bei der Notenbank gegenüber einer Verschuldung bei anderen Gläubigern den Vorzug verdiene, sieht das Stabilitätsgesetz auch für die letztgenannte Möglichkeit eine Ermächtigung vor[63]. Der Sinn einer Finanzierung durch Geldmarktpapiere dürfte darin liegen, die Funktionsfähigkeit des Kapitalmarktes zu erhöhen[64].

Die nach § 6 Abs. 3 i. V. m. Abs. 2 StabG freigesetzte Kaufkraft muß nicht unbedingt für öffentliche Investitionen eingesetzt werden. Zwar verweist § 6 Abs. 2 StabG auf „Zwecke, die im Finanzplan (§ 9 in Verbindung mit § 10) vorgesehen sind", aber das sind nicht nur Investitionen, da der Finanzplan auch Ansätze für Konsumausgaben enthalten muß.[65]

ad d) Die Prüfung der Funktionsadäquanz der Kreditlimitierung für öffentliche Haushalte durch Rechtsverordnung der Bundesregierung nach §§ 19—22 StabG[66] erscheint insofern besonders erforderlich, als sich gerade bei diesem Instrument die Frage stellt, ob die ökonomische Effizienz im angemessenen Verhältnis zur rechtlichen Veränderung steht und die Machtverschiebung im Staatsaufbau gelohnt hat.

Die Gründe für dieses „zu den einschneidendsten Konjunktursteuerungsmaßnahmen der Bundesregierung"[67] zählende und hinsichtlich der Einwirkungsmöglichkeiten auf die Gemeindehaushalte „am wei-

---

[63] Von dieser Dauerermächtigung hat der Bundesfinanzminister bereits Gebrauch gemacht zur teilweisen Finanzierung des Zweiten Konjunkturprogramms, BTags-Drucks. V/2070.

[64] *Münch*, in Stern-Münch, Erl. IV zu § 6, S. 132.

[65] Vgl. jedoch F. *Neumark*, Zur Problematik einer Steigerung der Effizienz fiskalpolitischer Instrumente des Stabilitätsgesetzes, FinArch. Bd. 28, 1969, S. 100 ff., 107 u. H. auf *Münch*, in Stern-Münch, Erl. III, 5 zu § 6, S. 132 u. A. *Möller*, Rdnr. 4 zu § 6 S. 110.

[66] Der Wortlaut der Bestimmung ist nicht eindeutig. Die Voraussetzung „Abwehr einer Störung des gesamtwirtschaftlichen Gleichgewichts" markiert nicht zweifelsfrei die „Eingriffsschwelle" für den Einsatz des Instruments. Abwehren lassen sich nur Gefahren; Störungen können nur noch nachträglich beseitigt werden. Da Konjunkturpolitik ihrer Natur nach die Wahrnehmung der staatlichen Krisenverhütungskompetenz darstellt, nicht aber auf nachträglich repressive Korrekturen ausgerichtet ist, dürfte der rechtliche Weg für kreditlimitierende Rechtsverordnungen der Bundesregierung bei einer Gefahr für das gesamtwirtschaftliche Gleichgewicht frei sein, wobei jedoch nach der Intention des Gesetzgebers Voraussetzung sein dürfte, daß sich die Gefahr nicht erst abzeichnet, sondern sich zu einer konkreten, unmittelbaren Gefährdung verdichtet hat, Rechtsausschuß des BT, 18. Sitg. v. 6. 10. 1966, Prot. S. 7 f.; Schriftlicher Bericht des Rechtsausschusses des BT, BTags-Drucks. V/1686, S. 3; 310. Sitg. des BR v. 2. 1. 1967, Sten. Ber. S. 94.

[67] *Stern*, in Stern-Münch, Vorbem. e vor § 19, S. 166.

testen ausgebildete"[68] Instrumentarium hat die Bundesregierung in ihrer Begründung zum Stabilitätsgesetz ausführlich dargelegt. Im wesentlichen gaben folgende Überlegungen den Ausschlag für die Normierung einer Kreditlimitierung der öffentlichen Haushalte:

— Im Verhältnis zur Privatwirtschaft ist die öffentliche Hand weitgehend zinsunempfindlich, weil staatliche Planung und Investition weniger durch Rentabilitätsgesichtspunkte als durch politisch-soziale Überlegungen bestimmt werden.
— Eine Einschränkung der Kreditaufnahme ergibt sich lediglich aus der sogenannten Schuldendienstgrenze, die jedoch nur die Gesamtbelastung der Haushalte, nicht aber die Belastung aus der einzelnen Kreditaufnahme betrifft.
— Der Leidtragende aus dem ungestörten Zugang der öffentlichen Hand zum Kreditmarkt ist die zinsempfindliche Privatwirtschaft, die von der erforderlichen restriktiven Geldpolitik voll betroffen wird — es sei denn, es stehen außenwirtschaftliche Finanzierungsquellen offen.

Demgegenüber wird insbesondere von kommunaler Seite geltend gemacht:[69]

— Kreditlimitierungen verfallen, einmal begonnen, einer irrevisiblen Eigengesetzlichkeit, da sie einen Bedarfsstau bewirken, der zu erneuten Limitierungen zwingt — es sei denn die konjunkturelle Situation[70] ist gänzlich anders. Ein Ausbruch aus diesem Teufelskreis dürfte kaum möglich sein.
— Kontingentierungen ziehen ständig weitere Absicherungen nach sich, damit sie nicht finanzierungstechnisch umgangen werden können.
— Letztlich dürfte das Instrument der Kreditlimitierung für die 25 000 Gemeindehaushalte daran scheitern, daß sich kein technisches Verfahren finden läßt, um eine den jeweiligen örtlichen Verhältnissen entsprechende Kreditlimitierung durchzuführen.[71]
— Solange die kommunalen Haushalte mangels hinreichender eigener Finanzausstattung auf staatliche finanzielle Unterstützung angewiesen sind, läßt sich nicht nur qualitativ sondern auch quantita-

---

[68] H. *Elsner,* Einbeziehung der Gemeinden in die staatliche Konjunkturpolitik, DÖV 1968, S. 520 ff., 523.

[69] H. *Elsner,* ebenda, S. 524 u. H. auf K. *Oettle,* Finanzreform und kommunale Schuldenwirtschaft, in: Die Finanzreform und die Gemeinden, Schriftenreihe des Vereins für Kommunalwissenschaften, Bd. 14, 1966, S. 121 ff.

[70] Da öffentliche Investitionen einem relativ starren Eigenrhythmus unterliegen (fixe Zeiten für Planung und Durchführung, Folgekosten etc.), dürften sie kaum — antizyklisch — am Konjunkturrhythmus — wohl aber an Wachstumsperioden — ausgerichtet werden können.

tiv eine Beeinflussung der kommunalen Haushalte funktionsgerechter durch staatliche Finanzzuweisungen erreichen.

IV. Lohnpolitische Maßnahmen — Konzertierte Aktion, § 3 StabG

Angesichts der durch die Tarifautonomie der Tarifvertragsparteien eng gezogenen Grenzen jeglicher staatlichen Lohnpolitik konnte auch das Stabilitätsgesetz keine umwälzenden Neuerungen bringen. Dennoch stellt die Normierung der Rechtsverpflichtung des Bundeskabinetts zur Aufstellung von Orientierungsdaten für eine konzertierte Aktion, § 3 StabG, einen beachtlichen Fortschritt in Richtung eines rationalen Lohnklimas dar[72]. Der wesentliche Sinn der Orientierungsdaten, die keinerlei verpflichtenden Charakter tragen[73], liegt darin, den Tarifvertragsparteien ihre gesamtwirtschaftliche Verantwortung deutlich vor Augen zu halten[74] und „eine flexible Methode" darzustellen, „um den autonomen Gruppen in der Gesellschaft eine Mitwirkung an der Verfassung der Wirtschaftspolitik zu ermöglichen"[75]. Ein Wechsel oder eine Verschiebung der Verantwortung ist dadurch nicht eingetreten. Die Orientierungsdaten bewirken keine Beeinträchtigung der „autonomen Interessenintegration"[76] in Gestalt der Tarif-

[71] Laut einer Modellberechnung des Deutschen Städtetages (unveröffentlicht).

[72] Bei der Sachverständigen-Anhörung des Wirtschaftsausschusses des BT am 20. Okt. 1966 ist die Hoffnung, daß die Regelung des Stabilitätsgesetzes zu einer Versachlichung der Lohndebatte beitrage, von allen Tarifvertragsparteien nachdrücklich betont worden. Wenig rational erscheint demgegenüber die Interpretation, die der langjährige Führer des amerikanischen Gewerkschaftsbundes, Samuel Gompers, vor einer Senatskommission für die Ziele der Gewerkschaften nach dem Gesetz ihres Antritts aufstellte: „Wir verlangen mehr, mehr und immer mehr."

[73] Gerade um klarzustellen, daß die Tarifautonomie durch § 3 StabG nicht angetastet wird, ist der Ausdruck „Orientierungsdaten" statt „Leitlinien" oder „Orientierungshilfe" gewählt worden, Wirtschaftsausschuß des BT, 46. Sitg. v. 2. 2. 1967, Prot. S. 9.

[74] Schriftlicher Bericht des Wirtschaftsausschusses des BT, zu BTags-Drucks. V/1678, S. 4: „Der Ausschuß hält diese Vorschrift für notwendig, weil er glaubt, daß Tarifautonomie auch Verantwortung für die gesamtwirtschaftliche Entwicklung bedeutet."

[75] K. *Schiller*, Konjunkturpolitik auf dem Wege zu einer Affluent Society, Kieler Vorträge N. F. 54, 1968, S. 14 und ebenda: „... in jener Veranstaltung findet tatsächlich ein gesellschaftlicher Integrationsprozeß statt. Denn, um es ganz auf eine Formel zu bringen: Rationale (Kommunikation) und Information integrieren ganz notwendigerweise".

[76] R. *Herzog*, Pluralismus, Ev. Staatslexikon, Sp. 1541 ff., 1597.

autonomie[77]. Jedoch liegt in der konzertierten Aktion die Chance, die in der Tarifautonomie liegende Gefahr abzuschwächen, daß der Interessenausgleich zu einem Interessendiktat — etwa über die Verbraucher — durch Lohnerhöhungen auf Kosten der Preise statt auf Kosten des Unternehmergewinns wird.

Das Stabilitätsgesetz hat in Form der „orientierenden Einkommenspolitik der leichten Hand“[78] einen gangbaren Weg zwischen der Tarifautonomie der Tarifvertragsparteien einerseits und ihrer und des Staates Verantwortung für die gesamtwirtschaftliche Entwicklung andererseits gefunden.

V. Wachstumspolitik

1. Da der Ausgleich der Konjunkturschwankungen zugleich der Entwicklung eines *angemessenen* Wirtschaftswachstums dient, sind die konjunktursteuernden Maßnahmen des Stabilitätsgesetzes zugleich solche der Wachstumspolitik[79]. Das gilt insbesondere, soweit die Förderung wirtschaftlichen Wachstums mit Mitteln der Beschäftigungspolitik betrieben wird.

2. Darüber hinaus hat das Stabilitätsgesetz entsprechend seinem geänderten Auftrag nicht nur ein Gesetz zur Sicherung der Stabilität, sondern darüber hinaus zur Förderung des Wachstums zu sein, spezifische wachstumsorientierte Regelungen getroffen durch Einführung eines Jahreswirtschaftsberichtes, eines fünfjährigen Finanzplans, mehrjähriger Investitionsprogramme und eines Subventionsberichts.[80]

Zweites Kapitel

Systemgerechtigkeit

Gerade die Funktionsmittel des Stabilitätsgesetzes offenbaren die neue Funktion des Staates als Treuhänder eines übergeordneten

[77] H. *Ehrenberg*, „Konzertierte Aktion und gewerkschaftliche Einkommenspolitik“, Gewerkschaftliche Monatshefte, 1968, S. 340 ff., 343: „Mit den Orientierungsdaten werden nur die von der wirtschaftlichen Entwicklung gesetzten Daten deutlich überschaubar gemacht, und es werden Orientierungshilfen für das Verhalten zur Erreichung der im Stabilitäts- und Wachstumsgesetze genannten drei wirtschaftspolitischen Ziele gegeben.“

[78] K. *Schiller*, Preisstabilität durch Globalsteuerung der Marktwirtschaft, Vorträge und Aufsätze, hrsg. v. Walter Eucken Institut Freiburg, Nr. 15, 1968, S. 8.

[79] Gegen die unzureichende Berücksichtigung der Wachstumseffekte der Besteuerung im Stabilitätsgesetz vgl. F. *Neumark*, Fiskalpolitik und Wachstumsschwankungen, S. 103 (53) und H. *Geyer*, Linear Tax Variations in the Stabilization Law, FinArch., Bd. 28, 1969, S. 96: „Policies designed to mitigate fluctations of economic growth . . . are not adequately incorporated.“

[80] S. unten III. Teil „Funktionsformen“, S. 79 ff.

Systems der Volkswirtschaft[81]. Makroökonomisch steuernde Maßnahmen der Konjunktur- und Wachstumspolitik setzen ein marktwirtschaftliches System in Form „beweglicher Preis- und Wertrechnung (Müller-Armack)" voraus, sind aber andererseits auch an dessen Gesetzmäßigkeiten gebunden. Die Verpflichtung des § 1 StabG, daß sich sämtliche Funktionsmittel des Stabilitätsgesetzes „im Rahmen der marktwirtschaftlichen Ordnung" zu halten haben, bringt dies deutlich zum Ausdruck. Das Gebot der Systemgerechtigkeit erfordert keineswegs ein Absehen von staatlicher Einflußnahme auf das Marktgeschehen, enthält jedoch das Verbot einer negativen Einwirkung auf marktwirtschaftliche Abläufe. Das führt zu der Forderung nach einer marktkonformen[82] Ausgestaltung wirtschaftspolitischer Maßnahmen. Obwohl eine deutliche Trennlinie zwischen unmittelbar in Einzelwirtschaften eingreifenden, mikroökonomisch wirkenden und nur volkswirtschaftliche Gesamtgrößen beeinflussenden Instrumenten nicht gezogen werden kann, dürften als marktkonforme Maßnahmen in der Regel solche der Globalsteuerung gelten.[83] Diese können sowohl informativer (§§ 2 Abs. 1; 12; 31 Abs. 2 StabG), influenzierender (§ 9 StabG), kontraktueller oder quasi kontraktueller (Absprachen im Konjunkturrat, Finanzplanungsrat oder im Rahmen einer konzertierten Aktion) als auch imperativer (§§ 5 ff., 14; 15; 16; 19 StabG) Natur sein[84].

Schwierigkeiten bei der „systematischen" Abgrenzung und Bewertung der Funktionsmittel ergeben sich nicht nur innerhalb der Maß-

---

[81] S. oben S. 24 ff.

[82] „Die häufig benutzte Gegenüberstellung von marktkonformen und nicht-marktkonformen Maßnahmen wird in zweierlei Sinn gebraucht. Marktkonformität liegt entweder vor, wenn das Instrument das technische Funktionieren des Marktablaufs nicht stört, sondern nur sein Ergebnis verändert, oder wenn das herbeigeführte Ergebnis den eigentlichen Marktkräften entspricht und nur deshalb nicht von selbst zustande kommt, weil der Markt technisch nicht schnell genug funktioniert"; H. *Möller*/F. *Holzheu*, Wirtschaftspolitik, Evangelisches Staatslexikon, Sp. 2546 ff., 2555.

[83] K. *Stern*, Globale Wirtschaftssteuerung, demnächst in: Staatslexikon, Ergänzungsband; *ders.*, Grundfragen der globalen Wirtschaftssteuerung, Vortrag vor der Juristischen Gesellschaft v. Berlin v. 10. 1. 1969, a. a. O.; *ders.*, Probleme staatlicher Konjunktursteuerung, in: Die Fortbildung, Studien- und Mitteilungsblatt der Deutschen Verwaltungs- und Wirtschaftsakademien und des Bundes der Diplominhaber der VWA e. V., 14. Jg., 1969, S. 1 ff.

[84] K. *Stern*, ebenda; *ders.*, Konjunktursteuerung und kommunale Selbstverwaltung, Gutachten E zum 47. DJT 1968, E 27 ff. Allerdings dürften die wenigsten Maßnahmen rein informativen Charakter tragen. Insbesondere die Jahresprojektion und der Subventionsbericht dürften auch influenzierend wirken. De facto erhalten auch die Sachverständigengutachten politisches Gewicht.

nahmen globaler Wirtschaftssteuerung, sondern auch bei der Unterscheidung von Marktkonformität und Marktinkonformität, da „auch solche Maßnahmen den Anpassungsprozeß auf den vielen Einzelmärkten zu stören vermögen, die zwar nicht in den direkten Entscheidungsspielraum des Unternehmens oder des privaten Haushalts eindringen, die aber seinen Erwartungshorizont und damit auf einem Umweg doch die Funktionsbedingungen verändern".[85] Das wird besonders deutlich an der Regelung des Stabilitätsgesetzes über die Variation steuerlicher Abschreibungen. Obwohl die Regelung zu den Maßnahmen zählt, die lediglich global über Entzug oder Zuführung von Kaufkraft entscheiden, ist „der hier als ‚marktinkonform' abgelehnte Konfliktfall einer direkten Intervention im Bereich der Unternehmen ... sicherlich mit der in den §§ 26 und 27 des Stabilitätsgesetzes eingeführten Variation der steuerlichen Abschreibungen am nächsten gerückt"[86]. Abgesehen von diesen Grenzfällen der §§ 26 bis 28 StabG dürften sich die im Stabilitätsgesetz vorgesehenen Funktionsmittel durchaus als systemgerecht erweisen[87]. Dies gilt auch für strukturpolitische Maßnahmen der Wachstumsförderung, obwohl sie ohne Zweifel in den technischen marktwirtschaftlichen Ablauf eingreifen, falls sie nur dazu dienen, das marktwirtschaftliche System funk-

---

[85] K.-H. *Hansmeyer,* Stabilitätsgesetz und Marktwirtschaft, Die Aussprache, 1968, S. 90.

[86] K.-H. *Hansmeyer,* Stabilitätsgesetz und Marktwirtschaft, S. 90 und ebenda: „Immerhin bedient sich der Staat nicht eines direkten Investitionsverbots, er diskriminiert vielmehr die Investition durch den Fortfall oder die Mäßigung der Abschreibungsmöglichkeiten"; andererseits S. 94 — wenn auch in anderem Zusammenhang: „Eine Bedrohung der Marktwirtschaft besteht solange nicht, als das Gesetz im globalen Bereich verbleibt, d. h. keine sektoralen Maßnahmen vorsieht."

[87] „Die Beeinflussung der gesamtwirtschaftlichen Kreislaufgrößen durch global wirkende Steuerungsmaßnahmen der Wirtschaftspolitik soll die Funktionsfähigkeit des marktwirtschaftlichen Steuerungs- und Lenkungsprozesses selbst stärken und sichern ... die Alternative zu dieser Kombination von Marktwirtschaft und Globalsteuerung heißt: Vordringen von Einzeldirigismen und damit innere Aushöhlung der Marktwirtschaft. Gerade die überzeugten Anhänger einer marktwirtschaftlichen Ordnung sollten deshalb erkennen, daß die Marktwirtschaft ohne Ergänzung durch eine globale Steuerung in der Gefahr steht, immer mehr an Boden zu verlieren", Aktuelle Beiträge zur Wirtschafts- und Finanzpolitik Nr. 5/67 hrsg. vom Presse- und Informationsamt der BReg., teilw. abgedr. in BB 1967, 216; zu ordnungspolitischen Bedenken gegen den ersten Entwurf A. *Müller-Armack,* Die konjunkturelle Lage, das Stabilisierungsgesetz und die nächsten wirtschaftspolitischen Aufgaben, in: Wirtschaftspolitische Chronik 1967, S. 12.

tionsfähig zu erhalten.[88] Angesichts der Frage, ob globale Wirtschaftssteuerung künstlich verzerrte Wachstumsunterschiede auszugleichen vermag oder ob künftige Eingriffe immer mehr an Engpässen, die meist strukturell bedingt sind, ansetzen müssen,[89] kommt der Problematik marktkonformer strukturpolitischer Maßnahmen der Wachstumsförderung eine ständig aktueller werdende Bedeutung zu.

Drittes Kapitel

Verfassungskonformität

I. Parlamentarische Demokratie und multilaterales Interessen-clearing

Im Rahmen des „präventiven crisis management" kommt der Beteiligung aller betroffenen Interessenten schon im Stadium der Wissens- und Willensbildung eine entscheidende Rolle zu. Dabei erscheint das Parlament kaum als der geeignete Ort zu einem „multilateralen Interessen-Clearing".

Auch wenn der Abgeordnete de facto weniger als „Vertreter des ganzen Volkes", Art. 38 Abs. 1 Satz 2 GG, sondern als Vertreter der Interessen der für ihn erreichbaren Wähler in Erscheinung tritt, dürfte die Parteienbildung der Rolle des Parlaments als „Integrationsherd"[90] des Pluralismus entgegenstehen. Nicht zuletzt liegt in der personellen Struktur des Parlaments einer der Gründe, daß die Parlamente der Staatsfunktion antizyklischer Fiskalpolitik heftigen Widerstand entgegenbringen und zu einer (prozyklischen) Parallelpolitik neigen. Darüber hinaus sind es vorwiegend verfahrenstechnische Gründe parlamentarischer Willensbildung, die in Antinomie zu der verfassungsdogmatischen Forderung nach einer Einschaltung der Volksvertretung in haushaltswirtschaftliche Fragen treten, da spezielle konjunkturpolitische Maßnahmen „einer Entschlußfreudigkeit und -schnelligkeit bedürfen, die bei Beschreitung des normalen demokra-

---

[88] Inzwischen dürfte allgemein anerkannt sein, daß „Selbststeuerungskräfte der Wirtschaft" in einer „modernen hochindustrialisierten, mit der Weltwirtschaft verflochtenen Volkswirtschaft" unzureichend sind, Schriftl. Bericht des Wirtschaftsausschusses des BT zu BTags-Drucks. V/1678; R. *Blum*, Von der Konjunkturpolitik zur langfristigen Wirtschaftspolitik, ZfgStW Bd. 123, 1967, S. 733 ff., 743.

[89] K.-H. *Hansmeyer*, a. a. O., S. 94.

[90] R. *Herzog*, Pluralismus, Evangelisches Staatslexikon, Sp. 1544.

tischen Gesetzgebungsweges meist nicht zu erwarten sind"[91]. Parlamentarische Demokratie ernstnehmen heißt, das Parlament verfahrenstechnisch so auszugestalten — etwa durch stabsmäßige Ausrüstung der Parlamentsausschüsse — daß die Volksvertretung auch jenen wichtigen Staatsfunktionen gerecht werden kann, die kurzfristige Entscheidungen erfordern[92]. Solange dies nicht geschieht, wird es bei der Feststellung bleiben müssen: „Konjunkturpolitik ist daher sachlogisch gouvernemental: legislative Konjunkturpolitik wäre weitgehend nur durch Ad-hoc-Gesetze, d. h. durch Situations- und Maßnahmegesetze aus gegebenem Anlaß, möglich, die jedenfalls ohne Verfassungsänderung den nicht selten interessenbedingten Einflüssen und der Langatmigkeit des Gesetzgebungsapparates ausgeliefert bliebe."[93] Dabei kann dem parlamentarisch-demokratischen Prinzip nur dadurch Rechnung getragen werden, daß dem Parlament Informationsrechte — in Form von Vorlage — und Begründungspflichten der Regierung (vgl. §§ 2 Abs. 2; 9 Abs. 2; 12 StabG) — und Mitspracherechte — in Form von Kassations — (vgl. Art. 109 Abs. 4 Satz 4 GG, §§ 19, 30 Abs. 1 StabG) und Zustimmungsrechten (vgl. §§ 8 Abs. 1 Satz 5, 26 Nr. 3 b [2] und [3] StabG) — eingeräumt werden.

II. Vertikale Gewaltenteilung, Art. 20, 28, 30, 70 ff., 83 ff., 105 ff. GG

Auf kaum einem anderen Gebiet des Staatsrechts begegnen sich in solcher Vielzahl verfassungsrechtliche Überlegungen mit politischen, ideologischen, soziologischen und ökonomischen Ansichten, aber auch mit gefühlsbetonten Vorurteilen, wie das aus der Sicht des Themas Föderalismus der Fall ist. Den vielen Stimmen, die sich gerade auch in jüngster Zeit wieder hierzu zu Wort gemeldet haben, soll keine neue summarische Untersuchung gegenübergestellt werden. Jedoch sind einige Grundsätze hervorzuheben:

---

[91] F. *Neumark*, Fiskalpolitik und Wachstumsschwankungen 1968, S. 133; vgl. ders., Ansatzmöglichkeiten gesamtwirtschaftlicher Planung in: Planung II, S. 49 ff., 62; A. *Köttgen*, Zur Diskussion über das konjunkturpolitische Instrumentarium des Bundes gegenüber den Ländern und Gemeinden, in: AfK, 5. Jg., 1966, S. 10; Gutachten des wissenschaftlichen Beirats beim Bundeswirtschaftsministerium v. 3. 6. 1956 und 8. 7. 1956, Bd. 4, 1957, S. 46 ff.; L. *Kulmer*, FinArch. Bd. 20, S. 384 ff.

[92] R. *Herzog*, Gesetzgeber und Verwaltung, VVDStRL Heft 24, 1966, S. 183 ff., 205, befürwortet die Einschaltung des Parlaments in die staatliche Planung in Analogie zu Art. 59 Abs. 2 GG.

[93] *Stern*, in Stern-Münch, 1. Teil, Einfg. B III, 2, S. 55.

1. Bund-Länder

a) Der Staat als „neues Subjekt“, ausgerichtet am Totum Volkswirtschaft[94], kann der Aufrechterhaltung und Förderung des übergeordneten gesamtwirtschaftlichen Funktionensystems um so effektiver dienen, je gebündelter sich seine Kräfte darstellen. Jegliche Gewaltenteilung innerhalb eines interdependenten Kräftesystems ist mit der Gefahr der Gegenläufigkeit der Impulse und mit Reibungsverlusten verbunden und stellt eine einheitliche Ausrichtung der Steuerungsmaßnahmen in Frage. In Parallele zur Gewaltenkooperation der Staatsorgane und zum Rahmenpakt der Verbände zeigt sich, daß „Wirtschaftspolitik und föderativer Staatsaufbau in der Bundesrepublik“[95] vom Standpunkt des Effektivitätsprinzips nur in Form einer „économie concertée“ auf einen gemeinsamen Nenner zu bringen sind[96].

b) Trotz aller (gerade im Zusammenhang mit der Haushalts- und Finanzreform auftauchenden) Charakterisierungen der neuen Entwicklung als „kooperativer Föderalismus“, „sublimierter Föderalismus“ (im Gegensatz zum „naiven Föderalismus“) sollte Klarheit darüber bestehen, daß jede Koordinierung, die über das vom Prinzip der Bundestreue Geforderte hinausgeht, eine Schwächung des Föderalismus bedeutet. Insoweit ist Neumark zuzustimmen: „... rationale Fiskalpolitik, soweit sie in den Dienst der in § 1 des StabG erwähnten Ziele gestellt ist, (zwingt) zu einer progressiven Zentralisierung“[97]. Um so spekulativer erscheint die Ansicht von H. Haller: „Je mehr sich die unteren Staatsebenen mit der Koordinierung anfreunden, desto mehr können sie ihren Tätigkeitsspielraum ausweiten.“[98]

---

[94] S. oben S. 24 ff.

[95] So der Titel der viele Realanalysen enthaltenden Schrift von F. *Weller*, in: Forschungsbeiträge der Adolf-Weber-Stiftung, Bd. 2, 1967, S. 56 mit zahlreichen Nachweisen; K. *Stern*, Konjunktursteuerung und kommunale Selbstverwaltung, Gutachten E zum DJT 1968, E 38: „Um wichtige finanzträchtige Aufgaben zu bewältigen und um die Finanzpolitik in allen Sektoren echt konjunkturorientiert zu gestalten, was heißt, gesamtstaatlich und gesamtwirtschaftlich koordiniert, bedarf es zwangsläufig eines gegenseitigen Einvernehmens.“

[96] H. *Haller*, Wandlungen in den Problemen föderativer Staatswirtschaften, FinArch. 1967, S. 249 ff., 270: „Ohne vielfältige Koordinierung muß heute der föderalistische Staat versagen. Koordinierung ist nötig zur Konjunkturbeeinflussung, im Rahmen einer die Rationalität der öffentlichen Finanzwirtschaft vergrößernden und evtl. wachstumsfördernden längerfristigen Finanzplanung und ferner für die sinnvolle Bewältigung zahlreicher Einzelaufgaben, die der Staat heute vor sich sieht.“

[97] F. *Neumark*, Fiskalpolitik und Wachstumsschwankungen, 1968, S. 136 (86).

[98] H. *Haller*, FinArch. Bd. 27, 1967, S. 270.

c) Eine Schwächung des Föderalismus erscheint um so kritischer, je mehr damit eine Gefahr der Eliminierung des Sachverstandes verbunden ist. In diesem Zusammenhang sei nur daran erinnert, daß wesentliche Anregungen zur Haushaltsreform aus dem Bereich der Länder, vorzüglich des Saarlandes und Hamburgs kamen, daß § 15 StabG auf eine Anregung eines Vertreters Bayerns im Bundesrat zurückgeht, und daß die Schaffung eines Finanzplanungsrates, wie er jetzt in § 48 Entwurf eines Haushaltsgrundsätzegesetzes (HGrG) vorgesehen ist, schon von der Hessischen Landesregierung in Form der Ergänzung des StabG durch einen § 17 a vorgeschlagen war[99].

d) Obwohl gegen den Föderalismus vorwiegend aus Gründen der Effektivität zu Felde gezogen wird, hat ein Gesichtspunkt kaum Beachtung gefunden, den Ramser jüngst[100] hervorgehoben hat. Er weist darauf hin, daß die Eingriffsnotwendigkeit des Zentralstaates entscheidend davon abhängt, in welchem Ausmaß die Gliedstaaten durch ihre Ausgaben- und Strukturpolitik die Versorgung ihrer Gebiete sicherstellen können. Seinerzeit hat insbesondere Weisbrod[101] die These aufgestellt, daß der Föderalismus zu einer Unterversorgung mit Infrastruktureinrichtungen tendiere, weil die externen Effekte („spill-over-effects") in Form der Begünstigung anderer Gebietskörperschaften in der ausgabenpolitischen Disposition der Gebietskörperschaften vernachlässigt, dagegen die erhaltenen Begünstigungen („spill-in-effects") als Gratis-Vorleistung hingenommen würden. Da die Wirkung der meisten Ausgaben nicht auf den internen Regionalbereich beschränkt bleibt[102], ergäbe sich daraus als Folge die Tendenz zu einer allgemeinen Unterversorgung im Infrastrukturbereich, so daß die Aufgabe des Zentralstaats im wesentlichen darauf beschränkt bliebe, durch zusätzliche Investitionen die Leerkapazität aufzufüllen. Demgegenüber betont Ramser[103], daß gegenüber den Unterversor-

---

[99] BRats-Drucks. 514/67; s. auch 314. Sitzung des Bundesrates v. 13. 10. 1967, Sten. Ber., S. 210.

[100] H. J. *Ramser*, Dezentrale Planung der Infrastrukturaufgaben, FinArch. Bd. 27, 1967, S. 484 ff.

[101] B. *Weisbrod*, External Benefits of Public Education, an Economic Analysis, 1964; W. C. *Broniard*, F. T. *Dolbear*, The Possibility of Oversupply of Local Public Goods, in: The Journal of Political Economy, Vol. 75, 1967, S. 86 ff.; a. A. A. *Williams*, The Optimal Provision of Public Goods in a System of Local Government, in: The Journal of Political Economy, Vol. 74, 1966, S. 17 ff.

[102] J. *Stohler*, Zur rationalen Planung der Infrastruktur, Konjunkturpolitik, 1965, S. 279 ff.

[103] H. J. *Ramser*, Dezentrale Planung, FinArch. Bd. 27, 1967, S. 495. Im Falle extremer Überversorgung empfiehlt Ramser „ein dem Institut der konkurrierenden Gesetzgebung nachgebildetes Konzept einer konkurrierenden Ausgabenplanung", S. 502.

gungsfaktoren der „spill-in-effects" im Föderalismus externe Verschuldungsmöglichkeiten (zusätzliche Infrastrukturinvestitionen können auch durch Rückgriff auf die Ressourcen anderer Regionen finanziert werden) und Abwerbungsanreize (zusätzliche Infrastrukturinvestitionen verändern die Verteilung der privaten Investitionen über das Gesamtgebiet, denn für einen privaten Investor gilt die Region mit der besseren Infrastruktur im Zweifel als die attraktivere) zu vermehrten Investitionen führen, so daß sich per saldo eine Tendenz zur Überversorgung mit Infrastruktureinrichtungen ergibt. Da andererseits eine „mit dem geringsten Widerstand operierende politische Instanz ... in Perioden zu staatlichen Eingriffen mahnender Hochkonjunktur eher Infrastrukturausgaben kürzen (zumindest Anteile verringern) als Steuern erhöhen" wird, also eine Tendenz zur Unterversorgung begünstigt, könnte hier „eine föderalistisch konzidierte Finanzverfassung ... durch Ausnutzung der ökonomisch motivierten Tendenz zur Überversorgung ein bis zu einem gewissen Grade wirksames Gegengewicht darstellen. Bei dieser Sachlage wäre man in der Tat weit davon entfernt, Föderalismus nur als ultimatives Ziel rechtfertigen zu können"[104].

2. *Staat-Gemeinde, Art. 28 Abs. 2 GG*

Nach Art. 28 Abs. 2 ist eine Aufhebung der kommunalen Selbstverwaltung als Institution und ein Eingriff in ihren Wesensgehalt auch durch ein einfaches Gesetz ausgeschlossen. Zum Wesensgehalt gehören alle Rechte, die mit dem herkömmlichen, zugleich aber auch in die zukünftige Entwicklung projizierten Erscheinungsbild der Gemeinde als Selbstverwaltungseinheit in ihrer typischen Gestalt essentiell verbunden sind.[105]

Die konjunkturpolitische Bedeutung der kommunalen Gebietskörperschaften ergibt sich schon daraus, daß in der Bundesrepublik in den vergangenen Jahren auf Gemeinde und Gemeindeverbände zwei Drittel der unmittelbaren Investitionen entfielen[106]. Daraus ergibt sich: „Zwischen Gemeinde und Staat sind konjunkturpolitische Konfliktsituationen denkbar, sowohl im grundsätzlichen wie bezüglich der individuellen Ingerenzen des Staates auf das kommunale Finanz- und Wirtschaftsgebaren."[107]

---

[104] H. J. *Ramser*, ebenda, S. 503.

[105] Vgl. K. *Stern*, Die Verfassungsgarantie der kommunalen Selbstverwaltung, 1966, Art. 28 Rdnr. 131.

[106] Im einzelnen H. *Elsner*, Einbeziehung der Gemeinden in die staatliche Konjunkturpolitik, DÖV 1968, S. 520 ff., 521.

[107] K. *Stern*, Konjunktursteuerung und kommunale Selbstverwaltung, Gutachten E zum 47. DJT, 1968, E 85/86.

III. Rechtsstaatlichkeit

1. Art. 2 Abs. 1; 3; 9 Abs. 3; 12; 14 GG

a) Als unbestritten dürfte heute gelten, daß der Schutzbereich des Art. 2 Abs. 1 GG sich auch auf den „homo oeconomicus" erstreckt.[108]

Darüber hinaus begreift Ipsen die Wirtschaftsfreiheit als ein durch Art. 2 Abs. 1 GG gewährleistetes Grundrecht, „das sich nicht in der Addition oder Einzelausprägung der dekliniert gewährleisteten Einzelgrundrechte erschöpft, also etwa der Eigentumsgewährleistung, der Berufsfreiheit, der Freiheit von Vergemeinschaftung oder auch der — ebenfalls in Art. 2 Abs. 1 enthaltenen — Vertragsfreiheit", sondern das „die grundrechtliche Wirtschaftsfreiheit als unternehmerische Dispositionsfreiheit, d. h. als solche und ohne substantielle Artikulation kraft Eigentum, Beruf, Vertragsfreiheit oder sonstwie" schützt.[109] Insoweit setzt Art. 2 Abs. 2 GG sowohl den einzelnen Funktionsmitteln des Stabilitätsgesetzes als auch ihrer Summierung eine unmittelbare verfassungsrechtswirksame Grenze.

b) Dem Gleichheitsgrundsatz kommt im Rahmen des Stabilitätsgesetzes besondere Relevanz zu hinsichtlich der in §§ 26—28 vorgesehenen Steuervariationen durch Rechtsverordnung der Bundesregierung. Indes birgt die Entscheidung des Gesetzgebers für ausschließlich lineare[110] Steuervariationen weniger Konfliktsmöglichkeiten mit Art. 3 GG, als mit nicht-linearen kurzfristigen Steuerveränderungen verbunden wären. Allerdings bewirken nicht-lineare Steuerveränderungen redistributive Einkommenseffekte dadurch, daß höhere Einkommen wegen der progressiven Gestaltung der Steuertarife durch Steuervariationen stärker positiv und negativ betroffen werden als niedrigere Einkommenslagen.

c) Art. 9 Abs. 3 enthält eine verfassungsrechtliche Garantie der Tarifautonomie, jedoch nicht schrankenlos, sondern in einem bestimmten Kernbereich, dessen Grenzen dort liegen dürften, wo die Tarifautonomie sich in Gegensatz zur Tarifverantwortlichkeit bringt, d. h. in Tarifwillkür umschlägt oder weniger einen Interessenausgleich als

---

[108] H. P. *Ipsen*, Rechtsfragen der Wirtschaftsplanung, in: Planung II, S. 63 ff., 95, FN 74 u. H. auf *Ballerstedt*, in: *Bettermann/Nipperdey/Scheuner*, Die Grundrechte Bd. III, 1, 1958, S. 66 ff.; BVerfGE 8, 328; 9, 11; 10, 99, 363; 12, 347.

[109] *Ipsen*, ebenda, S. 95 und S. 96: „Die Grundrechtsreaktion auf Wirtschaftsplanung artikuliert sich nicht in der Freiheitsbehauptung für Eigentum, Beruf, Vertrag, Koalition, sondern in der nach Unternehmerinitiative und Unternehmerentscheidung."

[110] S. oben S. 40.

ein Interessendiktat darstellt. Durch § 3 StabG wird der Kerngehalt der Tarifautonomie, daß ein Tarifvertragssystem im Sinne des modernen Arbeitsrechts staatlicherseits bereitzustellen ist und daß Partner dieser Tarifverträge frei gebildete Koalitionen sind[111], nicht angetastet. Die Erweiterung der „Spielregeln" der Koalitionsvereinbarungen durch § 3 StabG liegt darin, daß die Orientierungsdaten die „Gegenspieler" gerade vor einer Verletzung ihrer Tarifverantwortung im Interesse des Gemeinwohls schützen sollen — obwohl der Druck, der von den Orientierungsdaten durch die „Sanktion der öffentlichen Meinung" für den Fall ihrer Mißachtung ausgehen kann, nicht unterschätzt werden darf.

d) Die Eigentumsgarantie des Art. 14 GG wird — ebenso wie Art. 3 GG — im Zusammenhang mit den privatwirtschaftlich adressierten Regelungen der §§ 26—28 StabG relevant. Nach ständiger Rechtsprechung des Bundesverfassungsgerichts ist die Eigentumsgarantie durch Geldleistungspflichten allenfalls dann tangiert, wenn sie die Betroffenen übermäßig belasten und ihre Vermögensverhältnisse grundlegend beeinträchtigen.[112]

2. *Verhältnismäßigkeit der Funktionsmittel*

Angesichts der Vielzahl der gesamtwirtschaftlichen Steuerungsmittel kommt dem Gebot der Verhältnismäßigkeit bei jeder konjunkturpolitischen Aktion hinsichtlich des Umfangs, der Zahl und der zeitlichen Reihenfolge der Funktionsmittel besondere Bedeutung zu. Grundsätzlich hat das StabG die Auswahl und die Kombination der Steuerungsmittel in das pflichtgemäße Ermessen der Funktionsträger gestellt. An verschiedenen Stellen des StabG ist das Gebot der Verhältnismäßigkeit jedoch als gesetzliche Pflicht normativiert:

a) Eine gewisse Abstufung der Funktionsmittel ergibt sich aus den unterschiedlichen Voraussetzungen für konjunkturpolitisches Einschreiten. An der Höhe der jeweiligen „Eingriffsschwelle" ist in etwa die Schärfe der einzelnen Steuerungsmittel ablesbar:

— Orientierungsdaten sind „im Falle der Gefährdung eines der Ziele des § 1" bereitzustellen, § 3. Zusätzliche Ausgaben sind „bei einer die Ziele des § 1 gefährdenden Abschwächung der allgemeinen

---

[111] BVerfGE 4, S. 96 ff., 106; 18, S. 18 f.; zur Problematik W. *Weber*, Koalitionsfreiheit und Tarifautonomie als Verfassungsproblem, 1965, S. 28 ff.

[112] Aus jüngster Zeit BVerfGE Beschluß v. 24. 9. 1965 = NJW 1965, S. 1035; weitergehend in Richtung eines Vermögensschutzes des Art. 14 GG: H. P. *Ipsen*, Rechtsfragen der Wirtschaftsplanung, in: Planung II, S. 97 und schon AöR, Bd. 78, 1953, S. 319 ff.

Wirtschaftstätigkeit" vorgesehen, §§ 5 Abs. 3, 6 Abs. 2. Die gleiche Voraussetzung gilt für die beschleunigte Planung der Investitionsvorhaben, § 11.

— Eine restriktive Ausgabepolitik ist an eine „die volkswirtschaftliche Leistungsfähigkeit übersteigende Nachfrageausweitung" gebunden, §§ 5 Abs. 2; 6 Abs. 1.

— Anordnungen zur Kreditbeschränkung und zur Zuführung an die obligatorische Konjunkturausgleichsrücklage müssen „zur Abwehr einer Störung des gesamtwirtschaftlichen Gleichgewichts" erforderlich sein, § 19 und § 15.

— Zu antizyklischen Maßnahmen der Einnahmepolitik soll erst gegriffen werden, wenn „eine Störung des gesamtwirtschaftlichen Gleichgewichts eingetreten ist oder sich abzeichnet", § 26.

b) Im Rahmen der Außenwirtschaftspolitik hat der Gesetzgeber eine Abstufung nach „binnenwirtschaftlichen Maßnahmen" — „Möglichkeiten der internationalen Koordination" — „wirtschaftspolitischen Mittel"(n) vorgenommen, wobei die Maßnahmen der höheren Stufen jeweils an die Voraussetzung gebunden sind, daß die Mittel der niedrigen Stufe nicht ausreichen. Zur internationalen Koordination besteht jedoch ein Dauerauftrag des Staates.

c) Eine ähnliche Subsidiaritätsregelung findet sich in der Regelung des § 6 Abs. 2 und 3, derzufolge zusätzliche Mittel erst dann durch Kredite zu beschaffen sind, wenn die Mittel der Konjunkturausgleichsrücklage nicht ausreichen.

Insoweit hat das Rechtsstaatsprinzip der Verhältnismäßigkeit im StabG, besonders in Form der Abstufung nach dem Störungsgrad des gesamtwirtschaftlichen Gleichgewichts, eine konkrete Ausprägung erfahren. Soweit eine Wahl zwischen mehreren Funktionsmitteln der gleichen Stufe besteht, läßt sich dieser Verfassungsgrundsatz lediglich dahingehend verstehen, daß die den größten Erfolg versprechenden Mittel zugleich die „verhältnismäßig richtigsten" sind. Ein konkreter Anhaltspunkt ist damit kaum gewonnen — entzündet sich doch der konjunkturpolitische Meinungsstreit in der Regel an Fragen des Erfolgsgrades dieser oder jener Maßnahmen. Immerhin braucht das „Übermaßverbot" für Funktionsmittel der gleichen Stufe kaum herangezogen zu werden.

3. Vorhersehbarkeit

Durch die im Stabilitätsgesetz erfolgte kurzfristige Einsatzfähigkeit des konjunkturpolitischen Steuerungsinstrumentariums hat der Verfassungsgrundsatz der Vorhersehbarkeit staatlichen Handelns zweifellos eine Einbuße erlitten. Indes hängt der Erfolg der Konjunkturpolitik gerade entscheidend von der Vermeidung jener Ankündigungseffekte ab, aufgrund derer die Wirtschaftssubjekte, die es angeht, durch Ausweichmanöver die Wirkung der Konjunktursteuerung weitgehend durch prozyklisches konjunkturelles Verhalten zunichte machen könnten. Insoweit war es für den Gesetzgeber unausweichlich, den Konflikt zwischen Effektivitätsprinzip und dem Grundsatz der Vorhersehbarkeit in diesem Fall auf Kosten der Vorhersehbarkeit zu lösen. Entsprechend ist der Vorschlag einer förmlichen Feststellung des gesamtwirtschaftlichen Ungleichgewichts durch die Bundesregierung[113] als Voraussetzung für den Einsatz jener Maßnahmen, die nunmehr an die Begründungspflicht nach § 2 Abs. 2 StabG gebunden sind, nicht verwirklicht worden.[114] Eine verfassungswidrige Verletzung liegt darin jedenfalls solange nicht, als sich konjunkturpolitische Maßnahmen auf systemgerechte Globalsteuerung beschränken und sich im Rahmen der gesamtwirtschaftlichen Verpflichtung der Marktteilnehmer halten.

4. „Zernierung der Macht"

Der rechtsstaatliche Bezug der Gewaltenteilung ergibt sich aus dem Gedanken der „Zernierung der Macht im Staate"[115], aus der Verhinderung unerwünschter Machtkonzentration, aus der Sicherung der Teilhabe mehrerer an der staatlichen Willensbildung und allgemein aus der Mäßigung staatlicher Funktionsausübung. Im Zuge wachsender Staatsaufgaben und einer außerhalb des Regierungssystems herausgebildeten Repräsentation der Interessen in Form machtvoller Verbände macht sich im Zeichen des Sozialstaatsprinzips zunehmend die Tendenz zur Gewaltenkooperation bemerkbar. *Gerade im Funktionsbereich der Konjunktur- und Wachstumspolitik können Effektivitätsprinzip und strenges Gewaltenteilungsprinzip in einen unversöhnlichen Konflikt geraten.*[116]

---

[113] Änderungs- und Ergänzungsanträge der SPD v. 5. 10. 1966, Anl. zum Prot. der 28. Sitzg. des *Wirtschaftsausschusses des BT* v. 5. 10. 1966.

[114] Wirtschaftsausschuß des BT, 5. Sitzg. v. 13. 4. 1967, Prot. S. 6.

[115] E. *Forsthoff*, Gewaltenteilung, Evangelisches Staatslexikon 1966, Sp. 655 ff., S. 659.

[116] Vgl. — allerdings im Verhältnis zur Notenbank — K. H. *Hansmeyer*, Wandlungen im Handlungsspielraum der Notenbank?, in: Geldtheorie und Geldpolitik 1968, S. 155 ff., 158: „Jede Wirtschafts- und Finanzpolitik ‚aus einem Guß', wie sie zum Beispiel die Theorie der fiscal policy fordert, strebt denknotwendig zu einem Wirtschaftskabinett, in dem die Entscheidungen zentral vorbereitet und gefällt werden. Ein derartiges Konstruktionsprinzip kennt prinzipiell keine eingebauten Machtbalancen, offenbar deswegen, weil hier die Zielhierarchie als eindeutig geordnet angesehen werden muß und weil auch durch das als einsatzbereit gedachte Instrumentarium keine Komplikationen bei der Zielerfüllung entstehen."

Eine partielle Aufteilung der Kompetenzen auf verschiedene Funktionsträger würde verhindern, daß alle Konjunktur- und Wachstumsmaßnahmen, die in einem funktionellen Zusammenhang verbunden sind, aufeinander abgestimmt werden. Andererseits erscheint die Übertragung aller diesbezüglichen Kompetenzen auf *einen* Funktionsträger verfassungsrechtlich ausgeschlossen. Ein Ausgleich zwischen Effektivitäts- und Gewaltenteilungsprinzip dürfte in jener sich abzeichnenden Richtung liegen, nicht eine *Verteilung*, sondern eine *Aufteilung* der Kompetenzen vorzunehmen und damit eine konstruktive Verfahrenskontrolle im Wege kooperativen Zusammenwirkens zu erreichen.

Die unzweifelhaft erfolgte Gewichtsverlagerung im bestehenden grundgesetzlichen Gewaltengefüge zugunsten der Bundesregierung bedurfte einer verfassungsrechtlichen Absicherung, die einen Ausgleich zwischen Effektivitätsgesichtspunkten einerseits, parlamentarischen und föderalen Grundsätzen andererseits darstellte. Entsprechend sieht das Stabilitätsgesetz eine abgestufte „ebenso wohltemperierte wie sachlich vertretbare Einflußnahme" des Bundestages vor, „ohne daß die Exekutive über Gebühr gelähmt würde".[117] Das Mitspracherecht des Parlaments umfaßt Mitteilungsrechte (§ 20 Abs. 5 StabG), Begründungsrechte (§§ 2 Abs. 2, 9 Abs. 2, 12 StabG), Kassationsrechte (Art. 109 Abs. 4 GG; §§ 20 Abs. 5, 30 Abs. 1 StabG) und befristete Zustimmungsrechte (§§ 8 Abs. 1 S. 5, 26 Nr. 3 b [2] und [3] StabG). Der föderativen Interorgankontrolle des Bundesrates ist durch Vorlagerechte (§§ 2 Abs. 2, 8 Abs. 1 S. 3 und 4 StabG) und durch Zustimmungsrechte bei allen wichtigen das Bund-Länder-Verhältnis berührenden Regelungen (Art. 109 Abs. 3 und 4 S. 1 und 3 GG, §§ 15 Abs. 1, 19 Abs. 1, 22 Abs. 2, 26 StabG) Rechnung getragen:

a) Die Begründungspflicht § 2 Abs. 2 StabG

Nach § 2 Abs. 2 StabG sind Maßnahmen nach § 6 Abs. 2 und 3 und die Rechtsverordnungen nach §§ 15, 19 und 26—28 StabG durch die Bundesregierung gegenüber Bundestag und Bundesrat zu begründen[118]. Der Begründungszwang des § 2 Abs. 2 StabG ist damit Rechtmäßigkeitsvoraussetzung für die Verordnungsgewalt der Bundesregierung[119].

---

[117] *Stern*, in Stern-Münch, 1. Teil, Einfg. B 2, S. 56.

[118] § 61 der Gemeinsamen Geschäftsordnung der Bundesministerien, Besonderer Teil, vom 1. 8. 1958 verpflichtet den jeweiligen Bundesminister nur zur Begründung von Rechtsverordnungen, „wenn die Verordnung aus sich selbst nicht ohne weiteres verständlich ist oder eine Einführung in dieser Form zweckdienlich erscheint", abgedr. bei *Lechner-Hülshoff*, Parlament und Regierung, 2. Aufl., 1958, S. 399 ff. und *Rasch-Patzig*, Verwaltungsorganisation und Verwaltungsverfahren, 1962, S. 183 ff.

[119] *Stern*, in Stern-Münch. Erl. IV, 1 zu § 2, S. 97; D. *Wilke*, AöR Bd. 93, 1969, S. 306.

Die Unterlassung der Begründung führt zur Rechtswidrigkeit, jedoch nicht zur Nichtigkeit der Regelung[120], so daß etwa eine Verordnung gemäß § 26 Nr. 3 StabG (§ 51 Abs. 3 EStG) bei erfolgender Zustimmung von Bundestag und Bundesrat durchaus wirksam ist, auch wenn die Begründung unterblieben ist.

Der Steuerzahler kann einen Steuerbescheid gemäß § 51 EStG daher nicht mit der Begründung anfechten, er beruhe auf einer nichtigen Rechtsverordnung. In der Zustimmung von Bundestag und Bundesrat liegt ein Verzicht auf die Begründungsrechte, der wirksam ist, weil es sich um disponible Rechte handelt, die ausschließlich dem Bundestag und Bundesrat zustehen. Die Begründung braucht nicht inhaltlich stichhaltig und richtig zu sein; es reicht eine formale, jedoch substantiierte Begründung aus. Im übrigen ergeben sich die Anforderungen an den Aussagegehalt der Begründung aus deren Sinn und Zweck, „zwischen Regierung, Parlament und Ländervertretung die Diskussion über die von der Bundesregierung gewählten Maßnahmen zu eröffnen und die Meinung des Parlaments zu hören, nicht anders wie etwa bei Gesetzesinitiativen des Bundesrats die Bundesregierung ihre Auffassung darzulegen hat (Art. 76 Abs. 3 S. 2 GG)“[121]. Die Begründungspflicht verliert keineswegs dadurch an Bedeutung, daß die Rechtsverordnungen schon nach §§ 15, 19, 26—28 StabG an die Voraussetzung, der Abwehr einer Störung des gesamtwirtschaftlichen Gleichgewichts zu dienen, gebunden sind und bei dem Fehlen dieser Voraussetzung die Rechtsverordnungen ohnehin fehlerhaft sind.[122] Aus folgenden Gründen:

Erstens setzen die §§ 15, 19, 26—28 StabG die *Abwehr einer Störung* des gesamtwirtschaftlichen Gleichgewichts voraus, während die Begründung gemäß § 2 Abs. 2 StabG darlegen muß, daß diese Regelungen zur Verhinderung einer *Gefährdung* der Ziele des § 1 StabG erforderlich sind. Indes ist dies das schwächste Argument, da die fehlende Symmetrie hinsichtlich der „Eingriffsschwelle“ dieser Maßnahmen auf einem Versehen des Gesetzgebers beruhen oder gerade der Beweis dafür sein kann, daß der Gesetzgeber unter dem widersprüchlichen Begriff der „Abwehr einer Störung“ eine „Gefährdung“ versteht.

Zweitens umfaßt die Begründungspflicht nicht lediglich die Voraussetzung für den konjunkturpolitischen Einsatz dieser Instrumente, sondern darüber hinaus die Erklärung, warum gerade diese und nicht etwa andere Instrumente angewendet werden sollen.

---

120 A. A. D. *Wilke*, ebenda.

121 *Stern*, in: Stern-Münch, Erl. IV, 1 zu § 2, S. 97; zu den Anforderungen im einzelnen *ders.*, ebenda, Erl. IV, 2 und 3, S. 90.

122 A. A. aber D. *Wilke*, a. a. O., S. 306.

Drittens soll die Begründung gerade die nötigen Erkenntnisgrundlagen für die Beurteilung der gesamtwirtschaftlichen Lage vermitteln. Der Wert der Begründung liegt gerade darin, Bundesrat und Bundestag eine Entscheidungshilfe für die Frage der Notwendigkeit des Einsatzes der betreffenden Instrumente zu geben.[123]

Insoweit liegt in der gegenüber den herkömmlichen Mitwirkungs- Kontroll- und Informationsrechten des Parlaments neuartigen Form parlamentarisch-gubernativen Zusammenwirkens[124] eine durchaus sinnvolle Spielart der politischen Interorgankontrolle.

b) Die Ermächtigung zu Rechtsverordnungen der Bundesregierung nach §§ 15, 19, 26—28, 30 StabG

Sachlich dürften sich die Instrumente, die durch Rechtsverordnung der Bundesregierung eingesetzt werden können, im Rahmen der verfassungsrechtlichen Ermächtigung halten, also die Konjunkturausgleichsrücklage und Kreditlimitierung im Rahmen des Art. 109 Abs. 4 GG, die Steuervariation im Rahmen der Art. 74 Nr. 12, 88, 105 Abs. 2 Nr. 2 GG.[125] Die Ermächtigungsvorschriften sind zusätzlich an die Voraussetzungen des Art. 80 GG gebunden.[126] Die Delegationskontrolle des Art. 80 GG wird durch Art. 109 Abs. 4 GG nicht ausgeschaltet. Dagegen läßt sich nicht einwenden, daß dann ja die Regelung des Art. 109 Abs. 4 GG auch durch einfaches Bundesgesetz hätte ergehen können, wenn die Grenzen des Art. 80 GG auch weiterhin die konjunkturpolitische Verordnungsgebung der Bundesregierung einengen. Denn erstens gibt erst Art. 109 Abs. 4 GG grünes Licht für eine die föderative Gewaltentrennung in konjunkturpolitischer Hinsicht durchbrechende Verordnungsgewalt und zweitens statuiert Art. 109 Abs. 4 GG einzelne von Art. 80 GG abweichende Sonderregelungen:

aa) Art. 109 Abs. 4 S. 2 GG beschränkt den Kreis der nach Art. 80 GG ermächtigungsfähigen Delegatare (Bundesregierung, Bundesminister, Landesregierung) ausschließlich auf die Bundesregierung. Eine derartige Einschränkung der Ermächtigungsdelegatare findet sich schon in Art. 119 S. 1 GG, der allein die Bundesregierung zu Rechtsverordnungen in Flüchtlings- und Vertriebenenangelegenheiten ermächtigt, bedeutet also kein Novum im Rechtssetzungsverfahren.

---

[123] Darüber hinaus trägt die Begründungspflicht zur Aktualisierung des Verhältnismäßigkeitsgrundsatzes bei. Vgl. E. *Forsthoff,* Über Mittel und Methoden moderner Planung, in: Planung III, 1969, S. 21 ff., 31.

[124] *Stern,* in: Stern-Münch, Erl. IV, 2 zu § 2, S. 97.

[125] Die Begründung der Bundesregierung nennt ebenfalls als Kompetenznorm den Art. 105 GG, BTags-Drucks. V/890, S. 11; ebenso *Stern,* in: Stern-Münch, 2. Teil A I, 3, S. 63; D. *Wilke,* AöR Bd. 93, 1968, S. 297.

[126] *Stern,* in Stern-Münch, Erl. II, 3 zu § 15, S. 153.

Art. 109 Abs. 4 S. 2 GG schaltet ungleich die in Art. 80 Abs. 1 S. 4 GG vorgesehene Möglichkeit der Subdelegation aus. Dies entspricht der in Art. 109 Abs. 4 GG ausgesprochenen „Ausnahmekompetenz"[127] des Bundes.

bb) Die in Art. 109 Abs. 4 S. 3 GG vorgesehene erforderliche Zustimmung des Bundesrates ist nicht deshalb überflüssig, weil nach Art. 80 Abs. 2 GG die Zustimmung des Bundesrates ohnehin nötig gewesen wäre. Art. 109 Abs. 4 S. 3 GG verfestigt vielmehr das nach Art. 80 Abs. 2 nur „vorbehaltlich anderweitiger bundesgesetzlicher Regelung" statuierte Zustimmungserfordernis zu einer bundesgesetzlich unabdingbaren Notwendigkeit.[128]

cc) Im Gegensatz zu Art. 80 GG gesteht Art. 109 Abs. 4 S. 4 GG dem Bundestag einen Aufhebungsanspruch zu. Ein derartiges Kassationsrecht durch „schlichte Parlamentsbeschlüsse" ist im Rahmen des Gesetzgebungsverfahrens schon bekannt durch § 27 Abs. 2 S. 3 Außenwirtschaftsgesetz,[129] §§ 7 Abs. 2 S. 2, 16 Abs. 3 Wirtschaftssicherstellungsgesetz[130], § 8 Abs. 2 S. 2 Ernährungssicherstellungsgesetz[131], § 8 Abs. 2 S. 2 Verkehrssicherstellungsgesetz[132], § 77 Abs. 5 Zollgesetz[133]; Art. 2 Drittes Gesetz zur Änderung des Zollgesetzes[134], § 5 Nr. 2 S. 2 Durchführungsgesetz EWG-Fette.[135]

Die Zulässigkeit des Aufhebungsrechtes, das im Grundgesetz bisher nicht vorgesehen ist, dürfte sich aus den gleichen Gründen ergeben, auf die das Bundesverfassungsgericht die Zulässigkeit von Rechtsverordnungen, die der Zustimmung des Bundestages bedürfen, gestützt hat. Es handelt sich bei dem parlamentarischen Zustimmungsvorbehalt ebenso wie bei dem parlamentarischen Aufhebungsrecht im Vergleich zur vollen Delegation der Rechtsetzung auf die Exekutive um ein „Minus"[136]. Auch das Aufhebungsrecht stellt gegenüber der vollen Rechtsetzungsübertragung ein (wenn auch schwächeres[137]) Minus dar. Das Kassationsrecht erscheint als geeignete Regelung, dem legitimen

[127] Bericht des Rechtsausschusses zu BTags-Drucks. V/1686, S. 3; 108. Sitzg. des Rechtsausschusses v. 10. 5. 1967, Prot. S. 5098 D.

[128] D. *Wilke*, a. a. O., S. 274 f.

[129] v. 28. 4. 1961, BGBl. I, S. 481.

[130] v. 24. 8. 1965, BGBl. I, S. 920.

[131] v. 24. 8. 1965, BGBl. I, S. 938.

[132] v. 24. 8. 1965, BGBl. I, S. 927.

[133] v. 14. 6. 1961, BGBl. I, S. 737.

[134] v. 25. 3. 1964, BGBl. I, S. 245.

[135] v. 12. 6. 1967, BGBl. I, S. 593.

[136] BVerfGE 8, S. 274, 319 ff.

[137] Mißverständlich D. *Wilke*, a. a. O., S. 281, daß, wenn gegen den parlamentarischen Zustimmungsvorbehalt keine Bedenken bestünden, „erst recht" das parlamentarische Kassationsrecht zulässig sei.

Interesse der Legislative Rechnung zu tragen, „einerseits die Rechtsetzung auf die Exekutive zu delegieren, sich aber andererseits — wegen der Bedeutung der zu treffenden Regelungen — entscheidenden Einfluß auf Erlaß und Inhalt der Verordnungen vorzubehalten"[138, 139]. Das Kassationsrecht besteht in allen Fällen, in denen Art. 109 Abs. 4 GG es vorgezeichnet hat, also auch für § 15 StabG, obwohl die Regelung es nicht ausdrücklich erwähnt.[140] Abgesehen von diesen Sonderregelungen — Beschränkung der ermächtigten Delegatare, Unabdingbarkeit der Zustimmungsbefugnis des Bundesrates, verfassungskräftige Verbürgung des Kassationsrechts — gelten die Voraussetzungen des Art. 80 GG in vollem Umfang. Die Ermächtigungsvorschriften des Stabilitätsgesetzes dürften die Anforderungen, die gemäß Art. 80 GG an die Bestimmtheit von Inhalt, Zweck und Ausmaß der Ermächtigung zu stellen sind, erfüllen.[141] Die Bestimmtheitserfordernisse sind durchaus relativ und richten sich nach der Bestimmbarkeit der den Gegenstand der Verordnungen bildenden Materie. Eine nähere Konkretisierung der Voraussetzungen für konjunktursteuernde Rechtsverordnungen der Bundesregierung dürfte bei solcher schwer faßbaren Materie kaum möglich sein.

Allerdings dürften die Ermächtigungsvorschriften des Stabilitätsgesetzes kaum mit Art. 80 GG vereinbar sein, wenn die Ermächtigungsnorm auch erkennen lassen muß, in welchen Fällen die Exekutive die ihr in einer bestimmten Materie zugewiesene Verordnungsgewalt ausüben darf. Art. 80 GG verlangt jedoch nur die Klarstellung, in welcher Hinsicht die Exekutive rechtsetzend tätig werden kann. Die Ermächtigung des Stabilitätsgesetzes zu Rechtsverordnungen der Bundesregierung erscheint daher durchaus verfassungskonform.

5. *Rechtsschutz*[142]

Nach Art. 19 Abs. 4 Satz 1 GG steht jedem, der „durch die öffentliche Gewalt in seinen Rechten verletzt" wird, der Rechtsweg offen.

[138] BVerfGE, ebenda.

[139] *Stern*, in Stern-Münch, Erl. V, 3, c, bb, S. 71: „Der Sinn des parlamentarischen Kassationsrechts ... ist, den Einfluß des Parlaments in der Konjunkturpolitik des Bundes zu stärken, ohne den notwendigen Überraschungseffekt zu gefährden, wie es bei einer (präventiven) Zustimmung geschähe."

[140] D. *Wilke*, a. a. O., S. 282: „Die Bedeutung der Grundgesetznovelle ist also darin zu sehen, daß sie eine — von der Verfassung zwar nicht ausdrücklich vorgesehene, aber immerhin erlaubte — rechtliche Erscheinung nunmehr mit Verfassungsrang anerkennt und damit zugleich der Disposition des einfachen Gesetzgebers entzieht. Dieser hat es im Bereich des Art. 109 Abs. 4 GG nicht mehr in der Hand, ein Aufhebungsrecht zu gewähren oder zu verweigern."

[141] *Stern*, in: Stern-Münch, Erl. IX, 3 zu § 26, S. 198.

Der Rechtsschutz richtet sich nicht gegen staatliche Funktionen schlechthin, sondern nur gegen die Art ihrer Ausübung. Art und Umfang des Rechtsschutzes bestimmen sich somit nach dem Rechts- und Eingriffscharakter der jeweiligen Funktionsmittel. Dennoch ist auch die Zielrichtung staatlicher Aufgabenerfüllung für den Rechtsschutz insofern von Bedeutung, als von ihr die inhaltliche Überprüfbarkeit der einzelnen Maßnahmen abhängen kann. Hier liegt die eigentliche Schwierigkeit der gerichtlichen Kontrolle konjunktur- und wachstumspolitischer Maßnahmen. Der Mangel an handhabbaren Kontrollmaßstäben verweist gerichtliche Nachprüfungen in enge Grenzen. Die Überprüfung konjunktur- und wachstumspolitischer Maßnahmen kann nur in ihrer Gesamtheit im gegenseitigen Zusammenwirken aller Instrumente erfolgen und erscheint insbesondere aus zwei Gründen problematisch:

a) Ihre Ziele beruhen auf empirischen Tatsachen und wirtschaftswissenschaftlichen Wertvorstellungen; sie können nur als unbestimmte Rechtsbegriffe normiert werden, deren Beurteilungsspielraum in der Regel so groß sein dürfte, daß sie nur durch „höchstpersönliche Qualifizierung“[143] der jeweiligen politischen Instanzen, kaum aber der Gerichte ausgefüllt werden können[144]. Ziele wie die im Stabilitätsgesetz genannten „Erfordernisse des gesamtwirtschaftlichen Gleichgewichts“, „Stabilität des Preisniveaus“, „hoher Beschäftigungsstand“, „außenwirtschaftliches Gleichgewicht“, „stetiges und angemessenes Wirtschaftswachstum“ sind ebensowenig überprüfbar wie die jeweiligen Voraussetzungen für den Einsatz der entsprechenden Funktionsmittel:

„Im Falle der Gefährdung eines der Ziele des § 1“, § 3 Abs. 1 StabG; „bei außenwirtschaftlichen Störungen des gesamtwirtschaft-

---

[142] Vgl. *Stern*, in Stern-Münch, 1. Teil, Einfg., B III, 46/, S. 58 f.; A. *Möller*, Rdnr. 11 zu Art. 109 Abs. 2 GG, Rdnr. 13 zu § 1 StabG; P. *Badura*, Die Rechtsprechung des Bundesverfassungsgerichts zu den verfassungspolitischen Grenzen wirtschaftspolitischer Gesetzgebung im sozialen Rechtsstaat, AöR Bd. 92, 1967, S. 382 ff.; H. *Ehmke*, Wirtschaft und Verfassung, Die Verfassungsrechtsprechung des Supreme Court zur Wirtschaftsregulierung, 1961, S. 84, 676, dabei geht es jedoch im wesentlichen um punktuellen Interventionismus in Wirtschaftsabläufe; M. *Wiebel*, Zur verwaltungsrechtlichen Bedeutung des Stabilitätsgesetzes, DVBl. 1968, S. 899 ff.; vgl. auch die zustimmenden Stellungnahmen zu *Stern*, in Stern-Münch, a. a. O. von F. *Neumark*, FinArch. Bd. 27, 1968, S. 562 ff. u. R. *Schaeder*, Gemeinwohl im Recht der Wirtschafts- und Finanzplanung, Schriftenreihe Speyer, Bd. 39, 1969, S. 92 ff., 114.

[143] BVerwGE 12, 359; H. *Kellner*, Der sogenannte Beurteilungsspielraum in der verwaltungsgerichtlichen Prozeßpraxis, NJW 1966, 857 ff., 861.

[144] Begründung des Stabilitätsgesetzentwurfs durch die Bundesregierung, BRats-Drucks. 316/66, S. 15 l. oben.

lichen Gleichgewichts", § 4 Satz 1 StabG; „bei einer die volkswirtschaftliche Leistungsfähigkeit übersteigenden Nachfrageausweitung", §§ 5 Abs. 2, 6 Abs. 1 StabG; „bei einer die Ziele des § 1 gefährdenden Abschwächung der allgemeinen Wirtschaftstätigkeit", §§ 5 Abs. 3, 6 Abs. 2, 11 StabG; „zur Abwehr einer Störung des gesamtwirtschaftlichen Gleichgewichts", §§ 15, 19 StabG; „wenn eine Störung des gesamtwirschaftlichen Gleichgewichts eingetreten ist oder sich abzeichnet", § 26 Nr. 3 a (1) und b (2) und (3) StabG.

Ermessen besteht nur insoweit, als die politischen Instanzen zum Einsatz konjunkturpolitischer Maßnahmen berechtigt, nicht aber verpflichtet werden (Kann-Vorschriften nach Art. 109 Abs. 3 und 4 GG, §§ 6, 15 Abs. 1, 19, Satz 1, 21, Satz 2, 22 Abs. 3, 26 Nr. 3 b, 30 StabG) oder zwischen mehreren Möglichkeiten wählen können. Gerichtliche Überprüfbarkeit besteht in diesem Zusammenhang nur insoweit, als allgemeine Grundsätze zulässiger Ermessensausübung[145] verletzt werden, insbesondere wenn funktionsfremde Erwägungen die konjunkturpolitischen Entscheidungen bestimmen. Die Ziele der Konjunktur- und Wachstumspolitik variieren je nach Konjunkturlage; sie befinden sich in einem Prozeß laufender Veränderung und können daher kaum nachträglich gerichtlich nachvollzogen werden. Auch wenn die Gerichte die Ergebnisse der gesamtwirtschaftlichen Alternativrechnungen als Entscheidungshilfe berücksichtigen, dürfte es ihnen kaum völlig gelingen, Kausalzusammenhänge des gesamtwirtschaftlichen Funktionssystems offenzulegen.

b) Fraglich erscheint zudem, welchem Ziel der Rechtsschutz dienen soll. Da sich die gesamtwirtschaftliche Entwicklung nicht zurückdrehen läßt, kommt eine Beseitigung bestimmter Folgewirkungen in Form der Aufhebung der entsprechenden Maßnahmen nicht in Betracht, lediglich ein „zukünftiges Bessermachen". Eine reparatio in Form der Entschädigung dürfte angesichts der kollektiven Ausrichtung der Konjunkturpolitik illusorisch sein. Insoweit trägt das Kollektiv Vor- und Nachteile der gesamtwirtschaftlichen Entwicklung und kann seine Wünsche nur auf politischem Wege durchsetzen. Schließlich kommt, unabhängig von der Möglichkeit, konjunkturpolitische Interessen in materieller Hinsicht vor Gericht geltend zu machen, dem nachträglichen repressiven Rechtsschutz allenfalls eine sekundäre Rolle zu. Entscheidend ist der Ausbau vorbeugender, konjunkturelle Fehlentwicklungen a priori verhindernder Möglichkeiten.

Dazu zählen vor allem:

— politische Interorgankontrolle
— Einschaltung der Interessenten in den Prozeß finanzpolitischer Wissens- und Willensbildung

---

[145] Vgl. K. *Stern*, Ermessen und unzulässige Ermessensausübung, 1964.

— Rationalisierung der konjunktur- und wirtschaftspolitischen Willensbildung durch Einschaltung von Sachverständigen im Vorstadium der Wissensbildung. Allerdings: sobald die Willensbildung durch die Sachverständigen de facto weitgehend präjudiziert wird, stellt sich die Frage: Wer kontrolliert den Sachverstand?

Immer mehr stellt sich heraus, daß die eminente Aufgabe des Rechtsstaates im Rahmen der lenkenden und leitenden Verwaltung zunehmend darin liegt, durch institutionelle Vorsorge den repressiven gerichtlichen Rechtsschutz entbehrlich zu machen.

Dagegen sind die formellen Interorganpflichten nach herkömmlichen Grundsätzen justiziabel. Zu den rechtlichen Verpflichtungen, die den Staatsorganen durch das Stabilitätsgesetz auferlegt worden sind und Konflikte auslösen können, gehören:

die Vorlage eines Jahreswirtschaftsberichts, § 2 StabG;

die Aufstellung von Orientierungsdaten seitens der Bundesregierung, § 3 StabG;

der konjunkturpolitische Einsatz der außenwirtschaftlichen Mittel der Bundesregierung, § 4 StabG;

die Aufstellung eines fünfjährigen Finanzplans, § 9 StabG, mehrjähriger Investitionsprogramme, § 10 StabG, und eines zweijährigen Subventionsberichts, § 12 StabG;

der Einsatz landesrechtlicher Mittel zur Konjunktursteuerung der kommunalen Gebietskörperschaften, §§ 16, 23 StabG;

die gegenseitige Auskunftspflicht von Bund und Länder, § 17 StabG;

die Verpflichtung der Bundesregierung zur Ausgabe von Mobilisierungs- und Liquiditätspapieren, § 29 StabG.

6. *Rechtsklarheit*

Die einzelnen Funktionsmittel sind im Stabilitätsgesetz in der Regel klar bezeichnet. Mögen zwar nationalökonomische Begriffe und Erkenntnisse vorausgesetzt werden, die dem Juristen nicht immer geläufig sind, so läßt sich jedoch objektiv feststellen, welches konjunkturpolitische Instrumentarium der Gesetzgeber gemeint hat. Lediglich in den §§ 4, 16, 23 StabG hat der Gesetzgeber die Instrumente nicht eindeutig bestimmt.

a) § 4 StabG

§ 4 StabG verpflichtet die Bundesregierung unter bestimmten Voraussetzungen, „alle Möglichkeiten der internationalen Koordination zu nutzen“ und „soweit dies nicht ausreicht“ . . . „die ihr zur Wahrung des außenwirtschaftlichen Gleichgewichts zur Verfügung stehenden wirtschaftspolitischen Mittel“ einzusetzen, ohne einen näheren Hinweis zu enthalten, was darunter zu verstehen ist. Läge darin die

Ermächtigung zu neuen außenwirtschaftlichen Eingriffen, dürfte die vage Formulierung der Bestimmung kaum dem verfassungsrechtlichen Gebot klar umgrenzter staatlicher Machtäußerung genügen können. Jedoch verweist § 4 StabG lediglich auf *vorhandene* außenpolitische Instrumente, deren konjunkturpolitische Erschließung ihrem herkömmlichen Sinn und Zweck und ihren Maßstäben durchaus konform ist.

b) § 16 Abs. 1 StabG

Da Art. 109 Abs. 3 GG nicht lediglich eine Kompetenznorm sondern eine echte Ermächtigungsvorschrift darstellt, richtet sich die Zulässigkeit des § 16 Abs. 1 StabG ausschließlich danach, ob sich die Regelung im Rahmen der Ermächtigung des Art. 109 Abs. 3 GG hält. An der Verfassungsgarantie des Art. 28 Abs. 2 GG wäre § 16 Abs. 1 StabG nur dann zu messen, wenn Art. 109 Abs. 3 GG lediglich eine nach Sachbereichen abgrenzende, ansonsten „maßstablose" Kompetenznorm[146] darstellen würde. Daher richtet sich die Zulässigkeit des § 16 Abs. 1 GG lediglich nach den Fragen:

Handelt es sich um eine Regelung, die durchgängig oder jedenfalls hauptsächlich die Materie „konjunkturgerechte Haushaltswirtschaft" betrifft? (aa)

Beschränkt sich die Regelung auf pauschal gehaltene undetaillierte Aussagen, d. h. auf die Statuierung von „Grundsätzen"? (bb)

aa) § 16 Abs. 1 StabG statuiert lediglich die Tatsache, (das „Ob") einer gesamtwirtschaftlichen Inpflichtnahme der Gemeinden ohne die Modalitäten (das „Wie") ihrer Erfüllung auch nur zu streifen und hält sich damit, indem die Grundsatzgesetzgebung nur am Rande ausgeschöpft wird, nach Gegenstand und Umfang im Rahmen der Ermächtigung des Art. 109 Abs. 3 GG.

bb) § 16 Abs. 1 StabG nimmt ausschließlich Bezug auf das Thema konjunkturgerechte Haushaltswirtschaft, indem die Ziele des § 1 StabG zu den leitenden Richtmaßen der kommunalen Einnahmen- und Ausgabenpolitik normiert werden. Allerdings wird dadurch auch Kommunalrecht tangiert. Finanzrecht und Kommunalrecht lassen sich nicht trennscharf voneinander unterscheiden. In einem Teilsektor überschneiden sich beide Bereiche. Im Schnittfeld dieser Materien kann sich die Zuordnung allein danach bestimmen, welcher Bereich nach gegenständlicher Breite und inhaltlicher Tiefe *überwiegend und vor-*

---

[146] K. *Stern*, Bonner Kommentar, Zweitbearbeitung, Rdnr. 118 zu Art. 28 GG.

rangig angesprochen wird, dagegen nicht danach, welches Ziel im Vordergrund steht — ist doch Kommunalrecht als Organisationsrecht[147] abgesehen von verfassungsrechtlichen Grundsätzen kaum jemals Selbstzweck, sondern allenfalls das Medium zur Durchsetzung bestimmter kommunalpolitischer Ziele. Trotz der Schwierigkeit, in diesem Zusammenhang handhabbare Maßstäbe zu liefern, läßt sich eine Materie dem Bundesgesetzgeber immerhin mit gutem Gewissen anheimstellen, wenn sie bei logischer Folgerung wie selbstverständlich (konsequente Zugehörigkeit) oder doch bei sachgerechter Folgerung vernünftigerweise (kohärente Zugehörigkeit) einem Kompetenzthema des Bundes zuzurechnen ist[148], d. h. wenn sie, um die Terminologie Philipp Hecks aufzugreifen, in dem vom Gesetzgeber offengelassenen Kompetenz-„Hof" eines fest umzeichneten Kompetenz-„Kerns" zu finden ist.

c) § 16 Abs. 2 StabG

Die Zulässigkeit des § 16 Abs. 2 StabG richtet sich entscheidend danach, was unter „geeigneten Maßnahmen" zu verstehen ist. Bei verfassungskonformer Auslegung sind geeignete Maßnahmen nur solche, zu deren Normierung der Bundesgesetzgeber kompetent ist und die andererseits den Wesensgehalt der durch Art. 28 Abs. 2 GG geschützten Finanzhoheit der kommunalen Selbstverwaltungskörperschaften unangetastet lassen. Art. 28 Abs. 2 GG wird daher zusätzlichen Einwirkungsmaßnahmen der Länder auf die Gemeinden Grenzen setzen, insbesondere einer umfassenden staatlichen Lenkungsgewalt im Wege stehen[149], während bei der Anwendung herkömmlicher staatlicher Ingerenzen die Kompetenz des Bundesgesetzgebers zur konjunkturpolitischen Erschließung herkömmlicher Maßnahmen zu beachten ist, insbesondere hinsichtlich seiner Befugnis, in Kompetenzthemen einzugreifen, die dem Landesgesetzgeber zugewiesen sind. Die konjunkturpolitische Umformung der Kommunalaufsicht dürfte die Kompetenz des Landesgesetzgebers, Kommunalrecht zu setzen, zwar tangieren, wenn auch nicht unbedingt in unzulässigem Maße attackieren.[150]

---

[147] K. *Stern* — H. *Gröttrup*, Kommunalrecht und Kommunalverfassung, in: Kommunalwissenschaftliche Forschung, Bd. 12 der Schriftenreihe des Vereins für Kommunalwissenschaften, 1967, S. 144 ff.

[148] K. *Stern*, Die verfassungsrechtliche Position der kommunalen Gebietskörperschaften in der Elektrizitätsversorgung, Bd. 1 der Studien zum öffentlichen Recht und zur Verwaltungslehre, 1966.

[149] K. *Stern*, Konjunktursteuerung und kommunale Selbstverwaltung, E 62; *ders*., in: Stern-Münch, Erl. II, 2 b, S. 160.

[150] K. *Stern*, in: Stern-Münch, Erl. II, 2 a zu § 16, S. 159.

Die Bedeutung des § 16 Abs. 2 StabG liegt in der Verpflichtung der Länder, von den bestehenden Einwirkungs- und Einflußmöglichkeiten im Sinne konjunkturpolitischer Erfordernisse Gebrauch zu machen. Seit der durch Art. 109 Abs. 2 GG erfolgten verfassungsrechtlichen Inpflichtnahme öffentlicher Haushalte ist die Beachtung gesamtwirtschaftlicher Belange zur Verfassungsaufgabe geworden. § 16 Abs. 2 StabG stellt lediglich die Verpflichtung der Länder klar, die zu ihrem Organisationsbereich gehörenden Gebietskörperschaften zu konjunkturgerechtem Verhalten mit Mitteln anzuhalten, die dem Bund mangels einer Kompetenz nicht zur Verfügung stehen. Insoweit normiert § 16 Abs. 2 StabG die aus dem Wesen des Bundesstaates durch das Bundesverfassungsgericht entwickelte Pflicht zu bundesfreundlichem Verhalten,[151] die auch besagt, „daß die Länder dem Bund gegenüber zu Kommunalaufsichtsmaßnahmen verpflichtet sind, soweit der Bund nicht unmittelbar dafür Sorge tragen kann, daß grundgesetzliche Ordnung auch auf kommunaler Ebene hergestellt ist".

Fraglich erscheint, ob die Regelung des § 16 Abs. 2 StabG bei diesem Aussagegehalt überhaupt erforderlich war.

Im Verhältnis Bund — Land wird kommunales konjunkturelles Fehlverhalten, also der Verstoß gegen die kraft Bundesrechts, § 16 Abs. 1 StabG, auferlegte Pflicht zu konjunkturellem Wohlverhalten, dem Land angerechnet. Dem Bund gegenüber ist somit das Land ohnehin schon aufgrund der verfassungsrechtlichen Verpflichtung zur rechtmäßigen Durchführung von Bundesgesetzen dazu angehalten, dafür Sorge zu tragen, daß in seinem Einwirkungsbereich „Konjunkturtreue" geübt wird, d. h. nicht gegen Bundesgesetze verstoßen wird. Um diese Verpflichtung zu begründen, braucht somit nicht das Prinzip der Bundestreue bemüht zu werden. Die Absicht des Bundesverfassungsgerichts ist einleuchtend: Das Ermessen der Landesbehörden, gegen eine Gemeinde kommunalaufsichtlich vorzugehen — im Rahmen der Kommunalaufsicht gilt in allen Ländern außer in Bayern das Opportunitätsprinzip — soll in gewissen Fällen zu einer Rechtspflicht verdichtet werden. „Was nach Landesrecht im Verhältnis zur Gemeinde eine im Ermessen der zuständigen Behörde liegende Befugnis ist, kann aber nach Bundesverfassungsrecht im Verhältnis zum Bund Pflicht der Länder werden."[152] Diese „Ermessensschrumpfung auf Null" ergibt sich jedoch nicht aus dem Prinzip der Bundestreue, sondern beruht auf dem bundesstaatlichen Prinzip, daß die Länder dem Bund gegenüber für die rechtmäßige Ausführung der Bundesgesetze auch von seiten der Gemeinde sorgen müssen. Das Bundesverfassungsgericht übersieht, daß das Opportunitätsprinzip im Rahmen der

---

[151] BVerfGE 1, 117 ff., 131; 1, 229 ff., 315 f.; 8, 122 ff., 138.

[152] BVerfGE, 8, 138.

Kommunalaufsicht bei der Ausführung von Bundesgesetzen nicht zum Zuge kommt, sondern nur bei der Ausführung von Landesgesetzen gilt. Bei der Ausführung von Bundesgesetzen finden Opportunitätsgesichtspunkte lediglich Eingang durch das den Bundesbehörden eingeräumte Ermessen, ob sie das Land zu dessen Verpflichtung anhalten wollen — vorausgesetzt sie erhalten Kenntnis von dem bundesrechtlichen Fehltritt einer Gemeinde. Das Bundesverfassungsgericht entwickelt aus dem Gedanken der Bundestreue eine Verpflichtung der Länder, die ohnehin besteht. Sofern § 16 Abs. 2 StabG lediglich als Normierung der kommunalaufsichtlichen Verpflichtung der Länder zur Mitwirkung bei der „Wahrung und Herstellung der grundgesetzlichen Ordnung in allen Teilen und Ebenen des Gesamtstaates"[153] verstanden wird, erschöpft sich die Bedeutung und Tragweite der Regelung in einer rein deklaratorischen Klarstellung.

Indes liegt die Bedeutung des § 16 Abs. 2 StabG in der Verpflichtung der Länder zu Ingerenzen, die über die reine Rechtsmäßigkeitskontrolle bei der Ausführung von Bundesgesetzen durch die Gemeinde hinausgehen. Insoweit konstituiert § 16 Abs. 2 StabG eine über die deklaratorische Verpflichtung zur Rechtsmäßigkeitskontrolle hinausgehende Hinwirkungspflicht der Länder auf die Gemeinden zum konjunkturgerechten Verhalten — ein erster Beweis dafür, daß im Vordergrund der „geeigneten Maßnahmen" landesrechtlicher Konjunkturbeeinflussung der Gemeinden die Instrumente der finanziellen Zuwendungen stehen und daß § 16 Abs. 2 StabG Betonung auf präventive und nicht auf repressive Konjunktursteuerung legt.

IV. Formenmißbrauch

Der Einsatz herkömmlicher Funktionsmittel zu konjunkturpolitischen Zwecken wirft zahlreiche Rechtsfragen auf, deren Brisanz sich vorwiegend aus dem Aspekt des Rechtsschutzes, aber auch aus allgemein rechtsstaatlichen und föderalen Gesichtspunkten ergibt. Gemeint ist jener Vorgang, den Rupp als „Etikettenschwindel" bezeichnet, nämlich die „Durchsetzung an sich legaler Zwecke mit Hilfe eines für die Durchsetzung dieser Zwecke nicht vorgesehenen materiellrechtlichen, kompetenzrechtlichen oder justiziellen Instrumentariums".[154] Gerade die konjunkturpolitische Indienststellung herkömmlicher Funktionsmittel birgt die Gefahr, daß die bisherigen Maßstäbe, nach denen der Einsatz jener Funktionsmittel erfolgte und sich Rechtsweg-

---

[153] BVerfGE, ebenda.

[154] H. H. *Rupp*, Zur Problematik öffentlich-rechtlicher Machtpotenzierung durch Funktionenkombination, NJW 1968, S. 569.

fragen und Kompetenzverteilungen richteten, gänzlich überspielt und praktisch außer Kraft gesetzt werden. Es handelt sich bei jenem Funktionswandel staatlicher Lenkungsinstrumente um eine Erscheinung, die mit der Problematik des sogenannten „Détournement de pouvoir" eng verbunden ist. Allerdings ist sie ihr nicht gleichzusetzen, da unter détournement de pouvoir „gemeinhin das mißbräuchliche Vorschieben objektiver gesetzesfremder Ziele" verstanden wird[155]. Soweit der Funktionswandel einen „eklatanten Schwund an institutionellen Sicherungen und rechtsstaatlichen Verbürgungen" herbeiführt, dürfte auch die Neuregelung der Art. 109 Abs. 2—4 GG nicht die erforderliche normative Rückendeckung bieten können. Ein „Etiquettenschwindel" könnte durch das Stabilitätsgesetz in mehrfacher Hinsicht erfolgt sein, nämlich durch den konjunkturpolitischen Einsatz der herkömmlichen Funktionsmittel:

1. Steuern
2. Subventionen
3. Maßnahmen nach § 16 Abs. 2 StabG

ad 1. Rupp führt gerade den Funktionswandel der Steuergesetzgebung als Beispiel dafür an, daß durch neue zusätzliche Zielsetzungen hergebrachter Instrumente „alle überkommenen grundrechtlichen, verfassungs- und kompetenzrechtlichen Sicherungen mit Einschluß der föderalen Strukturelemente des Grundgesetzes" durchbrennen können[156]. Nach der Entscheidung des Bundesverfassungsgerichts zur Besteuerung des Werkfernverkehrs[157] dürfte an der Zulässigkeit einer aus wirtschaftspolitischen Gesichtspunkten betriebenen „taxation"[158] kein Zweifel mehr bestehen können, mag die Rechtsprechung auch in gewissen Punkten bedenklich erscheinen[159]. Jedenfalls sind die

---

[155] *Rupp*, ebenda.

[156] *Rupp*, ebenda.

[157] *BVerfG* E 16, 147.

[158] Vgl. zu der Entwicklung des Steuerrechts in den USA, H. *Ehmke*, Wirtschaft und Verfassung 1961, S. 161 ff.

[159] K. H. *Friauf*, Verfassungsrechtliche Grenzen der Wirtschaftslenkung und Sozialgestaltung durch Steuergesetze, in: Recht und Staat, Heft 325/6, 1966; *ders.*, Sondersteuern als verfassungsgerechtes Mittel zur Eindämmung des Straßen-Güterverkehrs?, BB 1967, S. 1345; W. *Weber*, Das Bundesverfassungsgericht und die Steuerverordnung, AöR, Bd. 10, 1965, S. 452 ff.; B. *Schmidt-Bleibtreu*/F. *Klein*, Steuerrecht unter Verfassungskontrolle, 1966, Tz. 1, 10, 14 f.; P. *Badura*, Die Rechtsprechung des Bundesverfassungsgerichts zu den verfassungsrechtlichen Grenzen wirtschaftspolitischer Gesetzgebung im sozialen Rechtsstaat, AöR Bd. 92, 1967, S. 382 ff., 388 f.; W. *Grund*, Steuergesetzgebung — Steuerverwaltung — Steuergerichtsbarkeit, in: 50 Jahre Deutsche Finanzgerichtsbarkeit, Festschrift des Bundesfinanzhofs 1968, S. 27 ff.

Zeiten, in denen Steuern ausschließlich als einmalige oder laufende Geldleistungen zur Erzielung von Einkünften öffentlich-rechtlicher Gemeinwesen, § 1 AO, erhoben würden, endgültig vorbei[160]. Soweit der Funktionswandel zu Verlusten an steuerrechtlicher Klarheit und Sicherheit geführt hat, stellt sich die Forderung, diese Einbuße durch erhöhte Offenkundigkeit, Durchschaubarkeit und Übersichtlichkeit der Steuerpolitik auszugleichen. Insoweit weist die Regelung des § 12 Abs. 3 StabG über die Aufnahme von Steuervergünstigungen in den Subventionsbericht in die gewünschte Richtung.

ad 2. Auch der Einsatz staatlicher Subventionierung und Fondsverwaltung zur geamtwirtschaftlichen Steuerung dürfte kaum mit deren herkömmlichen Bindungen und Rechtsgrundsätzen kollidieren. Die Crux staatlicher Mittelvergabe liegt gerade in dem Mangel an überprüfbaren Kontrollmaßstäben und -richtlinien, so daß § 12 StabG eher eine normative Eingrenzung als eine Erweiterung dieses staatlichen Handlungsbereiches geschaffen hat.[161]

Allgemein läßt sich sagen, daß alle staatlichen Lenkungsinstrumente, die bisher zulässigerweise zu punktuellem staatlichem Interventionismus in den Wirtschaftsablauf eingesetzt wurden, erst recht einer globalen Wirtschaftssteuerung nutzbar gemacht werden dürfen.

ad 3. Als „geeignete Maßnahmen" i. S. von § 16 Abs. 2 StabG und in etwa auch von § 23 StabG kommen insbesondere in Betracht: Kommunalaufsicht (a), Mitwirkungsrechte (b), Beratung und finanzielle Zuwendungen (c). Zu prüfen ist, ob die konjunkturpolitische Handhabung dieser herkömmlichen landesstaatlichen Ingerenzen einen unzulässigen „Etikettenschwindel" darstellt.

a) Kommunalaufsicht

Eine Verpflichtung der Länder zum Einsatz der Kommunalaufsicht als Instrument der Konjunkturpolitik wirkt in hohem Maße strukturverändernd, soweit Kommunalaufsicht auf Rechtskontrolle beschränkt

---

[160] Das Gutachten des Wissenschaftlichen Beirats beim Bundesministerium der Finanzen zur Reform der direkten Steuern (Einkommensteuer, Körperschaftssteuer, Vermögenssteuer und Erbschaftssteuer) bezeichnet neben dem fiskalischen Zweck der Besteuerung der Finanzierung öffentlicher Aufgaben und den „Nebenbedingungen" der Opferminimierung (Verteilungsgerechtigkeit, Wettbewerbsneutralität) auch außerfiskalische Gesichtspunkte als Zwecke der Besteuerung, die jedoch im Falle von Zielkonflikten grundsätzlich zurücktreten müssen, Schriftenreihe des Bundesministeriums der Finanzen, Heft 9, 1967, S. 13 ff.; vgl. auch J. *Pahlke*, Steuerpolitische Grundsatzfragen, FinArch. Bd. 28, 1969, S. 42 ff., 45. A. *Mennel*, Investitionslenkung durch Steuern — ein internationaler Vergleich, DStR 1964, S. 474 ff.

[161] S. unten S. 136 ff.

ist[162], da durch den weitgefaßten Begriff der „konjunkturpolitischen Erfordernisse" kaum abgrenzbare Zweckmäßigkeitsgesichtspunkte in die Kommunalaufsicht hereingetragen werden. Gegen die Versuche, durch unbestimmte Rechtsbegriffe Zweckmäßigkeitsgesichtspunkte in die Rechtsaufsicht einzuführen, sind bisher gewichtige Bedenken nicht vorgetragen worden. Dies mag sich daraus erklären, daß die Normierung unbestimmter Rechtsbegriffe auf bestimmten festumgrenzten Aufgaben- und Sachgebieten erfolgte, und die Zweckmäßigkeitskontrolle sich inhaltlich nur auf bestimmte einzelne Angelegenheiten bezog. Die Besonderheit bei dem Begriff der konjunkturellen Erfordernisse liegt darin, daß wegen der Großräumigkeit der Konjunkturpolitik nahezu alle Sachbereiche kommunaler Tätigkeit in die Zweckmäßigkeitskontrolle einbezogen würden. Derart umfassende, als unbestimmte Rechtsbegriffe in die Kommunalaufsicht eingeschleuste, unscharf konturierte Maßstäbe mögen zwar de iure unter dem Etikett der Rechtsaufsicht geführt werden, laufen aber de facto auf Zweckmäßigkeitsaufsicht hinaus, so daß zwar formell Rechtsaufsicht besteht, materiell aber Zweckmäßigkeitskontrolle ausgeübt wird. Angesichts der Tatsache, daß wegen der Verflechtung nahezu des gesamten Wirtschafts- und Finanzlebens in ein Netzwerk konjunktureller Wirkungen letztlich jede finanz- und wirtschaftspolitische Maßnahme konjunkturelle Haupt- und Nebenreaktionen auslöst (die freilich in den meisten Fällen erst in ihrer Summierung sichtbar und meßbar und in einem derart vielfältig interdependenten Kräftesystem kaum vollständig überschaubar sind), erlaubt der Aufsichtsmaßstab der Konjunkturgerechtigkeit der Aufsichtsbehörde letztlich bei jeder Maßnahme die Möglichkeit der Intervention. Im Grunde ließe sich jeder Gemeinde-

---

[162] Die Ansicht, daß die Beschränkung der Kommunalaufsicht auf Rechtskontrolle zum Wesenskern kommunaler Selbstverwaltung gehört, vertreten insbesondere W. *Weber*, Kommunalaufsicht als Verfassungsproblem, in: Aktuelle Probleme der Kommunalaufsicht, Schriftenreihe Speyer, Bd. 19, 1963, S. 20, 28; A. *Köttgen*, Wesen und Rechtsform der Gemeinden und Gemeindeverbände, in: HKWP I, 1956, S. 165 u. 217 f.; H. *Baron*, Die sozialethische Gleichschaltung der Länder und Gemeinden durch den Bund, in: Der Staat 1964, S. 23; *Maunz*, in: Maunz-Dürig, Rdnr. 33 zu Art. 28 GG; A. *Hamann*, Grundgesetz, 2. Aufl., S. 240; in der Tendenz: BVerfGE 6, 118; BVerwGE 3, 129; VGH Rhl. Pf. Verw. Rspr. 3, 529; anderer Ansicht K. *Müller*, Zur Problematik der Genehmigungsvorbehalte im Kommunalrecht, VerwArch. Bd. 54, 1963, S. 170 ff., 182, 184; H. *Rumpf*, Verwaltung und Verwaltungsrechtsprechung, VVDStRL Bd. 14, 1956, S. 163; O. *Gönnenwein*, Gemeinderecht, 1963, S. 77, OVG Münster, OVGE 8, 290 ff., 298 vgl. allgemein zum Standort der Kommunalaufsicht K. *Stern*, Bonner Kommentar, Rdnr. 135 zu Art. 128 GG m. w. Nachw.; J. *Salzwedel*, Staatsaufsicht in der Verwaltung, VVDStRL Heft 22, 1965, S. 206 ff.

beschluß durch die Aufsichtsbehörde als konjunkturwidersprechend qualifizieren und insoweit als Verletzung geltenden Rechts beanstanden. Die gerichtliche Überprüfung aufgrund einer Klage der Gemeinde muß demgegenüber aussichtslos erscheinen, ist doch der Begriff des gesamtwirtschaftlichen Gleichgewichts justiziabel nur in Anbetracht von Globalgrößen, etwa bei der Beurteilung der Gesamtwirkungen der Haushaltswirtschaft aller Gemeinden, nicht aber für die konkrete wirtschaftliche oder finanzielle Mikromaßnahme der einzelnen Gemeinde. Solange eine „Umformung in meß- und berechenbare, dem Verhältnis Staat — Gemeinde adäquate Rechtsbegriffe seitens des Landesgesetzgebers“[163] nicht erfolgt ist, besteht die Gefahr der mißbräuchlichen Handhabung der Aufsicht durch den Versuch, rechtswidrige Aufsichtsmaßnahmen mit dem Vorwand konjunkturpolitischer Notwendigkeiten zu retten. Indem sich die herkömmlich festen Richtmaße aufsichtsbehördlichen Einschreitens konjunkturpolitisch leicht überspielen ließen, würde die „bisher scharf konturierte Rechtsaufsicht zunehmend an Rechtsklarheit einbüßen und an Rechtssicherheit verlieren“[164].

b) Mitwirkungsrechte

Weniger einschneidend erscheint der Ausbau staatlicher Mitwirkungsrechte zu einem konjunkturpolitischen Instrumentarium[165]. Den Prüfstein bildet auch hier die Frage, ob Konjunkturpolitik systemfremde, „umgestaltende“ Gesichtspunkte in das staatliche Mitwirkungsrecht hereinträgt oder sich in dessen Sinngehalte bruchlos einfügt. Die Ausdrucksformen, in denen sich Konjunkturpolitik zur Sprache bringt, sind jene Mitsprache- und Mitgestaltungsrechte, in denen sich Genehmigungs- und Bestätigungsvorbehalte als staatlich-kommunales Kondominium manifestieren. Die für die staatlichen Mitwirkungsrechte typische Verflochtenheit von örtlichen und überörtlichen Interessen kennzeichnet auch die Konjunkturpolitik. Weder ist der Bund alleiniger Träger der Konjunkturpolitik[166], noch ist das konjunkturelle Geschehen ein nur auf das kommunale Verhalten bezogener Sektor, „sondern die Wirtschaft und die öffentlichen Haus-

---

[163] K. *Stern*, Konjunktursteuerung und kommunale Selbstverwaltung — Spielraum und Grenzen, Gutachten E zum 47. DJT, 1968, E 64.

[164] K. *Stern*, ebenda.

[165] Vgl. K. *Stern*, ebenda, E 64 ff., 72 ff.

[166] Vgl. E. W. *Behmenburg*, Können Gemeinden Konjunkturpolitik treiben?, in: Der Gemeindehaushalt 1961, S. 98 ff.; A. *Köttgen*, Zur Diskussion über das konjunkturpolitische Instrumentarium des Bundes gegenüber Ländern und Gemeinden, in: AfK 1966, S. 4 ff., 8; F. *Weller*, Wirtschaftspolitik und föderativer Staatsaufbau in der Bundesrepublik Deutschland, Forschungsbeiträge der Adolf Weber-Stiftung, 1967, S. 118 ff.

halte in ihrer Gesamtheit angehend"[167]. Konjunkturpolitische Zuständigkeiten lassen sich schon deshalb nicht prozentual nach dem Anteil der einzelnen Haushalte am Sozialprodukt bestimmen, weil Konjunkturpolitik sich als dynamisches Kräftesystem einer Einteilung in ein staatliches Zuständigkeitsschema von Haus aus widersetzt. Das staatliche Mitwirkungsrecht in Gestalt von Genehmigungs- und Bestätigungsvorbehalten dient daher keineswegs als trojanisches Pferd für sachfremde Zwecke zum konjunkturpolitischen Einbruch in die kommunale Haushaltswirtschaft, sondern bildet das adäquate Medium, in welchem sich staatliche Konjunktursteuerung mit kommunalrechtlicher Folgewirkung manifestieren kann. Dadurch werden die auf Zweckmäßigkeitskontrolle geeichten Mitwirkungsrechte nicht in ihren Strukturen umgeformt, sondern allenfalls punktuell mit weiteren Zweckmäßigkeitsgesichtspunkten angereichert.

c) Beratung und finanzielle Zuwendungen

Im übrigen lassen sich landesrechtliche Ingerenzen ohne weiteres an konjunkturpolitischen Erfordernissen ausrichten. Insbesondere erscheint eine Konjunktursteuerung durch Beratung und durch finanzielle Zuwendungen[168] als zulässige Ausschöpfung der in jenen Ingerenzen selbst originär angelegten Möglichkeiten[169].

---

[167] K. *Stern*, a. a. O., E 65.

[168] „Es ist jedoch einsichtig, daß auch Finanzzuweisungen regionale Effekte zeitigen, sofern nicht gerade die Finanzzuweisungen vom Staat an jede Gemeinde im gleichen Verhältnis geleistet wie Steuern von den Einwohnern jeder Kommune an den Staat abgeführt werden", A. *Littmann*, Die Gestaltung des kommunalen Finanzsystems unter raumordnungspolitischen Gesichtspunkten, Veröffentlichungen der Akademie für Raumforschung und Landesplanung, Abhandlungen Bd. 50, 1968, S. 45.

[169] K. *Stern*, Konjunktursteuerung und kommunale Selbstverwaltung, a. a. O., S. 67 ff.

DRITTER TEIL

Funktionsformen der Konjunktur- und Wachstumspolitik

Die Neuerungen des Stabilitätsgesetzes erschöpfen sich nicht in der Einführung neuer konjunkturpolitischer Instrumente, was allerdings schon dem Gesetz den Ruf des modernsten konjunkturpolitischen Instrumentariums der Welt eingetragen hat[1]. Darüber hinaus liegen sie in der Begründung neuer Funktionsformen, wie sie weniger im Bereich der Konjunkturpolitik, deren instrumentaler Einsatz im wesentlichen in den herkömmlichen Funktionsformen des Verwaltungsaktes (§ 16 Abs. 2, im Ergebnis auch § 22 StabG) und der Rechtsverordnungen erfolgt, in Erscheinung treten, sondern mehr im Bereich der Wachstumspolitik zum Ausdruck kommen, insbesondere in Gestalt des Jahreswirtschaftsberichts, § 2, des fünfjährigen Finanzplans, § 9, der mehrjährigen Investitionsprogramme, § 10, des Subventionsberichtes, § 12, und der konzertierten Aktion, § 3 StabG.

Den Gegenstand der folgenden Untersuchung bildet daher die Prüfung, ob diese neuen Funktionsformen ihrer Funktion entsprechend ausgestaltet sind (Erstes Kapitel), ob sie dem bezogenen System gerecht werden (Zweites Kapitel) und ob sie im Einklang mit den von der Verfassung gebilligten Ausdrucksformen staatlicher Hoheitsgewalt stehen (Drittes Kapitel).

Erstes Kapitel

Funktionsadäquanz[2]

I. Jahreswirtschaftsbericht, § 2 StabG[3]

Im Dienste der Wachstumspolitik steht der Jahreswirtschaftsbericht insbesondere insofern, als er eine in Form volkswirtschaftlicher Ge-

[1] „Der mit diesem Gesetz gegebene Werkzeugkasten konjunkturpolitischer Steuerungsmöglichkeiten ist in der Tat außerordentlich vielfältig, ja, er ist wohl der modernste Werkzeugkasten", K. *Schiller*, Konjunkturpolitik auf dem Wege zu einer Affluent Society, Kieler Vorträge N. F. 54, 1968, S. 9.

[2] Nach höchstrichterlicher Rechtsprechung sind Art und Umfang staatlicher Eingriffe daraufhin zu untersuchen, ob sie „der tatsächlichen Situation, zu deren Meisterung sie geschaffen sind, adäquat" erscheinen, BVerfG E 20, S. 150.

[3] Eine ähnliche Bestimmung findet sich in dem Gesetzentwurf „Zur Förderung eines stetigen Wachstums der Gesamtwirtschaft" v. 6. 6. 1956, 2. BT-Drucks. 2428.

samtrechnung erfolgende Darlegung der für das laufende Jahr von der Bundesregierung angestrebten wirtschafts- und finanzpolitischen Ziele enthält (Jahresprojektion, § 2 Abs. 1 Nr. 2 StabG)[4]. Im Grunde handelt es sich um die Normierung der in der Finanztheorie als Nationalbudget[5] bezeichneten ex-ante Rechnung in Form volkswirtschaftlicher Gesamtrechnung mit politischer Zielsetzung.[6] Als solche kann sie nur Globalgrößen erfassen[7]. Die im Jahreswirtschaftsbericht weiter vorgesehene „Darlegung der für das laufende Jahr geplanten Wirtschafts- und Finanzpolitik", § 2 Abs. 1 Nr. 3 StabG enthält, da sie umfassend sein muß, konjunkturpolitische ebenso wie wachstumspolitische Gesichtspunkte[8]. Generell dürfte der Jahreswirtschafts-

---

[4] *Münch*, in Stern-Münch, 1. Teil, Einfg. A I, 3. S. 33: „Der Gedanke einer Gesamtplanung der Wirtschafts- und Finanzpolitik wurde verankert durch den nunmehr vorgesehenen Jahreswirtschaftsbericht und dessen Inhalt (§ 2)." Mißverständlich aber *ders.*, 1. Teil, Einfg. A III, 4, S. 42: „Lediglich in der Bestimmung des § 9, daß die Ausgaben und Deckungsmöglichkeiten im Rahmen der fünfjährigen Finanzplanung in ihren ‚Wechselbeziehungen' zu der mutmaßlichen Entwicklung des gesamtwirtschaftlichen Leistungsvermögens zu sehen sind, ist ein Hinweis auf ein wichtiges Gebiet globaler Wachstumssteuerung zu erblicken."

[5] Statt aller G. *Colm*, Volkswirtschaftliche Gesamtrechnung, HdSW Bd. 11, 1961, S. 390 ff., 402.

[6] Indes dürften auch Jahreswirtschaftsberichte nicht die ungeteilte Zustimmung aller Wirtschaftsteilnehmer erlangen können, vgl. „Der Jahreswirtschaftsbericht aus der Sicht der ASU", Aussprache 1968, S. 45 ff., 52: „Abschließend läßt sich feststellen, daß diesem Jahreswirtschaftsbericht die im Stabilitäts- und Wachstumsgesetz vorgesehene sachliche Wirkung leider nicht zukommt, weil er in objektiv kaum haltbarer Weise die Wirtschaftspolitik des Jahres 1967 zu rechtfertigen sucht." Vgl. auch H. *Lutzke*, Der Jahreswirtschaftsbericht und die Wachstumsideologie, Die Aussprache 1968, S. 30 ff., 31.

[7] Die Aufstellung von verbindlichen Richtgrößen und Zielen für einzelne Wirtschaftsbereiche ist damit ausgeschlossen. *Schriftl. Bericht des Wirtschaftsausschusses* des BT zu BTags-Drucks. V/1678, S. 6; ebenso Wirtschaftsausschuß 46. Sitg. v. 2. 2. 1967, Prot. S. 8; vgl. K. *Schiller*, Marktwirtschaft mit Globalsteuerung, in: Reden zur Wirtschaftspolitik, Bd. 1, hrsg. von der Pressestelle des Bundesministeriums für Wirtschaft, 1967, S. 41 ff., 51: „Diese Art von Globalrechnung unterscheidet sich von der ... planification en détail vor allem dadurch, daß sie sich beschränkt auf die Globalgrößen des gesamtwirtschaftlichen Kreislaufs und daß sie für alle Beteiligten einen stärker orientierenden als im einzelnen bindenden Charakter hat", vgl. *ders.*, Darf der Staat sich stärker verschulden?, in: Aktuelle Beiträge zur Wirtschafts- und Finanzpolitik, hrsg. vom Presse- und Informationsamt der Bundesregierung v. 3. 8. 1967.

[8] *Münch*, in Stern-Münch, Erl. II, 3, zu § 2, S. 94: „... Es folgt aus dem Gesamtzusammenhang, daß bei der Darlegung der Wirtschafts- und Finanzpolitik keineswegs nur konjunkturpolitische, sondern daß ebenso wohl auch strukturpolitische Maßnahmen zu berücksichtigen sind."

bericht einer übersichtlich planenden Gesamtbetrachtung des Zusammenhanges zwischen Finanzwirtschaft und Wirtschaftspolitik dienen[9]. Der Zwang zur Offenlegung dieser Zusammenhänge soll die Wirtschaftspolitik „von ad-hoc-Entscheidungen befreien und auf eine längerfristige Grundlage stellen"[10].

II. Mittelfristige Finanzplanung, § 9 StabG[11]

Der fünfjährige Finanzplan, wie er durch § 9 StabG eingeführt ist, erfüllt sowohl ordnungspolitische (1) als auch prozeßpolitische (2) Funktionen.

1. Die ordnungspolitische Funktion[12] des Finanzplans

Der Plan erstrebt in erster Linie die Herstellung einer langfristigen Ordnung der öffentlichen Haushaltswirtschaft durch die Abkehr von einer kurzfristig isolierten Betrachtungsweise zu einer vorausplanenden Gesamtschau haushaltsrelevanter Aufgaben und Vorgänge[13], „da-

---

[9] Damit ist genau das Wirklichkeit geworden, was der Wissenschaftliche Beirat beim Bundeswirtschaftsministerium in seinem Gutachten über die „Instrumente der Konjunkturpolitik und ihre sachliche Institutionalisierung" in Gestalt der jährlichen Vorlage eines „Wirtschaftsprogramms" vorgeschlagen hat, u. a. um „den Sozialpartnern neuartiges Material (zu bieten), aus dem sie die Auswirkungen ihrer geplanten lohnpolitischen Maßnahmen auf den volkswirtschaftlichen Gesamtprozeß und die daraus folgenden Rückwirkungen auf sich selbst abschätzen können", in: Der Wissenschaftliche Beirat beim Bundeswirtschaftsministerium, Bd. 4: Gutachten von Januar 1955 bis Dezember 1956, Göttingen 1957, S. 54.

[10] A. *Möller,* Einleitung, S. 46.

[11] Sie geht wesentlich auf Anregungen der Finanzreformkommission zurück. *Fischer-Menshausen* hat die damit verbundenen Probleme in mehreren Veröffentlichungen vertieft: Haushaltspolitik im modernen Bundesstaat, Schriftenreihe des Deutschen Industrie- und Handelstages, Heft 100, 1967, S. 9 ff.; Mitteilungen des Bundesverbandes der Deutschen Industrie, Sondernummer aus Anlaß der 18. Jahrestagung am 20./21. 4. 1967, Köln 1967, S. 30. Zur Budgetvorausschau des Auslands vgl. H. *Haller,* Probleme der mittelfristigen Finanzplanung, Konjunkturpolitik 1968, S. 76.

[12] Der Gedanke, über die Jahreshaushaltsplanung hinaus über die voraussichtliche Einnahmen- und Ausgabenentwicklung für längere Perioden Rechenschaft zu geben, wurde schon 1830 von Frhr. von Malchus, der den mehrjährigen Finanzplan dem verbindlichen Jahreshaushaltsplan gegenüberstellt, entwickelt, C. A. *Frhr. v. Malchus,* Handbuch der Finanzwissenschaft und Finanzverwaltung, 2. Teil, Finanzverwaltung, 1830, S. 93 f.

[13] Gutachten über die Finanzreform: „Eine rationelle Haushaltspolitik erfordert neben dem klassischen Haushaltsgrundsatz der jährlichen Vorausschau von Einnahmen nud Ausgaben eine längerfristige Betrachtung ... mit deren Vorstellungen über die Rangordnung der großen öffentlichen Aufgaben"; Tz 477 ff., ebenso Begründung der Bundesregierung, BRats-Drucks. 316/66.

mit um der wirtschaftspolitischen Rationalität und Stetigkeit willen die Orientierung an längerfristigen Überlegungen an die Stelle kurzfristiger und sich widersprechender Improvisationen trete"[14]. In seiner ordnungspolitischen Funktion, „auf unvollkommenen Informationen beruhende Pannen zu vermeiden"[15], läßt sich der Finanzplan durchaus als Fortführung der „schlichten Finanzprognosen"[16] in Gestalt der im Finanzbericht 1966 erstmalig enthaltenen „Vorausschau auf die Einnahmen und Ausgaben des Bundeshaushalts in den Rechnungsjahren 1966 bis 1970" verstehen.

Indem der Finanzplan a) die Grundlage des Haushaltsplans bildet, b) jährlich der Entwicklung angepaßt[17] und extrapoliert wird und c) Zusatzausgaben kraft gesetzlicher Verpflichtung und Investitionen kraft politischer Übung[18] nur getätigt werden können, wenn sie im Finanzplan ausgewiesen sind, dürfte der Finanzplan „gewissermaßen einen ständig bereitgehaltenen Eventualhaushalt"[19] darstellen. *Vielfach wird übersehen, daß jede fünfjährige Finanzplanung (nach 1971) in Wahrheit das Endprodukt einer* fünfmaligen Jahresplanung darstellt.[20].

[14] Jahresgutachten des Sachverständigenrates 1966/67, Tz. 147.

[15] W. *Albers*, Einige Fragen zur mittelfristigen Finanzplanung, in: Geldtheorie und Geldpolitik, 1968, S. 201 ff., 203. Darüber hinaus sei es Hauptziel der mittelfristigen Finanzplanung, „die Beweglichkeit in der Finanzpolitik auf längere Sicht wiederzugewinnen und Exekutive und Legislative in die Lage zu versetzen, die Prioritäten sich ändernden wirtschaftlichen Verhältnissen anzupassen", ebenda, S. 204. In der geordneten Haushaltsgebarung scheint die Deutsche Bundesbank aber auch den Pferdefuß der mittelfristigen Finanzplanung zu sehen: „... es könnte die Versuchung wachsen, die Finanzplanung als Fiskalinstrument zur Herbeiführung einer vorbestimmten Entwicklung des Sozialprodukts anzusehen", Geschäftsbericht der Deutschen Bundesbank für das Jahr 1967, S. 18.

[16] Regierungserklärung von *Bundeskanzler Kiesinger* am 13. Dez. 1966: „Es fehlte an der mittelfristigen Vorausschau. Hätten wir schon rechtzeitig die schlichten Finanzprognosen, wie wir sie heute aufstellen, erarbeitet, so wäre diese Entwicklung vermieden worden", 80. Sitzg. des BT v. 13. Dez. 1966, Sten. Ber. S. 3657.

[17] Das Stabilitätsgesetz hat in den §§ 6, 11 und 26 Vorkehrungen über Anpassungsmaßnahmen auf der Ausgaben- wie auf der Einnahmenseite der öffentlichen Finanzwirtschaft getroffen.

[18] F. *Neumark*, Fiskalpolitik und Wachstumsschwankungen, 1968, S. 89 f. (39 f.).

[19] H. *Haller*, Finanzpolitik 1968, S. 334 FN 2.

[20] In der Praxis wird die Anpassung in Form einer weitgehenden Übernahme der Jahresprojektion vor sich gehen (müssen).

2. *Die ablaufpolitische Funktion des Finanzplans*

Sie besteht darin, daß Umfang und Zusammensetzung der voraussichtlichen Ausgaben und die Deckungsmöglichkeiten „in ihren Wechselbeziehungen zu der mutmaßlichen Entwicklung des gesamtwirtschaftlichen Leistungsvermögens" darzustellen sind, „gegebenenfalls durch Alternativrechnungen", § 9 Abs. 2 StabG. Das bedeutet, daß nicht nur das Haushaltsvolumen an der Entwicklung des Sozialproduktes ausgerichtet ist, sondern daß umgekehrt auch die gesamtwirtschaftliche Entwicklung von Umfang und Struktur der öffentlichen Haushalte abhängt. Hierin kommt die spezifisch wachstumspolitische Funktion[21] einer mehrjährigen Finanzplanung zum Ausdruck[22]. Insoweit dient der Finanzplan der Aufgabe, „mit dem Wachstum der Investitionen der öffentlichen Hand das Wachstum der privaten Investitionsausgaben zu verstetigen"[23]. Damit leistet der Finanzplan dem Parlament jene von Neumark bei der Vorausschau des Finanzberichts vermißte „wirksame Hilfe bei seinem Bemühen, aufgrund langfristiger umfassender Daten wirtschaftliche Zweckmäßigkeit neben spezifisch politische Referenzen ins Kalkül einzubeziehen"[24]. Da die Haushaltswirtschaft permanent wachstumspolitisch ausgerichtet sein muß, können auch die jährlichen Anpassungen nicht mechanisch erfolgen, sondern nur vor dem Hintergrund der Wechselbeziehungen zwischen Budget und Sozialprodukt gesehen werden[25].

---

[21] Obwohl die wirtschaftstheoretischen und -politischen Instrumente einer „Wachstumsstrategie" noch wenig entwickelt sind, H. *Haller*, Probleme der mittelfristigen Finanzplanung, in: Konjunkturpolitik, 1968, S. 87, besteht über deren Zielsetzung Einmütigkeit: „Sie ist also eine Zielprojektion, in die die im Hinblick auf die angestrebten Ziele relevanten finanzpolitischen Aktionsparameter so eingesetzt werden müßten, daß man erwarten kann, die gewünschten Ziele werden erreicht", W. *Albers*, Einige Fragen zur mittelfristigen Finanzplanung, in: Geldtheorie und Geldpolitik, 1968, S. 201 ff., 211.

[22] Empfehlungen des Europarates an die Mitgliedstaaten v. 14. April 1964, abgedr. in: BTags-Drucks. IV/1752, Anl. 2.

[23] Jahresgutachten des Sachverständigenrates 1966, Tz. 452.

[24] F. *Neumark*, Planung in der öffentlichen Finanzwirtschaft, Schriften des Vereins für Sozialpolitik, N. F. Bd. 45, 1967, S. 195; A. *Möller*, Finanzwirtschaft als Mittel der Politik, in: Stabilität und Aufstieg 1963, S. 67 ff., 73: „Alle drei Komplexe — politische Zielsetzung, öffentliche Finanzkraft und wirtschaftliche Leistungsfähigkeit — können ... nur gemeinsam gesehen werden; zwischen ihnen gibt es keine Einbahnstraße."

[25] Wirtschaftsausschuß des BT, 30. Sitg. v. 12. 10. 1966, Prot. S. 12; darin liegt zugleich die Chance mittelfristiger Finanzplanung, jenen Kardinalfehler der französischen planification zu vermeiden, der im Fehlen eines Ziel-Mittel-Zusammenhangs gesehen wird, Lola *Zahn*, Die französische Planification, in: Konjunktur und Krise, Wissenschaftliches Bulletin des Instituts für

Die „gegebenenfalls" vorzunehmenden Alternativrechnungen sollen die Wechselwirkung zwischen staatlichem Ausgabebedarf und volkswirtschaftlichem Leistungsvermögen unter verschiedenartigen Prämissen wiedergeben[26]. Die Darstellung des Finanzplans muß allgemein so ausführlich sein, daß sie den politisch Verantwortlichen Entscheidungsgrundlagen vermitteln kann[27]. Eine spezifisch strukturpolitische Wirkung kommt dem Finanzplan dadurch zu, daß er nicht nur eine Darstellung des Umfangs, sondern auch der Zusammensetzung der Ausgaben enthalten muß[28].

Die Verbindungsbrücke zur Konjunkturpolitik ist insbesondere über § 6 Abs. 2 Satz 2 StabG geschaffen, demzufolge nur im Finanzplan vorgesehene Ausgaben getätigt werden dürfen. Darüber hinaus bildet die Investitionsvorratsplanung die Grundlage für kurzfristiges konjunkturpolitisches Handeln.[29]

III. Investitionsprogramme, § 10 StabG

Es handelt sich um mehrjährige (zeitlich nicht weiter festgelegte) Aufstellungen geplanter Investitionsvorhaben, die nach Dringlichkeit und Jahresabschnitten gegliedert sind, um die potentielle Belastung der einzelnen Haushaltsjahre sichtbar werden zu lassen[30]. Zu Investitionen im Sinne von § 10 StabG zählen alle Leistungen, die bei makro-ökonomischer Betrachtung unmittelbar oder mittelbar die Pro-

---

Wirtschaftswissenschaften bei der Deutschen Akademie der Wissenschaften zu Berlin, 1968, S. 209 ff., 221. Nach Francois Perroux erfolgt die französische indikative Planung im wesentlichen nach der trial-and-error Methode, F. *Perroux*, Frankreichs Wirtschaftsprojektion, Der IV. Plan 1962—1965, Aus dem Französischen (1962) Berlin 1964, S. 157.

[26] Schriftl. Bericht des Wirtschaftsausschusses des BT, BTags-Drucks. V/1678, S. 7.

[27] Unter diesem Aspekt schneidet der erste mittelfristige Finanzplan des Bundes, der im wesentlichen nur Angaben über die nominalen und realen Zuwachsraten des Bruttosozialproduktes enthält, BTags-Drucks. V/2065, abgedr. bei Stern-Münch, Anl. 1 und A. *Möller*, Anl. 1, noch schlecht ab. Ihm haften offensichtlich noch Kinderkrankheiten an, insbesondere fehlen Angaben über die Verwendungsseite des Bruttosozialproduktes.

[28] Vgl. die dringlichkeitsorientierte Klassifizierung der öffentlichen Ausgaben bei *Kneschausek*, Wirtschaftliches Wachstum und öffentliche Finanzwirtschaft, Wirtschaft und Recht 1966, Heft 4, und bei H. *Letsch*, Die Infrastruktur im Rahmen der längerfristigen Finanzplanung, Die Aussprache 1968, S. 34 ff., 35.

[29] K. *Kleps* hat ein „System der Funktionen" der längerfristigen Finanzplanung aufzustellen versucht, K. *Kleps*, Langfristige Finanzplanung der öffentlichen Hand, Zeitfragen der schweizerischen Wirtschaft und Politik, Heft 90, Zürich 1967, S. 25 ff.

[30] Nach Einführung des zweijährigen Haushalts dürfte eine entsprechende Änderung des § 10 StabG erforderlich werden.

duktionsmittel der Volkswirtschaft erhalten, vermehren oder verbessern.[31] Schon daraus erhellt die wachstumspolitische Funktion der Investitionsprogramme.

IV. Subventionsbericht, § 12 StabG

Die wachstumspolitische Bedeutung des Subventionsberichts ergibt sich aus der strukturpolitischen Wirkung der Subventionen. *Der Sinn der Bestimmung dürfte darin liegen, die Gewährung von Subventionen aus dem politischen Tageshandel herauszunehmen und in einen planvollen rationalen Zusammenhang einzuordnen.* Gerade Subventionen vermögen die zur Steigerung der Mobilität der Produktionsfaktoren erforderlichen Strukturwandlungen zu erleichtern. Im übrigen kommt die wachstumspolitische Funktion des Subventionsberichts in der im Finanzbericht 1968 erfolgten Aufgabenbeschreibung deutlich zum Ausdruck: „Von einem derartigen Bericht der Bundesregierung ist eine wertvolle Hilfe im Sinne eines gezielten Einsatzes öffentlicher Mittel für Zwecke der Förderung der gesamtwirtschaftlichen Produktivität zu erwarten. Diese ist um so mehr geboten, als das wirtschaftliche Wachstum der Bundesrepublik auf absehbare Zeit sich nahezu ausschließlich auf die erzielbaren Produktivitätsfortschritte wird stützen müssen."[32]

V. Kreditzeitplan, § 22 StabG

Der von dem Konjunkturrat aufgestellte und von dem Bundeswirtschaftsministerium für verbindlich erklärte oder — wenn im Konjunkturrat keine Übereinstimmung erzielt worden ist — von dem Bundeswirtschaftsminister mit Zustimmung des Bundesrates festgestellte Zeitplan für die Inanspruchnahme des Kreditmarktes, § 22 Abs. 1 und 2 StabG, der in Kreditlimitierungsverordnungen nach § 19 StabG vorgesehen werden kann, § 20 Abs. 1 Nr. 2 StabG, enthält keine abstrakt-generellen Regelungen, sondern stellt eine *Summe von Einzelregelungen* dar, die in einem „kooperativen Genehmigungsverfahren" von den Betroffenen selbst gestaltet werden[33]. Es handelt sich dabei gerade nicht um eine abstrahierende, sondern um eine nach Kreditunternehmergruppen differenzierende Aufstellung, aus der die Betroffenen die gerade sie angehende Regelung ablesen können.

Dadurch unterscheidet sich der Zeitplan auch wesentlich von den für allgemeinverbindlich erklärten Tarifverträgen. Danach ist der Auffassung des Rechtsausschusses des Bundestages zuzustimmen, daß

[31] Finanzbericht 1968, S. 242.
[32] Ebenda, S. 235 f.
[33] *Rechtsausschuß des BT,* 19. Sitzg. v. 12. 10. 1966, Prot. S. 4 f.

es sich bei dem rechtsverbindlichen Zeitplan um eine „Summe von Verwaltungspakten" handelt[34]. Dafür spricht auch die Entstehungsgeschichte der Vorschrift, die an die Stelle des ursprünglich (§ 16 Regierungsentwurf) vorgesehenen Einzelgenehmigungsverfahrens getreten ist. Schließlich würde sich bei anderer Ansicht die Konsequenz ergeben, daß § 20 Abs. 1 Nr. 2 i.V. m. § 19 StabG die Ermächtigung zu einer Rechtsverordnung in der Rechtsverordnung enthält. Die Gefahr, daß durch die Anfechtung auch nur eines einzigen Betroffenen der gesamte Zeitplan durch den Suspensiveffekt des § 80 VwGO eingefroren werden könnte, dürfte praktisch kaum entstehen, da der Zeitplan die Zustimmung aller Betroffenen voraussetzt, und nur in Ausnahmefällen der Bundeswirtschaftsminister zusammen mit dem Bundesrat entscheidet. Eine anderweitige Klassifizierung könnte allenfalls dann erfolgen, wenn der Zeitplan auch die Kreditbedingungen für die Inanspruchnahme des Kreditmarktes regelt. Das aber ist nach der Intention des Gesetzgebers gerade ausgeschlossen[35]. Der Vorschlag des Bundesrates[36], die Kreditbedingungen durch Rechtsverordnung festzusetzen, wurde gerade wegen der negativen Rückwirkung von veröffentlichten Höchstzinssätzen auf den Kreditmarkt fallengelassen[37]. Von dieser negativen Wirkung wäre jedoch auch die Aufnahme der Kreditbedingungen in den Zeitplan begleitet.

Allgemein erscheinen Jahreswirtschaftsbericht, fünfjähriger Finanzplan, mehrjährige Investitionsprogramme und Subventionsbericht als durchaus ihrem Zweck entsprechend ausgestaltete Funktionsformen, indem sie gemäß der zukunftsbezogenen, umfassend-übergreifenden Funktion der Wachstumsförderung in mittel- und langfristiger Vorausschau Brücken schlagen über Gewaltenteilungen und -trennungen, seien sie horizontaler oder vertikaler Art. Das aber bedeutet die Vorherrschaft von Plänen und Programmen als Funktionsformen der Wachstumspolitik. Daher konnte es nicht ausbleiben, daß das Stabilitätsgesetz, wollte es seinem Titel als Wachstumsförderungsgesetz gerecht werden, auch den Plan als Handlungsform und „normatives Aktionsmodell"[38] etablierte. Entsprechend ist das Stabilitätsgesetz als „ein den Haushaltsplänen offensichtlich überlegenes Plangesetz", als „Supermaßnahmegesetz", dessen Nähe zur französischen „planifica-

---

[34] Rechtsausschuß des BT, ebenda, S. 5; ebenso die Stellungnahme des Bundesrats zum Regierungsentwurf, BT-Drucks. V/890, S. 27; a. A. *Stern*, in Stern-Münch, Erl. II, 1 zu § 22, S. 174.

[35] Vgl. A. *Möller*, Rdnr. 1, 4, 5 zu § 22, S. 201/2.

[36] BT-Drucks. V/890, S. 27.

[37] Schriftlicher Bericht des Wirtschaftsausschusses des Bundestags, BT-Drucks. V/1678, S. 9.

[38] J. *Kaiser*, Der Plan als ein Institut des Rechtsstaats und der Marktwirtschaft, Umrisse eines Aktionsmodells, in: Planung II, 1966, S. 11 ff., 18.

tion" und dem italienischen „super — legge" unverkennbar sei, bezeichnet worden[39]. Dennoch bildet das Stabilitätsgesetz kein Wirtschaftsplanungs-[40] oder -lenkungsgesetz[41].

VI. Konzertierte Aktion, § 3 StabG

1. Funktionelle Möglichkeiten

Das Stabilitätsgesetz hat mit der Einführung der konzertierten Aktion ein neuartiges Instrument der Globalsteuerung eingeführt, ist aber in der konkreten Ausgestaltung dieses Aktionsmodells zurückhaltend geblieben. Da § 3 StabG insbesondere über die Zuständigkeit und den Teilnehmerkreis der konzertierten Aktion keine abschließende Regelung getroffen hat, besteht ein relativ weiter Bereich funktioneller Ausbaumöglichkeiten, dessen Grenzen sich lediglich aus der ratio des § 3 StabG, d. h. aus der wesentlichen Aufgabe der konzertierten Aktion, ergeben. Entsprechend sind Verfahren, Zuständigkeitsbereich und Teilnehmerkreis der konzertierten Aktion funktionell zu bestimmen.

Zur Einleitung einer konzertierten Aktion ist lediglich die Bundesregierung und diese auch nur im Falle der Gefährdung der Ziele des § 1 StabG verpflichtet. Dagegen sieht § 3 StabG eine Mitwirkungspflicht der Verbände für ein „gleichzeitig aufeinander abgestimmtes Verhalten" nicht vor. Insoweit handelt es sich bei der Zurverfügungstellung der Orientierungsdaten um eine „Vorleistung"[42] der Regierung. Als informatorische Grundlage für eine konzertierte Aktion und als „Darstellung der gesamtwirtschaftlichen Zusammenhänge im Hinblick auf die gegebene Situation", § 3 Abs. 1, S. 2 StabG, müssen die Orientierungsdaten zumindest eine quantitative Zusammenstellung makro-ökonomischer Aggregate, wie Konsum, Investitionsvolumen, Auftragshöhe, Lagerbestände usw., enthalten. *Funktionsadäquat* ist die „Bestandsaufnahme"[43] in Form der Orientierungsdaten nur dann, wenn sie Bezüge zur gesamtwirtschaftlichen[44] Entwicklung aufweist. Eine konzertierte Aktion wird durch die Orientierungsdaten der Bundesregierung lediglich eingeleitet und vorbereitet, muß sich aber nicht

[39] J. *Kaiser,* ebenda; Die französische Zeitung „Le Monde" bezeichnete die Einführung eines Jahreswirtschaftsberichtes als Beginn einer „neuen Etappe in der Geschichte der (west-)deutschen Wirtschaft in Richtung auf eine gewiß vorsichtige Planifikation, die aber nichtsdestoweniger das Wirtschaftssystem Westdeutschlands den französischen oder englischen Modellen annähert", Roland *Delcour,* in: Le Monde v. 12. 4. 1967.

[40] *Stern,* in: Stern-Münch, 1. Teil, Einfg. B, I, S. 51.

[41] K.-H. *Hansmeyer,* Stabilitätsgesetz und Marktwirtschaft, Die Aussprache 1968, S. 90 ff., 94.

in deren Behandlung erschöpfen. Insoweit bildet § 3 StabG die Grundlage für die initiative Vorbereitung einer konzertierten Aktion, etwa derart, wie sie der Sachverständigenrat schon in seinem Jahresgutachten von 1965 angeregt hat[45], nicht aber wie er sie in seinem Gutachten 1967/68 in Form eines verfassungsrechtlich bedenklichen „Rahmenpakts für Expansion und Stabilität"[46] vorgeschlagen hat.

Verfahrensmäßig hätte es nahegelegen, die konzertierte Aktion zu einer *permanenten Einrichtung* auszugestalten. Technisch organisatorische Mehrarbeit wäre dadurch kaum entstanden, da eine einigermaßen zuverlässige Jahresprojektion ohnehin von den Daten ausgehen muß, die den Gegenstand der Orientierungsdaten bilden. Ein weiterer Vorteil läge in der Vermeidung von Meinungsverschiedenheiten darüber, ob die Voraussetzungen vorliegen für die Verpflichtung des Kabinetts, Orientierungsdaten zur Verfügung zu stellen, worüber leicht Unklarheit entsteht, weil die Voraussetzung der Gefährdung der Ziele des § 1 StabG einen nur grob konturierten Rechtsbegriff darstellt. Schließlich würde erst eine permanente konzertierte Aktion eine bessere Gewähr dafür bieten, daß es zum angestrebten „multilateralen Interessenclearing"[47] im Vorraum politischer Entscheidung kommt[48]. Eben dieser wesentlichen Zielsetzung der konzertierten Aktion würde auch die Ausdehnung des Zuständigkeitsbereiches über den lohn- und einkommenspolitischen Ansatzpunkt[49] hinaus auf das gesamte von § 1 StabG erfaßte Spektrum wirtschaftspolitischer Themen dienen. Dieser funktionellen Erweiterung entspräche der institu-

---

[42] A. *Möller*, Rdnr. 4 zu § 3, S. 93.

[43] A. *Möller*, Rdnr. 5 zu § 3, S. 94.

[44] Zur Notwendigkeit der branchenmäßigen Differenzierung der Lohnpolitik A. E. *Ott*, Leitlinien für die branchenmäßige Lohnfindung, Schriftenreihe der Wirtschaftsvereinigung Eisen- und Stahlindustrie zur Wirtschafts- und Industriepolitik, Heft 10, 1968, S. 84.

[45] Tz 178 ff., abgedruckt bei *Stern-Münch*, S. 104; Unklar insoweit A. *Möller*, Rdnr. 2 zu § 3, S. 92: „§ 3 hat sich in seinem normativen Gehalt von den Anregungen des Sachverständigenrates zur Durchführung einer ‚konzertierten Stabilisierungsaktion' deutlich abgesetzt."

[46] Tz 312 ff.

[47] *Jahresgutachten des Sachverständigenrates* 1967/68, Tz 314.

[48] O. *Schlecht*, Konzertierte Aktion als Instrument der Wirtschaftspolitik, Walter Eucken Institut, Verträge und Aufsätze, Heft 21, 1968, S. 21/22: „Der Dialog in der konzertierten Aktion über den Bereich der staatlichen Entscheidungen im Rahmen der Globalsteuerung bedeutet demnach weder ein staatlich installiertes ‚clearing house' der Gruppeninteressen noch Mitbestimmung der Verbände bei den wirtschaftspolitischen Entscheidungen der staatlichen Instanzen, sondern lediglich konsultatives Mitwirken an der Vorbereitung oder ‚Vorformung' der Entscheidung."

[49] S. oben S. 49 f.

tionelle Ausbau des Teilnehmerkreises durch den Einschluß weiterer gesamtwirtschaftlich verantwortlicher Funktionsträger, wie insbesondere die Notwendigkeit der Hinzuziehung der Sparkassenverbände als „Funktionäre" des Sparprozesses zeigt.

2. *Beteiligung der Sparkassenverbände*

Die gegenwärtig praktizierte Konzeption geht von der konzertierten Aktion als einem in erster Linie lohnpolitischen Instrument aus.

Danach sind von den privaten Verbänden lediglich Gewerkschaften und Unternehmerverbände beteiligt. Bei der konzertierten Aktion soll es sich jedoch nicht lediglich um ein von der Bundesregierung komponiertes und dirigiertes Duett der Sozialpartner handeln, sondern um ein abgestimmtes Vorgehen mehrerer, einschließlich des Staates. Die Bundesregierung ist allenfalls richtungsweisender Schrittmacher auf der Suche nach einem gangbaren gleichgewichtigen Wachstumspfad. Aus dem Grundgedanken der konzertierten Aktion folgt, daß die in § 3 Abs. 1 StabG erfolgte Aufzählung der Beteiligten nicht abschließend sein soll, sondern lediglich die Mindestzahl und die „Mitte" des Teilnehmerkreises bezeichnet. Die Kernfunktion der konzertierten Aktion ist die präventive Bekämpfung der Inflationsgefahr mit dem Ziel, durch vorsorgende Gefahrenabwehr Störungen des Preis- und Lohnniveaus zu vermeiden und nachträgliche „Reparaturen" entbehrlich zu machen. Dieser antiinflationistischen Aufgabe der konzertierten Aktion würde eine Beschränkung auf den in § 3 StabG ausdrücklich benannten Teilnehmerkreis nicht gerecht. Der funktionellen Zielsetzung — weitgehende Beherrschbarkeit der Preis- und Lohnentwicklung — würde vielmehr deren institutionelle Absicherung durch Erweiterung des Teilnehmerkreises entsprechen. Die Wechselbeziehungen zwischen Angebot und Nachfrage, Konsum, Sparen und Investition und zwischen Preis- und Lohnentwicklung sind, wie die Beiträge zum Inflationsproblem in der Festschrift für E. Schneider[50] deutlich zeigen, nicht auf eine einfache Formel zu bringen, sondern beantworten sich verschieden je nach der Konstellation der die gesamtwirtschaftliche Entwicklung bestimmenden Faktoren. Insbesondere ist noch nicht eindeutig geklärt, ob die Lohnforderungen der Gewerkschaften das Preisniveau in die Höhe drücken (cost-push) oder umgekehrt die Nachfrage das Preisniveau nach oben zieht (demand pull) und damit erst zu erhöhten Lohnforderungen führt[51]. Die gegenwärtige Form der konzertierten Aktion scheint jedoch einseitig von der Theorie des

[50] Stabile Preise in wachsender Wirtschaft — Das Inflationsproblem, Erich Schneider zum 60. Geburtstag, hrsg. v. G. *Bombach* mit Beiträgen von *Pedersen, Haberler, Föhl.*

[51] Vgl. *Münch,* in Stern-Münch, Erl. III, 1 zu § 3 StabG, S. 102.

cost-push auszugehen, daß sich inflationäre Tendenzen im Grunde stets aus der Lohnentwicklung ergeben, läßt dagegen die Faktoren Konsum und Sparen insofern außer acht, als sie diejenigen Verbände, welche die Funktionen des Konsums und Sparens institutionell repräsentieren, nicht an der konzertierten Aktion beteiligen. Dabei sind Konsum und Sparen, wenn nicht letztursächlich, so doch zumindest mitentscheidend für die Preisentwicklung. Die Bedeutung des Sparens erhellt insbesondere das Horrod-Domar-Wachstumsmodell[52] (die gleichgewichtige Wachstumsrate ist der Quotient aus Sparquote und Kapitalkoeffizient), demzufolge bei technisch festgelegten Kapitalkoeffizienten die Höhe der Wachstumsrate allein von der Sparquote abhängt. Tatsächlich richtet sich nach dem Umfang und den Formen des Sparens nicht nur die Stabilität des Preisniveaus, sondern ebenfalls ein angemessenes Wirtschaftswachstum[53], wenngleich die von Karl Marx stammende Feststellung, daß sich die hochentwickelten Industrieländer großgehungert haben, etwas überpointiert sein mag. Jedenfalls richtet sich das gesamtwirtschaftliche Wachstum insofern danach, wieviel gespart wird, als auch von der Sparquote abhängt, wieviel investiert werden kann[54]. Die Sparquote ist ebenso Reaktion auf die Lebenshaltungskosten (insbesondere Nahrungsmittelpreise und Wohnungsmieten) wie eine Voraussetzung für die Höhe der Investi-

---

[52] „Das Horrod-Domar-Modell ist wie die darauf beruhende Weiterentwicklung eine auf das Wachstum bezogene Version des Keynesschen Systems", A. *Woll,* Wachstum als Ziel der Wirtschaftspolitik, Walter Eucken Institut, Vorträge und Aufsätze, Heft 22, 1968, S. 7 unter Hinweis auf L. R. *Klein,* The Keynesian Revolution, 2 ed., London—Melbourne, 1968, S. 220.

[53] Kritisch M. *Dobb,* Ökonomisches Wachstum und Planung (An Essay on Economic Growth and Planning, dt.) 1969, S. 27: „Aus den individuellen Sparentscheidungen können wir kein Investitionskriterium ableiten, mögen sie sich auf einem Markt niederschlagen oder auf beliebig andere Weise." Die gegenteilige Ansicht verfalle einem Zirkelschluß, „da die Gesamtsumme der Investitionen additiv aus den Sparentscheidungen der einzelnen ermittelt wird, die ihrerseits unabhängig voneinander diese Entscheidungen auf der Grundlage von Einkommenserwartungen treffen, aber die Entwicklung des Volkseinkommens (und dessen Verteilung) von eben dieser Investitionssumme (in Gegenwart und Zukunft) abhängt".

[54] Vgl. E. *Schneider,* Sparen und wirtschaftliches Wachstum, Sparkasse 1967, S. 167 ff.: „Zu den gesicherten und klassischen Sätzen der Wirtschaftstheorie gehört das Theorem, daß wirtschaftliche Entwicklung beziehungsweise eine Steigerung des Wohlstandes ohne Sparen, das heißt ohne freiwilligen oder erzwungenen Konsumverzicht, nicht möglich ist (S. 167) ... Wirtschaftliche Expansion ist bei Vollbeschäftigung nur möglich, wenn gespart *und* investiert wird, das heißt, wenn der Konsum eingeschränkt und der Bestand an Realkapital vergrößert wird. Soll in einer vollbeschäftigten Wirtschaft die Realkapitalbildung gesteigert werden, so müssen mehr

tionen[55]. Auch die Diskussion um den Sparzwang oder freiwillige Sparleistungen durch zusätzliche Anreize[56] kann nur vor dem Hintergrund dieses Funktionszusammenhanges gesehen werden. Der gesamtwirtschaftlichen Bedeutung von Konsum und Sparen ist die Beteiligung entsprechender „Funktionäre" in gesamtwirtschaftlichen Orientierungsgremien wie der konzertierten Aktion adäquat, besonders im Hinblick auf deren spezifischer antiinflationärer Ausrichtung. Während der Konsum nur schwer verbandsorganisiert zu erfassen ist, läßt sich dies bei dem institutionalisierten Sparprozeß durchaus in Form der Teilnahme eines Sparkassen-Spitzenverbandes realisieren. Der Balanceakt zwischen Investieren und Sparen in der Marktwirtschaft ist eher zu meistern, wenn Investoren und Sparer (bzw. Sparförderer) ihre Entscheidungen, so weit es geht, gegenseitig informiert und miteinander kooperiert treffen[57].

Eine derartige Erweiterung des Teilnehmerkreises der konzertierten Aktion erscheint keineswegs spekulativ, liegt sie doch in der Intention des Gesetzgebers.

Die Einbeziehung der „Funktionäre des Sparprozesses" — etwa des Sparkassen- und Giroverbandes oder des Zentralen Kreditausschusses — empfiehlt sich auch aus folgenden Erwägungen (die ebenfalls für eine Beteiligung der Bundesbank sprechen): Solange sich von den privaten Verbänden lediglich Gewerkschaften und Unternehmerverbände gegenübersitzen, besteht die Dauergefahr einer Zweifrontenstellung. Die Beteiligung eines weiteren gesamtwirtschaftlich verantwortlichen Funktionärs würde zur weiteren Versachlichung des Verhandlungsgegenstandes und zur Auflockerung der Fronten beitragen. Andernfalls gilt die pessimistische Vorhersage des Sachverständigenrates: „Verglichen mit 1967/68 wird die ‚konzertierte Aktion' in den

---

Ressourcen dem Verbrauch entzogen werden (S. 169) ... Ein Wachstumsprozeß ist dann nur möglich, wenn die hinreichend gewollte Ersparnis so weit erhöht wird, wie die Investitionen gesteigert werden sollen" (S. 170).

[55] Der Sachverständigenrat prognostiziert für 1969 eine Zunahme des privaten Verbrauchs um 7 1/2 v. H. (i. G. zu 5 1/2 v. H. 1968) und eine entsprechend sinkende Sparquote, Jahresgutachten 1968/69, Tz 169.

[56] Sämtliche Pläne zur Sparförderung und Vermögensbildung sind daraufhin zu überprüfen, ob es nicht letztlich die zu Fördernden selbst sind, welche (durch Umwälzungen oder unerwünschte konjunkturelle Nebenwirkungen) die Mittel für die Vermögensbildung bzw. Sparförderung aufbringen. Vgl. zu den einzelnen Plänen das Sachverständigenratsgutachten 1968/9, Tz 303 ff.

[57] E. *Schneider*, a. a. O., S. 170: „Die Herstellung des Gleichgewichts zwischen Investieren und Sparen (ist) in der Marktwirtschaft heutiger Prägung ein außerordentlich schwieriger Balanceakt allein schon deshalb, weil hier die Entscheidungen der Sparer und die Entscheidungen der Investoren in weiten Bereichen unabhängig voneinander gefällt werden."

nächsten Jahren mehr den Charakter eines Nullsummen-Spiels haben, bei dem eine Seite nur auf Kosten einer anderen gewinnen kann[58]."

Darüber hinaus würde die konzertierte Aktion, die aufgrund ihrer Zusammensetzung einseitig wachstumsfreundlich ist, stabilitätsbewußter werden. Gerade die jüngsten Tagungen der konzertierten Aktion[59] haben gezeigt, daß der Bundesregierung insoweit als neutraler Instanz gegenüber wachstumsorientierten Gesprächsteilnehmern ein schwieriger Part zugewiesen ist[60]. Die Beteiligung von Bundesbank und Sparkassenverbänden, die als Hüter und Interessenten einer stabilitätsbewußten Preispolitik entsprechend ihr „Datenwissen" zur Geltung bringen könnten, würde hier für den erforderlichen Ausgleich sorgen. Damit soll keinem Kampf zwischen Wachstumsfetischisten und Stabilitätsfanatikern das Wort geredet werden, wohl aber der Gewährleistung eines weitgehend rationalen Verhandlungsklimas durch möglichst vielseitige „gleichgewichtige" Information.

Die Notwendigkeit, die Funktion des Sparens auch institutionell in konzertierten Aktionen zu übrigen Funktionsträgern in Beziehung zu setzen, wird deutlich sichtbar in der antiinflationistischen Strategie, die der Sachverständigenrat in seinem Gutachten 1965, Tz 190 entwickelt:

„Für die Aufgabe, den jährlichen Geldwertschwund von 3 v. H. auf 1 v. H. zurückzuführen, sollten eigentlich zwei Jahresetappen genügen. Im Durchschnitt des ersten Jahres dürften die relevanten Preisindices nur noch um höchstens 2 v.H. über dem Vorjahresstand liegen. Erreichbar wäre dies,

wenn Bund, Länder und Gemeinden ihre Ausgabenansätze soweit kürzten, daß die Zuwachsrate gegenüber dem Vorjahr die Rate der voraussichtlichen Steigerung des realen Sozialproduktes um höchstens zwei Prozentpunkte übersteigt,

wenn die Bundesbank im Zusammenwirken mit den Geschäftsbanken sicherstellen könnte, daß das Kreditvolumen zur Finanzierung der

---

[58] Jahresgutachten 1968, Tz 187; Nach G. *Bombach* kann und soll es gar nicht anders sein: „Erhöhung der Lohnquote bedeutet Senkung der Gewinnquote und umgekehrt; ein Zwei-Personen-Null-Summenspiel, das keine Koalition kennt", in: Die ZEIT v. 28. 2. 1969, Wer heute Wirtschaft lehrt (II): Gottfried *Bombach*, Ein Praktiker der Theorie, S. 32.

[59] Vgl. zur Tagung im Dezember 1968: Deutsche Sparkassenzeitung vom 24. 12. 1968.

[60] Damit hat sich erneut der Erfahrungssatz bestätigt, daß „die objektiven Bedingungen für eine echte ‚konzertierte Aktion' zu Beginn eines Aufschwungs besonders günstig sind. Denn die Chance, daß die Wirtschaft durch gemeinsames Handeln schneller in ein ungenutztes Produktionskapitel hineinwächst, ist gleichbedeutend mit einer hohen Prämie für die Bereitschaft zur Zusammenarbeit", Sachverständigenratsgutachten 1968, Tz 187.

Privatinvestitionen um nicht mehr ausgedehnt wird als um die Rate der voraussichtlichen Steigerung des realen Sozialproduktes zuzüglich einer Marge von zwei Prozentpunkten,
wenn die Sozialpartner gewährleisten könnten, daß die Zunahme der tariflichen Stundenverdienste im gesamtwirtschaftlichen Durchschnitt das Ausmaß der gesamtwirtschaftlichen Produktivitätssteigerung nur um zwei Prozentpunkte übersteigt, und wenn diese Stabilisierungspolitik außenwirtschaftlich abgesichert werden kann."

Zweites Kapitel

Systemgerechtigkeit der Funktionsformen

Insbesondere seit Ipsens „Fragestellungen zu einem Recht der Wirtschaftsplanung"[61] sind die Probleme aus dem ständig aktueller werdenden Recht der Planung unabweisbar geworden. Eine befriedigende Antwort auf irgendeine der in Fülle vorhandenen Fragen, mag es sich um solche des Planungsrechtsschutzes, der Plangewährleistung, der institutionellen und funktionellen Planungsorganisation, des Einbaus der Plangewalt in horizontale und vertikale Gewaltengliederungen oder um Begriffsklärungen und Schematisierungsversuche (Einordnung des Plans in die herkömmliche Funktionenlehre) handeln, setzt eine typologische Analyse der jeweils in Blick genommenen Planart voraus. Dabei richtet sich der jeweilige Plantyp auch nach der jeweiligen Planfunktion, denn jeder Plan ist sachbereichbezogen, wie schon die terminologische Zusammensetzung (Fahrplan, Bebauungsplan, Finanzplan etc.) zum Ausdruck bringt.

I. Realanalyse

Die Schwierigkeit, den Plan rechtssystematisch in den Griff zu bekommen, ergibt sich schon aus der Vielzahl und Vielfältigkeit der Pläne (und „Planulismen") auf Bundesebene. Die folgende Realanalyse erhebt nicht den Anspruch auf Vollständigkeit; diese dürfte schon deswegen kaum zu erreichen sein, weil einerseits manche staatlichen Willensbekundungen durchaus „Plancharakter" tragen, ohne daß sie als Pläne gekennzeichnet sind, andererseits viele Staatsakte als Pläne tituliert werden, die diesen Namen nicht verdienen (z. B. der Zeitplan nach § 22 StabG)[62]. Anzuführen sind hier z. B.:

---

[61] In: Planung I, 1965, S. 35 ff.

[62] Zum Begriff der Planung s. insbesondere H. C. *Rieger*, Begriff und Logik der Planung, 1967, S. 11 f.; H. *Reichow*, Zur Theorie der Planung, in: Grundfragen der Planung, Die öffentliche Wirtschaft 1967, S. 7: „Planung ist ein geistiger Prozeß, der zukünftiges Geschehen vorwegnimmt, durch Festlegung der anzustrebenden Ziele und der dazu erforderlichen Mittel — ein rationales, zukunftsbezogenes Entwerfen einer Ordnung mit dem Ziel, das Verhalten der Planadressaten zu beeinflussen.

Der „Grüne Plan" nach § 5 des Landwirtschaftsgesetzes[63] als Inbegriff einer Mehrzahl von Haushaltstiteln[64].

Der „Blaue Plan" als Förderungsprogramm für die Deutsche Seeschiffahrt[65].

Der „Graue Plan" der Deutschen Forschungsgemeinschaft[66].

Der „Goldene Plan" für Gesundheit, Spiel und Erholung[67].

Der „Bundesjugendplan"[68] gemäß den Richtlinien für den Bundesjugendplan vom 28. Oktober 1964[69].

Der Versorgungsplan nach § 2 des Getreidegesetzes[70].

Die Planung der Bundesfernstraßen und Bundeswasserstraßen nach dem Bundesfernstraßengesetz (§ 16) und dem Bundeswasserstraßengesetz (§ 13).

Der Straßenbauplan nach Art. 3 des Straßenbaufinanzierungsgesetzes[71].

Die Bebauungspläne, verbindlichen Bauleitpläne, vorbereitenden Bauleitpläne, Flächennutzungspläne nach dem Bundesbaugesetz[72].

Der „Marshall"-Plan zur Bildung des ERP-Sondervermögens[73].

Der „Wirtschaftsplan des ERP-Sondervermögens" nach § 7 Abs. 3 des Gesetzes über die Verwaltung des ERP-Sondervermögens[74].

Der „Lücke"-Plan über den Abbau der Wohnungszwangswirtschaft und über ein soziales Miet- und Wohnrecht[75].

Der „Leber"-Plan zur Strukturveränderung der Verkehrsverhältnisse.

Mit dieser Liste ist ein Querschnitt durch die verschiedenen Planarten und -formen gegeben, der repräsentativ nur insoweit sein kann, als er die Spannweite dessen, was unter dem Begriff der Planung

---

[63] V. 5. 9. 1955, BGBl. I, 565.

[64] Bundeshaushaltsplan für das Rechnungsjahr 1968, Kap. 1002, Tit. 572 bis 574, 608, 673 a, b, d, 679 b, 961.

[65] Grundsätze zur Förderung der deutschen Seeschiffahrt v. 17. 5. 1965, BAnz. Nr. 94 v. 20. 5. 1965, S. 1.

[66] Deutsche Forschungsgemeinschaft, Aufgaben und Finanzierung, II, 1966—1968, S. 36 f.

[67] Deutsche Olympische Gesellschaft, Der Goldene Plan in den Gemeinden, ein Handbuch, 2. Aufl. 1962, Anh. S. 1 f.

[68] Bundeshaushaltsplan 1968, Kap. 2902, Tit. 571 a.

[69] GMBl. S. 513.

[70] V. 4. 11. 1950, i. d. F. v. 2. 8. 1961, BGBl. I, 1168.

[71] V. 28. 3. 1960, BGBl. I, 201.

[72] V. 23. 6. 1960, BGBl. I, 341.

[73] Abkommen zwischen den USA und der BRD v. 15. 12. 1949 durch Gesetz vom 31. 1. 1950, BGBl. 1950, 9.

[74] V. 31. 8. 1963, BGBl. I, 389.

[75] V. 23. 6. 1960. BGBl. I, 389.

zusammengefaßt wird, aufzeigt. Die Willkürlichkeit der Bezeichnung ergibt sich schon daraus, daß manche der aufgeführten Pläne in ihrem Typus kaum von verschiedenen anderen Programmen und Vorhaben zu unterscheiden sind.

II. Begründung einer Plantypologie

So tauglich die bisher in der Plandiskussion genannten Kriterien der Rechtsverbindlichkeit (indizierende bzw. informierende; influenzierende; imperative Pläne)[76], der Fristen (kurzfristige Jahres- bis Zweijahresplanung, mittelfristige drei- bis sechsjährige Planung, langfristige Sieben- und Mehrjahresplanung)[77], der Dimensionen (Raum, Zeit, Volumen, Verfahren[78]) zur differenzierenden Kennzeichnung einzelner Seiten und Aspekte vorkommender Pläne sein mögen und die Vielfalt anzutreffender Planarten veranschaulichen können, so wenig geeignet erscheinen sie zur Aufstellung einer methodisch treffsicheren Plantypologie[79]. Diese läßt sich nur anhand *typusbestimmender essentieller Merkmale, die das Spezifische des Planes ausmachen,* entwickeln. Weder die den Kategorien Zeit und Raum entnommenen Maßstäbe noch die Kriterien der Verbindlichkeit determinieren Wesenszüge, die spezifisch nur dem Plan anhaften, bezeichnen vielmehr Gesichtspunkte, die als Behandlungsmaßstäbe und Beurteilungsrichtlinien allgemein rechtswesentlichen Themen anhaften. Insofern handelt es sich um Kriterien, die auch aber nicht spezifisch den Plan betreffen und daher mehr nach begleitenden Randerscheinungen differenzieren als nach typusbestimmenden Wesensmerkmalen abstufen. Gerade der Jurist muß sich jedoch hüten, bei einer mit vorgefaßten

---

[76] U. *Scheuner,* Verfassungsrechtliche Probleme einer zentralen staatlichen Planung, in: Planung I, 1965, S. 67 ff.; vgl. entsprechend Art. 189 Abs. 3, 4 und 5 des EWG-Vertrages, wonach der Rat über folgende Instrumente der Einflußnahme verfügt: Empfehlungen — Richtlinien (die hinsichtlich des Ziels, nicht aber des Mittels verbindlich sind) — Entscheidungen.

[77] U. *Scheuner,* ebenda, S. 78 f.

[78] J. H. *Kaiser,* Der Plan als ein Institut des Rechtsstaates und der Marktwirtschaft, Umrisse eines Aktionsmodells, Planung II, 1966, S. 11 ff., 23.

[79] Eine allgemeine Grundlegung der Planung hat, soweit ersichtlich, bisher lediglich H. C. *Rieger* unternommen, allerdings unter informationstheoretischen Gesichtspunkten, H. C. *Rieger,* Begriff und Logik der Planung, 1967; vgl. jedoch auch aus jüngster Zeit über die der Planung inhärenten Anwendungsmöglichkeiten R. E. *Verne,* Planung wozu? Begriff, Verwendungen und Probleme volkswirtschaftlicher Planung, 1969; vgl. insbesondere grundlegend aus jüngster Zeit M. *Oldiges,* Grundlagen eines Plangewährleistungsrechts, Schriften zum Wirtschaftsverfassungs- und Wirtschaftsverwaltungsrecht, Bd. 1, 1970, S. 41 ff.

Kriterien arbeitenden Analyse zu verharren und sich damit zu begnügen, vorgeformte Gesichtspunkte an einen Untersuchungsgegenstand heranzutragen, anstatt dessen spezifische Merkmale aus seinem Wesensgehalt heraus zu entwickeln. Andernfalls läuft er Gefahr, das spezifisch Neue einer Erscheinung nicht zu erfassen und bei ihrer rechtlichen Einordnung und Behandlung Besonderheiten und Abweichungen zu vernachlässigen. Die Selbstbeschränkung der Rechtswissenschaft, staatliche Tätigkeits- und Regelungsformen nach einem festgelegten Katalog rechtswesentlicher Aspekte zu beurteilen, mag in dem durch die klassische Eingriffsverwaltung und die Trennung von Staat und Gesellschaft geprägten Staatsbild des 19. Jahrhunderts und bei dem damit verbundenen numerus clausus der Funktionsformen hoheitlichen Einschreitens hinreichend gewesen sein, sie kann jedoch den im Gefolge sozialstaatlichen Aufgabenzuwachses in Fülle auftretenden Gestaltungs- und Lenkungsformen und -instrumenten nicht gerecht werden.[80] Insbesondere vermögen die an der Abwehrhaltung des Bürgers gegenüber der Staatsgewalt geschliffenen Kriterien der Verbindlichkeit nicht die Entwicklung wechselseitiger Integration von Staat und Gesellschaft einzufangen. Daß sich die neuen unkonventionellen aber unabweisbaren Gestaltungsformen des leistenden Sozialstaats nicht mit dem konventionellen Rüstzeug der Rechtswissenschaft erfassen lassen, beweist nicht zuletzt die Tatsache, daß auch nach dem richtungweisenden Vorstoß Böckenfördes[81] bislang eine einwandfreie Konzeption der nach wie vor in dem Dilemma von Maßnahmegesetzgebung einerseits, abstrakt-generell regelnder Exekutive andererseits befangenen Funktionenlehre nicht gelungen ist. In jedem Fall setzt die Klärung von Einzelfragen im Recht der Planung die Aufstellung einer Planungstypologie voraus. Daher sind die herkömmlichen eben genannten Kriterien differenziert auf den jeweiligen Planungstyp anzuwenden, ohne diesen selbst determinieren zu können. Der Jurist darf nicht davor zurückschrecken, soziologische und ökonomische Kriterien, soweit diese zum Wesensgehalt der neuen Gestaltungsformen und -instrumente gehören, zu verwerten — erscheint doch angesichts der zunehmenden Durchdringung von Staat, Wirtschaft und Gesellschaft die entsprechende Annäherung der auf sie bezogenen Wissenschaften unausweichlich. Jedenfalls aber ist ein getrenntes Nebeneinander juristischer, ökonomischer und soziologischer

---

[80] Zum „veränderten Stellenwert der Gesetze", s. S. *Leibfried*/M. *Quilisch*, Planung im Sozialstaat, Atomzeitalter 1968, S. 552 ff., 554.

[81] E. W. *Böckenförde*, Gesetz und gesetzgebende Gewalt, 1958, bes. S. 330 ff.; in seinem Gefolge K. *Zeidler*, Maßnahmegesetz und „klassisches" Gesetz, 1961; D. *Jesch*, Gesetz und Verwaltung, 1961; K. *Huber*, Maßnahmegesetz und Rechtsgesetz, 1963.

Disziplinen anachronistisch.[82] Wissenschaftliche Forschung kann sich ein Verharren in hergebrachten Denkbahnen nur leisten, solange auch die tatsächlichen Verhältnisse und Umweltbedingungen gleichbleiben. Geraten diese jedoch in Fluß, wie gegenwärtig im Recht der Planung sichtbar, kann sich rechtswissenschaftliche Forschung, will sie ihrem Namen gerecht werden, nur durch Fortentwicklung bewähren.

Neue Formen bedürfen eben neuer rechtlicher Formeln, will sich der Jurist nicht den Zeichen der Zeit verschließen. Eine Planungstypologie muß daher unvoreingenommen von dem allen Plänen gemeinsamen spezifischen Wesenskern des Planbegriffs ausgehen (1) und eine Abstufung danach vornehmen, in welchem Ausmaß die spezifischen Eigenarten in jeweiligen Planformen vertreten sind (2).

1. Spezifische Merkmale jeder Planung

Die Realanalyse der verschiedenen Pläne und Planulismen zeigt, daß in allen Fällen Einzelheiten durch rationale Zusammenschau miteinander in Beziehung gesetzt und in ein System gebracht werden, sei es daß Einzeltatsachen nur zusammenfassend bewertet, sei es daß Einzelentscheidungen nur mit Rücksicht aufeinander getroffen oder Einzelaktionen nur nach gegenseitiger Abstimmung unternommen werden. „Die spezifische Rationalität der Planungsforschung steht und fällt mit der Voraussetzung, daß das Handeln innerhalb eines als System zu begreifenden kollektiven Handlungsgefüges vor sich geht: Einem Markt, einem pluralistischen System, selbst einem „System von Staaten". Das Handeln einzelner Subjekte muß dergestalt „systematisch" überhaupt zu begreifen sein, nur dann und deshalb ist es „planbar".[83]

Das Miteinander-in-Beziehung-Setzen und Aufeinander-Abstimmen kann daher auf verschiedene Weise vor sich gehen; hauptsächlich durch Tiefenstaffelung und -projektionen (Reihenfolge, Rangfolge) einerseits und durch institutionelle (Kooperation) und funktionelle (Koordination) Parallelschaltung andererseits, darüber hinaus im Rahmen des Einsatzes von Gestaltungsmitteln und -instrumenten durch entsprechendes Timing und Dosieren.

Spezifisches Kennzeichen jeder Planung ist der Schritt von isolierten, absoluten zu korrelierten, relativen Entscheidungen und Aktionen,

---

[82] Vgl. vor allem die Tagung des Vereins für Sozialpolitik in Würzburg 1963 über das Thema „Das Verhältnis der Wirtschaftswissenschaft zur Rechtswissenschaft", Soziologie und Statistik, in: Schriften des Vereins für Sozialpolitik, N. F. Band 33, 1964.

[83] H. J. *Arndt,* Der Plan als Organisationsfigur und die strategische Planung, PVS 1968, S. 177 ff., 179.

mithin die Entwicklung von der Einzelheit zur Einheit. Allgemein typusbestimmend für den Plan ist weiter seine Bezogenheit auf die Zukunft.

Eine Planungstypologie hat somit eine Abgrenzung danach vorzunehmen, inwieweit das spezifische Anliegen der Planung, Einzelheiten in ein Gesamtsystem zu bringen, durch den jeweiligen Plantyp erfüllt wird.

2. *Die drei Grundformen der Planung*

Im wesentlichen lassen sich drei verschiedene Plantypen unterscheiden, je nachdem, ob es sich bei dem System, in das Einzelfaktoren planvoll eingeordnet werden, um ein Möglichkeitssystem (a), Wahrscheinlichkeitssystem (b) oder Sachzwangsystem (c) handelt.

a) Planung im Möglichkeitssystem: Der Plan als intransitive Konzeption

Um Planung im Möglichkeitssystem handelt es sich, wenn das Plansubjekt vor einer Entscheidung oder vor dem ersten Schritt zu ihrer Verwirklichung die Möglichkeiten zukünftiger Entwicklung „durchspielt", ohne die Absicht oder die Chance, eine der bestehenden Möglichkeiten so zu beeinflussen, daß sich der Wahrscheinlichkeitsgrad ihres Eintritts erhöht. Die Möglichkeiten werden so hingenommen, wie sie sich aus Zufallskonstellationen darbieten. *Sinn und Zweck dieser Planung ist es, auf der Suche nach einem gangbaren „Handlungspfad" wenigstens die Unmöglichkeiten späterer Entwicklung auszusondern.*

Ebenso wie Politik in allgemeinen bezeichnet dieser Typus der Planung die Kunst des Möglichen — allerdings mehr systematisch als improvisierend. Planung im Möglichkeitssystem folgert aus den Möglichkeiten zukünftiger Entwicklung, durch vorausschauende Konzeption eigene Schritte in Anpassung an bestehende Gegebenheiten, ohne den Gang der Entwicklung mitbestimmen zu wollen oder mangels Durchschlagskraft der eigenen Konzeption mitbestimmen zu können. Indem das Plansubjekt aus den als möglich erachteten Konstellationen eines Systems, z. B. des Marktes, lediglich Schlußfolgerungen für sich selbst zieht, nicht aber den Funktionszusammenhang des Systems, z. B. den Wettbewerb, beeinflußt, handelt es sich bei diesem intransitiven Planungstyp im Möglichkeitssystem stets um systemkonforme Planung. Zweifelhaft erscheint, ob auch die Planung im Wahrscheinlichkeitssystem als systemkonform bezeichnet werden kann.

b) Planung im Wahrscheinlichkeitssystem: Der Plan als Strategie

Planung im Wahrscheinlichkeitssystem geht davon aus, daß die ein System bildenden Faktoren in bestimmter Hinsicht in gewissem Ausmaß einer manipulierenden Einflußnahme zugänglich sind. *Die Aufgabe der Planung im Wahrscheinlichkeitssystem liegt darin, mögliche Systemkonstellationen zur Herbeiführung bestimmter Systemziele durch gezielte Manipulation, also strategisch, mit einem erhöhten Wahrscheinlichkeitsgrad auszustatten.* Insoweit bezeichnen Wahrscheinlichkeitssysteme eine wie immer geartete Verbundenheit agierender Subjekte, „die sich innerhalb dieses Systems als mit gewissen Entscheidungsparametern ausgestattet denken lassen, mit einem gewissen Grad von Autonomie, Alternativmöglichkeiten, Irrtumsmöglichkeiten, also mit einem ‚Freiheitsgrad', besser: ‚Beliebigkeitsgrad'[84]. Den Ausgangspunkt bilden klassische Konkurrenzmodelle, bereichert um rationale (d. h. quantitativ-analytische) Vorausberechnungen gegnerischen Verhaltens und entsprechend ‚rationale' Beeinflussung“[85].

Damit gerät die spannungsreiche, den Gegenstand zahlreicher Untersuchungen aber auch ideologischer Ressentiments bildende *Beziehung von Plan und Markt* in das Blickfeld der Betrachtung. Schon an dieser Stelle läßt sich sagen, daß Planung als Strategie keinesfalls den antinomischen Gegenbegriff zum Markt darstellt, sondern gerade an die Bedingung eines funktionierenden Marktsystems gebunden ist. Rationale Strategie ist nur da sinnvoll, wo zukünftige Entwicklung weder in Einzelheiten festgelegt ist (wo also keine umfassend determinierende „Planwirtschaft“ betrieben wird), noch wo ihr Verlauf in jeder Hinsicht systemlos und unkalkulierbar erscheint.

Methode und Verfahrenstechnik strategischer Planung werden entscheidend vorbestimmt durch die Tatsache, daß jede Planung in mehrere Etappen zerfällt. Dabei läßt sich eine grundsätzliche Einteilung in das Stadium der Vorentscheidung einerseits (aa), das Stadium der Nachentscheidung andererseits (bb) vornehmen.

aa) Das Stadium vor der Entscheidung

Hierher gehören all jene Verfahrenstechniken und -methoden, die unter den Kennworten Systemanalyse, Diagnose, Prognose, Operations Research, Informations- und Spieltheorie, quantifizierende Alternativrechnung, Netzplantechnik, PERT, critical path method, Kybernetik, Ökonometrie, Soziometrie etc. von der betrieblichen Unternehmensplanung entwickelt worden und vom Staat zur makroökonomischen Entscheidungsforschung rezipiert worden sind.

Gemeinsam ist allen Methoden das Bestreben nach einer möglichst exakten Zerlegung aller wirkenden Umweltfaktoren innerhalb eines bestimmten Systemzusammenhanges. Insoweit lassen sich diese verhältnismäßig jungen Methoden, denen der Jurist weithin ratlos gegen-

[84] H. J. *Arndt*, Der Plan als Organisationsfigur, PVS 1968, S. 179/80.
[85] *Ders.*, ebenda, S. 185.

übersteht, allenfalls auf Erscheinungen zurückführen, wie sie für die Unternehmen in Plankostenrechnungen, für die Generalstäbe der Armee in Mob- und Operationsplänen und für die Staatsinstanzen in dem mit Planungen aller Art vertrauten Kameralismus und Merkantilismus als ähnlich analytische Bestrebungen geläufig sind. Es handelt sich jedoch nicht bloß um alte Bekannte in neuen Kleidern. Der im Zuge technischen Fortschritts erfolgte sprunghafte Anstieg des Wissensstoffes, die Vermehrung des Erfahrungsschatzes, der erweiterte Zugang zu Informationsquellen und die rasche Verbreitung neuer Erkenntnisse haben zu einer Verfeinerung von Art und Anwendungstechnik der Mittel für Planungs- und Entscheidungsforschung geführt, die eine Vergleichbarkeit mit herkömmlichen „Vorläufern" weder quantitativ noch qualitativ, sondern nur hinsichtlich ihrer analytischen Wirkweise gestattet. Insbesondere hat der Bau von Großrechenmaschinen diese Entwicklung begünstigt, dadurch daß wirtschafts-, sozial- und kulturpolitische Programme rechnerisch mit technisch-rationaler Unbestechlichkeit auf ihre Durchführbarkeit und ihre Erfolgschancen überprüft werden können. Unausweichlich verbunden ist damit eine weitgehende Präjudizierung und teilweise „Entlastung" der von Erfahrung und Intuition geleiteten „führenden Persönlichkeit". Dennoch vermag die zunehmende Rationalisierung persönliche Entscheidung und subjektives Ermessen nicht gänzlich auszuschalten, vielmehr bleibt notwendiges Verbindungsglied zwischen Willensbildung und Willensdurchsetzung, wenn auch immer mehr nur bei echten Alternativen, die persönliche Entscheidung, die das zweite, das post-dezisionäre Stadium des Planverfahrens einleitet.

bb) Das Stadium nach der Entscheidung

In diesem Stadium kommt das eigentlich Neue und Typische des strategischen Planverfahrens zum Vorschein, das sich von den klassischen analytischen Methoden der empirischen Sozialforschung, wie z. B. Wahlanalysen als Antwort auf reine Neugierfragen, deutlich abhebt. Es geht nämlich nicht um bloße Erkenntnisanalysen, sondern um Handlungsanalysen, d. h. um die Grundlage einer längeren Aktion: „Die Leistung des Planverfahrens besteht hier in der mit höchster Effizienz und Rationalität vollzogenen Koordinierung arbeitsteiliger Massenvollzüge durch Vorherberechnung ihrer Einsatzarten und -mengen und -zeiten, in dem netzwerkähnlichen Vorentwurf und wirklichen Zusammenspiel der Leistungseinheiten"[86]. In dieser Beschreibung des post-dezisionären Stadiums sind die „besonderen Kennzeichen" dieser Planmethode bereits enthalten. Das Verfahren ist notwendig bestimmt von Durchsetzungs- und Realisierungsmethoden und

[86] H. J. *Arndt,* Der Plan als Organisationsfigur, PVS 1968, S. 181.

-praktiken. Der Charakter dieses Planstudiums ist damit vorwiegend instrumental. Darauf sind besonders die Koordinationsmethoden des Timing und Dosierens zugeschnitten. *Es handelt sich um das der theoretischen Analyse folgende Stadium der praktischen Synthese. Das Plansubjekt bezieht Stellung im System.*

So einleuchtend die Unterteilung in einen — um die therapeutische Seite der Planung anzusprechen — Untersuchungsraum und einen Behandlungsraum klingen mag, lassen sich doch beide Bereiche nicht hermetisch voneinander trennen. Plansubjektiv werden Entscheidungsvorbereitungen stets vor dem Hintergrund bestimmter, schon vorher im Vorstellungs- und Willensbild aufgenommenen Systemziele getroffen. In dieser Entscheidungsbezogenheit beider Planstadien offenbart sich die Rolle der persönlichen Willensmacht des Plansubjekts in dem ansonsten möglichst versachlichten, stark objektivierten Planverfahren. In zweifacher Hinsicht nämlich wirkt sich *politisches Ermessen* im Planverfahren aus: als abstrakte Zielprojektion bei der Entscheidungsvorbereitung, als „geläuterte" konkrete Zielprojektion bei der Entscheidungsdurchsetzung. Es handelt sich bei der Planung also um einen Prozeß ständiger Rückkoppelung von Willensbildung und Willensdurchsetzung.

Art und Abfolge der Etappen des Planverfahrens im einzelnen sind in der Literatur in vielerlei Schemata und mannigfachen Modellen dargestellt worden[87]. Sie stimmen in den Grundzügen überein: Planaufstellung (Präformation) — Planbeschluß (Formation) — Plandurchführung (Exekutive) — Planauswertung (Evaluation)[88].

Entsprechend gliedert sich die strategische Finanzplanung in die drei Phasen:

— Zusammenstellung der Planungsunterlagen (Datensammlung);

— Planprogrammierung als Entscheidung für zeitliche und sachliche Prioritäten;

---

[87] H. P. *Ipsen*, Fragestellungen zu einem Recht der Wirtschaftsplanung, in: Planung I, S. 35 ff., 50 f. m. w. Nachw.; W. *Grewe*, Planung in der Außenpolitik, in Planung I, S. 355 ff., 366 f.; A. Graf von *Schlieffen*, Begriff und aktuelle Elemente militärischer Planung, in: Planung II, S. 29 ff., 33 ff.; G. *Kade*, Planung als Instrument der Entscheidungsvorbereitung und des Mitteleinsatzes im privatwirtschaftlichen Bereich, in: Referate und Diskussionen des Internationalen Seminars über Bildungsplanung, Institut für Bildungsforschung in der Max-Planck-Gesellschaft, 1967, S. 13; H. J. *Arndt*, Planung als Organisationsfigur und die strategische Planung, PVS 1968, S. 177 ff., 186 m. w. Nachw. aus der angelsächsischen Literatur.

[88] S. *Leibfried*/A. *Quilisch*, Planung im Sozialstaat, Atomzeitalter 1967, S. 552 ff., 558.

— Planvollzug als Einbau des programmierten Plans in die öffentlichen Haushalte.[89]

Obwohl diese rationalen Handlungsschemata sich aus dem Bereich der Unternehmensführung und Managementlehren entwickelt haben, zeichnen sie sich durch ubiquitäre Anwendungsmöglichkeiten aus: für Staatsinstanzen, politische Parteien, Wehrmacht, für Interessenverbände, Gewerkschaften, ja selbst für Kirchenorganisationen. Für alle Handlungslehren, gleichgültig, wer sie sich zunutze macht, gilt, daß sie das Erreichen der strategischen Systemziele nie garantieren, nur in Aussicht stellen können. Selbst die exaktesten Erkenntnismethoden und die präzisesten Durchführungspraktiken vermögen nie eine hundertprozentige Erfolgschance zu bieten. In Wahrscheinlichkeitssystemen ist der Erfolg stets nur vermutbar.

Die Vorherrschaft von Ratio und Sachverstand, das Verhältnis von Inprovisation und Determination, von automatischem Ablauf und persönlicher Verantwortung, von Chance und Sicherheit, die Zusammenwirkung von Analyse und Synthese und die Anpassungsmechanik bestimmen durchgängig das gesamte Planverfahren.

Sicherheitsrate und Zufallsquote der strategischen Planung — nicht zuletzt bedeutsam für die Fragen der Planhaftung und Plangewährleistung — lassen sich nicht generell, sondern nur differenziert nach dem jeweiligen bezogenen Marktsystem beantworten. Strategische Erfolge sind um so wahrscheinlicher, je statischer und übersichtlicher, und das Risiko ist um so größer, je pluralistischer und komplizierter sich das System darstellt.

c) Planung im Sachzwangsystem: Der Plan als Ablaufmechanismus

Es ist der Typ des Plans als strikter Ablauftechnik, gegen den sich eigentlich die noch bis vor nicht allzu langer Zeit vorherrschende Planungsanimosität[90] richtete und der deutlich genug noch 1945 als „Weg zur Knechtschaft“[91] bezeichnet worden ist. Es handelt sich um jenen Planungstyp, den der frühere französische Planungskommissar Pierre Massé zu Recht als Anti-Zufall klassifiziert hat. Tatsächlich entspricht geplanter Ablaufmechanismus einer möglichst weitgehenden Ausklammerung von Zufallsentwicklungen. Unabhängigkeits- und Selbständigkeitswerte wie Improvisation, Initiative, Spontanität, persönlicher Impetus, aber auch Irrationalität haben keinen Platz. Das Operationsziel der Planer geht dahin, einen Ablaufmechanismus in

---

[89] A. *Möller*, Kommentar zum Stabilitätsgesetz, 1968, Rdnr. 14 zu § 9, S. 131.

[90] Zum „planungsfeindlichen Syndrom“, K. *Lenk*, Aspekte der gegenwärtigen Planungsdiskussion in der Bundesrepublik, PVS 1966, S. 364 ff.

[91] So der gleichnamige Titel des Werkes von F. A. *Hayek*, The Road to Serfdom, 1945.

Gang zu setzen, der, einmal angestoßen, in festgelegten Bahnen, nach einem bestimmten Rhythmus und in wiederkehrenden Zyklen abrollt und Korrekturen weniger im Wege der Anpassung durch Neudatierung und Neuprogrammierung als vielmehr durch Beseitigung von „Pannen" erforderlich macht. Derartige Mechanisierung eines Ablaufprozesses ist nur möglich in einem System von Sachzwängen, d. h. in einem durchgängig versachlichten und beherrschbaren Planbereich, in dem Systemziele herstellbar, weil sicher vorauszusagen und nicht nur vermutbar sind. Diese Voraussetzung bestimmt in wesentlichen Zügen den Anwendungsbereich (aa) und die Methodik (bb) des Plans als „Organisationsfigur"[92].

aa) Anwendungsbereich

In erster Linie dürften die Anwendungsmöglichkeiten der strikten Planung dort liegen, wo keine Konkurrenz eine organisationstechnische, ablaufmechanische Beherrschung eines Funktionsablaufes ausschließt oder auch nur „stört", also in solchen Systemen, die nicht Marktsysteme sind oder zwar Marktsysteme darstellen, aber nicht durch Wettbewerbs- sondern durch Monopolformen bestimmt werden.

Die eigentliche Anwendungsmöglichkeit strikter Planung[93] findet sich daher in absoluten Machtbereichen, wie sie auf den unteren staatlichen Ebenen als Handlungsvollzug staatlicher Anstalten und Betriebe bekannt sind, aber sich immer mehr im Zuge des Fortschritts der technischen Mittel auch auf Makrosysteme ausdehnen. Insbesondere ist ablauftechnische Planung nicht nur angemessen, sondern durchaus notwendig zur Ausführung gesetzlicher, d. h. hoheitlich statuierter Aufgaben, zu deren Erfüllung der herkömmliche fallweise Vollzug der Verwaltung nicht ausreicht. Es handelt sich dabei um jene Gesetze, die nicht in die konditionale „Wenn — Dann" Form gefaßt sind, sondern als strikte Gebote — insoweit läßt sich Gesetzgebung als Erscheinungsform einer Monopolgewalt verstehen — ergehen, wie Schulpflicht, Wehrpflicht, etc. Diese gesetzlich aufgeführten Aufgaben lassen sich möglichst effektiv nur durch Pläne und Planvollzüge erfüllen, sind doch z. B. Wehr- und Schulerfassung und die damit zu-

[92] H. J. *Arndt,* Der Plan als Organisationsfigur und die strategische Planung, PVS 1968, S. 189 ff.

[93] Ein naheliegendes Beispiel ist der Fahrplan, dessen Programm (Ankunftszeit, Abfahrzeit, Anschlüsse) sicher *herstellbar* sein und eben fahrplanmäßig „klappen" soll. Der Fahrplan kann nur objektive Tatsachen und Entwicklungen, wie Entfernung, Verkehrsdichte etc., erfassen, nicht aber Marktelemente wie die Nachfrage nach Fahrkarten, die Zahl der Fahrgäste etc.; diese lassen sich nur durch allgemeine Verkehrsmittelplanung strategisch erfassen.

sammenhängenden Fragen (Bau von Kasernen, Schulen, Bedarf an Lehr- und Führungskräften, Verpflegung, Transport etc.) durch exakte Sicherheits- und nicht nur durch Wahrscheinlichkeitsrechnungen durchzuführen. Ähnlich dezidierte Hoheitsbefehle sind in Makrosystemen anzutreffen. § 1 StabG gehört mit seiner Ausrichtung der Finanz- und Wirtschaftspolitik auf die Erfordernisse des gesamtwirtschaftlichen Gleichgewichts und Wachstums „zum ius strictum und ist nicht etwa bloß Programmsatz“[94]. Theoretisch ist der Erreichung dieser als ius strictum normierten Ziele gesamtwirtschaftlichen Gleichgewichts und Wachstums der Plan als zwingende Ablaufmechanik durchaus adäquat. Praktisch sind die Verwirklichkeitsmethoden, insbesondere eine situationsbedingte Auswahl und Kombination der Instrumente bei dem heutigen Stand der Dinge nicht so weit gediehen, daß sie unter Berücksichtigung der Wirtschaftsfreiheit der Wirtschaftssubjekte sichere makroökonomische Resultate zeitigen können. Marktsysteme mit reinem Wettbewerb können ablauftechnisch erfaßbar sein, wenn sich alle Marktteilnehmer über die Systemziele einig sind und auch die Methoden zu ihrer Bewerkstelligung den ungeteilten Beifall aller finden, so daß kein planfeindlicher Widerstand vorliegt. Mögen die Systemziele des § 1 StabG auch uni sono gefordert werden, hinsichtlich der Methoden zur gleichzeitigen Verwirklichung von Vollbeschäftigung, stabilem Preisniveau, ausgeglichener Zahlungsbilanz und angemessenem Wirtschaftswachstum sind die Ansichten mehr als polyphon[95]. Planung als Ablauftechnik scheint folglich systemgerecht nur für Systeme zu sein, die nicht nach Marktgesetzen funktionieren, sondern voll im Machtbereich eines bestimmten „Monopolisten“ i.w.S. stehen; sie ist also allenfalls auf herstellbare Teilabläufe innerhalb eines Wahrscheinlichkeitssystems anwendbar.

Eine weitere Eingrenzung des Anwendungsbereichs strikter Planung ergibt sich daraus, daß der ablauftechnische Plan keine Pionierleistungen erbringen kann, also nicht zur Zukunftsgestaltung berufen ist, sondern nur (aber immerhin) vorhandene (soziale, kulturelle etc.) Errungenschaften für die Zukunft zu sichern vermag. Daraus folgt: Planung, selbst in ihrer konsequentesten Form der strikten Ablauftechnik, bedeutet niemals Vergewaltigung der Zukunft, sondern die Bewahrung des Bestehenden für die Zukunft. Das Mißverständnis hierüber gehört zu den schwerwiegendsten Irrtümern, die zu einer unnötigen Verschärfung der Plandebatte geführt haben.

Neuentdeckend, vorwärtstreibend, erkundend sind lediglich persönliche Initiative, Intuition, Spontaneität, also Kräfte und Impulse, die eben nicht technisierbar und mechanisierbar sind.

---

[94] *Stern*, in Stern-Münch, Erl. VIII, 1 zu § 1, S. 91.

[95] S. oben S. 2 ff.

bb) Methodik

Organisationstechnisch-ablaufmechanisch betriebene Planung ist nur möglich, wo die Eigengesetzlichkeiten, nach denen ein System von Sachzwängen funktioniert, bekannt sind und Entscheidungen ausschließlich an diesen einsehbaren Sachzwängen orientiert werden. Insoweit tritt an die Stelle der freien, mit Ermessen ausgestatteten Willensentscheidung die an objektive Tatsachen, aber auch entsprechende Informationen, gebundene Wissensverarbeitung. Die Konsequenzen dieser Einsicht für Fragen der Kompetenz im Planverfahren liegen auf der Hand. Insbesondere insoweit, daß Entscheidungen nicht den Filter kollektiver subjektiver Willensbildung im Parlament durchlaufen können[96]. Beruht Ermessen letztlich auf dem „ungedeckten Informationswert einer Entscheidung“[97], so ergibt sich als Voraussetzung einer das Ermessen ausschließenden strikten Planung die Notwendigkeit lückenloser Information. Aufgabe der Planer ist es, sich diese Informationen — bei komplizierten Netzplänen mittels elektronischer Datenverarbeitung, kybernetischer Hilfsmittel und „realtime“ Anlagen — zu verschaffen und die Planungsapparatur entsprechend zu normen und in Gang zu setzen.

Die erfolgte Einteilung in bestimmt geartete Ablaufsysteme, auf die sich Planung bezieht, erscheint als die einzige Möglichkeit überhaupt, Planung in ihrer Gesamtheit systematisch zu erfassen. Der Mangel der bisherigen Plandebatte liegt vor allem darin, daß von einzelnen Planarten Rückschlüsse auf die Gesamtheit der Planung gezogen wurden, was zwangsläufig zu Einseitigkeiten und Verzerrungen führen muß, etwa wenn von der Notwendigkeit einer allgemeinen Plangewährleistung oder eines generellen Planrechtsschutzes gesprochen wird, obwohl deren Zubilligung letztlich nur darauf beruht, daß nur solche Pläne zugrundegelegt werden, die mit herkömmlichen hoheitlich imperativen Funktionsformen identisch sind, also als Plangesetze in Erscheinung treten. Für ein unvoreingenommenes Verständnis der Planung erscheint daher die vorgenommene Auffächerung nach verplanten Systemen unabdinglich.

---

[96] „Zur Erstellung des Plans bedarf es dann also nicht mehr eines Verfahrens der kollektiven Willensbildung, wie Diskussion subjektiver Meinungen mit nachfolgender Abstimmung und Mehrheitsbeschluß. Es bedürfte eines Verfahrens der ‚kollektiven Wissensbildung‘, wie wir es heute in gewissen Bereichen bereits als ‚Team-Arbeit‘ von Sachverständigen vor uns haben, von denen jeder ein ‚Veto-Wissen‘ besitzt, das nicht übergangen werden darf“, H. J. *Arndt*, a. a. O., S. 192.

[97] H. *Luhmann*, Funktion und Folgen formaler Organisation, 1964, S. 174/5.

III. Finanzplanung als strategische Planung im Wahrscheinlichkeitssystem

Der Erfolg der Globalsteuerung der Marktwirtschaft, sei sie kurzfristig oder langfristig konzipiert, ist angesichts der Vielzahl der das Marktsystem bestimmenden Faktoren nie sicher herstellbar, sondern allenfalls vermutbar. Das gilt auch für den planenden Staat, solange dieser Subjekt im Marktsystem ist und sich systemkonform verhält, d. h. den Autonomie- und Freiheitsbereich der anderen Marktteilnehmer, nicht zuletzt die Grundrechte der Individuen, beachtet. Zwar zeigt sich gerade im Rahmen der staatlichen Konjunktur- und Wachstumspolitik, daß der strategisch vorgehende Staat schon wegen seines dominierenden Marktanteils Systemziele leichter erreichen kann als andere weniger mächtige Marktteilnehmer; dennoch ist auch der staatliche Erfolg nach der Systemlogik nie sicher herstellbar, sondern nur wahrscheinlich. Der Staat als „strategischer Mitspieler, der Widerstände nicht nur als Ausnahmen, sondern als Regel zulassen muß"[98], kann sein Verhalten nur an dem vorausgeschätzten Verhalten der übrigen Marktteilnehmer ausrichten. Es ist keineswegs ausgeschlossen, daß der Staat seine Planung erheblich korrigieren muß, etwa wenn von erhöhten Investitionen oder Sparprämien übermäßiger Gebrauch gemacht wird.

In ihrer wirtschafts-(prozeß-)politischen Funktion erweist sich Finanzplanung somit als strategische Planung.

Drittes Kapitel

Verfassungskonformität der Funktionsformen

I. Die rechtsstaatliche Legitimation der Planung

Ausgangspunkt aller Folgerungen hinsichtlich des Einbaus neuer Funktionsformen in eine staatsrechtliche Funktionsformenlehre ist die Geschlossenheit der Handlungsformen, in denen sich nach der klassischen Rechtsstaatsdoktrin staatliche Machtäußerung manifestiert, soweit es sich um imperative Maßnahmen handelt. Der regelnde, d. h. gegenüber Bürgern oder autonomen Hoheitsträgern mit statusberührender Außenwirkung hoheitlich tätig werdende Staat ist an den numerus clausus von Rechtssatz (förmliches Gesetz, Rechtsverordnung) und Rechtsakt (Verwaltungsakt) gebunden. In zunehmendem Maße wird dem Rechtssatzbegriff ein Aussagewert für den Vorbehalt des Gesetzes, d. h. für die Frage nach Spielraum und Grenzen der Verwaltung, abgesprochen und dafür plädiert, den Funktionsbereich von

---

[98] H. J. *Arndt*, a. a. O., S. 185.

Parlament und Regierung statt aus einer rechtstheoretischen Begriffsbestimmung wirklichkeitsnäher aus der verfassungssystematischen Struktur der Funktionsträger herzuleiten, ähnlich wie die französische Staatsrechtslehre nicht von juristisch formalen Begriffen ausgeht, sondern konkret verfassungsrechtliche Zuständigkeiten und Befugnisse zugrundelegt, weil dem französischen öffentlichen Recht die Unterscheidung zwischen Rechtsnormen und Nichtrechtsnormen ebenso fremd ist[99] wie dem amerikanischen Recht die Unterscheidung zwischen formellen und materiellen Gesetzen[100]. Daraus wird zugleich die Untauglichkeit des Rechtssatzbegriffes zu irgendeiner staatsrechtlichen Aussage überhaupt gefolgert. *Dabei wird jedoch übersehen, daß der Rechtssatz nicht nur zur Bestimmung des Gesetzgebungsbereichs und seiner Abgrenzung von der Verwaltung dient, sondern zugleich eine Aussage über die Funktionsformen trifft, in denen sich staatliche Willensbildung manifestieren kann, wobei der Rechtssatz die äußerste Grenze staatlicher Regelungstätigkeit überhaupt bildet.*

Der Plan als Staatsfunktionsform erscheint somit rechtsstaatlich legitimiert nur unter der Voraussetzung, daß er sich als Rechtssatz oder Verwaltungsakt qualifizieren läßt. Allerdings ließe sich die Problematik der Einordnung des Plans in die eine oder andere Funktionsform dadurch umgehen, daß man Plänen allgemein eine hoheitlich regelnde Wirkung abspricht. Jedoch läßt sich gerade die Frage der Eingriffsintensität der Planung kaum allgemeingültig entscheiden. Darüber hinaus ist das Kriterium der Eingriffsintensität auf transitorische Hoheitsakte abgestimmt. Der Regelungsgehalt einer Maßnahme wird nach deren Tiefenwirkung bestimmt. *Pläne zeichnen sich aber gerade durch ihren permanenten Charakter und durch ihre Breitenwirkung aus.* Jedenfalls läßt sich der Planung nicht generell ein Eingriffscharakter absprechen, wie er nach dem klassischen Rechtsstaatsgedanken nur in Form des Rechtssatzes oder des Verwaltungsaktes zum Ausdruck kommen soll. Daher erscheint es unerläßlich, eine „Subsumtion" der Planfigur unter die klassischen Funktionsformen des Rechtssatzes und Verwaltungsaktes vorzunehmen.

1. Der Plan als Rechtssetzung

a) Unabhängig davon, ob und inwieweit den Rechtssatzdefinitionen der Eigentums- und Freiheitsklausel und der Schrankenziehungsformel für die gegenwärtige staatsrechtliche Wirklichkeit überhaupt noch ein

---

[99] L. *Duguit,* L'Etat. Le droit objectif et la loi positive, S. 569 f.; *ders.,* Traité de droit constitutionel, 2ème éd., Bd. 2, 1903, §§ 15, 16, 20.

[100] E. *Fraenkel,* Das amerikanische Regierungssystem 1960, S. 230, 231, 271 ff. K. *Loewenstein,* Verfassungsrecht und Verfassungspraxis in den Vereinigten Staaten 1959, S. 354 ff.

dienlicher Aussagewert zukommt, handelt es sich bei jenen Bestimmungen des Rechtssatzbegriffs im wesentlichen um den Versuch, die Staatsfunktionen gegeneinander abzugrenzen, nicht aber den Umfang der Staatstätigkeit überhaupt zu umgrenzen. Soweit daher staatliche Funktionen den Eigentums-Freiheitsbereich privater Rechtsträger nicht tangierten oder von keiner Außenwirkung begleitet waren, ergab sich als Folge nicht etwa, daß diese Funktionen überhaupt keinem staatlichen Funktionsträger zufielen, sondern lediglich, daß sie nicht durch den Gesetzgeber erfolgen mußten. Die Funktionsformen der Planung in ihren einzelnen Varianten sind weder durch die Eigentums-Freiheits-Klausel noch durch die Schrankenziehungsformel auch nur annäherungsweise zu erfassen. Da diese Rechtssatzdefinitionen auch keine Aussage über die Grenze der Staatstätigkeit schlechthin enthalten, kann ihnen im gegenwärtigen System der Staatsfunktionen, insbesondere für die Zulässigkeit der Funktionsformen, keine dogmatische Bedeutung mehr zukommen.[101]

b) Die Dritte Fassung des Rechtssatzbegriffs der abstrakt-generellen Anordnung[102] unterscheidet sich von den beiden anderen Fassungen in

---

[101] Insoweit ist Paul *Laband* zuzustimmen: „Man verschließt sich jeder Möglichkeit einer wissenschaftlichen Erkenntnis der Lehre von der Gesetzgebung, wenn man das Wesen des Gesetzes in der Schaffung eines Rechtssatzes erblickt", Das Staatsrecht des Deutschen Reiches, Bd. 2, 5. Aufl. 1911, S. 4.

[102] Meinungsverschiedenheiten bestehen darüber, ob „generell" eine Verdeutlichung von „abstrakt" oder ob „abstrakt" eine Verdeutlichung von „generell" darstellt, vgl. einerseits K. *Huber,* Maßnahmegesetz und Rechtsgesetz, S. 167: „Die Abstraktheit ist ein notwendiges, aber sie ist kein hinreichendes Kriterium der Generalität des Gesetzes; ein Gesetz, das nicht abstrakt ist, kann nicht generell sein, aber ein Gesetz, das abstrakt ist, muß nicht generell sein." Andererseits E. W. *Böckenförde,* Gesetz und gesetzgebende Gewalt, S. 338, 340. Nach Carl von Rotteck ist die Staatsgewalt entweder „eine gesetzgebende, d. h. nach Begriffen, also im allgemeinen festsetzende oder eine administrative, d. h. in concreto anordnende", v. *Rotteck,* Lehrbuch des Vernunftrechts und der Staatswissenschaft, Bd. 2, Allgemeines Staatsrecht, 2. Aufl. 1840, S. 157. Als Gesetz gilt „jede von der Staatsgewalt ausgehende Bestimmung, welche in abstracto oder im allgemeinen, d. h. nach Begriffen gemacht ist", S. 212. Diese Einteilung sei erschöpfend, „indem was immer für Verfügungen von dieser Staatsgewalt ausgehen, dieselben entweder nur im allgemeinen (in abstracto, d. h. nach Begriffen gefaßte) oder besondere (für konkrete Fälle gegeben) sein können", S. 214. Damit wird nicht nur nach einer Vielzahl von Personen und Fällen, sondern auch nach ihrer individuellen Bestimmtheit abstrahiert. Da sich wohl jeder Einzelakt irgendwie abstrakt formulieren läßt, läuft dies auf eine allumfassende Gesetzgebungsbefugnis hinaus. Gerade das aber soll durch den zusätzlichen Begriff der Generalität verhütet werden. Insoweit haben beide Begriffe ihren Sinn, ohne sich zu überschneiden.

der Gestalt der Eigentums-, Freiheits- und Schrankenziehungsformel hinsichtlich ihrer Zweck- und Zielrichtung und damit ihres politischen Sinngehaltes in wesentlichen Punkten, die leicht übersehen werden. Eigentums — Freiheitsklausel und Schrankenziehungsformel wollen bestimmte Regelungsbereiche dem Gesetzgeber vorbehalten, also darüber Aufschluß geben, welche „Kreise" nur durch den Gesetzgeber „gestört" werden dürfen. Die abstrakt-generelle Fassung des Rechtssatzes will den Gesetzgeber in seine Schranken verweisen, also Aufschluß geben über die Frage, wann und wie überhaupt nur die Gesetzgebungsmaschinerie laufen darf.

2. Der Plan als Rechtsanwendung

Dadurch, daß dem abstrakt-generellen Rechtssatzbegriff der konkret-individuelle Rechtsakt gegenübergestellt wird, also Legislative und Exekutive an doppelte Handlungsvoraussetzungen gebunden sind, wird die Einteilung zwischen Gesetzgebung und Verwaltung durchlässig. Abstrakt-individuelle und konkret-generelle Handlungsformen werden von der Einteilung nicht erfaßt. Das Schema ist nur geschlossen, wenn einem Gegensatzpaar der Vorrang vor dem anderen zugemessen wird, so daß Einteilungen entstehen, die sich gegenseitig ausschließen. Gewöhnlich wird denn auch versucht, die Fälle abstrakt-individueller und konkret-genereller Regelungen entweder bei Gesetzgebung oder bei der Verwaltung unterzubringen. Im Sinne der spätkonstitutionellen, positivistischen Staatsrechtslehre liegt es jedoch gerade, diese Fälle aus dem staatlichen Handlungsarsenal gänzlich zu streichen. Aus diesem Grunde ist diese Einteilung zusätzlich mit der Unterscheidung zwischen Rechtssetzung und Rechtsanwendung kombiniert worden[103]. Die Gesetzgebung wird als Anordnung allgemein-abstrakter Rechtsnormen und zugleich als rechtsetzende Gewalt verstanden. Als lediglich rechtsanwendende Funktion vermag die Exekutive den von der Gesetzgebung offengelassenen Raum konkreter Rechtssetzung nicht auszufüllen. Damit bildet die gesetzgebende Gewalt die äußerste Grenze jeglicher staatlicher Regelungsgewalt. Die gleichzeitige Eingrenzung der Gesetzgebung bewirkt den Schutz des Bürgers gegen beide Staatsgewalten. Hierin liegt die eigentliche „politische Funktion des rechtsstaatlichen Gesetzesbegriffs"[104], der „Souveränitätsverzicht" des liberalen Rechtsstaates[105]. Der klassische abstrakt-generelle Rechtssatzbegriff spätkonstitutioneller Provenienz erfüllte also drei Funktionen: Garantie des vorgefundenen Systems

---

[103] E. W. *Böckenförde*, Gesetz und gesetzgebende Gewalt, 1958, S. 339; R. *Thoma*, Grundbegriffe und Grundsätze, HdStR II, 1932, § 71, S. 124 ff.

[104] K. *Huber*, Maßnahmegesetz und Rechtsgesetz, 1963, S. 172.

[105] *Ders.*, ebenda, S. 174/5.

von Gleichheiten und Ungleichheiten; Umgrenzung und Bindung der gesetzgebenden Gewalt; Schutz des Bürgers vor beiden Staatsgewalten, Sicherung einer unangreifbaren Privatsphäre, Ausklammerung bestimmter Staatsfunktionen.

Daraus ergibt sich:

Diejenigen Pläne, die sich weder als abstrakt- genereller Rechtssatz noch als konkret-rechtsanwendender Verwaltungsakt qualifizieren lassen[106] — das sind insbesondere diejenigen strategischer Natur[107] — fallen nach der klassischen Staatsrechtsdoktrin aus dem rechtsstaatlichen Funktionensystem heraus und bedürfen insoweit einer anderweitigen Legitimation.

II. Die sozialstaatliche Legitimation der Planung

Die Geschlossenheit rechtsstaatlicher Formtypik und damit ihre prinzipielle Verschlossenheit gegenüber konkreter Rechtssetzung einerseits, abstrakt-genereller Rechtsanwendung andererseits läßt sich nicht schon mit dem Hinweis darauf durchbrechen, daß sie ein Postulat der positivistischen Staatsrechtslehre darstelle, also einer Grundkonzeption entstamme, deren Axiome heute keine Gültigkeit mehr besitzen. Ebenso pauschal läßt sich feststellen, daß die rechtsstaatliche Formtypik eng mit der konstitutionellen Monarchie verwandt gewesen ist, diese aber vergangenen Verfassungsstrukturen angehörte.[108] Es gilt insoweit der Satz: „Eine politische Institution ist nicht an den Sünden ihrer Väter, sondern an der Brauchbarkeit für die Gegenwart zu messen"[109]. Daraus ergibt sich die Notwendigkeit einer Analyse der Gegenwartsaufgaben und der Mittel zu ihrer Bewältigung, zugleich aber auch die Chance, einer veränderten Wirklichkeit Rechnung zu

---

[106] Vgl. zu dieser „Subsumtion" K. *Huber*, Maßnahmegesetz und Rechtsgesetz, S. 83—92 m. zahlreichen Nachweisen.

[107] Etwas anderes mag für die Verwaltungspläne im Sachzwangsystem gelten, vgl. aus der reichhaltigen Literatur zu diesem Problemkreis in jüngster Zeit R. *Breuer*, Die hoheitliche raumgestaltende Planung, Bonner Rechtswissenschaftliche Abhandlungen, Bd. 80, 1968, S. 44 ff. mit zahlr. Nachw.

[108] Gegen diese Argumentation, auf die sich insbesondere D. *Jesch*, Gesetz und Verwaltung 1961, S. 169 ff. stützt, wendet K. *Huber*, Maßnahmegesetz und Rechtsgesetz, S. 175, FN 3, ein, daß sich bei Änderungen der Verfassungssituation im Ganzen zwar der Sinn einer überkommenen Institution für das Ganze, nicht notwendig aber deren innere Struktur ändere, so daß es durchaus sinnvoll sein könne, „staatsrechtliche Institutionen beizubehalten, auch wenn das Verfassungsgefüge, welchem sie entstammen, vergangen ist", wie dies etwa der Fall sei bei der aus dem aufgeklärten Absolutismus stammenden Einrichtung der Unabhängigkeit und Unabsetzbarkeit des Richters.

[109] K. *Huber*, Maßnahmegesetz und Rechtsgesetz, S. 176.

tragen durch eine Revision der Instrumente und Funktionen, die zur Verfügung stehen, um unwiderruflichen Veränderungen gerecht zu werden. Es versteht sich von selbst, daß Kriterien, die durch Sach- und Funktionsnotwendigkeiten bestimmt sind, zur rechtswissenschaftlichen Bewältigung dieser Aufgabe geeigneter sind als begrifflich-abstrakte und zudem ideologisch verbrämte Kriterien[110]. Dennoch kann die Einsicht von der Notwendigkeit einer Revision hergebrachter Institutionen und Funktionen nur insoweit eine Konsequenzen ziehende renovatio bewirken, als die Verfassung dazu ausdrücklich oder konkludent legitimiert. Daran kann auch eine Untersuchung nicht vorübergehen, die klären will, ob die rechtsstaatliche Formtypik im Jahre 1968 noch „funktionsfähig" ist oder dringend einer Generalüberholung bedarf.

Als Grundlage der verfassungsrechtlichen Legitimität des Plans bietet sich der Verfassungsgrundsatz der Sozialstaatlichkeit an, wird das Sozialstaatsprinzip doch als „Abbreviatur für den komplexen Gehalt der Wandlung des Verhältnisses von Staat und Gesellschaft und des Gesinnungswandels der Bürger"[111] verstanden.

1. Obwohl das Sozialstaatsprinzip im Grundgesetz, Art. 20 Abs. 1, 28 Abs. 1, anders als etwa in Art. 3 Bayerische Verfassung, nur als „adjektivisches Etiquett" proklamiert wird, bezeichnet es eine „Staatszielbestimmung"[112]. Als rechtliche Formel für den im staatlichen Aufgabenzuwachs einerseits und im Integrationsprozeß von Staat und Gesellschaft andererseits zum Ausdruck gekommenen Wirklichkeitswandel erfüllt das Sozialstaatsprinzip in gewisser Hinsicht, was Rudolf Smend in seiner Integrationslehre für die gesamte Verfassung fordert, nämlich, daß sie „die Rechtsordnung ... des Lebens (ist), in dem der Staat seine Lebenswirklichkeit hat, nämlich seines Integrationsprozesses. Der Sinn dieses Prozesses ist die immer neue Herstellung der Lebenstotalität des Staates, und die Verfassung ist die gesetzliche Normierung einzelner Seiten dieses Prozesses"[113]. Stärker noch als die Hervorhebung der gesellschaftlichen Rolle des Rechts spiegeln Art. 20 Abs. 1; 28 Abs. 1 Satz 1 GG den geschichtlichen Charakter des Rechts wider, der jedoch als Ergänzung des statischen Moments verfassungsrechtlicher Normativität und nicht als deren

---

[110] E. W. *Böckenförde,* Die Organisationsgewalt im Bereich der Regierung, S. 85.

[111] E. *Forsthoff,* „Begriff und Wesen des sozialen Rechtsstaates", VV DStRL Heft 12, 1954, S. 15.

[112] H. P. *Ipsen,* Enteignung und Sozialisierung, VVDStRL Heft 10, 1952, S. 74 ff.; A. *Köttgen,* Die gegenwärtige Lage der Deutschen Verwaltung, DVBl. 1957, S. 442; E. *Forsthoff,* VVDStRL a. a. O., S. 27.

[113] R. *Smend,* Verfassung und Verfassungsrecht, 1928; *ders.,* Integration, Ev. Staatslexikon, 1966, Sp. 803 f.

vollständige Auflösung[114] verstanden sein soll. Die Korrektur der Normen durch verfassungsrechtliche Berücksichtigung der Wirklichkeit ist nicht etwa gleichzusetzen mit einer Auflösung der normativen Wertbeständigkeit der Verfassung, wie sie im Dezisionismus Carl Schmitts erfolgt, dessen „positiver Verfassungsbegriff" den Rechtscharakter der Verfassung relativiert, indem er als Verfassung die „Gesamt-Entscheidung über Art und Form der politischen Einheit"[115] bestimmt, die nur äußerlich in Form von Rechtssätzen in Erscheinung tritt, substantiell aber ausschließlich eine konkrete politische Realität bedeutet.

2. Indem das Sozialstaatsprinzip die normative Kraft des Faktischen — als Pendant, nicht aber als Alternative normativer Wertbeständigkeit — verfassungsrechtlich ausdrückt, erzwingt es rechtliche Konsequenzen auch im Hinblick auf vorhandene Institutionen und Funktionen, denn „mit der Ablösung des bürgerlichen Rechtsstaates durch den sozialen Rechtsstaat ist auch das mit jenem verbundene Verfassungsdenken hinfällig geworden".[116] Die im Zeichen des sozialen Gedankens erfolgte verfassungsrechtliche Neubesinnung ist durch Art. 20 Abs. 1, 28 Abs. 1 Satz 1 GG positiv „in eine als Rechtsbegriff verfaßte rechtsnormative Aussage über den Zweck des Staates", in „einen Anruf zu sozialer Integration mit Hilfe des Staates"[117] transformiert wurden. Diese „Aktionsvollmacht"[118] des Sozialstaatsauftrags dürfte u. a. auch die Legitimation für die sozialstaatliche Funktionsform in Gestalt des Plans oder der Maßnahme enthalten. Damit ist der im Namen des Sozialstaatsprinzips geforderte „Ausbau der Institutionen, in denen der Staat als ‚Geber' (B. Jellinek), als ‚Leistungsträger" (E. Forsthoff) auftritt"[119], um den legitimen Ausbau der Funktionsformen zur Verwirklichung sozialer Staatszielbestimmungen, insbesondere durch Anerkennung des Plans als sozialstaatlicher Funktionsform, zu ergänzen. Der im Sozialstaatsprinzip aufgefangene und eingebundene Wirklichkeitswandel, wie er sich im staatlichen Aufgabenzuwachs nicht minder als in dem Prozeß der Integration von Staat und Gesellschaft vollzieht, hat in der Staatsrechtslehre im

[114] Wie es für R. *Bäumlin* unausweichlich ist, der das positive Recht als identisch mit dem Vorgang seiner Verwirklichung versteht, R. *Bäumlin*, Staat, Recht und Gesellschaft, 1961; *ders.*, Verfassung und Verwaltung in der Schweiz, in: Festschrift für H. *Huber*, 1961, S. 69 ff.

[115] Carl *Schmitt*, Verfassungslehre 1928.

[116] P. *Badura*, Verfassung, Ev. Staatslexikon, Sp. 2353/2354.

[117] K. *Stern*, Sozialstaat, Ev. Staatslexikon, Sp. 2093.

[118] *Ders.*, ebenda mit einem Katalog ihres Inhalts im einzelnen, Sp. 2093/2094.

[119] Ebenda, Sp. 2094.

wesentlichen nur im Zusammenhang mit der Diskussion um den Inhalt und Umfang des Gesetzesvorbehaltes Berücksichtigung erfahren. Danach soll sich auch der lenkende, leistende, teilende und verteilende Staat als selbständiger Träger subjektiver Rechte und Pflichten in Form und nur aufgrund von Gesetzen mitteilen, womit allerdings lediglich neuer Wein in alte Schläuche gefüllt wird. Ob die alten Formen nämlich als adäquate Mittel zur Bewältigung der neuen Aufgaben passen, erscheint angesichts des durch den Maßnahmebegriff torpedierten Gesetzesbegriffs immerhin zweifelhaft.[120] Passender als die vorgefertigte Konfektion der Handlungsformen erscheinen die maßgeschneiderten Mittel des Plans und der Maßnahme. Daß sich das Sozialstaatsprinzip vorwiegend an den einen oder anderen Funktionsträger wendet, ist nicht ersichtlich. Fest steht nur, daß es auch den Gesetzgeber verpflichtet. Die Einteilung der Staatsfunktionen ist nach anderen Kriterien zu messen. Weiterhin erscheint denkbar, daß sich die sozial bestimmten Ziele eher durch eine Gewaltenkooperation als durch eine Gewaltentrennung verwirklichen lassen und daß insbesondere der Plan den sichtbaren Ausdruck dieser Entwicklung bildet. Insoweit würde das Sozialstaatsprinzip die rechtsstaatliche Gewaltenteilung in Frage stellen, ohne daß es indes zu einem „Drama sozialer (kontra) Rechtsstaat auf der Bühne des Grundgesetzes“[121] kommen müßte.

3. Dem Sozialstaatsprinzip kommt also im Rahmen einer systematischen Einteilung der Staatsfunktionen zweifache Bedeutung zu: es spricht sich in gewisser Hinsicht für eine Kooperation der Gewalten aus, ohne indes die Notwendigkeit einer klaren Unterscheidung der Funktionsformen entbehrlich zu machen, und vor allem: Es nimmt die von der klassischen Rechtsstaatsdoktrin vorgenommene Ausklammerung bestimmter Handlungsformen wie des Plans oder der Maßnahme aus dem staatlichen Funktionensystem wieder zurück. Grundsätzlich sind die Spannungen, Gegensätzlichkeiten und Widersprüche zwischen sozialstaatlicher Dynamik und rechtsstaatlicher Beharrungstendenz zum Ausgleich zu bringen, ohne daß einem der Verfassungsgrundsätze Vorrang vor dem anderen gebührt. Der Ausgleich kann nur in Form

[120] *Maunz-Dürig*, Grundgesetz-Kommentar, Rdnr. 96 zu Art. 20: „Einer Ausdehnung der staatlichen Aufgaben steht also die Tatsache gegenüber, daß den Staatsorganen zu deren Erfüllung kein spezifisches rechtsstaatliches Mittel an die Hand gegeben ist und daß infolgedessen keine andere Wahl bleibt, als diese Aufgaben weitgehend im Wege der ordentlichen Gesetzgebung zu lösen.“

[121] H. *Ridder*, Zur verfassungsrechtlichen Stellung der Gewerkschaften im Sozialstaat, 1960, S. 7.

„wechselseitiger Durchdringung“[122] der Verfassungsgrundsätze erfolgen. Der Wegfall der Bestimmungsgründe für die rechtsstaatliche Begrenzung der Funktionsformen hat das rechtsstaatliche Postulat der Ausklammerung des Plans und der Maßnahme zu einer sinnentleerten Formel abgewertet. Im Hinblick darauf erscheint eine Bindung der Verwirklichungsformen und Durchsetzungsmittel des Sozialstaatsprinzips an die rechtsstaatliche Formtypik nicht gerechtfertigt. Das Zurückschrecken vor der Konsequenz, bestimmten Funktionsformen eine sozialstaatliche Legitimität zugrundezulegen, beruht auf der verfehlten Gegenüberstellung von Sozialstaat und Rechtsstaat einerseits und der Gleichsetzung des Rechtsstaats als Rechts- und Gerechtigkeitsordnung mit einzelnen seiner Ausprägungen — etwa der Absicherung des Bürgers vor konkreten Rechtssetzungsakten — andererseits[123]. Indes ist auch das Sozialstaatsprinzip Bestandteil der allgemeinen Rechtsordnung. Gegensätzlichkeiten zwischen beiden Verfassungsgrundsätzen können sich erst dann einstellen, wenn Rechtsstaatlichkeit mit einzelnen seiner Ausprägungen (Gewaltenteilung, Gesetzmäßigkeit der Verwaltung, Rechtsschutz, Freiheit und Eigentum etc.) gleichgesetzt wird. Sofern einzelne Postulate des Sozialstaatsprinzips dem Anliegen der allgemeinen Rechtsordnung entsprechen, oder ihm sogar besser dienen können als hergebrachte rechtsstaatliche Postulate, kann dem Sozialstaatsprinzip eine legitimierende Kraft nicht abgesprochen werden. Plan und Maßnahme erscheinen daher als sozialstaatliche Funktionsformen des Rechtsstaates legitimiert.[124]

III. Planung im abstrakt-gewaltenteilenden System der Staatsfunktionen

Die Zuweisung der Staatsfunktion „Planung“ zum legislativen oder exekutiven Bereich richtet sich nach den Kriterien, nach denen generell der Funktionsbereich des Parlaments von demjenigen der Regierung und Verwaltung abzugrenzen ist. Ein klarer Trennstrich zwischen diesen Funktionen ist materiell trotz mehr als zweihundertjährigen

---

[122] K. *Stern*, Sozialstaat, Ev. Staatslexikon, Sp. 2097.

[123] K. *Huber*, Maßnahmegesetz und Rechtsgesetz, S. 182: „Wenn überhaupt die rechtsstaatliche Legitimität des Gesetzes unter modernen Verhältnissen gewahrt bleiben soll, muß man es zulassen, daß neben die direkte Feststellung der Rechtsordnung deren indirekte Fixierung durch den Gesetzgeber ‚en rue d'un cas donné‘ tritt ... Das Maßnahmegesetz ist die sozialstaatliche Form des rechtsstaatlichen Gesetzesbegriffs.“

[124] Darin liegt immerhin eine Teilantwort auf die résumierende Frage E. W. *Böckenfördes*, Gesetz und gesetzgebende Gewalt, S. 342: „Kündigt sich darin vielleicht eine neue, in der eigentümlichen Struktur des Sozialstaates begründete inhaltliche Staatsfunktion an?“

Bemühens nicht gezogen. Der Begriff des formellen Gesetzes ist im Grunde nichts anderes als die Kapitulation vor einer materiellen Abgrenzung der Funktionen. Darin liegt keine Abwertung, besteht damit doch die Möglichkeit, Anforderungen der Wirklichkeit, denen das abstrakte Schema nicht gerecht werden kann, zur Geltung zu bringen. Dennoch ist die Rechtswissenschaft des Versuchs nicht müde geworden, die Staatsgewalten nach einem abstrakten Schema zu unterscheiden.

1. Schematische Übersicht

Die Frage, wann das Parlament und in welchen Fällen die Regierung zur Verwirklichung des Staatswillens berufen sind, gehört zu den Kardinalfragen des öffentlichen Rechts. Entsprechend zahlreich sind die Stellungnahmen im Schrifttum der früheren und jüngeren Vergangenheit. Ein kursorischer Überblick über bisher anzutreffende Einteilungen mag zumindest Perspektiven eröffnen und Anregungen vermitteln:

a) Rechtssetzung — Rechtsanwendung

Der Regelungsbereich der Gesetzgebung ergibt sich aus dem Begriff des Rechtssatzes. Die Exekutive bedarf der Rückendeckung des Gesetzgebers durch formell-gesetzliche Ermächtigung in allen Fällen, auch bei konkret-individueller Regelung. Kennzeichnend für diese Funktionseinteilung ist die meist negative Definition der Verwaltung als des Bereichs, der weder Gesetzgebung noch Rechtsprechung darstellt. Während der Rechtssatzbegriff für die Frage der Reichweite staatlicher Aktivität im Rechtsstaat durchaus einen Aussagewert besitzt, hat er als Bestimmung des Gesetzgebungsbereiches heillose Verwirrung gestiftet. Die Schwierigkeit, den Standort der Planung innerhalb der Staatsfunktionen zu bestimmen, beruht nicht zuletzt auf der heute noch fortwirkenden „Erbsünde" der spätkonstitutionellen Staatsrechtslehre, eine *verfassungssystematische* Frage wie die Kompetenzverteilung zwischen Legislative und Exekutive mit „rein juristischen", „allgemeinen Rechtsbegriffen"[125], nämlich mit einem nach Inhalt und Umfang theoretisch-abstrakt bestimmten Rechtssatzbegriff beantworten zu wollen. Die Gleichung Gesetz = Rechtssatz kann nicht aufgehen, solange damit zwei unvergleichbare Kategorien, nämlich Verfassungssystematik einerseits, Begriffslogik andererseits, miteinander in Beziehung gesetzt werden. Der Anspruch des Rechtssatzbegriffs, das Gebiet des objektiven Rechts theoretisch zu definieren, führt die Wirklichkeitsferne dieser Gleichung von Gesetzgebung und

---

[125] P. *Laband*, Staatsrecht, 3. Aufl., Bd. 1, S. X, Vorwort zur 3. Aufl.

Rechtssetzung deutlich vor Augen, da dem Gesetz ein derartiger Anspruch fremd ist. Die spätkonstitutionelle Staatsrechtslehre hat diese Diskrepanz deshalb kaum empfunden, weil sie von einem „historisch-konventionell verengten"[126] Rechtssatzbegriff als „terminus technicus"[127] ausging und ihn teils als Schrankenziehung zwischen Rechtspersonen, teils als abstrakt-generelle Anordnung, teils als Eingriff in Freiheit und Eigentum der Staatsbürger verstand. Die Exekutive wird negativ als die von der materiellen Gesetzgebung unter Abzug der Rechtssprechung übrig gelassenen Rechtsfunktion bestimmt. Insoweit läuft jegliche Abgrenzung der Gewalten auf die Frage nach dem Inhalt und Umfang des Rechtssatzbegriffs, der gleichsam den archimedischen Punkt des Systems der Staatsfunktionen bildet, hinaus. Indem der Anspruch des Rechtssatzbegriffs, Inhalt und Umfang des objektiven Rechts zu definieren, im Laufe der Zeit zunehmend beim Wort genommen wurde, erfolgte eine allmähliche Begriffsausweitung des Rechtssatzbegriffs, die aufgrund der Rückkoppelung an den dogmatischen Gesetzesbegriff zu einer ständigen Ausweitung des legislativen Kompetenzbereichs führte — eine Entwicklung, die allerdings in der Verfassungswirklichkeit durch apokryphe Bildungen und Ausweichmanöver, im wesentlichen durch die Konstruktion neuer Ermächtigungen an die Verwaltung zurückgenommen wurde. Unausweichliche Folge dieser inneren Entfremdung des theoretischen Gehalts des Rechtssatzbegriffs von seinem verfassungsdogmatischen Bezugsrahmen bei verbleibender äußerer Verbundenheit war eine ständige fragmentarische Unterminierung der verfassungssystematischen Abgrenzung der Staatsfunktionen durch außerverfassungsrechtliche, inadäquate, systemfremde Begriffsbestimmungen, also „ein klassischer Fall von Verfassungswandlung durch Begriffsverschiebung".[128] Angesichts der heutigen Weite des in seiner theoretischen Aussage voll entfalteten Rechtssatzbegriffs ist eine Folgerung auf den Gesetzgebungsbereich nicht mehr schlüssig. Durch die Qualifizierung als Rechtssatz ist für eine Platzanweisung des Plans im bestehenden Gewaltengefüge nichts gewonnen. Erst innerhalb der Rechtssätze können die Besonderheiten einer Funktionsform, die für ihre Zuordnung zum exekutiven oder legislativen Bereich relevant sind (erlassendes Subjekt, Adressatenkreis, Wirkweise), zur Geltung kommen. Darüber hinaus hilft die Einteilung in Rechtssetzung und Rechtsanwendung für die Verortung des Plans im System der Staatsfunktionen schon deshalb nicht weiter, weil der Plan sowohl Rechtssetzung — im Stadium der Programmie-

[126] R. *Thoma*, Der Vorbehalt der Legislative, HDStR, Bd. 2, 1932, § 76, S. 223.

[127] H. J. *Wolff*, Verwaltungsrecht I, 6. Aufl. 1965, § 24 II, b, 1, S. 98.

[128] E. W. *Böckenförde*, Die Organisationsgewalt im Bereich der Regierung, S. 69, 84.

rung — als auch Rechtsanwendung — im Stadium der Vollziehung — sein kann.

b) Gesetzgebung — Vollziehung

Die Besonderheit dieser Unterscheidung gegenüber der Einteilung Rechtssetzung — Rechtsanwendung liegt in der Befugnis der Verwaltung auch zu abstrakt-genereller Regelung, allerdings nur aufgrund formell-gesetzlicher Ermächtigung. Die vorrangige ermächtigende Rechtssetzung bleibt der gesetzgebenden Gewalt vorbehalten.

c) Abstrakt-generell, konkret-individuell

Es handelt sich um einen einheitlichen Funktionstyp, der sämtliche Regelungen erfassen soll. Abstrakt-individuelle und konkret-generelle Regelungen, die begrifflich logisch aus dem Schema herausfallen,[129] sind daher auf der einen oder anderen Seite unterzubringen. Der historische Rückblick vermag keine Entscheidungshilfe zu bieten, da die abstrakt-generellen Kriterien am Rechtssatzbegriff entwickelt worden sind, dieser aber gerade, wie dargelegt, für die Abgrenzung der Staatsgewalten nicht weiterführen kann. Schon daran erweist sich die Problematik der Unterscheidung der begrifflich formalen Methode. Mag diese noch angängig gewesen sein zur Abgrenzung staatlicher Regelungsgewalt schlechthin — eine systematische, den Aufgaben und der inneren Struktur der Funktionsträger adäquate Unterscheidung der Staatsgewalten kann ihr nicht gelingen. Insbesondere vermag diese Einteilung die Funktionsform des Plans nicht in den Griff zu bekommen, da dessen Abstraktheit und Generalität je nach dem einzelnen Planstadium variiert, indem der Plan mit zunehmender Verwirklichung, insbesondere im Vollzugsstadium, an Konkretheit und Individualität zunimmt.

d) Allgemeinheit — Besonderheit

Im Unterschied zum vorbehandelten Funktionstyp versteht diese besonders von Hegel[130] vorgenommene Einteilung der Funktionen unter „Allgemeinheit" nicht die äußerlich allgemein abstrakt-generelle Regelung als formale Ordnungsfunktion, sondern substantiell die Gestaltung durch Richtlinien, Maßstäbe und universelle Ordnungen[131].

---

[129] S. oben S. 109.

[130] G. W. F. *Hegel*, Grundlinien der Philosophie des Rechts, hrsg. v. Ed. Gans, 3. Aufl., 1952, S. 405: „Was Gegenstand der allgemeinen Gesetzgebung und was der Bestimmung der Administrativbehörden und der Regulierung der Regierung überhaupt anheimzustellen sei, läßt sich ... im allgemeinen so unterscheiden, daß in jene nur das dem Inhalt nach ganz allgemeine, in diese aber das Besondere und die Art und Weise der Exekution falle."

[131] *Ders.*, System der Philosophie, Teil 3, Philosophie des Gesetzes, hrsg. von Boumann, 1929, S. 524.

Der in den Zwecken vorbestimmten, substantiell durch die Gesetzgebung festgelegten Exekutive obliegt es, allgemeine Grundsätze auf wechselhafte Situationen, besondere Sachverhalte und Alltagsgeschäfte anzuwenden. Die Exekutive bildet insofern den Transformator des Allgemeinen in das Besondere.

e) Prinzipiell — speziell

Darunter soll die als methodische Fortführung des Gedankenganges Hegels zu verstehende Unterscheidung der Staatsfunktionen im Sinne Lorenz von Steins verstanden werden. Gesetzgebung und Verwaltung werden inhaltlich in Orientierung an reale Gegebenheiten bestimmt. Das Gesetz erscheint als die Äußerungsform, in der der Staat ordnungstiftend sein Wesen ausdrückt, es ausformt und ihm Geltung verleiht („selbstbestimmender Wille"[132]), jedoch nicht im einzelnen, sondern in der Grundausrichtung, im Prinzipiellen und Dauerhaften. Demgegenüber bezeichnet die Exekutive in Form der vollziehenden Gewalt die Ausgestaltung („die verwirklichende Tat")[133] des Soziallebens im Sinne der gesetzlich vorbestimmten Ordnung.[134] Auf gleicher Linie liegt die Unterscheidung Rudolf von Gneists zwischen der Gesetzgebung als dem auf dauerhafte Ordnungen ausgerichteten Regulator[135] und der Exekutive als der flexiblen, wechselhaften Bedürfnissen angepaßten „Regierung nach Gesetzen", aber auch als aktiv handelnder sozialgestaltender und planender Funktion. Die Gesetzgebung bildet die äußere Fassung für die Verwaltung als Quelle der Staatstätigkeiten.

f) Unterscheidung nach Staatszwecken

Dabei handelt es sich um eine Funktionenlehre, die nicht von Adressat, Wirkweise oder dem Umfang der Funktionen ausgeht, sondern teleologisch den bezogenen Regelungsbereich zugrundelegt. Sie hat, soweit ersichtlich, in Georg Jellinek ihren entschiedensten Vertreter gefunden[136].

---

[132] L. v. *Stein*, Die Verwaltungslehre, Teil 1, Die Lehre von der vollziehenden Gewalt, 1865, S. 4 ff.

[133] *Ders.*, ebenda.

[134] Die wohl kürzeste Formel der Abgrenzung L. v. *Stein* findet sich im „Handbuch der Verwaltungslehre", Teil 1, 3. Aufl. 1888, S. 102: Es ist das Wesen des Gesetzes, „die für die ganze Gemeinschaft gleichmäßig gültigen Prinzipien des Gesamtlebens zum geltenden Recht zu erheben; derjenige Wille des Staates aber, der den Zweck als solchen, wie er aus dem Prinzip entspringt, zu seinem Inhalt hat, ist die Verordnung".

[135] R. v. *Gneist*, Der Rechtsstaat und die Verwaltungsgeschichte in Deutschland, 2. Aufl., 1879, S. 18, 165.

[136] G. *Jellinek*, Gesetz und Verordnung, 1919 (Neudruck), S. 213 ff.; schon früher, wenn auch weniger dezidiert F. *Schmidhenner*, Grundlinien des allgemeinen oder idealen Staatsrechts, 1845, S. 306, 340 ff.

g) Einteilung nach sonstigen Merkmalen

Diese sollen nur erwähnt, nicht aber erläutert werden, da sie keinen besonderen Prototyp einer bestimmten Methode darstellen. Es handelt sich um Unterscheidungen nach der:

aa) von Conrad Bornhak vorgenommenen Abgrenzung nach dem Gesichtspunkt der Maßbestimmung[137];

bb) von Ferdinand von Martitz proklamierten Abgrenzung nach rechtlichen Handlungssystemen[138];

cc) von Albert Haenel empfohlenen Unterscheidung nach regulativer und ausführender Willensbestimmung[139].

Kaum einer der angeführten Funktionstypen wird von der Lehre in reiner Form vertreten, sondern vollständig oder teilweise mit anderen Unterscheidungen und Abgrenzungen verbunden, so daß sich vielfältige Kombinationen ergeben. Als Kontinuum der Funktionenlehre läßt sich als einzige Gemeinsamkeit für den Gesetzesbegriff allenfalls mit Rudolf Smend feststellen: daß das Gesetz das bezeichnet, „was für eine bestimmte Zeit das Wesentliche und Charakteristische der Positivierung des objektiven Rechts durch die staatliche Rechtssetzung ist“[140]. Es erscheint wenig sinnvoll, die einzelnen Abgrenzungen in ihrer Tauglichkeit für eine Funktionengliederung durch eine Übertragung auf die gegenwärtigen Verhältnisse zu erproben. Die historischen Bindungen sind zu stark, als daß sich eine zeitlose Gültigkeit der Abgrenzungen von gestern behaupten ließe. Jedoch — und hierin liegt der Wert des mehr informierenden als interpretierenden Rückblicks auf die vergangene Funktionenlehre — die verschiedenen Einteilungen lassen Rückschlüsse zu auf die Methode, die gewählt werden muß, um zu wirklichkeitsgetreuen, systemgerechten und verfassungskonformen Ergebnissen zu gelangen.

2. Methodik der Funktionenlehre

Im wesentlichen sind es begrifflich-formale Abgrenzungen einerseits, inhaltliche Einteilungen andererseits, die als Grundmethoden einander gegenüberstehen. Zur begrifflich-formalen Methode gehört in erster

---

[137] C. v. *Bornhak,* Allgemeine Staatslehre, 1896, S. 140; *ders.*, Preußisches Staatsrecht, Bd. I, 2. Aufl., 1910, S. 468/9.

[138] F. v. *Martitz,* Über den konstitutionellen Begriff des Gesetzes nach Deutschem Staatsrecht, Zfg StW, Bd. 36, 1880, S. 254 ff.; vgl. E. W. *Böckenförde,* Gesetz und gesetzgebende Gewalt, S. 300 ff.

[139] A. *Haenel,* Studien zum deutschen Staatsrecht, Bd. II, Das Gesetz im formellen und materiellen Sinne, 1888, S. 192 ff.; vgl. *Böckenförde,* a. a. O., S. 293 ff.

[140] R. *Smend,* Verfassung und Verfassungsrecht, 1928, S. 150.

Linie die abstrakt (generelle) — konkret (individuelle) Abgrenzung, aber auch die Einteilung in Rechtssetzung — Rechtsanwendung und Gesetzgebung — Vollziehung. Zur inhaltlichen, auf die politische Wirklichkeit bezogene Methode zählen Unterscheidungen im Stile der von Hegel, L. von Steins und R. von Gneists entwickelten Konzeptionen. Beide Methoden sind abwägend und vergleichend gegeneinanderzustellen:

a) Die begrifflich-formale Methode

Eine Einteilung nach dem Dualsystem, nach zwei sich ausschließenden Merkmalen, ist stets logisch geschlossen und auch erschöpfend, indem sie alle Fallgruppen erfaßt. Entsprechend verbürgt diese Unterscheidung ein hohes Maß an Rechtsklarheit und Rechtssicherheit. Darin liegt zugleich ihr Vorteil, aber auch ihr Nachteil, wird doch eine kompromißlose schematische Einteilung in den seltensten Fällen einem Thema gerecht.

Ohne Ausnahmeregelung wird eine formal-konstruktive Abgrenzung der Staatsfunktionen stets zu Gewaltlösungen führen.

b) Die inhaltliche, typologische Methode

Abgrenzungen innerhalb eines Funktionensystems erscheinen systemkonform nur, soweit sie Unterscheidungen betreffen, die der bezogenen Materie eigentümlich sind, im Grunde also nur, wenn sie systemimmanente Verschiedenheiten aufklären — eine Voraussetzung, die schlechthin nur durch substantielle Abgrenzungen erfüllt werden kann. Begrifflich-formale Unterscheidungen eignen sich eher zur *Ausgrenzung* bestimmter Funktionen als zu ihrer *Abgrenzung*. Es ist gewiß kein Zufall, daß die begrifflich-formale Methode der spätkonstitutionellen Staatslehre dazu diente — entsprechend dem politischen Anliegen jener Zeit — bestimmte Handlungsformen aus den Staatsfunktionen auszuklammern. Mag insoweit die begrifflich-formale Methode zur einschränkenden Umgrenzung staatlicher hoheitlicher Regelungsgewalt dienlich sein — zur Abgrenzung der einzelnen Staatsgewalten erscheint sie nicht geeignet, es sei denn, ihr liegen politische Ziele zugrunde, wie der bürgerliche Rechtsstaat sie versteht, der die gesamte Rechtssetzung der gesetzgebenden Gewalt unterstellt wissen will. Das aber erfordert die Kombination mit einer zweiten begrifflich-formalen Abgrenzung durch die Umschreibung der Verwaltung als rein rechtsanwendende Gewalt. Darin liegt jedoch zugleich der Systembruch, werden doch zwei Dualsysteme „Rechtssetzung — Rechtsanwendung" einerseits, „abstrakt, generell-konkret, individuell" andererseits derart ineinander verflochten, daß sich keine gegenseitig ausschließenden Merkmale mehr ergeben. Die Unterscheidung zwischen Rechtssetzung und Rechtsanwendung allein vermag keine handhabbare Abgrenzung der Staatsfunktionen zu bewirken, da sie die Klärung der Frage über Inhalt und Umfang der Rechtssetzung voraussetzt. Damit wird die Gesetzgebung aus ihrem staats- und verfassungsrechtlichen Bezugsrahmen herausgelöst und zu einem rechtstheoretischen Rechtssatzbegriff abstrahiert, wobei sie ihre Verwertbarkeit als staats- und verfassungsrechtliche Abgrenzung der Staatsfunktionen verliert — abgesehen von den daraus resultierenden konstruktiven Schwierigkeiten, welche die konventionellen Verengungen des Rechtssatzbegriffes deutlich dokumentieren. Die Feststellung Conrad Bornhaks[141], daß der Versuch, das Wesen des Gesetzes allgemein zu bestimmen, scheitern müsse, weil es zu verschiedenen Zeiten in verschiedenen Staaten eine verschiedene Bedeutung habe, besteht jedenfalls insoweit zu Recht, als dies auf begrifflich-formalem Wege ohne Relativierung nach der jeweils herrschenden verfassungsrechtlichen Situation nicht möglich ist. Die begrifflich-formale Methode vermag bestimmten rechtstheoretischen Zielen zum Ausdruck zu verhelfen, nicht aber die im System der Staatsfunktionen angelegten Verschiedenheiten systemkonform herauszukristallisieren. Daß sich die spätkonstitutionelle Staatsrechtslehre die begrifflich-formale Methode überhaupt leisten konnte, lag nicht zuletzt daran, daß das politische Postulat größtmöglicher Bürgerfreiheit im Zeichen der Trennung von Staat und Gesellschaft überhaupt nur möglich war in einer Staatsorganisation, deren Aufgabe sich überwiegend darin erschöpfte, Sicherheit und Ordnung zu gewährleisten, und dessen Haushalte noch kein wirtschaftsbestimmendes Eigengewicht darstellten. Mit dem Fortfall dieser Voraussetzungen hat auch die auf den entsprechenden politischen Postulaten aufgebaute Staatsfunktionenlehre ihre Basis verloren.

3. Standortbestimmung des Plans

Eine substantielle Bestimmung der Funktionen gemäß ihrer spezifischen Aufgaben und Inhalte, wie sie bei Hegel, von Stein, Stahl, von Gneist, Bornhak vorgezeichnet wird, ist auf die soziologische und verfassungsrechtliche Wirklichkeit bezogen. Dennoch erscheint die Folgerung: „... die Abgrenzung kann nur in concreto unter Berücksichtigung der Umstände des Falles erfolgen"[142] in dieser Ausschließlichkeit nicht zwingend.

Zwar können die Funktionsformen in ihrer spezifisch-verfassungsrechtlichen Bedeutung jeweils nur für eine bestimmte Verfassungsordnung ermittelt werden, doch läßt sich schwerpunktmäßig in den Grundzügen eine inhaltliche Verschiedenheit der Funktionsformen

[141] C. v. *Bornhak,* Allgemeine Staatslehre, 1896, S. 165 ff.

[142] R. *Bäumlin,* Rechtsstaat, Ev. Staatslexikon, Sp. 1740.

feststellen, die jeder Verfassungsordnung apriorisch vorgegeben ist[143]. Insoweit ist immerhin ein Grundschema aufzustellen:

Gesetzgebung als:

„Planende Festlegung"[144]; „ziel- und zweckbestimmte Ordnung und Gestaltung des Soziallebens"[145]; „abstrakt regelnde und kontrollierende Funktion, die normative Maßstäbe setzt und Tätigkeitsrahmen absteckt, Rechte und Pflichten begründet, aber nicht selbst konkret und zweckhaft handelnd tätig wird"[146]; „Treffen der obersten wegleitenden Entscheidungen"[147]; „Festsetzung der grundlegenden Richtlinien" und die „grundsätzliche Bewertung sozialer Tatbestände"[148].

Danach ist das Wesensmerkmal der Gesetzgebung ihre maßbestimmende, zwecksetzende, richtungsweisende Funktion. Das Gesetz in diesem Sinne ist Maßstab und Richtschnur.

Verwaltung[149] als:

„Zweckbestimmte Tätigkeit zu mannigfaltigen Besorgungen von mehreren Angelegenheiten"[150]; „konkret-handelnde, verwirklichende und zweckhaft-gestaltende Funktion im Staatsleben"[151].

Verwaltung ist also planmäßige, zweckbestimmte und ausgerichtete

[143] H. J. *Wolff* spricht von dem „vorgegebenen Funktionsinhalt der Verwaltung", Verwaltungsrecht I, 6. Auflage 1965, § 17, IV, S. 66; s. dagegen W. *Schick*, Ev. Staatslexikon, Sp. 643: „In seiner spezifisch rechtlichen Bedeutung kann der Gesetzesbegriff jeweils nur für eine bestimmte Verfassungsordnung ermittelt werden; einen allgemein gültigen Begriff des Gesetzes, d. h. einen, der jeder Rechtsordnung apriorisch vorgegeben wäre, gibt es nicht". Dem ist unter den genannten Vorbehalten zuzustimmen.

[144] H. J. *Wolff*, Verwaltungsrecht I, § 17 II, S. 64 (gouverner c'est légiférer).

[145] *Ders.*, ebenda, § 17, IV, S. 66.

[146] E. W. *Böckenförde*, Die Organisationsgewalt im Bereich der Regierung, S. 86.

[147] R. *Bäumlin*, Rechtsstaat, Ev. Staatslexikon, Sp. 1740.

[148] *Ders.*, ebenda, Sp. 1741.

[149] Einschließlich der Regierung als „die vom Politischen her bestimmte Leitung der Verwaltung, E. *Forsthoff*, Lehrbuch des Verwaltungsrechts, 9. Aufl., 1967, S. 16. Dieses Verständnis von der Regierung hat sich durchgesetzt, seit Rudolf *Smend* die Wende von der rechtspositivistischen zur soziologischen Funktionsbestimmung vollzogen hat. Nach *Smend* bildet die Regierung „den Teil der vollziehenden Gewalt, der in den Kreis der Politik fällt, d. h. in dem der Staat sich und sein Wesen bestimmt und durchsetzt", und bildet die Verwaltung „den Teil, in dem der Staat anderen Zwecken dient oder nur die technischen Mittel für seine politischen Funktionen schafft", Die politische Gewalt im Verfassungsstaat und das Problem der Staatsform, in: Festgabe W. *Kahl*, 1923, S. 16.

[150] H. J. *Wolff*, a. a. O., § 2 II, a), 2, S. 8.

[151] E. W. *Böckenförde*, Organisationsgewalt, S. 86.

Funktion. Insoweit läßt sich durch den „Maß-Begriff"[152] der Trennstrich zwischen Gesetzgebung als maßbestimmende und der Verwaltung als maßbestimmte Funktion ziehen.

Viel Neues ist damit nicht gesagt. Jedoch vermag die Rückbesinnung auf den spezifischen Inhalt der Staatsfunktionen den Blick freizumachen für eine vom formalen Begriffsdenken losgelöste Betrachtungsweise neuer Funktionsformen. Abgesehen davon läßt sich aus einem Vergleich der verschiedenen Plansysteme mit dem soeben skizzierten Grundschema inhaltlich vorgegebener Funktionsformen ein Teilresumée ziehen:

Planung im Möglichkeitssystem kann sowohl von dem gesetzgebenden als auch von dem verwaltenden Funktionsträger betrieben werden — nicht aber durch die Funktionsform des Gesetzes oder des Verwaltungsaktes. Der Plan als Konzeption bewegt sich im Vorraum staatlicher Regelungsgewalt.

Planung im Wahrscheinlichkeitssystem ist Maßbestimmung. Die strategische Planung versucht, die für bestimmte Sozialabläufe entscheidenden Faktoren nicht Zufallskonstellationen zu überlassen, sondern sie im Sinne eines selbstgesetzten Zwecks, eines selbst bestimmten Maßstabes, einer selbst gezogenen Richtschnur zu beeinflussen. Insoweit offenbart sie staatliches Durchsetzungsvermögen, dessen Realisierung grundsätzlich nur der staatsleitende Akt adäquat ist.

Planung im Sachzwangsystem als Form der Erzwingung eines bestimmten Systemziels ist Ausdruck hoheitlicher Regelungsgewalt. Der ablauftechnische Plan verläuft entsprechend einer bestimmten Richtschnur in festgelegten Bahnen und Grenzen und ist wie auf Schienen an einen bestimmt ausgerichteten „Handlungspfad" gebunden. Die *Einführung* dieser Planfigur kann nur durch den Gesetzgeber erfolgen. Als extremste Form einer (durch den Gesetzgeber) maßbestimmten Funktionsform, die ein „Handeln nach Maß" garantierbar zu machen versucht, stellt der in seiner Organisation und seinen Ablaufvollzügen technisierte Plan ein Instrument der Exekutive dar.

Weitere Anhaltspunkte für eine Standortbestimmung des Plans zwischen Legislative und Exekutive können aus einer Staatsfunktionenlehre nicht gewonnen werden. Insbesondere vermag sie kaum innerhalb der Regierungsfunktion eine Trennlinie zwischen Parlament und Regierung (im organisatorischen Sinne) zu ziehen. Insoweit entscheiden die Strukturen des jeweils geltenden Verfassungssystems, wozu in der geltenden Verfassung der Bundesrepublik insbesondere das demokratische Prinzip gehört. Immerhin läßt sich schon jetzt

---

[152] *Böckenförde*, a. a. O., S. 74 definiert den Rechtssatz als „Begründung und verbindliche Maßbestimmung für die Ausübung öffentlicher Gewalt und die Wahrnehmung öffentlicher Angelegenheiten".

feststellen, daß die Zuweisung der Finanz-Plangewalt an die Bundesregierung, wie sie durch § 9 StabG erfolgt ist, sich nicht damit rechtfertigen läßt, daß der Finanzplan keinen Gesetzescharakter trägt.[153]

IV. Planung im konkret-verfassungsrechtlichen System der Staatsfunktionen

Im Jahre 1927 schrieb A. Merkl in seinem „allgemeinen Verwaltungsrecht": „Das Mittel der durchgängigen Volksherrschaft auf dem Gebiet der Verwaltung ist nunmehr die Herrschaft des vom Volkswillen erzeugten Gesetzes in der Verwaltung ... Die wichtigste Voraussetzung einer demokratischen Verwaltung ist eben die Herrschaft des demokratisch erzeugten Gesetzes über die Verwaltung ... Der Grundsatz der gesetzmäßigen Verwaltung macht die Verwaltung in ihrer Gänze zur Gesetzesvollziehung."[154] Angesichts der Ausschließlichkeit, mit der hier und in ähnlicher Form bei verwandten Meinungen ausschließlich das Gesetz als demokratische Ausdrucksform staatlicher Machtäußerung anerkannt wird, liegt es nahe, in dem Vordringen anderer Funktionsformen wie der Planung eine Einbuße der demokratischen Legitimation hoheitlicher Ausdrucksformen zu sehen.[155]

Jedoch scheint die Prämisse, Sprache des volunté général sei nur das Gesetz, im gegenwärtigen Verfassungssystem an Gültigkeit verloren zu haben und zu stark von dem Leitbild der Verfassungslage des neunzehnten Jahrhunderts geprägt zu sein. Dies zeigt sich gerade bei einem Vergleich der institutionellen (1), funktionellen (2) und personellen (3) Legitimation des parlamentarischen und exekutiven Funktionsträgers.[156]

1. Institutionelle demokratische Legitimation

Nach Art. 20 Abs. 2 Satz 1 und 2 GG wird die vom Volke ausgehende Staatsgewalt durch besondere Organe der Gesetzgebung, der vollziehenden Gewalt und der Rechtsprechung ausgeübt. In der heuti-

---

[153] K. *Loewenstein*, Verfassungslehre, 1959, S. 195; Adolf *Arndt*, Gesetzesrecht und Richterrecht, NJW 1963, S. 1273 ff. (1275 ff.).

[154] A. *Merkl*, Allgemeines Verwaltungsrecht, Wien 1927, S. 170.

[155] Der Unterschied zwischen der rechtsstaatlichen und demokratischen Betrachtungsweise der Funktionsformen liegt allgemein darin, daß die rechtsstaatliche Anschauung die Zielrichtung und Wirkweise der Funktionsformen in Blick nimmt, also an der Betroffenheit der staatlicher Hoheitsgewalt unterworfenen Subjekte orientiert ist, während sich die demokratische Betrachtungsweise mehr auf die Herkunft und Ausgangsbasis hoheitlicher Machtäußerung bezieht.

[156] Vgl. F. *Ossenbühl*, Verwaltungsvorschriften und Grundgesetz, 1968, S. 197 ff.

gen parlamentarisch-demokratischen Verfassungsstruktur[157], in der alle Gewalt vom Volke ausgeht, Art. 20 Abs. 2 S. 1 GG, ist aus der „séparation des pouvoirs" eine „séparation des fonctions" geworden und sind Legislative und Exekutive „nur noch als selbständige Zuständigkeitskomplexe organisierte Funktionen"[158]. Damit sind die verschiedenen pouvoirs mit ebenbürtigem Rang von der verfassungsgebenden Gesamtbürgerschaft konstituiert und entsprechend legitimiert.

2. *Funktionelle demokratische Legitimation*

Eine ebensolche Nähe zur pouvoir constituant zeichnet die funktionelle demokratische Legitimität aus; denn mit der Kreation einer pouvoir constitué wird zugleich — das liegt zwangsläufig in der Institutionalisierung eines Funktionsträgers begründet — dessen Funktionsbereich wenigstens in groben Linien umrissen. Dennoch erscheint es fraglich, ob daraus ein „institutionsimmanenter verfassungsrechtlicher Generalauftrag der Verwaltung"[159] folgt.

Allerdings ergibt sich aus der Tatsache, daß die Schaffung eines Funktionsträgers ohne Funktion sinnlos wäre, die Zuweisung eines wie auch immer gearteten eigenen Funktionsbereichs der Exekutive.[160] Einen Schritt weiter bedeutet die Annahme, die der Exekutive verfassungsimmanente Funktion erschöpfe sich nicht in der vollziehenden Tätigkeit. Hier wird Funktion aufgefaßt als ***autonome*** Funktion, und damit ist der Grundstein gelegt für ein Verständnis von der Exekutive

---

[157] Der Wandel der Verfassungsstrukturen zeigt sich gerade augenscheinlich „in der Umgestaltung der Stellungen der Exekutive einerseits, des Parlamentes andererseits, sowie ihres Verhältnisses zueinander", D. *Jesch*, Gesetz und Verwaltung, 1961, S. 171. Die Verfassungsstruktur der konstitutionellen Monarchie des 19. Jahrhunderts wird geprägt von dem Gegenüber von König und Volk, einem echten politischen und verfassungsrechtlichen Antagonismus zweier eigenständiger politischer Größen, die keine verschiedenen „fonctions" bildeten, sondern autonome, in ihrer Verantwortung voneinander unabhängige, kompetenzmäßig umgrenzte pouvoirs darstellen, F. *Ossenbühl*, ebenda, S. 201; E. W. *Böckenförde*, Die Organisationsgewalt im Bereich der Regierung, S. 78. Dieser von einer funktionell-organisatorischen Gewaltenteilung weit entfernte Dualismus zweier rivalisierender Kräfte beruhte auf einer nicht nach materiellen Funktionenbegriffen, sondern nach politischen Gesichtspunkten ausgerichteten Umgrenzung der Gewalten. Sie hat ihren Grund letztlich in dem Ursprung des Parlaments als konstituiertem Organ der Gesellschaft zur Beschränkung der Gewalten des extra-konstitutionell präponierten Monarchen.

[158] E. W. *Böckenförde*, Organisationsgewalt, S. 79.

[159] H. *Reuß*, Die Verwaltung im Rechtsstaat, DöV 1967, S. 217 ff., 218; A. *Köttgen*, Die Organisationsgewalt, VVDStRL Heft 16, 1958, S. 170 f., spricht von einem „allgemeinen Verwaltungsauftrag".

[160] F. *Ossenbühl*, a. a. O., S. 198.

als originäre, auf eine gesetzliche Delegation nicht angewiesene, eigenständige, zentrale und eigentlich handelnde Funktion[161], der gegenüber der parlamentarische Funktionsbereich „als Ausgrenzung, als System genereller und spezieller Vorbehalte und möglicher Zugriffe"[162] bestimmt wird. Wieder einen Schritt weiter bedeutet die Einräumung eines prärogativen Kernbereichs der Exekutive, der legislativen Vorbehalten und Zugriffen verschlossen ist[163] — hergeleitet aus dem institutionsimmanenten Generalauftrag der Verwaltung. Danach steht der Exekutive in der Erfüllung ihrer „inneren Mission"[164] ein bestimmter unangreifbarer Funktionenbereich zu.[165] Während im allgemeinen zwischen legislativem und exekutivem Aufgabenbereich eine Funktionenkonkurrenz im Sinne subsidiärer Exekutivtätigkeit besteht derart, daß die Legislative vermöge ihrer Zugriffsrechte Regelungen an sich ziehen und damit durch den „Vorrang des Gesetzes" auf Dauer eine Vorrangstellung behaupten kann, besteht diese Konkurrenz im unangreifbaren Eigenbereich der Verwaltung nicht, sondern ist die Exekutive ausschließlich zuständig und befugt.[166]

---

[161] E. W. *Böckenförde*, Organisationsgewalt, S. 81.

[162] *Ders.*, ebenda.

[163] So führt das Bundesverfassungsgericht im Streit um das Bremer Personalvertretungsgesetz vom 27. 4. 1959 aus: „Nicht jede Einflußnahme des Parlaments auf die Verwaltung bedeutet schon einen Verstoß gegen die Gewaltenteilung. Selbst eine gewisse Gewichtsverlagerung auf Kosten der Exekutive zugunsten des Parlaments ist in der parlamentarischen Demokratie unbedenklich. Erst wenn zugunsten des Parlaments ein Einbruch in den Kernbereich der Exekutive erfolgt, ist das Gewaltenteilungsprinzip verletzt." Überhaupt liege der Sinn der Gewaltenteilung nicht darin, „daß die Funktionen der Staatsgewalt scharf getrennt werden, sondern daß die Organe der Legislative, Exekutive und Justiz sich gegenseitig kontrollieren und begrenzen, damit die Staatsmacht gemäßigt und die Freiheit des einzelnen geschützt wird", E 9, 280.

[164] H. P. *Ipsen*, VVDStRL Heft 16, 1958, S. 257 in der Diskussion.

[165] H. *Peters*, Verwaltung ohne gesetzliche Ermächtigung?, in: Festschrift für H. *Huber*, 1961, S. 206 ff., 214.

[166] Unter Hinweis auf diesen gegen legislative Einwirkungen zugriffsfesten Funktionskern wird letztlich im Meinungsstreit um den Umfang des Gesetzesvorbehaltes von den Gegnern eines Totalvorbehaltes jeder Versuch, mit demokratischen Erwägungen einen gänzlichen Gesetzesvorbehalt für die Verwaltung zu begründen, zurückgewiesen und wohl „kleinere Korrekturen" an der klassischen Lehre des Eingriffsvorbehaltes, „etwa eine behutsame Ausdehnung des Gesetzesvorbehaltes auf bestimmte der Sache nach stark belastende Nicht-Eingriffsakte" zugelassen, nicht aber „radikale Patentlösungen", die den „Raum freier Staatstätigkeit, der nach dem traditionellen Verständnis der Gewaltenteilung in Deutschland der Verwaltung zusteht" nicht nur modifizieren, sondern gänzlich beseitigen wollen, M. *Bullinger*, Vertrag und Verwaltungsakt, in: Beiträge zum öffentlichen Recht (res publica), Band 9, 1962, S. 95.

Allerdings ist die Anerkennung eines unangreifbaren Funktionskerns der Exekutive nicht der dogmatischen Funktionenunterscheidung letzter Schluß. Die eigentliche Schwierigkeit liegt in der Festlegung des Schutzgürtels, der den Bereich der Exekutive gegen legislative Zugriffsrechte abschirmt, also in der Suche nach Kriterien für die Unterscheidung zwischen einem zugriffsfesten Funktionskern von einem gesetzesoffenen Funktionshof, den der parlamentarische Funktionsträger „präokkupieren"[167] kann. Allgemein läßt sich sagen, daß diese Abgrenzung im Rahmen der gesamten Verfassung, nicht nur einzelner Verfassungsartikel und nur nach sachgebundenen Funktionsnotwendigkeiten erfolgen kann. Für die Frage, ob es eine eigene *unantastbare Planungskompetenz der Verwaltung* gibt, oder ein allgemeiner parlamentarischer Planungsvorbehalt besteht, ergeben sich daraus folgende Grundsätze:

Dem Zugriff des Gesetzgebers sind die Funktionen der Verwaltung um so weniger ausgesetzt, je mehr zu ihrer Bewältigung nach Organisation und Verfahren gemäß der verfassungsrechtlichen Ausgestaltung nur die Exekutive in der Lage ist. Insoweit lassen sich Gesichtspunkte der Effektivität — insbesondere des Sachverstandes von Parlament und/oder Regierung — zur Geltung bringen. Sofern die Verwaltungsapparatur zur Vornahme von Planungen besser gerüstet ist als die Gesetzgebungsmaschinerie, dürfte sie vor Zugriffsrechten und „Präokkupationsversuchen" des Parlaments im großen und ganzen gefeit sein.

Das Zugriffsrecht des Gesetzgebers darf nicht zu einer Unterminierung geltender Verfassungsstrukturen führen, etwa durch Aushöhlung legitimer Ermessensräume der Exekutive. Diese Gefahr ist besonders mit der Anwendung des in seinen Ablaufvollzügen fixierten, auf Herstellung ausgerichteten strikten Plans verbunden.

Keinesfalls reicht das Zugriffsrecht der Legislative so weit, daß sich das Parlament eine generelle Plankompetenz zuweisen, die Exekutive aber vorab von jeglicher Planung ausschließen kann. Wohl kann das Parlament selbst einzelne Pläne aufstellen, soweit sie nicht zu einer umfassenden Verplanung führen.

Die Grenzen der Verplanung der Verwaltung sind enger gezogen als die Grenzen ihrer Vergesetzlichung. Eine Materie, die sporadisch durch allgemeine Gesetze oder punktuell durch Maßnahmegesetze des Parlaments erfaßt werden darf, steht damit nicht schon parlamentarischer Verplanung offen. Das gilt für den Plan als Ablauftechnik, aber auch für den strategischen Plan — selbst dann, wenn dieser den Verbindlichkeitsgrad des Gesetzes nicht erreicht, da der auf die Umweltfaktoren permanent einwirkende Plan letztlich den freien Ablauf

---

[167] R. v. *Gneist*, Verordnungsrecht, in: Rechtslexikon, Bd. III, 3. Aufl. 1881, S. 1064.

der Sozialabläufe (und die Selbständigkeit der Verwaltung) stärker eingrenzt und beherrscht als die transitorische, aufgrund von Gesetzen oder durch Gesetze ergehende Maßnahme. Soweit daher das Parlament oder seine Ausschüsse Planung betreiben, ist Vorsicht hinsichtlich der Einschränkung der Exekutive geboten. Davon unberührt bleibt die Notwendigkeit einer Ermächtigung der Exekutive zur Planung.

3. Personelle demokratische Legitimation

Personell überwiegt die demokratische Legitimation des Parlaments gegenüber anderen Staatsorganen, da sich das personelle Substrat des Parlaments aus dem Volk als Aktivbürgerschaft rekrutiert. Nur unter diesem personellen Gesichtspunkt ist Parlamentsherrschaft also — obwohl selbst nur Demokratie zur zweiten Potenz[168] — stärker legitimiert als jeder andere Funktionsträger. Die unmittelbare personelle Rückführung des Parlaments auf das Volk als pouvoir constituant wird jedoch entwertet durch die mediatisierende Wirkung der Parteien, jene „wachsende plebiszitäre Komponente der modernen Demokratie", die „Abgeordneten-Wahlen alten Stils immer mehr zu Kanzler- bzw. Regierungs(chef)-Wahlen oder -akklamationen" gewandelt hat und eine „immer stärkere demokratische Präsenz des oder der leitenden Exekutivorgane neben und auf Kosten der Volksvertretung" bewirken[169]. Schließlich wird die Regierung auch personell in das parlamentarisch-demokratische Verfassungsbild integriert durch die parteipolitische Homogenität zwischen Parlamentsmehrheit und Regierung und die Rückbindung der Regierung an den in den Parlaments-Wahlen zum Ausdruck gekommenen Volkswillen[170]. Die personell höhere demokratische Legitimität des Parlaments vermag eine Ausgrenzung bestimmter Funktionen und eine Beschlagnahme bestimmter Funktionsformen nur in begrenztem Umfang zu rechtfertigen. Vielfach wird der personellen Struktur der Staatsorgane nur eine sekundäre Rolle zugesprochen und primär die funktionelle demokratische Legitimität als ausschlaggebend bezeichnet, denn damit, „daß das Parlament das Volk repräsentiert, ist noch nichts über den kon-

---

[168] A. *Merkl,* Allgemeines Verwaltungsrecht, Wien 1927, S. 170.

[169] *Böckenförde,* Organisationsgewalt, S. 80/81.

[170] *Böckenförde,* ebenda, S. 79 FN 4; faktisch ergibt sich die demokratische Gebundenheit der Regierung daraus, „daß demokratische Regierungen durch rationales Handeln ihren politischen Anhang unter den Wählern zu maximieren suchen". Anthony *Downs,* Ökonomische Theorie der Demokratie, hrsg. von R. *Wildemann,* Die Einheit der Gesellschaftswissenschaften, Studien in den Grenzbereichen der Wirtschafts- und Sozialwissenschaften, Bd. 8, 1968, S. 19.

kreten Zuständigkeitsbereich der Volksvertretung gesagt"[171] — und nur weniges über die Zugehörigkeit der Funktionsformen.

4. Folgerung

Angesichts dessen kann der Exekutive der Zugang zu bestimmten Funktionen und Funktionsformen mit dem Hinweis auf eine *fehlende* demokratische Legitimität nicht verwehrt werden, allenfalls aufgrund einer *schwächeren* demokratischen Legitimierung. Insoweit besitzt auch die Exekutive neben dem Parlament eine autonome Planungskompetenz. Dennoch darf das Argument, Gewaltenteilung bestehe nach gegenwärtiger Staatswirklichkeit eher zwischen Regierung und Opposition als zwischen Parlament und Regierung, nicht überbewertet werden. Den Parlamentsakten kommt gerade insoweit eine höhere demokratische Legitimität zu, als sie der Kontrolle der Opposition ausgesetzt sind und diese passieren müssen, bevor sie inkrafttreten, bedeutet doch Demokratie nicht nur Herrschaft der Mehrheit, sondern ebenso sehr Kontrolle durch jene Minderheit, die in dem Parlament stärker zu Wort kommen kann als bei Entscheidungen und Handlungen der Exekutive. Daraus folgt immerhin, daß wichtige Entscheidungen nicht ohne das Parlament getroffen und realisiert werden dürfen. Daß mit der Repräsentation des Volkes durch das Parlament „noch nichts über den konkreten Zuständigkeitsbereich der Volksvertretung gesagt" worden ist, liegt weniger daran, daß sich die Unterschiede in der demokratischen Legitimität zwischen den Staatsgewalten ausgeglichen haben, als an der Schwierigkeit, zu bestimmen, welche Zuständigkeiten in bestimmten Fällen so wichtig sind, daß sie nur vom Parlament wahrgenommen werden sollen. In der Tat läßt sich aus dem demokratischen Prinzip einer Verfassung für die Zuordnung staatlicher Funktionen und Funktionsformen zum legislativen oder exekutiven Kompetenzbereich kein anderes Kriterium als das der Wichtigkeit erkennen, in dem der Volkswille mit zunehmender Bedeutung einer Entscheidung entsprechend stärker zur ausschlaggebenden Geltung kommen muß. Die Wichtigkeit einer Entscheidung ergibt sich aus ihrer Relation zum Allgemeinwohl, dagegen zum Wohl des einzelnen nur insoweit, als dessen Summe das Wohl der Allgemeinheit ergibt. Entsprechend ist es nichts Außergewöhnliches, wenn etwa eine *konkrete* Regelung einer Materie die *abstrakt-generelle* Regelung an Bedeutung und Wichtigkeit übertrifft. Zwar läßt sich die „Wichtigkeit" einer Entscheidung kaum allgemein bestimmen, aber im anstehenden

---

[171] G. *Leibholz*, Das Wesen der Repräsentation und der Gestaltwandel der Demokratie im 20. Jahrhundert, 1960, S. 61; ebenso V. *Götz*, Recht der Wirtschaftssubventionen, 1966, S. 284 f.; *Böckenförde*, Organisationsgewalt, S. 81; F. *Ossenbühl*, a. a. O., S. 207, 227 ff.

Zusammenhang vermag dieses Kriterium, indem es auf das Schema der Staatsfunktionen und der Plantypologie bezogen wird, zu Teilresultaten zu führen, die immerhin Anhaltspunkte vermitteln können:

Das Parlament ist zur maßbestimmenden, zwecksetzenden, richtungweisenden Regelung berufen. Diese sind in der Regel für den das Wohl der Allgemeinheit bedingenden Vollzug der Sozialabläufe wichtiger als maßbestimmte, zweckgebundene „ausgerichtete" Funktionen. Soweit dies der Fall ist, decken sich formelle und materielle Gesetzgebung. Mit zunehmender Aufschlüsselung der Staatsfunktionen einerseits, der demokratischen Wichtigkeit einer Regelung andererseits, ist ein Auseinanderfallen zwischen formellen und materiellen Gesetzen unvermeidlich.

Planung im Möglichkeitssystem ist sicherlich wichtig, da sie den Kreis der Staatsgeschäfte in jenen Bereichen betrifft, in denen der Staat sich den Gegebenheiten ohne die Möglichkeit, sie in irgendeiner Form zu manipulieren, anpassen muß. Jedoch stellt sich beim Plan als intransitiver Konzeption die Frage der demokratischen Legitimität deshalb weniger dringlich, weil er keine Ausdrucksform hoheitlicher Regelungsgewalt darstellt.

Zur Planung im Wahrscheinlichkeitssystem ist grundsätzlich in erster Linie das Parlament berufen. Strategische Planung findet ihr eigentliches Wirkungsfeld „überall da, wo historische Möglichkeiten und dialektische Notwendigkeiten ein wagnisreiches Handeln fordern und gestatten, wo Neuland betreten wird, wo Unerforschtes, Unerprobtes auf dem Spiele steht, kurz: wo ‚Zukunft' gestaltet wird"[172] — eine zentrale Aufgabe der Staatsführung, die in möglichst unmittelbarer Selbstverantwortung des repräsentierten Volkswillens erfüllt werden muß. Soweit das Parlament zur planerischen Zukunftsgestaltung, insbesondere im wirtschafts- und finanzpolitischen Bereich der erforderliche Sachverstand fehlt, ist ihm jedenfalls ein Mitspracherecht, wenigstens im Wege einer Kontrollfunktion, einzuräumen. *Angesichts der präjudizierenden Wirkung einer permanenten, die Umweltfaktoren beeinflussenden strategischen Planung würde die Befugnis der Exekutive zur planerischen Zukunftsgestaltung die Entscheidungsfreiheit des Parlaments weitgehend untergraben und in unzulässigem Maße einschränken.*

Dagegen ist Planung im Sachzwangsystem bei der Verwaltung zu Hause, weil der strikte Ablaufplan die Sicherung bestehender kultureller, sozialer usw. Errungenschaften garantieren soll. Zur staatlichen

[172] H. J. *Arndt,* Der Plan als Organisationsfigur und die strategische Planung, PVS 1968, S. 190.

Aufgabe der Bewahrung bestehender Güter und Werte erscheint eine parlamentarische Sanktion weniger vonnöten als zu neuen zukunftsweisenden Schritten und strategischen Unternehmungen. Zu ihrer Durchführung reicht die demokratische Legitimität der Exekutive aus. Eine andere Frage ist, wem die Befugnis zu der Entscheidung zusteht, in welchen Fällen der Plan als Ablauftechnik eingesetzt werden soll; sie ist mit der Kompetenz zur Normierung der Ziele, zu deren Durchsetzung der strikte Plan angewendet werden soll, zu verbinden.

5. *Zusammenfassung*

Gegenüber der konstitutionellen Frontstellung von Parlament und extra-konstitutioneller Exekutive wird die gegenwärtige Verfassung der parlamentarischen Demokratie geprägt durch eine Gleich- und Neuordnung demokratisch ebenbürtiger „fonctions", die durch die Verfassung erst konstituiert und damit implizite demokratisch legitimiert sind.

Der Exekutive steht ein unangreifbarer autonomer Funktionskern zu, der gegenüber legislativen Vorbehalts- und Zugriffsrechten abgeschirmt ist. Innerhalb des exekutiven „Funktionshofs" besteht Funktionskonkurrenz zwischen Legislative und Exekutive im Sinne der Subsidiarität der Exekutive.

Die höhere personelle demokratische Legitimation des Parlaments begründet einen gewissen Vorrang der Parlamentsakte gegenüber Exekutivhandlungen, vermag aber nicht, einen legislativen Funktionsvorbehalt auszugrenzen. Darüber hinaus wird die stärkere personelle Rückführung des Parlaments auf den Volkswillen teilweise aufgewogen durch die wachsende plebiszitäre Komponente der modernen Demokratie, durch die mediatisierende Wirkung der Parteien, durch die parteipolitische Homogenität zwischen Parlamentsmehrheit und Regierung und durch die Rückbindung der Regierung an den in den Parlamentswahlen manifestierten Volkswillen. Andererseits spielt die Opposition eine größere Rolle im Parlament als innerhalb der Exekutive und entsprechen Parlamentsakte stärker als Exekutivakte den demokratischen Spielregeln des Minderheitenschutzes.

Nur unter den genannten Vorbehalten besteht eine nach demokratischer Rechtfertigung abgestufte Hierarchie der Funktionsträger. Jedenfalls kann von einem demokratischen Funktionsmonopol des Parlaments keine Rede sein.

Eine demokratische Rangordnung unter den Funktionsformen besteht formell nur in dem Maße, in dem es eine demokratisch-hierarchische Stufenleiter der Funktionsträger gibt, materiell nur insoweit, wie sich die Funktionsformen nach dem Kriterium der Wichtigkeit staffeln lassen.

Die Interdependenz von wachsender demokratischer Durchdringung der Verfassung und Ausweitung des legislativen Funktionsbereichs hat ihre Evidenz im gewandelten Verfassungsstaat verloren.

Eine durch neue Funktionsformen vermittelte Machtpotenzierung der Exekutive vermag das demokratische Prinzip in der heutigen Verfassungsstruktur nicht mehr zu überspielen, sondern allenfalls zu schwächen, wenn die Exekutive aus tatsächlichen und nicht aus rechtlichen Gründen anstelle der an sich berufenen Volksvertretung „einspringt".

Materielle und formelle Gesetzgebung sind identisch dann, wenn das Parlament im Gesetzgebungsverfahren maßbestimmende, zwecksetzende, richtungweisende Regelungen trifft, die so wichtig sind, daß sie nur in möglichst unmittelbarer Selbstverantwortung des repräsentierten Volkswillens getroffen werden können. Das ist häufig bei der strategischen Planung der Fall wegen ihrer weitgehend präjudizierenden Wirkung durch permanente Beeinflussung und Veränderung der Wirklichkeit.

Danach ist das Parlament grundsätzlich zur zukunftsgestaltenden strategischen Planung — jedenfalls in Form der Mitwirkung — berufen[173]. Das gilt auch für den strategischen Finanzplan.

---

[173] S. *Leibfried*/M. *Quilisch*, Planung im Sozialstaat II, Atomzeitalter 1967, S. 610 ff., 615: „Soll Planung nicht zu einem Instrument technokratischer Herrschaft entarten, soll vielmehr sichergestellt werden, daß sie dem Verfassungsgebot der Ausweitung demokratischer Teilnahme und sozialstaatlicher Teilhabe dient, so muß eine institutionelle Verstärkung des parlamentarischen Einflusses im Planungsprozeß gefordert werden. Zumindest die politischen Grundsatzentscheidungen und Prioritätensetzungen bei der Planung gehören danach eindeutig in die Verantwortung des Parlaments. Die verfassungstheoretische Rechtfertigung eines derartigen parlamentarischen Planungsvorbehalts folgt aus dem Funktionswandel des parlamentarischen Prinzips, der wiederum vor dem Hintergrund der Entwicklung vom liberalen Gesetzesstaat zum heutigen Staat als Träger politisch vermittelter Daseinsvorsorge und Freiheitschancen zu sehen ist." *Dies.*, S. 617: „Das impliziert eine massive Verstärkung und gründliche Reorganisation des bislang nur in Ansätzen vorhandenen ‚Parlamentarischen Hilfsdienstes' etwa nach dem Vorbehalt des Legislative Reference Service in den USA. Man könnte auch daran denken, dem Bundestag spezielle Institute anzugliedern, die dem Übergewicht der Exekutive und dem Untergewicht der Einsicht der Parlamentarier abzuhelfen hätten. Das Parlament hat als Staatsorgan Anspruch auf ‚standesgemäßen Unterhalt' (BVerfGE 20, 57 ff., 101), also auf jene Hilfsmittel, die der Entwicklung von Staat und Gesellschaft entsprechen und die Voraussetzung und Garantie parlamentarisch-demokratischer Herrschaft darstellen."

V. Die Regelung des Stabilitätsgesetzes

1. Verfassungswidrigkeit des § 9 StabG?

Nach § 9 Abs. 2 StabG sind Bundestag und Bundesrat im Rahmen der Finanzplanung lediglich dadurch eingeschaltet, daß der vom Bundesfinanzminister aufzustellende und zu begründende und von der Bundesregierung beschlossene Finanzplan durch die Bundesregierung dem Bundestag und Bundesrat vorgelegt werden muß. Während die begrenzte Mitwirkung des Bundesrates durch die Konstituierung des Finanzplanungsrates (und in etwa auch des Konjunkturrates) ausgeglichen sein dürfte, steht die stark beschnittene Beteiligung des Parlaments in Widerspruch zu der grundgesetzlich verankerten Funktionenteilung in einem parlamentarisch-demokratischen Regierungssystem. Die Beschränkung aktiver Mitwirkung des Parlaments auf die klassischen Budgetrechte im Stadium der Finanz-Planvollziehung wird dem grundgesetzlichen Auftrag zur Einschaltung des Parlaments bei strategischer Planungen nicht gerecht[174]. Das Parlament muß auch in der — zwar unverbindlichen, aber doch Prioritäten setzenden — Phase[175] der Planprogrammierung seine Vorstellungen zur Geltung bringen können, denn, „wenn der Finanzplan, anders als das Budget, keiner formellen Genehmigung des Parlaments bedarf, so besteht die Wahrscheinlichkeit, daß die Abgeordneten in vielen ihrer laufenden Entscheidungen faktisch durch die im Plan vorgesehenen Maßnahmen seitens Regierung bzw. hoher Bürokratie präjudiziert werden".[176] Darüber hinaus kommt die über „ein in Zahlen gekleidetes Regie-

---

[174] „Soweit Regierungsstellen (das Kabinett oder das beauftragte Finanzministerium) selbst die Pläne erstellen, sind bezüglich der Ausgaben normalerweise die politischen Wertungen bereits von dafür zuständigen Personen vorgenommen worden; es handelt sich also nicht mehr um vermutete, sondern um vollzogene Wertungen, und ebenso handelt es sich bei vorgesehenen Steuererhöhungen in Anpassung der Einnahmen an die vom Plan eingesetzten künftigen Ausgaben um politische Entscheidungen der Exekutive", H. *Haller*, Probleme der mittelfristigen Finanzplanung, Konjunkturpolitik, 1968, S. 73 ff., 77.

[175] „Sie enthält deshalb im Gegensatz zum Haushaltsgesetz und zum Haushaltsplan auch kein festes Programm, sondern auf die jeweiligen Jahreszeiträume projizierte Einnahmeerwartungen und Ausgabeverpflichtungen, ihr oberstes Ziel muß die Schaffung einer mehrjährigen Dringlichkeitsordnung der Aufgaben und damit der Ausgaben des Bundes sein, wobei der Grad der Dringlichkeit durch die zu erwartenden Deckungsmittel bestimmt wird", Die mittelfristige Finanzplanung des Bundes, Institut „Finanzen und Steuern" 1967, S. 2.

[176] F. *Neumark*, Planung in der öffentlichen Finanzwirtschaft, in: Schriften des Vereins für Sozialpolitik, N. F. Bd. 45, 1967, S. 173 ff., 194.

rungsprogramm"[177] hinausgehnde rechtliche Wirkung des Finanzplans darin zum Ausdruck, daß gemäß § 6 zusätzliche Mittel zur Konjunkturbelebung nur für Zwecke verwendet werden, die im Finanzplan vorgesehen sind und daß — wenn Art. 106 Abs. 3 des Finanzreformgesetzentwurfes[178] Gesetz wird — der Umfang der notwendigen Ausgaben von Bund und Ländern, wie sie für die Festsetzung der Anteile der Gemeinschaftssteuern als Anhaltspunkt dienen, „auf der Grundlage einer mehrjährigen Finanzplanung zu ermitteln" ist[179]. Finanzplanung ist keineswegs sachlogisch gouvernemental.

Anders als im Rahmen der Konjunkturpolitik ist nicht kurzfristig reagibles Timing und Dosieren ausschlaggebend, sondern die längerfristige ursachentherapeutische Behandlung entscheidend, die gerade nicht auf ad hoc-Maßnahmen angewiesen ist. Daran ändert auch nichts die Tatsache, daß der Finanzplan insofern von der Konjunkturpolitik abhängt, als er einer fortlaufenden Anpassung entsprechend der Konjunkturentwicklung bedarf.

Die Einschaltung eines beratenden parlamentarischen Finanzplanungsausschusses zusätzlich zu der parlamentarischen nachträglichen Stellungnahme zum beschlossenen Finanzplan würde dem parlamentarischen Regierungssystem jedenfalls besser zu Gesicht stehen als die gegenwärtige Regelung des § 9 StabG[180]. Gerade weil ein repressiver gerichtlicher Rechtsschutz im Rahmen der Finanzplanung ausscheidet[181], kommt der politischen Interorgankontrolle eine besondere Bedeutung zu. Die Notwendigkeit eines kompensatorischen Ausbaus des präventiven Rechtsschutzes in Gestalt der Rücksichtnahme auf betroffene Interessenten bedeutet in einem parlamentarisch-demokratischen Regierungssystem zumindest auch die Beteiligung der Volks-

---

[177] Finanzbericht 1968, S. 106.

[178] Entwurf eines ... Gesetzes zur Änderung und Ergänzung des Grundgesetzes (Finanzreformgesetz), BT-Drucks. V/2861.

[179] „Eine solche Finanzplanung ... muß so ausgestaltet werden, daß sie als Grundlage für die Festsetzung des Beteiligungsverhältnisses dienen kann, um die Bildung von Schwerpunkten für die Erfüllung der öffentlichen Aufgaben über eine gesonderte Betrachtung der einzelnen Ebenen hinaus zu ermöglichen und die Auseinandersetzungen um das Beteiligungsverhältnis zu versachlichen", Begründung, Finanzreformgesetzentwurf, BTags-Drucks. V/2861, Tz 328, S. 54.

[180] Ebenso A. *Möller*, der weiter eine besondere Informationspflicht der Regierung gegenüber dem Parlament vorschlägt, Rdnr. 17 zu § 9 StabG, Der Rechtsausschuß hatte im Verlauf der Beratungen des Regierungsentwurfs die Bestimmung angeregt: „Die Bundesregierung legt die von ihr beschlossenen Investitionsprogramme zusammen mit dem Finanzplan dem Bundestag und dem Bundesrat vor", Rechtsausschuß des BT, 19. Sitg. v. 12. 10. 1966, Protokoll S. 29.

[181] S. unten S. 153 ff.

vertretung[182]. Die parlamentarische Mitwirkung würde den Finanzplan keineswegs in einen mehrjährigen Haushalt „umfunktionieren“[183]. Insoweit trifft § 9 StabG eine verfassungsrechtlich bedenkliche Regelung.[184]

2. *Investitionsprogramme § 10 StabG*

Die Regelung des § 10 StabG erscheint insofern verfassungsrechtlich bedenklich, als die Bestimmung überhaupt keine Beteiligung des Parlaments vorsieht. Zwar darf die parlamentarische Mitwirkung nicht so weit reichen, daß eine Beeinträchtigung der ministeriellen Ressortselbständigkeit eintritt, aber eine Vorlageverpflichtung mit korrespondierendem Vorlagerecht von Bundestag und Bundesrat erscheint zumindest verfassungsrechtlich erforderlich[185]. Die Beteiligung des Parlaments ergibt sich auch nicht durch Vermittlung des § 9 StabG[186]. Zwar werden sich die Investitionsprogramme in der Aufstellung des Finanzplans niederschlagen, aber doch nicht so, daß die Investitionsprogramme in ihren genauen Umrissen im Finanzplan erkennbar sind[187].

3. *Jahreswirtschaftsbericht § 2 StabG*

Anders als der mittelfristige Finanzplan enthält der Jahreswirtschaftsbericht rein politische Erklärungen ohne Schwerpunktbildung. Die Vornahme von Alternativrechnungen in der Jahresprojektion zeigt gerade, daß sich das politische Programm noch nicht zu einer Prioritätsordnung verdichtet hat. Die Vorlageverpflichtung vor Parlament und Bundesrat erscheint verfassungsrechtlich ausreichend, eine Beschlußfassung der Legislative nicht erforderlich.

---

[182] Die Praxis scheint auch hier ihren eigenen Weg zu gehen. Nach Vorlage der Finanzplanung 1967—1971 haben die Bundestagsfraktionen der CDU/CSU und der SPD in einer gemeinsamen Erklärung und der Bundesrat in einer Entschließung Stellung genommen, s. Finanzbericht 1968, S. 105 f.

[183] A. A. H. *Haller*, Probleme der mittelfristigen Finanzplanung, Konjunkturpolitik, 1968, S. 73 ff., 78.

[184] Zur föderal-verfassungsrechtlichen Problematik, daß der Bundesrat durch Bildung eines Finanzplanungsrates überspielt wird. S. unten S. 188 ff.

[185] Der Rechtsausschuß hat im Verlauf der Beratungen des Regierungsentwurfs die Bestimmung vorgeschlagen: „Die Bundesregierung legt die von ihr beschlossenen Investitionsprogramme zusammen mit dem Finanzplan dem Bundestag und dem Bundesrat vor.“ Rechtsausschuß des BT, 19. Sitg. v. 12. 10. 1966, Prot., S. 29.

[186] In dieser Annahme hat der Gesetzgeber den Vorschlag des Rechtsausschusses nicht berücksichtigt, *Wirtschaftsausschuß des BT*, 50. Sitzg. v. 23. 2. 1967, Prot. S. 4.

[187] Vgl. A. *Möller*, Rdnr. 13 zu § 9, S. 130 und Rdnr. 1 zu § 10, S. 136.

4. Subventionsbericht und Gesetzesvorbehalt

Die Frage nach der Reichweite des Gesetzesvorbehalts in der lenkenden und leistenden Verwaltung ist nach wie vor Gegenstand überaus zahlreicher Stellungnahmen in Literatur[188] und Rechtsprechung[189]. Um so mehr mag es verwundern, daß das klärende Wort, das der Gesetzgeber zu dem anstehenden Problemkreis in den §§ 12,14 StabG, die nahezu alle Finanzhilfen des Bundes und der Länder[190] und über § 16 StabG in gewisser Hinsicht auch die der Gemeinden erfassen, gesprochen hat, nicht in seiner umfassenden Bedeutung erkannt worden ist.[191] — Die staatlichen Finanzhilfen[192] werden durch §§ 12, 14 StabG in zweifacher Hinsicht eingegrenzt:

---

[188] Aus jüngster Zeit u. a.: Karl Heinrich *Friauf*, Bemerkungen zur verfassungsrechtlichen Problematik des Subventionswesens, DVBl. 1966, S. 729 f.; Volkmar *Götz*, Recht der Wirtschaftssubventionen, 1966; Roman *Herzog*, Gesetzgeber und Verwaltung, VVDStRL Heft 24, 1966, S. 183 ff.; Hans Peter *Ipsen*, Verwaltung durch Subventionen, VVDStRL, Heft 25, 1967, S. 257 ff.; Dietrich *Jesch*, Gesetz und Verwaltung, 1961; Joachim *Kniesch*, Zur Neuordnung der Rechtsquellen im Verwaltungsrecht, Gedächtnisschrift für Hans Peters 1967, S. 181 ff.; Arnold *Köttgen*, Fondsverwaltung in der Bundesrepublik 1965; Walter *Mallmann*, Schranken nichthoheitlicher Verwaltung, VVDStRL, Heft 19, 1961, S. 165 ff.; Fritz *Ossenbühl*, Verwaltungsvorschriften und Grundgesetz, Kölner Habilitationsschrift 1968; Hans *Peters*, Verwaltung ohne gesetzliche Ermächtigung?, Festschrift für Hans Huber, 1961, S. 206 ff.; *ders.*, Die Verwaltung als eigenständige Staatsgewalt, 1965; Hermann *Reuß*, Die Verwaltung im Rechtsstaat, DöV 1967, S. 217 ff.; Hans Heinrich *Rupp*, Grundfragen der heutigen Verwaltungsrechtslehre, 1965; Klaus *Stern*, Rechtsfragen der öffentlichen Subventionierung Privater, JZ 1960, S. 518 ff.; 557 ff.; *ders.*, Gedanken über den wirtschaftslenkenden Staat aus verfassungsrechtlicher Sicht, DöV 1961, S. 325; Klaus *Vogel*, Gesetzgeber und Verwaltung, VVDStRL, Heft 24, 1966, S. 125 ff.; Hans F. *Zacher*, Verwaltung durch Subventionen, VVDStRL, Heft 25, 1967, S. 308 ff.; Karl *Zeidler*, Schranken nichthoheitlicher Verwaltung, VVDStRL, Heft 19, 1961, S. 208 ff.

[189] *BVerfG* Urt. v. 6. 5. 58, E 8, 155, 166 f.; BVerfG Urt. v. 19. 7. 1966, E 20, 91; *BVerwG* Urt. v. 21. 3. 1958, E 6, 282 ff.; Hess. VGH Urt. v. 29. 11. 1962, DVBl. 1963, 443; *OVG Berlin* Urt. vom 8. 6. 1966, DVBl. 1967, S. 92 m. Anm. Menger, VerwArch. Bd. 58, 1967, 284; *OVG Lüneburg* Urt. v. 3. 5. 1967, DöV 1967, S. 866.

[190] § 14 verweist allerdings nur auf § 12 Abs. 1 StabG.

[191] Vgl. jedoch neuerdings *Stern*, Konjunktursteuerung und kommunale Selbstverwaltung, a. a. O., FN 91 a. E. (S. 34).

[192] Die Überschrift „Subventionsbericht“ bei § 12 spricht für die Identität von Finanzhilfen plus Steuervergünstigung (= „Verschonungssubventionen“) mit dem Begriff der Subventionen im weiteren Sinne, d. h. mit „allen nicht entgeltlichen Zuwendungen aus der Bundeskasse“; vgl. *Stern*, in Stern-

in § 12 Abs. 1 StabG durch die Bindung an den grundsätzlichen Orientierungsmaßstab „im Rahmen der marktwirtschaftlichen Ordnung gleichzeitig zur Stabilität des Preisniveaus, zu einem hohen Beschäftigungsstand und außenwirtschaftlichem Gleichgewicht bei stetigem und angemessenem Wirtschaftswachstum beizutragen" (§ 1 StabG),

in § 12 Abs. 2 und 4 StabG durch die an die Bundesregierung adressierte Verpflichtung, dem Bundestag und dem Bundesrat zusammen mit dem Entwurf des Bundeshaushaltsplanes in einem Turnus von zwei Jahren eine, nach bestimmten Gesichtspunkten gegliederte (Erhaltungs-, Anpassungs-, Förderungshilfen), zahlenmäßige Übersicht, eben den Subventionsbericht[193], vorzulegen.

Damit erfaßt das Stabilitätsgesetz das staatliche Subventionswesen, den Zentralbereich der Leistungsverwaltung[194], sowohl nach Richtung und Ziel durch die Bindung an die Erfordernisse gesamtwirtschaftlichen Gleichgewichts und Wachstums (a), wie auch nach seiner methodisch-technischen Ausformung durch das Einfangen des bisher freiwaltenden Subventionswesens in den Rahmen des auf umfassende Vollständigkeit[195] angelegten Subventionsberichtes (b). Voraussetzung für die rechtliche Bedeutung der Regelung des § 12 StabG ist die Verfassungsmäßigkeit der Bestimmung (c).

a) Bindung der Subventionsverwaltung an die Erfordernisse des gesamtwirtschaftlichen Gleichgewichts und Wachstums

Die Ausrichtung der Subventionsverwaltung an den Zielen des § 1 StabG legt die Auffassung nahe, § 12 StabG stelle die — teils geforderte, teils für überflüssig gehaltene — Ermächtigungsgrundlage für die Subventionsverwaltung dar. Daß § 12 Abs. 1 StabG für den

---

Münch, Erl. II, 4 zu § 12 StabG, S. 148; nach dem 1. Subventionsbericht der Bundesregierung fallen unter den Begriff der Finanzhilfen „finanzielle Hilfen mit wirtschaftlicher und gesellschaftspolitischer Zielsetzung an Stellen außerhalb der öffentlichen Verwaltung", BRats-Drucks. 651/67, S. V sub 1.

[193] S. den *1. Subventionsbericht der Bundesregierung*, BRats-Drucks. 651/67 und seinen Vorläufer, den aufgrund eines am 26. 5. 1966 eingebrachten gemeinsamen Entschließungsantrages der Fraktionen CDU/CSU, SPD, FDP am 20. 9. 1966 vorgelegten „Bericht über die Entwicklung der sichtbaren und unsichtbaren Finanzhilfen des Bundes" BTags-Drucks. V/931.

[194] Vgl. die Angaben über den stattlichen Betrag der Wirtschaftssubventionen bei Hans J. *Wolff*, VerwR III, 1966, § 154 I a. E.

[195] Obwohl Sozialleistungen nicht in das auf Wirtschaftsunternehmen abgestellte Gliederungsschema passen, sind sie nicht ausgeschlossen; vgl. Alex *Möller*, Kommentar zum StabG, 1968, Rdnr. 8 zu § 12. Davon unabhängig ist ihre Berücksichtigung in dem jährlichen Sozialbericht der Bundesregierung, vgl. schriftl. Bericht des WA des BT, BTags-Drucks. zu V/1968, S. 7.

Staat als „Subventionsverein auf Gegenseitigkeit“[196], jedoch gleichsam die Vereinssatzung bildet, erscheint aus mehreren Gründen fragwürdig und bedenklich:

§ 12 StabG nennt keinen Ermächtigten. Die Bestimmung bezieht sich generell auf Finanzhilfen, gleichgültig von wem sie stammen, verweist also auf keinen bestimmten sondern jeden Vergabeträger, „den es angeht“. Durch § 12 Abs. 1 StabG könnte sich somit auch der Gesetzgeber selbstbindend auf die Ziele des § 1 StabG eingeschworen haben. Das spricht mehr für eine einschränkende Bindungsnorm als für eine ermächtigende Basisnorm, zumal die bezogene Materie (Subventionswesen) nicht abschließend und ausschließlich, sondern nur unter finanzpolitischen Aspekten geregelt wird.

Es fehlt die für eine Ermächtigungsnorm typische Delegationsfunktion im Instanzenzug vom Ermächtigenden zum Ermächtigten.

Selbst wenn durch § 12 Abs. 1 StabG die Exekutive wenigstens *auch* angesprochen wird, erscheint es durchaus zweifelhaft, ob die Ermächtigung zu einer abstrakt-generell „verordnenden“ Verwaltung nach Inhalt, Zweck und Ausmaß hinreichend bestimmt ist. Die gesamtwirtschaftlichen Ziele des § 1 StabG sind als Bezugsgrößen naturgemäß — ebenso wie nur begrenzt justiziabel[197] — auch nur in geringem Umfang in der Lage, Direktiven im Sinne des Art. 80 GG zu setzen, trotz der zunehmenden Tendenz des *BVerfG*, Art. 80 GG großzügig zu interpretieren.[198]

Indessen stehen jene Bedenken der Tatsache gegenüber, daß durch § 12 Abs. 1 StabG die Subventionsverwaltung in den Rahmen antizyklischer Finanzpolitik einbezogen und damit in den Dienst der Konjunktur-, Struktur- und Wachstumspolitik gestellt worden ist. Konjunkturpolitik aber ist „sachlogisch gouvernemental“, hängt doch ihre Effizienz „vom richtigen Timing“, von der richtigen Dosierung, vom sachkundigen Beraterstab und gegebenenfalls vom Mut zur Unpopularität ab.[199] Das sind Aufgaben, auf die eine parlamenta-

---

[196] *Hämmerlein*, „Subventionitis“-Krankheit oder Heilmittel, Der langfristige Kredit, 1966, S. 44.

[197] *Stern* in Stern-Münch, I. Teil B III zu 4, S. 56—59.

[198] *BVerfGE* 8, 274, 307, 318 darauf Bezug nehmend: E 10, 20, 51, 53; E 15, 153, 160 ff.; E 19, 17, 30; E 19, 345, 362; E 20, 283, 291, 296, 304 ff. Vgl. auch E 4, 7, 22; E 5, 71, 77; E 18, 52, 62. Vgl. Hans Richard *Lange*, Die neue Rechtsprechung des BVerfG zu Rechtsverordnungsermächtigungen, JZ 1968, S. 417 ff.

[199] § 12 Abs. 1 StabG bindet die Subventionsverwaltung in den Gesamtzusammenhang jener Wirtschaftsplanung, die durch das StabG in V. m. Art. 109 GG normativ eingeführt wurde, und usurpiert die Subventionierung als einen Vorgang dessen, was *Ipsen* (Planung I, S. 55, Rdnr. 72, Planung II, S. 67 ff.) als „Planulismus“ charakterisiert. Zugleich stempelt § 12 Abs. 1 das konjunkturgerechte Verhalten zu jener nicht-markt- oder tauschwirtschaft-

rische Gesetzgebung nicht zugeschnitten ist — auch nicht im Wege von ad hoc zustandegebrachten Situations- oder Maßnahmegesetzen. Kurzfristig agierendes und reagierendes, nur von einem anpassungsfähigen, rasch zupackenden exekutiven Funktionsträger zu bewältigendes Timing und Dosieren der Subventionen gilt entscheidend für das Stadium des *Mitteleinsatzes.* Immerhin bliebe Raum für das Postulat legislativer Fundierung des Subventionswesens im Stadium der *Mittelbereitstellung.* Indes ist hier der insoweit relevante § 12 Abs. 2, 4 StabG heranzuziehen.

b) Die Regelung des § 12 Abs. 2, 4 über die Erfassung der Subventionierung durch den Subventionsbericht

In der Verpflichtung der Bundesregierung zur Erstellung und Vorlage einer umfassenden zahlenmäßigen Übersicht über alle Subventionen (§ 12 Abs. 2) liegt implizite die Voraussetzung einer entsprechenden Subventionskompetenz der Regierung, ist doch kaum anzunehmen, daß die Regierung über eine Materie zu berichten hat, für die ihr jede Zuständigkeit fehlt. Mithin geht der Gesetzgeber in § 12 Abs. 2 deutlicher noch als in § 12 Abs. 1 von einer gesetzesfreien Subventionsverwaltung aus, was durch die Regelung des Abs. 4 über die erforderliche Angabe „auf welchen Rechtsgründen oder sonstigen Verpflichtungen die jeweiligen Finanzhilfen beruhen", keineswegs widerlegt, allenfalls bestätigt wird, da der Subventionsbericht alle Subventionen erfassen soll, also auch solche, die nicht „auf bestimmten Rechtsgründen" beruhen. Im übrigen dürfte der Begriff untechnisch im Sinne von Rechtsmotivation zu verstehen sein, worauf auch die Alternative „oder sonstige Verpflichtung" hindeutet. In § 12 Abs. 2, 4 hat der Gesetzgeber sein eigenes Unvermögen, die wechselhafte, von variablen Größen bestimmte Subventionswirklichkeit durch die herkömmliche Funktionsform des materiellen Gesetzes einzufangen, Rechnung getragen und zur rechtsstaatlichen Absicherung als neue Funktionsform den Subventionsbericht eingeführt und an die Bundesregierung als adäquaten Funktionsträger adressiert.[200]

---

lichen Gegenleistung des Subventionsempfängers in Form der „Sozialbindung öffentlichen Interesses" (d. h. der Verwaltensbindung des Empfängers zur Realisierung des „verdichteten konkretisierten öffentlichen Interesses"), die *Ipsen* (VVDStRL Heft 25, 1967, S. 281, 287, 288, vgl. auch Leitsatz 5: „Das Schenken ist keine Verwaltungsagende". Ähnlich *Rupp,* a. a. O., S. 142 u. a.) als begriffswesentliches Zeichen des Subventionswesens ansieht.

[200] Vgl. *Ossenbühl,* a. a. O., 2. Teil, 1. Kapitel, I 3: „Wir stehen mitten in einem Prozeß, in dem eine solche Umgießung der Funktionsformen stattfindet . . ." und a. a. O., FN 93: „So läßt sich etwa der Plan als *neue* Funktionsform betrachten, das Gesetz dagegen als *alte* Form, die den im modernen Sozialstaat notwendigen Funktionen nicht mehr adäquat ist", unter Hinweis auf *Friauf,* DVBl. 1966, S. 720 ff.; 730; vgl. auch *Kniesch,* Zur Neuordnung der Rechtsquellen im Verwaltungsrecht, S. 198.

c) Soweit aus Art. 20 Abs. 3 GG nach Ansicht der Verfechter eines erweiterten Gesetzesvorbehalts die Notwendigkeit von Spezialermächtigungen im Rahmen der Subventionsverwaltung hergeleitet wird, würde daraus die Verfassungswidrigkeit des § 12 StabG folgen, da selbst eine verfassungskonforme Auslegung des § 12 nicht darüber hinweggehen kann, daß § 12 Abs. 2 StabG, indem er die Regierung über ihre geplanten[201] Subventionen berichten läßt, von einer entsprechenden Kompetenz der Regierung ausgeht. Jedoch liegt die umgekehrte Fragestellung näher, ob die Regelung des § 12 tatsächlich im Rahmen des bestehenden Verfassungsgefüges einen Fremdkörper bildet oder nicht vielmehr unter den Aspekten des demokratischen (aa) und rechtsstaatlichen (bb) Prinzips[202] einen adäquaten Ausdruck zeitgemäßer Verfassungsinterpretation[203] darstellt.[204]

aa) Der Subventionsbericht im Zeichen des demokratischen Prinzips

Obwohl im Hin und Her des Meinungsstreits um die Prärogativen der legislativen und exekutiven Gewalt von den Verfechtern eines totalen Gesetzesvorbehalts das demokratische Prinzip neben der Rechtsstaatlichkeit als schwerstes Geschütz aufgefahren wird,[205] ist es für die gegenwärtige Verfassungssituation nur von begrenztem Aussagewert:

Ein Verfassungsverständnis, das lediglich dem parlamentarischen, nicht aber dem exekutiven Funktionsträger demokratische Legitimität zuspricht, lebt — weil geprägt von der Verfassungslage des 19. Jahrhunderts — zu stark in vergangenen Verfassungsstrukturen.

In der parlamentarisch-demokratischen Verfassungsstruktur sind Legislative und Exekutive durch gleichermaßen sanktionierenden Kreationsakt der Gesamtbürgerschaft als verfassungsgebender Gewalt

---

[201] Daß der Subventionsbericht nicht nur für die Vergangenheit, sondern pro futuro erstellt wird, ergibt sich schon aus der reformatorischen Funktion des Berichts, *Stern* in Stern-Münch, Erl. IV, 3 des § 12, S. 149.

[202] Beides sind Hauptargumente der erweiterten Vorbehaltslehre.

[203] Vgl. zu dem durch den Subventionsbericht neben dem Jahreswirtschaftsbericht und dem fünfjährigen Finanzplan in die Subventionsverwaltung hereingetragenen Moment der Planung allgemein als Standardliteratur: Planung I, 1965; Planung II, 1966 und demnächst Planung III, hrsg. von J. H. *Kaiser;* Hans Joachim *Arndt,* Der Plan als Organisationsfigur und die strategische Planung, Pol. Vierteljahreszeitschrift 1968, S. 177 ff.

[204] Die Fragestellung bezieht sich allerdings nur auf die an der Staat-Bürger-Beziehung ausgerichtete Subventionierung. Für die „zwischenkörperschaftlichen Finanzausgleichsleistungen" (Dotationen, Fondsverwaltung) gelten andere Bezüge wie die Bundesstaatlichkeit und Art. 28 GG als verfassungsrechtliche Schranken, vgl. *Stern,* Konjunktursteuerung, a. a. O., S. 34, 54 ff. (FN 168), S. 69 f.

[205] *Jesch,* a. a. O., S. 205.

(pouvoir constituant[206]) ebenbürtig verfassungsrechtlich konstituiert und damit institutionell gleichrangig demokratisch legitimiert.[207]

Die höhere personelle Legitimität des Parlaments wird allerdings teilweise aufgewogen a) durch die nivellierende parteipolitische Homogenität zwischen Parlamentsmehrheit und Regierung, b) durch die Rückbindung der Regierung an den in den Wahlen zum Ausdruck gekommenen Volkswillen und c) durch die wachsende plebiszäre Komponente der modernen Demokratie.

Der Subventionsbericht ist daher nicht per se — weil von der Regierung erstellt — als undemokratisch abzuqualifizieren. Vielmehr erfährt er seine demokratische Rechtfertigung wegen der funktionell demokratisch legitimierten Exekutive auch als gouvernementaler Akt, darüber hinaus durch die Vorlagepflicht der Bundesregierung gegenüber dem Parlament, für das zwar keine besonderen Zustimmungs- oder Genehmigungsrechte vorgesehen sind,[208] das aber über die Genehmigung des Haushaltsplans, mit dem zusammen der Subventionsbericht vorgelegt wird, Einfluß- und Mitspracherechte zur respektierbaren Geltung bringen kann.[209]

Somit lassen sich aus dem demokratischen Prinzip keine ernsthaften Bedenken gegen die Verfassungsmäßigkeit des § 12 StabG herleiten.

bb) Der Subventionsbericht im Spiegel der Rechtsstaatlichkeit

Der Begriff der Rechtsstaatlichkeit läßt sich tauglich als Richtmaß an bestimmte Funktionen oder Institutionen anlegen und auswerten nur nach vorangegangener Aufschlüsselung in seine verschiedenen Elemente, nämlich u. a. die Gewaltentrennung (α), die Meßbarkeit staatlicher Machtäußerung (β), die Geltung der Grundrechte (γ) und den Rechtsschutz (σ).[210]

α) Der Subventionsbericht im Gewaltengefüge zwischen Parlament und Regierung

Geprägt durch die beiden Komponenten: Erarbeitung seitens der Regierung, Verarbeitung durch das Parlament, erscheint der Subventionsbericht als adäquate Ausdrucksform jener Zusammenarbeit beider

---

[206] Vgl. jüngst Klaus von *Beymel,* Die verfassungsgebende Gewalt des Volkes, Recht und Staat 1968, S. 32 ff.; Wilhelm *Henke,* Die verfassungsgebende Gewalt des Volkes in Lehre und Wirklichkeit, Der Staat 1968, S. 165 ff.

[207] Vgl. Ernst Wolfgang *Böckenförde,* Die Organisationsgewalt im Bereich der Regierung, 1964, S. 78 f.; *Ossenbühl,* a. a. O., II. Teil, 1. Kapitel, I 3.

[208] Vgl. hierzu Dieter *Wilke,* Art. 109 GG und das Stabilitätsgesetz in ihrer Bedeutung für das Verordnungsrecht, AöR Bd. 93, 1968, S. 270 ff.

[209] Im Falle rechtlich-verbindlicher Weisungen des Parlaments an die Regierung käme dem Subventionsbericht ohnehin Gesetzeskraft zu.

[210] Vgl. die Aufschlüsselung von Theodor *Maunz,* Deut. Staatsrecht, 16. Aufl. 1967, § 10 Abs. II, 3. S. 64 ff.

Staatsgewalten, in der Roman Herzog auf der Würzburger Staatsrechtslehrertagung die einzige Abhilfe gegenüber dem „Gemengelage parlamentarischer und ministerieller Aktivitäten"[211] gesehen hat. Tatsächlich ist die Kooperation zwischen legislativen und exekutiven Funktionsträgern die einzige Lösung in dem Dilemma zwischen einer möglichst leistungsfähigen Verwirklichung politischer Gestaltungsgebote und ihrer rechtsstaatlich-demokratischen Absicherung[212]. Daß das Parlament, insbesondere die Gesetzgebungsapparatur, auf das Sammeln von Daten, ihre Auswertung und Projizierung, auf Diagnose und Prognose, auf Modellberechnungen und Planspiele[213], kurz auf die organisatorisch-technische Bewältigung der im Zuge fortschreitender kybernetischer Erkenntnis zunehmenden Beherrschbarkeit der Sozialabläufe nicht zugeschnitten ist, wurde häufig genug betont — eine Entwicklung, die besonders im Hinblick auf die Haushaltsgesetzgebung zu dem Schlagwort des parlamentslosen Parlamentsgesetzes[214] geführt hat. Immer dringlicher stellt sich insoweit die Forderung nach kooperativer Zusammenarbeit zwischen der Verwaltung als „Exponentin des Sachverstandes, der die Zukunft zu meistern vermag" und dem Parlament als „Repräsentant des Volkes, dessen Zukunft es zu meistern gilt"[215]. Nur vor diesem Hintergrund läßt sich der Subventionsbericht begreifen[216], stellt doch die Regelung des § 12 StabG einen Kompromiß zwischen exekutiver Sachverstandskompetenz und kon-

[211] *Herzog*, VVDStRL Heft 24, 1966, S. 301.

[212] Seit die Gesellschaftswissenschaften eine systematische, über erhebliche Zeiträume hinwegreichende, sich in Planungen niederschlagende Sozial- und Wirtschaftspolitik ermöglicht haben, ist die Verwaltung — jedenfalls die Ministerialverwaltung — dadurch, daß sie in dem „großen Spiel der Planung" federführend sein muß (*Herzog*, a. a. O., S. 202), aus ihrer — nur historisch erklärbaren — Rolle der Normenvollziehung herausgewachsen.

[213] Vgl. aus jüngster Zeit: *Bicanic*, Planer und Politiker, der Staat 1967, S. 17 ff.; Hans Joachim *Arndt*, Der Plan als Organisationsfigur und die strategische Planung, PVS 1968, S. 177 ff.; Gerhard *Wittkämper*, Die Rechtswissenschaft angesichts sozialwissenschaftlicher Beratung der Politik, HZ 1968, S. 449 ff.

[214] *Quaritsch*, Das parlamentslose Parlamentsgesetz, 2. Aufl., 1961.

[215] *Herzog*, a. a. O., S. 206.

[216] „Umgießen der Funktionsformen und Wandlung der Gewaltenteilung gehen Hand in Hand, sind unlösbar verknüpft; deshalb ist es schwer, hier zwischen Ursache und Wirkung zu unterscheiden; ob Übergriffe eines Funktionsträgers die hergebrachten Funktionsformen zerbrechen, weil sein — des übergreifenden Funktionsträgers — Formenreservoir nicht ausreicht oder ob Zeitnotwendigkeiten neue Formen fordern und gebären, die den bestehenden Funktionsträgern zugeteilt werden, und, da Form ohne Inhalt nicht denkbar ist, den Funktionsbereich und damit die Funktionsteilung berühren", *Ossenbühl*, II. Teil, 1. Kap. I 3.

trollierendem Mitspracherecht des Parlaments dar[217]. Derartige Gewaltenkooperation verstößt nicht gegen das Gewaltentrennungsprinzip, setzt doch Kooperation gerade zwei voneinander unabhängige, eigenständige Partner voraus. Allerdings wäre ein gemeinsames Superorgan von Legislative und Exekutive in der Frage der Subventionsplanung mit der Gewaltenteilung nicht mehr vereinbar[218].

β) Der Subventionsbericht im Lichte des rechtsstaatlichen Gebots der Kalkulierbarkeit staatlicher Machtäußerung

Im Grunde genommen umschreibt der Grundsatz der Vorhersehbarkeit das zentrale Anliegen des Rechtsstaates, den Privatmann vor staatlichen Überraschungsangriffen durch Offenlegen der Motorik staatlicher Willenserzeugung und -äußerung zu schützen und die sichtbar gewordene rationalisierte staatliche Aktivität meßbar und kalkulierbar zu machen mit dem Ziel, für Dispositionen des Einzelnen eine gewisse Vertrauensbasis zu schaffen und private Initiativen durch Abbau entgegenstehender Befürchtungen wegen möglicher staatlicher Interventionen zu erleichtern. Insoweit bedeutet der Vorbehalt des Gesetzes, nach historischer wie auch nach substantieller Rückführung, eine Ausprägung des Gebots der Kalkulierbarkeit staatlicher Machtäußerung in Form abstrakt-genereller „Vorwarnung" konkreten Einschreitens[219]. Wo aber der Vorbehalt des Gesetzes dem Gebot der Kalkulierbarkeit bzw. den in gleiche Richtung zielenden, an der „Wiege des Rechtsstaates"[220] stehenden Forderungen nach Publizität, Transparenz, Meßbarkeit staatlicher Machtäußerung nicht mehr gerecht werden kann, „muß man sich ihrer (der Publizität) als eines ursprünglichen und eigenständigen rechtsstaatlichen Wertes wieder erinnern"[221, 222]. In diesem Zusammenhang bietet der Subventions-

[217] Insoweit dient der Subventionsbericht jener von Zacher auf der Staatsrechtslehrertagung in Graz 1966 geforderten funktionellen Einbeziehung des Subventionswesens in die Staatsorganisation durch spezifische eventuell planerische Maßnahmen zur „Koordination und Rechenschaft schon im politischen Raum", *Zacher*, a. a. O., S. 382.

[218] *Herzog*, a. a. O., S. 204.

[219] In dieser Funktion ist der Vorbehalt des Gesetzes auch nicht — wohl aber in seiner Bedeutung für den Status des einzelnen Bürgers — durch den ausgebauten Positionsschutz der Grundrechte abgelöst worden und damit „entbehrlich", *Vogel*, a. a. O., S. 151.

[220] *Zacher*, a. a. O., S. 355.

[221] *Zacher*, ebenda.

[222] Das Manko an hinreichender Durchsichtigkeit und Offenkundigkeit ist denn auch die eigentliche Crux der Subventionsverwaltung, womit aber nicht gesagt ist, daß das erlösende Wort nur in abstrakt-genereller Gesetzessprache und nicht in anderer „bekanntmachender" Form in Gestalt von Berichten, Übersichten, Statistiken, Katalogen, Projektionen etc. gesprochen werden kann.

bericht einen — wenn auch ausbaufähigen und fortführungsbedürftigen — Beitrag zu einer durchsichtigen, offenkundigen und damit kalkulierbaren Subventionspraxis — zwar in erster Linie für das prioritätensetzende Planungsstadium der Mittelbereitstellung, aber auch mittelbar für das konkret-aufteilende Vollzugstadium der Mittelvergabe.

γ) Der Subventionsbericht vor der „Grundrechtsprobe"

Indem Subventionen unmittelbar den vermögensrechtlichen Status des Subventionsempfängers und mittelbar den der „Vernachlässigten" tangieren, geraten sie in das Kräftefeld statusschützender Grundrechte, insbesondere der Art. 2, 3, 14 GG. Indessen liegt eine Grundrechtsbeschränkung kaum in der Prioritätenstaffelung des Subventionsberichts oder in der Gefahr[223], daß bisher „grau" verteilte Subventionen aus Furcht vor einer durch den Publikationseffekt des Subventionsberichtes ausgelösten Kettenreaktion von gleichartigen Forderungen ähnlich situierter potentieller Subventionsempfänger nunmehr zurückhaltender ausgeschüttet werden — „Subventionitis" ist eine ansteckende Krankheit[224]. Demgegenüber potenziert der Subventionsbericht den Gleichheits- und Gleichbehandlungsschutz des Art. 3 GG, indem er datenvermittelnd erst einmal über Bereiche, Betrag und Dauer der Leistungen in Kenntnis setzt, dadurch Vergleichsmöglichkeiten schafft, Relationen aufstellt und insofern den Gleichheitsschutz erst effektiviert, also einen Beitrag zur „Aktualisierung" der Grundrechte darstellt.

δ) Die „rechtsschützende" Wirkung des Subventionsberichts

Das Recht auf teilhabenden Profit an staatlichen Finanz-Hilfsaktionen wird effektiv geschützt im wesentlichen nach dem Grundsatz prior tempore, potior in iure, wirklichkeitsnäher potior in voce, potior in iure. Tatsächlich kommt es im Bereich der Subventionsverwaltung in erster Linie darauf an, rechtzeitig und lautstark seine Interessen präventiv zur Geltung zu bringen und schon im Mittelbereitstellungsverfahren berücksichtigt zu werden. Gegenüber der Betonung des repressiven, punktuellen gerichtlichen Rechtsschutzes, der „in der

---

[223] Obwohl nicht verkannt werden darf, daß die Entscheidung für die Subventionswürdigkeit eines Betriebes oder Betriebszweiges wegen des wirtschaftspsychologisch bedeutsamen Faktors des Vertrauens in betriebliches Leistungsvermögen zu einer Kette von Investitionen den Ausschlag geben kann, wie umgekehrt, falls die Unternehmen von dem Staatssäckel ausgeschlossen werden, eine Lawine von Kapitalrückziehungen ins Rollen kommen kann.

[224] *Hämmerlein,* „Subventionitis"-Krankheit oder Heilmittel, in: Der langfristige Kredit, 1966, S. 44.

Sache unergiebig"[225] bleiben muß, wird denn auch in jüngster Zeit mehr Wert darauf gelegt, Grundrechtsverletzungen institutionell-organisatorisch vorzubeugen, etwa mit Hilfe eines nach einem festen Kriterienkatalog entscheidenden „Verplanungsrates"[226] für die Mittelvergabe. Insoweit vermag der Subventionsbericht als Beitrag zur Transparenz und Publizität der „undurchsichtigen Masse von Haushalt"[227] eine gewisse Abhilfe schon im Bereich der rangierenden, kontingentierenden Prioritätenstaffelung zu schaffen, indem er den gerichtlichen Rechtsschutz — über den Umschalteffekt des Art. 3 — aktualisiert und den präventiven Rechtsschutz dadurch erweitert, daß er sichtbar macht, welche potentiellen Subventionsempfänger im Stadium der Mittelbereitstellung „eingeplant" sind[228].

Indem die unkonventionelle Funktionsform des Subventionsberichts unmittelbar den Zielen dient, auf die sich die Forderung nach einem umfassenden Gesetzesvorbehalt historisch und substantiell zurückführen läßt, bedeutet ihre Inthronisierung einen richtungsweisenden Schritt zur „Verrechtsstaatlichung" der Leistungsverwaltung. Angesichts dessen kann der Ausspruch Otto Mayers, daß das Gesetz „die vollkommenste Form der Rechtserzeugung" darstelle[229], allenfalls unter dem Aspekt der Rechtssicherheit, nicht aber der sozialen Ge-

[225] *Zacher,* a. a. O., S. 301; vgl. auch Volkmar *Götz,* Das Grundrecht auf Rechtsanwendungsgleichheit und der verwaltungsgerichtliche Rechtsschutz, DVBl. 1968, S. 93 ff.

[226] Wilhelm *Henle,* DÖV, 1968, S. 402. In diese Richtung zielt auch der aus wirtschaftswissenschaftlicher Sicht vorgetragene Vorschlag, die Subventionierung einer unabhängigen, der Bundesbank ähnlich konstruierten Institution zu übertragen, Helmut *Arndt,* Die Planung als Problem der Marktwirtschaft, in: Rationale Wirtschaftspolitik und Planung in der Wirtschaft von heute, Schr. des Vereins f. Sozialpolitik, Bd. 45, 1967, S. 114 ff., 134.

[227] *Zacher,* a. a. O., S. 381.

[228] Aus der Blickrichtung der Verfechter eines die Subventionsverwaltung umfassenden Vorbehalts des Gesetzes bedeutet dies, daß das Haushaltsgesetz mit Haushaltsplan i. V. m. § 12 StabG und gekoppelt mit dem Subventionsbericht die erforderliche Legitimationsgrundlage darstellt. Insoweit liegt in § 12 und dem Suventionsbericht der „zusätzliche gesetzgeberische Akt", der gefordert worden ist, um „das Haushaltsgesetz mit einem etwaigen Richtliniengesetz oder etwas ähnlichem zu koppeln" (*Stern,* VVDStRL Heft 25, 1967 i. d. Diskussion, S. 419. Zwar liegt darin nicht die Erfüllung der Forderung nach einem „abgestuften Legalitätsprinzip", *Stern,* ebda., aber doch eine gewisse Differenzierung nach einzelnen Subventionsarten und Subventionstypen). Damit ist das — bisher wegen des Bepackungsverbotes des Art. 110 GG und seiner Jährlichkeit nur bedingt und begrenzt als Basisnorm taugliche — Haushaltsgesetz zur Ermächtigungsgrundlage ausgebaut worden.

[229] Otto *Mayer,* Deutsches Verwaltungsrecht, Bd. 2, 3. Aufl., 1924, S. 298.

rechtigkeit Gültigkeit besitzen. Die Regelung des § 12 StabG läßt sich qualifizieren als Konsequenz einer Rückbesinnung des Gesetzgebers auf die eigentlich motivierenden Kräfte des Rechtsstaatsgedankens. Als solche ist sie — ebenso wie nach ihrem demokratischen Aspekt — auch den Anforderungen eines modernen Verfassungsverständnisses — insbesondere im Hinblick auf Art. 20 GG — gewachsen.

Zusammenfassende Thesen

Im Dienste der Konjunktur-, Wachstums- und Strukturpolitik ist die Subventionsverwaltung „sachlogisch gouvernemental" geworden. Insbesondere eine kurzfristig ausgerichtete, repressiv-reagible, auf richtiges Timing und Dosieren angewiesene Konjunkturpolitik ist effektiv nur mit flexiblen ad hoc-Funktionsformen durch die Exekutive als adäquaten Funktionsträger zu betreiben.

Für das Stadium der Mittelbereitstellung geht darüber hinaus § 12 Abs. 2, 4 von einer bestehenden Subventionskompetenz der Exekutive aus.

Dem Aussagegehalt des § 12 StabG steht Art. 20 Abs. 3 GG nicht entgegen, zumal der Subventionsbericht selbst für die rechtsstaatlich-demokratische Absicherung der Subventionsverwaltung im Ansatz Sorge trägt.

Der Vorbehalt des Gesetzes ist nur *eine,* aber keine ausschließliche Form der Legitimation öffentlich-rechtlicher Machtäußerung. Der Gesetzgeber hat in § 12 StabG eine andere, nicht minder legitime und zugleich für den Bereich der Konjunkturpolitik praktikablere Form zur Verrechtsstaatlichung des Subventionswesens gewählt.

Die rechtsstaatlich-demokratischen Absicherungen des § 12 lassen sich als Ermächtigungsgrundlage qualifizieren, soweit das Haushaltsgesetz i. V. m. § 12 StabG und gekoppelt mit dem Subventionsbericht und dem Haushaltsplan die (vorbehaltene) Gesetzesbasis darstellt. Als ein — flexibles und manipulierbar ausgestaltetes — Instrument der Konjunkturpolitik ist die Subventionsverwaltung einer weiteren legislativen Spezifizierung kaum zugänglich.

5. *Konzertierte Aktion*

a) Rechtliche Möglichkeiten

Die funktionelle Betrachtung[230] der konzertierten Aktion hat gezeigt, daß es zweckmäßig ist, die konzertierte Aktion zu einer permanenten Einrichtung, die routinemäßig und nicht nur aufgrund außerordentlicher Einberufungen tagt, auszubauen und ihren Teilnehmerkreis zu erweitern. Insbesondere entspricht es der antiinflationistischen Zielsetzung dieses Kuratoriums, den gesamtwirtschaftlichen Funk-

---

[230] S. oben S. 87 ff.

tionszusammenhang des Sparprozesses auch institutionell durch Einbeziehung der Sparkassenverbände zur Geltung zu bringen.

Gegen die Zulässigkeit einer geregelten, routinemäßigen Einberufung der konzertierten Aktion bestehen keine Bedenken. Sie entspricht der Zielsetzung des § 3 StabG, lohn- und preispolitische Fehlentwicklungen von vornherein abzufangen anstatt erst nachträglich zu korrigieren[231].

Auch empfiehlt sich eine geregelte Einberufung der konzertierten Aktion aus Gründen der Rechtsklarheit, da angesichts der Unbestimmtheit des Rechtsbegriffs „im Falle der Gefährdung der Ziele des § 1" leicht Meinungsverschiedenheiten darüber entstehen können, ob eine Verpflichtung der Bundesregierung zur Einberufung besteht oder nicht.

Die Erweiterung des Teilnehmerkreises ist rechtlich zulässig, da § 3 Abs. 1 StabG die Beteiligten nicht abschließend bezeichnet. Allerdings geht das Auswahlermessen[232] nur soweit, wie eine Beteiligung der Zielsetzung der konzertierten Aktion funktionsadäquat erscheint. Demnach kommen nur solche Verbände in Betracht, die „mit Rücksicht auf ihre Größe und Bedeutung eine optimale Mitwirkung bei der konzertierten Aktion erwarten lassen, nämlich einerseits die hier gewonnenen Einsichten einem möglichst großen Kreis von Unternehmern nahezubringen und andererseits der Bundesregierung die Auffassung der gewerblichen Wirtschaft möglichst repräsentativ zu vermitteln"[233].

Ein gesamtwirtschaftliches Eigengewicht dürften bei den bestehenden ökonomischen Größenverhältnissen nur noch intermediäre Korporationen, nicht aber einzelne Machtteilnehmer einer atomisierten Gesellschaft besitzen.

Problematischer noch als die Abgrenzung des möglichen Teilnehmerkreises ist die Frage, ob und wann ein Rechtsanspruch auf Teilnahme

---

[231] K. H. *Biedenkopf*, Rechtsfragen der konzertierten Aktion, BB 1968, S. 1005 ff., 1007: „Die konzertierte Aktion hat nicht die Aufgabe einer Feuerwehr, die nur in Notfällen, etwa nur dann eingesetzt werden müßte, wenn ein wirtschaftliches Ungleichgewicht ausdrücklich verkündet wird, wie das ursprünglich vorgesehen war. Die konzertierte Aktion ist ein Prozeßwerkzeug, das ständig funktionieren und eingesetzt werden muß, wenn es einen Sinn haben soll."

[232] Nicht geregelt ist die Frage, welcher Instanz das Auswahlermessen zusteht, dem Wirtschaftsminister, dem Kabinett oder der „Gesamthand" der konzertierten Aktion. *Biedenkopf*, a. a. O., S. 1008 geht von der Kompetenz des Bundeswirtschaftsministers aus. Dies dürfte der gesamten Konzeption des Einberufungsverfahrens entsprechen. Allerdings wird sich der Bundeswirtschaftsminister einem entgegenstehenden Willen des Kabinetts über die Einladung eines Teilnehmers beugen müssen.

[233] K.-J. *Gördel*/M. M. *Schöpf*, Antwort auf *Biedenkopf*, in: Der Volkswirt Nr. 31/68, S. 23 f., 24.

besteht. Es geht dabei um den Fragenbereich des „Zugangs zum Machthaber“, insbesondere darum, ob dieser — etwa über Art. 3 GG — rechtlich und nicht nur politisch erzwungen werden kann. Die Beteiligung der in § 3 Abs. 1 StabG angesprochenen gesamtwirtschaftlichen Funktionsträger (Bundesregierung, Gemeinden, Gewerkschaften, Unternehmer) erscheint als Mindestbesetzung erforderlich, da bei einem Fehlen eines dieser Adressaten das Spannungsverhältnis fehlt, das die Ausgleichsfunktion der konzertierten Aktion erst aktualisieren kann. Dennoch ist die Teilnahme nicht obligatorisch. Die Abwesenheit eines Mitgliedes dieser Kernrunde zieht keine rechtliche Sanktion nach sich. Die Sanktion liegt —quasi ein Verschulden gegen sich selbst — in dem Informationsvorsprung der teilnehmenden Verbände. Obwohl keine Rechtspflicht zur Teilnahme besteht, lassen sich Teilnahmeansprüche nicht summarisch ausschließen. Insoweit handelt es sich um den seltenen Fall, daß Recht und Pflicht nicht mehr korrelieren. Daß der im Individualrecht bestehende Grundsatz der Verbindung von Berechtigung und Verpflichtung bei der rechtlichen Durchdenkung der globalen Wirtschaftssteuerung ins Wanken gerät, spricht jedoch weniger gegen die Zulässigkeit dieser Ausnahme, als für die Tatsache, daß die hergebrachten juristischen Kategorien sich nicht ohne weiteres auf makroökonomische Größenordnungen und Zusammenhänge anwenden lassen, sondern eines besonderen Zuschnitts bedürfen[234]. Die verwehrte Teilnahme kann bei strategisch operierenden, datensammelnden und datensetzenden Informationsgremien wie der konzertierten Aktion ebenso rechtsbeeinträchtigend sein, wie die aufgezwungene Beteiligung. Dennoch wird man Teilnahmeansprüche nur sehr begrenzt zuerkennen können.

Primär steht den in § 3 Abs. 1 StabG angesprochenen Adressaten ein Recht auf Teilnahme zu. Insoweit obliegt dem Bundeswirtschaftsminister, der nach bisheriger Praxis initiativ geworden ist[235], eine „Einladungspflicht“. Der Zugang zum Machthaber — Machthaber nicht im Sinne von obrigkeitlicher auctoritas sondern effektiven strategischen Einflusses verstanden — erscheint für Gebietskörperschaften und Sozialpartner durch § 3 StabG garantiert. Welcher „Funktionär“ innerhalb dieser Verbände benannt wird, ist eigene Sache des jeweiligen Verbandes. Deren Auswahl müssen die übrigen Gesprächspartner

[234] K. H. *Biedenkopf*, a. a. O., S. 1011: „Die moderne Neigung zur Verwendung des Rechts für globale ökonomische Zusammenhänge unter Eliminierung des Individualrechts als Rechtswert hat bereits dazu geführt, daß unsere traditionellen juristischen Kategorien versagen. Sie unter den veränderten Bedingungen einer modernen Wirtschaft neu in ihr Recht einzusetzen, gehört zu den wichtigsten theoretischen und politischen Aufgaben unserer Wissenschaft.“

[235] A. *Möller*, Erl. 3 zu § 3 StabG, S. 92.

— einschließlich der Bundesregierung — akzeptieren. Jedoch bleibt es Kabinett und/oder Wirtschaftsminister unbenommen, von sich aus zusätzlich weitere Teilnehmer aus den Reihen dieser Verbände nach eigenem gusto vorzuschlagen.

Erscheint somit für die in § 3 StabG ausdrücklich aufgeführten Funktionsträger die Teilnahme am präventiven crisis management durch kooperative Mitwirkung bei der Vorbereitung von Makrodezisionen im Wege der konzertierten Aktion gesichert, so stellt sich die Frage nach Teilnahmeansprüchen im übrigen. Sie dürfte sich nur nach funktionellen Gesichtspunkten aus der Zielsetzung der konzertierten Aktion beantworten lassen.

b) Teilnahmerecht der Sparkassenverbände

Die konzertierte Aktion ist funktionell keineswegs, wie eine erste Betrachtung der Regelung des § 3 StabG nahelegt, auf Fragen der Lohn- und Einkommenspolitik beschränkt. Die Zuständigkeit der konzertierten Aktion erstreckt sich sowohl nach ihrer theoretischen Konzeption als auch nach bisheriger praktischer Übung nahezu auf das gesamte Spektrum wirtschaftspolitischer Fragen; sie betrifft sämtliche Themen, die mit der Zielsetzung des § 1 StabG verbunden sind[236].

Insoweit läßt sich eine Abgrenzung des anspruchsberechtigten Teilnehmerkreises nicht sachgegenständlich ziehen, wohl aber nach dem Gesichtspunkt, ob der jeweilige Funktionsträger im Funktionszusammenhang des gesamtwirtschaftlichen Systems effektiv einen entscheidenden, gesamtwirtschaftliche Reaktionen auslösenden Faktor darstellt und insoweit kraft seines Eigengewichts strategisch wirksam wird. Nach diesem Maßstab minimiert sich in der Tat die Zahl derer, die von der konzertierten Aktion entsprechend deren Zielsetzung nicht ausgeschlossen oder übergangen werden dürfen. Zu den funktionell Privilegierten gehören an vorderster Stelle die „Funktionäre des Sparprozesses", die entsprechend dem Grundgedanken der konzertierten Aktion, den Funktionszusammenhang des gesamtwirtschaftlichen Systems zu institutionalisieren, zu beteiligen sind, weil der Prozeß des Sparens, besonders in Verbindung mit seinen Auswirkungen auf den Konsum, nicht aus den makroökonomischen Abläufen wegzudenken ist. Diese funktionelle Bedeutung der Sparkassen gilt unabhängig davon, ob ein öffentlicher Auftrag der Sparkassen besteht oder nicht

---

[236] „Die konzertierte Aktion als institutionelle Beteiligung der organisierten Gruppen und Oligopole an politischen Entscheidungen ist ... zuständig für alles: für die Stabilität des Preisniveaus, für einen hohen Beschäftigungsstand, für die Erhaltung eines außenwirtschaftlichen Gleichgewichts, für ein stetiges und angemessenes Wachstum", K. H. *Biedenkopf*, a. a. O., S. 1007, ebenso *Gördel/Schöpf*, Antwort auf *Biedenkopf*, Der Volkswirt Nr. 31/68, S. 23 f.

oder nur unter Vorbehalten[237] und sie gilt selbst dann, wenn man die gewagte These von Krengel vertritt: „Nicht die Spartätigkeit ist durch anhaltende Preissteigerungen bedroht, sondern bestimmte Sparformen.“[238] Somit erscheint aus dem Gesichtspunkt ebenbürtiger funktioneller Bedeutung und strategischen Einflußvermögens eine Aktualisierung des Gleichheitsgrundsatzes des Art. 3 GG im Rahmen globaler Wirtschaftssteuerung möglich, deren Konsequenz unter anderem die Einbeziehung der Sparkassenverbände in die konzertierte Aktion ist. Eine derartige Konzeption der konzertierten Aktion — Teilnahmerecht ohne korrelierende Teilnahmepflicht — entspricht der Vorstellung des Bundeswirtschaftsministeriums von der konzertierten Aktion als gesellschaftspolitischem Integrationsinstrument[239], ohne den Spielraum der Verfassung für gemischt staatlich-privatwirtschaftliche Kooperationsformen zu verlassen[240].

---

[237] S. hierzu D. *Schmidt*, Der öffentliche Auftrag der Sparkassen, Zeitschrift für das gesamte Kreditwesen 1968, S. 1024 ff.

[238] Nach D. *Stolze*, Noch mal zum Thema „Inflation“, in: Die Zeit v. 28. 2. 1969, S. 25.

[239] Vgl. K. *Schiller*, Konjunkturpolitik auf dem Wege in einer affluent society, in: Jahre der Wende, Festgabe für A. Möller 1968, S. 71/72: Hinter der konzertierten Aktion stehe „der Status des einzelnen und der Gruppen in der modernen Gesellschaft“. Die konzertierte Aktion stelle eine „flexible Methode“ dar, um den „antonomen Gruppen in der Gesellschaft ein Mitwirken an der Vorformung der Wirtschaftspolitik zu ermöglichen“, *ders.*, Reden zur Wirtschaftspolitik I, 1968, S. 53: „Das System der globalen Steuerung wird erst geschlossen durch die Lösung des Koordinationsproblems, d. h. durch Koordination auf freiwilliger Grundlage. Daher ist der Begriff ‚konzertierte Aktion‘ weit mehr als ein Schlagwort. Er bedeutet: gegenseitigen Austausch von Information zwischen allen für den Wirtschaftsprozeß verantwortlichen Instanzen“; E. H. *Ritter*, Der Wandel der Wirtschaftspolitik und die wirtschafts-verfassungsrechtliche Bedeutung des Gesetzes gegen Wettbewerbsbeschränkungen, BB 1968, S. 1393 ff., 1394. „Die konzertierte Aktion ist ein spezifisches Koordinationsverfahren zwischen Staat und Wirtschaft ... sowohl eine institutionelle Verzahnung zwischen Wirtschaftsverwaltung und Wirtschaft (runder Tisch) als auch eine Methode zur Beeinflussung des Wirtschaftsprozesses.“

[240] Vgl. die Kontroverse zwischen Bundeswirtschaftsministerium — O. *Schlecht*, Konzertierte Aktion als Instrument der Wirtschaftspolitik, 1968, S. 21/22; *Gördel/Schöpf*, Antwort auf Biedenkopf, Der Volkswirt Nr. 31/68, S. 21 f. — einerseits, K. H. *Biedenkopf* andererseits, Rechtsfragen der konzertierten Aktion BB 1968, S. 1005 ff., 1009 f., *ders.*, Vortrag vor der Mitgliederversammlung des Verbandes metallindustrieller Arbeitgeberverbände Nordrhein-Westfalen v. 17. 6. 1968, in: Der Volkswirt Nr. 31 v. 2. 8. 1968, S. 25; *ders.*, FAZ v. 20. 6. 1968 („Abkehr von den Grundlagen der Marktwirtschaft“); *ders.*, „Gefährliche Sucht nach Größe“, FAZ v. 6. 7. 1968; vgl. auch das Gutachten des Wissenschaftlichen Beirats beim Bundeswirtschaftsministerium v. 20. Juni 1964 zum Thema „Zusammenwirken von staatlichen

Entsprechend soll keinem verbindlichen, die Autonomie der Gesprächspartner mittelfristig neutralisierenden Rahmenpakt, wie ihn der Sachverständigenrat vorschlägt, das Wort geredet werden noch einer Wiedergeburt eines Gesellschaftsvertrages Rousseau'scher Prägung noch der Auferstehung eines Weimarer Wirtschaftsrates. Eine derartige vertragliche Bindung würde in der Tat „unter den gegebenen Verhältnissen zu hohe Anforderungen an die gesellschaftlichen Kräfte" stellen[241], die Grenze der Verfassungsmäßigkeit, insbesondere hinsichtlich der Grundsätze der Tarifautonomie und der Repräsentativverfassung überschreiten[242] und die Beweglichkeit einer pluralistischen Gesellschaft durch Einengung ihres Handlungsspielraumes unverhältnismäßig beeinträchtigen. Jedoch entspricht der hier vertretene Ausbau der konzertierten Aktion der Zielsetzung des Rahmenpaktes insofern, als diesem der Gedanke zugrunde liegt, daß kein Teilnehmer am Wirtschaftsleben (bzw. der ihn repräsentierende Verband) durch die gesamtwirtschaftliche Entwicklung „überfahren" werden soll, sondern zwischen den gesamtwirtschaftlich verantwortlichen Funktionsträgern im Wege der Information und Kooperation ein Ausgleich gefunden und gemeinsam ein Gleichgewichts- und Wachstumspfad entworfen wird — mag es dabei auch zu einer gewissen „Relativierung der früher mit Unnachgiebigkeit verfochtenen Verbandsstandpunkte"[243] kommen. Diese Aufgabe läßt sich nur verwirklichen, wenn die einzelnen wesentlichen Funktionen des gesamtwirtschaftlichen Systems, einschließlich des Sparprozesses, institutionalisiert werden und die jeweiligen Funktionäre im Wege „abgestimmten Vorgehens" eine gemeinsame Strategie verfolgen[244]. Dies erscheint als unabdingbare institutionelle Voraussetzung für die funktionelle Bewältigung des zur Schlüsselfunktion staatlicher Finanzpolitik aufgerückten „präventiven crisis management"[245].

---

und nichtstaatlichen Kräften in der Wirtschaftspolitik", in: 6. Band, Gutachten v. April 1961 bis März 1966, S. 59 ff.

[241] Jahreswirtschaftsbericht der Bundesregierung 1969, Tz 9.

[242] K. *Stern*, DJT-Gutachten 1968, PE 28, 37; *ders.*, Grundfragen der globalen Wirtschaftssteuerung, Vortrag vor der juristischen Gesellschaft e. V. Berlin, v. 10. 1. 1969, in: Schriften der juristischen Gesellschaft, Berlin Heft 38, 1969; K. H. *Biedenkopf*, Rechtsfragen der konzertierten Aktion, BB 1968, S. 1005 ff.

[243] F. U. *Fack*, Herrschen die Verbände? in: FAZ v. 8. Juni 1968, S. 17.

[244] A. A. K. H. *Biedenkopf*, Rechtsfragen der konzertierten Aktion, BB 1968, S. 1010: „Institutionalisierte Kooperation zur Formulierung wirtschaftspolitischer Entscheidungen mit Privaten sollte unterbleiben."

[245] In diesem Zusammenhang läßt sich die Stellungnahme der Bundesregierung zum Sachverständigenratsgutachten 1967/68 im Jahreswirtschaftsbericht 1968 verstehen, Tz 6:

„Vor allem die beiden folgenden ‚Konjunkturpolitischen Lehren' möchte

VI. Rechtsschutzmöglichkeiten

Während Inhalt und Umfang der Funktionen und Funktionsmittel und die beteiligten Funktionsträger im Rahmen des gerichtlichen Rechtsschutzes vornehmlich für die inhaltliche Überprüfbarkeit staatlicher Konjunktur- und Wachstumssteuerung relevant sind, kommt dem Rechtscharakter der Funktionsformen für die Frage der Zulässigkeit gerichtlicher Kontrolle besondere Bedeutung zu.

1. Gegenüber Verwaltungsakten des StabG

Gegen die im StabG vorgesehenen Verwaltungsakte in Gestalt der „geeigneten Maßnahmen" der Länder gegenüber den kommunalen Gebietskörperschaften, § 16 Abs. 2 StabG, und gegenüber der Verbindlichkeitserklärung oder Feststellung eines Zeitplans[246] für die Inanspruchnahme des Kreditmarktes, § 22 StabG, besteht gerichtlicher Rechtsschutz im Wege des verwaltungsgerichtlichen Anfechtungs-, Verpflichtungs- oder Feststellungsverfahrens, §§ 40 ff. VwGO.

2. Gegenüber Rechtsverordnungen des StabG

Gegenüber Rechtsverordnungen als Akte der „öffentlichen Gewalt" gilt in jedem Falle die Rechtsweggarantie des Art. 19 Abs. 4 GG. Das bedeutet, daß, soweit nicht die Voraussetzungen eines speziell oder generalklauselartig normierten Verfahrens erfüllt sind, primär der funktionsnächste und subsidiär der ordentliche Rechtsweg durch Art. 19 Abs. 4 erzwungen wird.

a) Bund-Länder-Verhältnis

Soweit die Rechtsverordnungen an die Länder adressiert sind (obligatorische Konjunkturausgleichsrücklage und Kreditlimitierung der Länder durch Rechtsverordnung der Bundesregierung nach §§ 15 und 16 StabG) kommen, soweit darin die Quelle *verfassungsrechtlicher* Streitigkeiten (über Art. 109 Abs. 4 GG) erblickt wird, die konkrete Normenkontrolle nach Art. 93 Abs. 1 Nr. 2 GG (§ 13 Nr. 6 BVGG) und das Verfahren des Bund-Länder-Streits nach Art. 93 Abs. 1 Nr. 3 GG (§ 13 Nr. 7 BVGG) in Betracht, nicht aber das Ver-

---

die Bundesregierung unterstreichen:
— Die Realisierung einer optimalen Kombination der großen wirtschaftspolitischen Ziele läßt sich in einer freien Gemeinschaft nur im Zusammenwirken aller wichtigen Institutionen, d. h. in ‚konzertierten Aktionen' erreichen.
— Eine Stabilisierung des Wachstums verlangt vor allem vorbeugende Maßnahmen der Konjunkturpolitik. Sie muß sich stärker als bisher auf mittelfristige Ziele einstellen und Fehlentwicklungen von vornherein zu vermeiden suchen, anstatt sie nachträglich zu korrigieren."

[246] Zu der Rechtsnatur als Summe von Verwaltungsakten s. oben S. 85 f.

fahren aufgrund vorausgegangener Mängelrüge, da kein Bundesgesetz, sondern sonstiges Bundesrecht in Rede steht. Für öffentlich-rechtliche Streitigkeiten nichtverfassungsrechtlicher Art gilt das verwaltungsrechtliche Bund-Länder-Streitverfahren nach § 50 Abs. 1 Nr. 1 VwGO. Darüber hinaus besteht die Möglichkeit der Incidenter-Prüfung der Rechtsverordnung bei gerichtlichem Vorgehen gegen die entsprechenden Vollzugsakte. Die Rechtsverordnungen selbst sind allerdings nicht nach Art. 100 GG vor dem Bundesverfassungsgericht vorlagefähig.

b) Bund-Gemeinde-Verhältnis

Bundesrechtsverordnungen gegenüber kommunalen Gebietskörperschaften in Gestalt der Kreditlimitierungsverordnungen nach § 19 StabG können grundsätzlich nicht vor Verwaltungsgerichten überprüft werden, es sei denn, man hält eine erweiterte Auslegung des § 47 VwGO für zulässig[247], und dieses Normenkontrollverfahren stellt den funktionsnächsten Rechtsweg dar. Eine Verfassungsbeschwerde der Gemeinden und Gemeindeverbände könnte sich nur gegen das Bundesgesetz des § 19 StabG, nicht aber gegen die aufgrund dessen ergangenen Rechtsverordnungen wenden. Insoweit erscheint als sachnächster Rechtsweg, den Art. 19 Abs. 4 erzwingt, das Verfahren nach Art. 93 Abs. 1 Nr. 4 GG (§ 13 Nr. 8 BVGG).

c) Staat — Privatwirtschaft

Gegen die privatwirtschaftlich adressierten Rechtsverordnungen in Gestalt der Steuervariationen steht der Rechtsweg vor den Finanzgerichten offen. Das Bundesverfassungsgericht kann nur über eine Verfassungsbeschwerde gegen ein Urteil des Bundesfinanzhofs mit Rechtsverordnungen nach §§ 26 ff. StabG befaßt werden.

2. Gegenüber strategischer Planung[248]

Im Ergebnis dürfte unstreitig sein, daß ein nachträglich-repressiver gerichtlicher Rechtsschutz gegenüber strategischer Planung nicht durchgreifen kann, sei es weil sie von Art. 19 Abs. 4 GG nicht erfaßt wird, sei es, weil es sich um sogenannte gerichtsfreie Hoheitsakte handelt, oder weil der Rechtsschutz durch die Voraussetzungen der Klagebefugnis oder durch inhaltliche Unüberprüfbarkeit abgefangen wird.

Letztlich dürfte strategische Planung einer gerichtlichen Rechtskontrolle widerstreiten, weil es sich nicht um — mögliche Rechtsverlet-

---

[247] *Stern*, in Stern-Münch, Erl. IX, 5 zu §§ 26—28, S. 200.

[248] Vgl. grundlegend zur Frage der Plangewährleistung, M. *Oldiges*, Grundlagen eines Plangewährleistungsrechts, Schriften zum Wirtschaftsverfassungs- und Wirtschaftsverwaltungsrecht, Bd. 1, 1970; J. *Burmeister*, Zur Staatshaftung für Planschäden der Wirtschaft, in: Die Verwaltung, 1969, S. 21 ff.

zungen in sich einschließende — „öffentliche Gewalt" im Sinne von Art. 19 Abs. 4 S. 1 handelt. Gerade die systematische Analyse der Planung[249] hat gezeigt, daß Planung im Möglichkeitssystem sich einem hierarchischen Verständnis widersetzt und daß strategische Planung gerade nicht den Ausdruck staatlicher Hoheitsgewalt bildet[250].

Die Verwirklichung der Planentscheidung unterscheidet sich in wesentlichen Zügen von jeglichen sonstigen Formen der Willensdurchsetzung: während dort die vorübergehende, einmalige Beziehung, also die Konkretisierung aus dem Abstrakten bestimmend ist, zeichnet sich Planausführung durch einen gleitenden, kontinuierlichen Realisierungsprozeß aus, der sich in Anpassung an eine veränderte und sich stetig ändernde Umwelt abwickelt. Daraus ergeben sich in vielfältiger Hinsicht weitreichende Konsequenzen:

a) Als kontinuierlicher Realisierungsprozeß zeigt sich Planung grundverschieden von der transitorischen, punktuell greifenden Maßnahme. Bei dieser sind die Stadien der Willensbildung und Willensdurchsetzung, der Vorbereitung und Ausführung klar geschieden. Maßnahmen betreffen häufig Einzelkorrekturen, Planung aber will diese gerade möglichst als entbehrlich ausschalten. Der fortlaufende Anpassungsprozeß erfordert auch im post-dezionären Stadium eine ständige analytische Beobachtung, die auf neuestem Stand bleiben muß. Danach ergibt sich ein permanenter Wechselprozeß zwischen theoretischer Erforschung und praktischer Nutzanwendung, nicht im Sinne ihrer gegenseitigen Ablösung, sondern wechselseitiger Rückkoppelung.

b) Wegen der ständigen Anpassungsbereitschaft des Planverfahrens dürfte bei fehlerhafter Systementwicklung das Interesse der Benach-

---

[249] S. oben S. 151 ff.

[250] „Der Staat, als Träger dieser Wachstumspolitik, hat die Wachstumskomponenten weit mehr als bisher zu beeinflussen ... Der Staat tritt hier nicht als Obrigkeit sondern als Partner in Erscheinung, der an der gemeinsamen Front derer steht, die das Wachstum machen wollen. Wir müssen uns damit abfinden, daß der Staat noch mehr als bisher als Helfer, Förderer, Auftraggeber und Konsument unser tägliches Leben beeinflußt ... All dies bedarf letzten Endes der lenkenden Hand, einer umfassenden Planung", K. *Oppenländer*, Ist Wirtschaftswachstum machbar?, in: Sonderschrift des Ifo-Instituts für Wirtschaftsforschung Nr. 37, 1968, S. 35; vgl. E. *Forsthoff*, Über Mittel und Methoden moderner Planung, in: Planung III, S. 21 ff., 33: „Es ist offenbar, daß diese rechtsstaatlich gebotene, begriffliche Präzisierung für Planungsmaßnahmen nicht paßt. Hier fehlt bereits die dialektische Grundsituation, von welcher aus der Eingriff verstanden werden muß."

[251] F. *Neumark*, Besprechung von Stern-Münch FinArch., N. F. Bd. 27, 1968, S. 562 ff., 564 im Anschluß an Stern, ebenda, Vorbem. 4 vor §§ 9—11, S. 142.

teiligten weniger auf rückwirkender Plankorrektur als auf zukünftiger Planberücksichtigung liegen. Hier macht sich die weitgehende Irrevisibilität der Planabläufe bemerkbar, die um so größer ist, je komplizierter und feinmaschiger das Netzwerk der interdependenten Funktionen geflochten ist, so daß sich vergangene Positionen kaum nachvollziehen lassen. Das zeigt sich im besonderen Maße im Rahmen der Wirtschafts- und Finanzplanung, da hier das Marktsystem von einer nahezu unübersehbaren Zahl von Faktoren bestimmt wird. Relativ statisch nimmt sich demgegenüber z. B. die Bebauungsplanung aus, so daß hier Fehler durchaus durch Korrekturen wiedergutgemacht werden können.

c) Last but not least werden auch die Grundsätze der Plantreue und Plangewährleistung der Tatsache Rechnung tragen müssen, daß es sich bei dem Planverfahren um einen „kontinuierlichen Wechselprozeß" handelt. Auch hier wird eine Abstufung nach der Komplexität und Pluralität des Systems, in dem jeweils geplant wird, vorgenommen werden müssen, um zu adäquaten Lösungen zu kommen. Je weniger sich der Planbereich beherrschen läßt, um so mehr wird jede Planung unter dem Vorbehalt notwendiger Anpassung stehen und um so häufiger werden Planänderungen und Planabweichungen erforderlich sein mit der Folge verminderter Schutzwürdigkeit derer, die auf den Stand des Planes vertrauen. Insoweit dürfte der mittelfristige Finanzplan „keiner Wirtschaftsgruppe als Grundlage wie immer gearteter und begründeter Entschädigungsansprüche dienen" können[251], führt er doch nicht zu einer Präjudizierung des Haushaltsplans[252].

Obwohl mittelfristige Finanzplanung nicht lediglich eine politische Absichtserklärung[253] darstellt wie etwa die Jahresprojektion nach § 2 StabG oder wie Regierungserklärungen, sondern nach § 6 Abs. 2 S. 2 StabG und nach Art. 106 Abs. 3 GG in der vorgesehenen Fassung rechtliche Bedeutung besitzt, offenbart sich darin keine staatliche Hoheitsgewalt, so daß die Rechtsweggarantie des Art. 19 Abs. 4 GG

[252] Bedenklich daher der Vorschlag von W. *Albers:* „Es muß deshalb (wegen des sonst unvermeidlichen Tauziehens der Interessentenverbände um die ‚Verteilung des Kuchens', d. Verf.) angestrebt werden, Abweichungen des Jahreshaushaltsplans von der mittelfristigen Finanzplanung zu erschweren", Einige Fragen zur mittelfristigen Finanzplanung, in: Geldtheorie und Geldpolitik 1968, S. 201 ff., 207.

[253] Allerdings F. *Neumark,* ebenda: „reine politische Absichtserklärung", ebenso bedenklich der Finanzbericht 1968, S. 106: „ein in Zahlen gekleidetes Regierungsprogramm" und schon das Troeger-Gutachten, Tz 484: „Der Finanzplan ähnelt im Verhältnis zur Legislative einer Regierungserklärung. Er ist für die Regierung zwar rechtlich unverbindlich, aber politisch ebenso verbindlich wie jede andere Regierungserklärung."

nicht eingreift — abgesehen von der faktischen Gefahr, daß ein Planungsrechtsschutz „die gesamte Finanzplanung und damit ein äußerst nützliches neues Instrument der Fiskalpolitik unanwendbar machen" kann.[254]

Damit würde die Zubilligung von Plangewährleistungsrechten ihrer Intention entgegen den rechtsstaatlichen Negativeffekt auslösen, daß der Staat gezwungen wird, seine strategische Planung so wenig transparent und publique wie möglich, sondern möglichst undurchsichtig und heimlich zu verfolgen. Finanzplanung widerstrebt daher jeder gerichtlichen Nachprüfung, gleich in welchem Verfahren.[255]

---

[254] *Neumark*, a. a. O., S. 565.

[255] *Stern*, in Stern-Münch, 1. Teil, Einf. B III, 4 a), S. 58: „Planung und Plangewalt sind ihrer Natur nach, solange sie nicht in extern wirkende Akte transformiert sind, mit den Mitteln der gerichtlichen Kontrolle nicht erfaßbar" und Vorbem. 4 vor §§ 9—11, S. 142: „Die Plantreue der Regierung ist darum von ihr allein politisch zu verantworten."

VIERTER TEIL

Funktionsträger der Konjunktur- und Wachstumspolitik

Angesichts der Mannigfaltigkeit der gesamtwirtschaftlichen Steuerungsfunktionen und der Vielzahl der beteiligten und betroffenen Interessen, konnte es nicht ausbleiben, daß konjunktur- und wachstumspolitische Funktionen auf verschiedene Schultern verteilt wurden. Im Grunde ist jeder Konsument und jeder Produzent insoweit konjunktureller Funktionsträger, als sich aus der Summe ihres Handelns und Wünschens das Gesamtangebot und die Gesamtnachfrage nach Gütern und Dienstleistungen ergibt. Der folgende Überblick erstreckt sich nur auf jene makroökonomisch wirksamen Funktionsträger, die durch die Haushalts- und Finanzreform angesprochen oder neu gebildet worden sind:

Angesprochen sind:

Die Bundesbank in §§ 22, 29, 30 StabG;

Der Bund allgemein in Art. 109 Abs. 2 GG, §§ 2 Abs. 2, 8 Abs. 1 Satz 3 und 5, 9 Abs. 2, 12 Abs. 2, 20 Abs. 5, 26—28, 30 StabG;

Der Bundesrat in Art. 109 Abs. 3 und 4 GG, §§ 2 Abs. 2, 8 Abs. 1 Satz 3 und 4, 9 Abs. 2, 12 Abs. 2, 15, 19, 22, 26—28 StabG;

Die Bundesregierung in §§ 2, 3, 4, 6 Abs. 1 und 2, 7 Abs. 2, 8, 10, 12 Abs. 2 und 4, 15, 18, 19, 26—28 StabG;

Der Bundesfinanzminister in §§ 6 Abs. 1 Satz 2 und 3, Abs. 4, 7 Abs. 2, 18 StabG;

Der Bundeswirtschaftsminister in §§ 3 Abs. 2, 6 Abs. 1, Satz 2, 7 Abs. 2, 18, 22 Abs. 2 StabG;

Die einzelnen Ressortminister in §§ 10, 11 StabG;

Die Länder in Art. 109 Abs. 2 und 4 Nr. 2 GG, §§ 1, 14 (in Verbindung mit §§ 5, 6 Abs. 1 und 2, 7, 9, 10, 11, 12 Abs. 1), 15, 16 Abs. 2, 17, 18, 19, 23, 25 StabG;

Die Gebietskörperschaften in Art. 109 Abs. 4 Nr. 1 GG, §§ 3, 16, 18, 19, 23 StabG;

Die Zweckverbände in Art. 109 Abs. 4 Nr. 1 GG, § 19 StabG;

Die Privatwirtschaft in §§ 26—28 StabG und verbandsorganisiert durch Gewerkschaften und Unternehmerverbände in § 3 StabG;

Das ERP-Sondervermögen in §§ 13 (i. V. m. §§ 1, 5, 6 Abs. 1 und 2), 19 StabG;

Die Bundesbahn, Bundespost, bundesunmittelbare Körperschaften, Anstalten und Stiftungen des öffentlichen Rechts in § 13 i. V. m. § 1 StabG;

Die Rentenversicherungsträger in § 30 StabG;

Die Bundesanstalt für Arbeitslosenversicherung in § 30 StabG;

Der Sachverständigenrat in §§ 2 Abs. 1 Nr. 1, 31 StabG.

Neu gebildet sind:

Der Konjunkturrat in §§ 18, 22 StabG;

Der Finanzplanungsrat in § 48 Entwurf eines Haushaltsgrundsätzegesetzes (HGrG)[1].

Aktiv bezogen sind jedoch nur Bundesbank, Bundesregierung (Kabinett und Minister), Bundestag, Bundesrat, Länder, Konjunkturrat, Finanzplanungsrat und Sachverständigenrat. Die übrigen Funktionsträger[2] sind vorwiegend passiv angesprochen.

Zu prüfen ist die Funktionsadäquanz (Erstes Kapitel), Systemgerechtigkeit (Zweites Kapitel) und Verfassungskonformität (Drittes Kapitel) von Verteilung und Aufteilung der Kompetenzen auf die aktiv konjunkturwirksamen Funktionsträger.

Erstes Kapitel

Funktionsadäquanz

Die Verteilung und Aufteilung konjunktur- und wachstumspolitischer Kompetenzen kann funktionsadäquat nur unter Berücksichtigung der spezifischen Funktionen und Funktionsformen einerseits, der Struktur der Funktionsträger andererseits erfolgen. Dabei wird sich erweisen, daß jeder Funktionsträger nach seiner Organisation auf bestimmte Funktionen und nach seiner verfahrensmäßigen Ausgestaltung auf bestimmte Funktionsformen zugeschnitten ist.

I. Die Geld- und Währungspolitik der Deutschen Bundesbank

Geld- und Währungspolitik lassen sich vor interessengebundenen Einflüssen am ehesten dadurch schützen, daß sie einer politisch weitgehend unabhängigen Instanz übertragen werden. Das ist in der Bundesrepublik geschehen, indem die mit der (binnenwirtschaftlichen)

[1] BRats-Drucks. 284/68.

[2] Die konzertierte Aktion bezeichnet kein funktionstragendes Gremium, sondern ein bestimmtes konjunkturpolitisches Verhalten.

Geld- und Kreditpolitik betraute Bank Deutscher Länder 1948 und ihre Nachfolgerin, die *Deutsche Bundesbank* 1957, mit einem hohen Grad *Funktionsautonomie* (§ 12 BBankG), nicht zuletzt aufgrund der Erfahrungen des zweimaligen Zusammenbruchs der Geldreserven unter der abhängigen Reichsbank, ausgestattet wurde. Dadurch ist die Geld- und Kreditpolitik gegenüber den Ansprüchen der kreditnehmenden oder -gewährenden Privatwirtschaft abgeschirmt und weitgehend gegen den Druck der öffentlichen Haushalte gefeit. Die Zuordnung der Geld- und Kreditpolitik an die Notenbank erweist sich als durchaus *zweckentsprechend.*

II. Die Konjunkturpolitik der öffentlichen Haushalte

Im übrigen sind, insbesondere soweit es den konjunkturpolitischen Einsatz der öffentlichen Haushalte betrifft, naturgemäß die staatlichen Haushaltsträger zur Konjunktursteuerung und Wachstumsförderung berufen, darunter in erster Linie einerseits aufgrund des überwiegenden Eigengewichts des Bundeshaushalts, andererseits aufgrund der übergreifenden Wirkung der Konjunkturpolitik der *Bund* als einflußreichster Entscheidungsträger. Allgemein erscheint der Steuerung des umfassenden, interdependenten gesamtwirtschaftlichen Funktionensystems — insbesondere nach reinen Effektivitätsgesichtspunkten — die *Verteilung der Kompetenz auf möglichst wenige Funktionsträger adäquat,* um die Einheitlichkeit und Durchschlagskraft der Konjunkturpolitik zu sichern. (Insoweit können sich Konflikte zwischen Funktionsadäquanz und Verfassungskonformität konjunkturpolitischer Kompetenzverteilung ergeben.) Auf der anderen Seite erscheint es durchaus zweckdienlich, die beteiligten und betroffenen Interessenten von vornherein in die konjunktur- und wachstumspolitische Wissens- und Willensbildung einzubeziehen, um strategische Widerstände möglichst von vornherein durch entsprechende Klärung und Berücksichtigung zu vermeiden, statt sie nachträglich repressiv überwinden zu müssen. Insoweit ist eine derartige Beteiligung, die „nie dismembrierend sondern stets integrierend“[3] wirkt, in Form der Einschaltung von *Repräsentativorganen* wie des *Bundesrates* als Sprachrohr der Länder oder *gemischter Gremien* wie des *Konjunkturrates* oder *Finanzplanungsrates* nicht nur aus verfassungsdogmatischen Gründen durchaus erwünscht.

---

[3] *Maunz-Dürig,* Grundgesetz-Kommentar, Rdnr. 26 zu Art. 50 hinsichtlich der Beteiligung des Bundesrates, weil „in den Ländern die psychologische und politische Hinwendung zum Bund um so stärker ist, als man föderativen Organen Anteil am Bundesgeschehen gewährt“; ferner *Stern,* in: Stern-Münch, 1. Teil, Einfg. B III, 3, S. 56.

III. Der gouvernementale Charakter der Konjunkturpolitik

Konjunkturpolitik ist möglichst effektiv und funktionsadäquat nur durch einen zu schnellen Reaktionen befähigten, rasch zupackenden Funktionsträger zu bewältigen. Insoweit ist Konjunkturpolitik sachlogisch gouvernemental. Im Bereich der planenden Wachstumspolitik besteht die funktionelle Vorherrschaft der Exekutive dagegen nicht. Die Ausrichtung auf längerfristige Ziele erfordert eine Beweglichkeit des Funktionsträgers nur hinsichtlich der Anpassungsnotwendigkeiten gleitender Planung. *Hier liegt ein weites Anwendungsgebiet auch für den schwerfälligeren parlamentarischen Funktionsträger.*

Zweites Kapitel

Systemgerechtigkeit

Die Begriffe „Rationale Wirtschaftspolitik und Planung in der Wirtschaft“[4] mögen beinahe eine Tautologie bedeuten, so untrennbar gehören Wirtschaftspolitik, Planung und Sachverstand zusammen. Der Grundtenor, der die organisatorische und verfahrenstechnische Seite der Konjunktur- und Wachstumspolitik bestimmt, heißt denn auch: *Vorherrschaft des Sachverstandes in allen Entscheidungsgremien während sämtlicher Entwicklungsstadien.* Damit stellt sich die Frage nach der bestmöglichen organisatorischen Bewältigung dieser Funktionen. Die folgende Untersuchung, obwohl sie aus statischer Denkweise auszubrechen versucht, ist keineswegs spekulativ. Entgegen der herkömmlichen Fragestellung, welche Funktionsträger nach ihrer rechtlichen und tatsächlichen Struktur die Funktionen der Konjunktur- und Wachstumspolitik optimal erfüllen, soll im folgenden versucht werden, eine Antwort auf die Frage zu geben: „Wie müssen die Funktionsträger beschaffen sein, die jene Funktionen optimal erfüllen können, und inwieweit stehen ihre Errichtung und Ausstattung mit der Verfassung im Einklang?“

Zur organisatorischen Bewältigung der gegenwärtigen und zukünftig zu erwartenden umfangreichen Konjunktur- und Wachstumsfunktionen bieten sich grundsätzlich das Stabsystem (I) und das sog. Raster-(matrix-management)-System (II) an:

I. Stabsystem

Der Stabsgedanke, im militärischen Bereich entwickelt und vom zivilen Sektor partiell übernommen, findet in zunehmendem Maße

[4] Unter diesem Thema stand die Tagung des Vereins für Sozialpolitik, Hannover, vom 26.—29. Sept. 1966, Schriften des Vereins für Sozialpolitik, N. F. Bd. 45, 1967.

auch in öffentlichen Bereichen Beachtung. Dabei wird der Stabsbegriff in Anlehnung an die amerikanische Unterscheidung zwischen „staff" and „line" dem Begriff der Linie gegenübergestellt. Die *Linie* betrifft die nach außen zur Erfüllung primärer Zwecke der Organisation handelnden Elemente. Demgegenüber dient der *Stab* der Steigerung der Leistungskraft der Organisation durch Mobilisierung ihrer Leistungsanlagen im Wege der Innensteuerung[5]. Die Stäbe sind nicht zu vergleichen mit den schon vorher bekannten Mitarbeiterstäben, wie sie in Gestalt der persönlichen Referenten oder des erweiterten Büros eines Ministers oder Ministerpräsidenten bekannt sind. Im Grunde genommen dient der Stab der *Repräsentation aller in dem Funktionsablauf der Organisation irgendwie relevanten Interessen* in einer neutralen, objektiven, irrationalen Pressionen gegenüber abgewandten Form, wie z. B. die Marktforschungsstelle eines Unternehmens die Meinungen aller Kunden objektiv „zu reflektieren" versucht[6]. Mit zunehmender Komplexität und Pluralität eines Funktionensystems wächst die Anzahl der erforderlichen Stäbe, die einen ausschlaggebenden Faktor des Systems „repräsentieren". Repräsentation ist dabei nicht im Sinne einer partikulären, lobbyistischen Interessenverteidigung um jeden Preis aufzufassen, sondern als objektive, von irrationalen Egoismen befreite Widerspiegelung berücksichtigenswerter Funktionen zu verstehen. Diese drückt sich nicht nur in Informationen, sondern in Rat und Einfluß aus. Insoweit handelt es sich bei der Bildung eines Stabes um die Institutionalisierung einer bestimmten Rolle in einem bestimmten Funktionensystem. Im Wirtschaftsministerium sähe das etwa so aus, daß Stäbe unterhalb der Führungsspitze eingerichtet werden und zwar jeweils für Konsumenten, Produzenten, Sparer, Investoren, Importeure, Exporteure, Steuerzahler, Financiers und andere einflußreiche Faktoren im System des Wirtschaftsablaufs. Diese sind in der Regel, nicht aber denknotwendig mit den als Verbände formierten Partikularinteressenten in Gestalt der Arbeitgeberverbände, Gewerkschaften, der Landwirtschaftsverbände, des Beamtenbundes, des Bundes der Steuerzahler usw. identisch. Nur insoweit sind Stäbe Vertreter einflußreicher Gruppen; sie vertreten diese aber in ganz anderer Weise wie deren Verbände. Zahl und Art der Stäbe richten sich demnach nicht nach den entsprechenden Verbänden und pressures groups, sondern sie repräsentieren die im Wirtschaftsablauf in Erscheinung tretenden Agenden, indem sie deren Reaktionen auf strategische Maßnahmen simulieren, dadurch möglichst kalkulierbar machen und somit

[5] F. *Morstein-Marx*, Zum Ursprung des Stabsbegriffes in den Vereinigten Staaten, VerwArch. Bd. 55, 1964, S. 97 ff.

[6] H.-J. *Arndt*, Neue Sachzwänge und neuer Sachverstand, in: Die Staatskanzlei, Schriftenreihe Speyer, Bd. 34, 1967, S. 190 ff.

versuchen, das System durch ständige Tuchfühlung mit dessen treibenden Kräften in den Griff zu bekommen.[7]

II. „Matrix management"-System

Ursprünglich von der amerikanischen Organisationslehre für die private Unternehmensführung entwickelt, beginnt sich die Organisationsmethode des matrix management auch in der Regierungsorganisation der Bundesrepublik abzuzeichnen. Im wesentlichen bezeichnet die Methode das Prinzip, bestimmte Funktionen, die allen oder mehreren Ressorts einer Organisation gemeinsam sind, aus ihrer isolierten Zugehörigkeit zu dem jeweiligen Ressort zu befreien und in eigenen Ressorts zusammenzufassen. Das daraus folgende systematische „Durchkreuzen" der alten durch die neu errichteten Ressorts — darauf beruht die Bezeichnung als matrix management — führt sicherlich zu erhöhten Reibungsmöglichkeiten und Konflikten, bietet aber durch Vermehrung der Koordinierungspunkte und gemeinsame Wissensbildung auch die Chance zur Intensivierung aufeinander abgestimmter Aktionen, zur Vermeidung eines systemlosen Gegen- oder Auseinanderlaufens der Funktionen und damit zur Einsparung eines überflüssigen Mehraufwandes an Arbeit und Kosten. Anders als im Stabssystem, in dem die Koordinierungsfunktionen an die Führungsspitze angebunden sind, erfolgt die Koordination im matrix management durch die einzelnen Ressorts selbst, so daß der Führungsspitze abgesehen von der „Richtlinienbestimmung" nur noch die Aufgabe zufällt, in Notfällen als Rettungsdienst einzuspringen und „Unsicherheiten zu absorbieren"[8]. Anders als der Stabsfunktionär ist der Funktionär im matrix management nicht unmittelbar der Führungsspitze unterstellt, sondern befindet sich entfernt von ihr im System und ist zudem mit eigener Entscheidungsgewalt ausgerüstet.[9]

Drittes Kapitel

Verfassungskonformität

I. Strategische Planung innerhalb der Regierungsorganisation

Die Frage nach den verfassungsrechtlichen Möglichkeiten, Stab- und matrix management-Systeme als organisatorische Formen strategischer

---

[7] H.-J. *Arndt*, ebenda, S. 191/2: „Organisatorisch bedeuten Stäbe nichts anderes als das Hochziehen des Apparates zur Erfassung und Analyse der Systemfunktionen hin an die oberste Spitze und ihr Attachement direkt an diese Spitze."

[8] N. *Luhmann*, Funktionen und Folgen formaler Organisation, Schriftenreihe Speyer, Bd. 20, 1964, S. 174 ff.

Planung im geltenden Regierungssystem zu verwirklichen, ist — soweit ersichtlich — auf Bundesebene in der Literatur bisher kaum erörtert.[10] Die Möglichkeiten, den Sachverstand in die Regierungsorganisation einzugliedern, gebieten der Spekulation kaum Einhalt. Die verfassungsrechtliche Entscheidung für eine Mischform der Regierungsorganisation in Gestalt der Verbindung von Kanzler-, Ressort- und Kollegialprinzip setzt jedoch abgrenzende Markierungspunkte. Die parlamentarische Ausstattung mit Stäben dürfte daran scheitern, daß ihre personelle Zusammensetzung — soll das Parlament sich nicht zu einem zweiten Exekutivkörper auswachsen — aus den eigenen Reihen der Abgeordneten rekrutieren müßte.

1. Stabsorganisation im Kabinett

Art. 65 Satz 3 GG spricht die Bundesregierung als selbständigen Funktionsträger an, indem er ihr als Kollegium die Entscheidung über Meinungsverschiedenheiten zwischen den Bundesministern zuspricht und ihr damit eine ausgleichende Koordinationsbefugnis einräumt. Demnach erscheint es nicht ausgeschlossen, dem Kollegium als Institution unmittelbar Stäbe zu unterstellen und es auf diese Weise zu einem Koordinationszentrum der Bundesregierung auszubauen. Jedoch läßt sich das vorwiegend in Art. 65 Satz 3 GG zum Ausdruck kommende Kollegialprinzip weder isoliert verwirklichen noch beliebig mit Kanzler- und Ressortprinzip kombinieren, sondern nur im Rahmen seiner Grenzen — Kanzlerprärogative einerseits, stark ausgeprägte Ressortselbständigkeit der Minister andererseits — durchsetzen. Art. 65 Satz 3 spricht von Meinungsverschiedenheiten zwischen Bundesministern, bezieht sich dagegen nicht auf Meinungsverschiedenheiten zwischen Bundeskanzler und Bundesminister. Daraus folgt, daß die „Koordinationsvollmacht“[11] des Kollegiums wohl bei Meinungsverschiedenheiten, die keine Richtlinienbestimmungen betreffen, als Aus-

[9] Ein Wirtschaftsunternehmen, das nach der matrix management Methode organisiert ist, sieht etwa so aus, daß quer durch die einzelnen Branchen — bei den Farbwerken Hoechst etwa Arzneimittel, Kunststoffe, Kunstdünger usw. — Funktionen laufen, etwa Finanzen, Personal, Technik, Produktion, Planung usw., die zu selbständigen Ressorts zusammengefaßt sind, so daß sich der Vorstand des Unternehmens aus Spartenleiter einerseits, Systemfunktionären andererseits zusammensetzt.

[10] Auf Landesebene vornehmlich die Arbeitstagung der Hochschule für Verwaltungswissenschaften 1966, in: Die Staatskanzlei, Schriftenreihe Speyer, Bd. 34, 1967.

[11] A. *Köttgen,* Einfluß des Bundes auf die deutsche Verwaltung und die Organisation der bundeseigenen Verwaltung, JöR, N. F. 11, 1962, S. 173 ff., 258; *ders.,* Bundesregierung und oberste Bundesbehörde, DÖV 1954, S. 4.

gleichsinstrument ausschlaggebend ist[12], nicht aber in sonstigen Fällen, da insoweit eher die Rechte des Kollegiums ihre Grenzen an der Richtlinienkompetenz des Bundeskanzlers finden, als umgekehrt die Richtlinienbefugnis des Kanzlers durch die Rechte des Kollegiums eingeschränkt wird[13], obwohl die Lage sicher nicht so eindeutig ist wie der entsprechende Aktenvermerk Bundeskanzler Adenauers 1956 hierzu: „Fällt unter den noch genauer zu beschreibenden Aufgabenkreis des Bundeskanzlers und ist auch wohl selbstverständlich"[14]. Schließlich läßt die Tatsache, daß das Grundgesetz wohl die Verantwortlichkeit des Kanzlers für die Richtlinien einerseits (Art. 65 Satz 1, 67 GG), der Minister für ihren Geschäftsbereich andererseits (Art. 65 Satz 2 GG) trennt, aber keine Verantwortlichkeit des Kollegiums vorsieht, Rückschlüsse auf eine nach Umfang und Inhalt relativ schwache[15] Kompetenz des Kollegiums zu. Die Ansicht Böckenfördes[16], daß auch dann, wenn die Verfassung nach außen der Regierung als Kollegium eine Zuständigkeit zuweist, die eigentliche Sachentscheidung dem nach der Innenorganisation zuständigen Organ obliegt, mag für die Landesregierung zutreffen, dürfte aber auf Bundesebene nicht zu vereinbaren sein mit Art. 80 GG, der in Absatz 1, Satz 1 Bundesregierung einerseits und Bundesminister andererseits voneinander durch die Bestimmung deutlich unterscheidet, daß „die Bundesregierung, ein Bundesminister oder die Landesregierung" durch Gesetz ermächtigt werden können, Rechtsverordnungen zu erlassen. Zwar trägt die Organisationsstruktur der Bundesregierung weniger einseitig monokratische und bürokratische Züge, als die Regierung nach der alten Reichsverfassung[17], aber trotz der sich deutlich abzeichnenden Ent-

---

[12] *Maunz* in: Maunz-Dürig, Rdnr. 7 zu Art. 62; mißverständlich insoweit E. *Böckenförde*, Die Organisationsgewalt im Bereich der Regierung 1964, S. 173 FN 16.

[13] *Maunz* in: Maunz-Dürig, Rdnr. 11 zu Art. 65.

[14] Nach G. *Bachmann*, Das Bundeskanzleramt, in: Die Staatskanzlei, S. 161 ff., 166/7.

[15] Die Position des Kabinetts wird allerdings durch besondere Kompetenzzuweisungen gestärkt, z. B. zu Maßnahmen des Bundeszwanges, Art. 37 Abs. 1 GG, zur Entsendung eines Beauftragten nach Art. 85 Abs. 4 GG, zum Antrag auf Erklärung des Gesetzgebungsnotstandes, Art. 81 GG oder des Zustimmungsrechts zu ausgabenerhöhenden Beschlüssen des Bundestages nach Art. 113 GG, dem nach der vorgeschlagenen Neufassung des Art. 113, Gesetzentwürfe zur Haushaltsreform, BRats-Drucks. 284/68 erhöhte Bedeutung zukommt.

[16] E. *Böckenförde*, Die Organisationsgewalt im Bereich der Regierung, 1964, S. 179/180.

[17] Auch nach der Weimarer Verfassung bildete der Reichskanzler die Schlüsselfigur der Regierungsorganisation trotz einer gegenüber der Reichsverfassung stärkeren Position der Minister.

wicklung zu strategischen Führungsnotwendigkeiten hat die Regierungsorganisation des Grundgesetzes stärker den Charakter einer zentralen Verwaltungsorganisation als den einer politischen Gesamtleitung.[18] Zwischen der Prärogativstellung des Kanzlers, die durch Art. 64, 67 GG eine weitere Stütze erfährt, und der administrativen Spitzenstellung der Minister bleibt für das Kollegium kaum ein Entfaltungsraum zu eigener Führungstätigkeit. Daran vermag auch die tatsächliche Entwicklung zu einem kollegialen Regierungsstil aufgrund einer Mehrparteienregierung nichts zu ändern. Die verfassungsrechtliche Organisationsstruktur bietet dafür kaum einen positiven Rückhalt. Aus der durch Kanzler- und Ressortprinzip eingeengten Rolle des Regierungskollegiums ergeben sich hinsichtlich der Ausbaufähigkeit des Kollegiums zu einem strategischen Planungszentrum zahlreiche Folgerungen. Unter anderem:

— Anders als etwa der Schweizer Bundesrat, als „oberste vollziehende und leitende Behörde"[19], vermag das Kollegium der Bundesregierung einen strategischen Einfluß auf Kanzler und Minister nur insoweit auszuüben, als durch Ressortüberschreitungen — die mit wachsender Durchdringung und Koheränz der Funktionen allerdings zunehmen — Differenzen entstehen[20]. Es handelt sich eher um ein nachträgliches Schlichten als um eine präventive — Differenzen gerade zu vermeiden suchende — Koordination. Gerade letztere aber macht das Wesen der Strategie aus. Insoweit erscheint das Regierungskollegium nicht als der rechte Ort zur Einrichtung von strategisch geschulten Stäben.

— Die im Grundgesetz festgelegte Organisationsstruktur der Regierung ist mit einem „kollegialen Überbau"[21] nach englischem Muster in Form eines aus der Gesamtheit der Ressortminister herausgeschnittenen eigenen Kabinetts als führendem Regierungsorgan mit Richtlinienkompetenz gegenüber den übrigen Ministern nicht zu vereinbaren. Nach der Verfassung besteht absolute Gleichberechtigung unter den Ministern.

— Aus der inneren Struktur der Regierung folgt, daß das Kollegium nicht selbst neben den anderen Ministern ein eigenes Ressort bilden kann. Sofern eine Materie einer bestimmten Verwaltungseinheit angehört, fällt sie automatisch in den entsprechenden ministeriellen Ressortbereich. Insbesondere scheidet die Bildung eines Kollegiums-

[18] E. *Böckenförde*, Organisationsgewalt im Bereich der Regierung, S. 170.

[19] Art. 95 Schweizerische Bundesverfassung.

[20] In der Ausgleichsfunktion des Kollegiums liegt ebenso eine Garantie der Ressortselbständigkeit wie ihre fallweise Begrenzung, I. *Amphoux*, Le chancelier fédéral dans le régime constitutional de la République fédérale d'Allemagne, 1962, S. 292.

[21] J. *Hatschek*, Englisches Staatsrecht, Bd. 2, Die Verwaltung, 1906, S. 28.

Ressorts nach Art des kurzlebigen kollegialen Reichsministeriums der Weimarer Zeit[22] aus.

— An der — notfalls im Organstreitverfahren durchsetzbaren — Ressortselbständigkeit der Minister scheitert die Einrichtung eines aus mehreren Ressorts gebildeten „inneren Kabinetts" innerhalb der Regierung ebenso wie die Einführung eines Koordinationsministers englischen Vorbildes[23], der — ohne selbst ein Ressort zu verwalten — lediglich die Aufgabe erfüllt, mehrere Ressorts zu koordinieren.

— Verschiedentlich sind in der Bundesrepublik Kabinettsausschüsse errichtet worden, z. B. das sog. Wirtschaftskabinett als Koordinierungsausschuß für Wirtschaftsfragen, der Kabinettsausschuß für Sozialreform, der Bundesverteidigungsrat und der Kabinettsausschuß für die Aufstellung des ersten Finanzplans[24]. Es handelt sich im Vergleich zu dem englischen „government by committee" um eine verschwindend kleine Zahl von Ausschüssen, dennoch liegen sie in der kritischen Zone verfassungsrechtlicher Zulässigkeit. Ebensowenig wie für das Kabinett (Kollegium) besteht für die Kabinettsausschüsse zwischen Kanzlerprärogative und Ressortprinzip keine Bewegungsfreiheit für übergeordnete Richtlinien — und Leitungsfunktionen. Da auch die Funktion, bei Meinungsverschiedenheiten zwischen den Ministern zu entscheiden, durch das Kabinett selbst wahrgenommen wird, steht den Kabinettsausschüssen eine eigene Entscheidungs- oder Plangewalt nicht zu, sondern erschöpft sich ihr Auftrag in der Beratung und in der Entscheidungsvorbereitung[25]. So sinnvoll eine Ausgliederung zur Füh-

---

[22] § 8 des Gesetzes über die vorläufige Reichsgewalt vom 10. 2. 1919, RGBl. S. 169.

[23] Das englische Verteidigungsministerium bildete zeitweise das Koordinationsministerium für die vier Ressorts: Admiralität, Heeres-, Luftwaffen- und Versorgungsministerium, G. A. *Ritter*, Das britische Regierungssystem, Quellenbuch, 1958, S. 135 f.

[24] A. *Möller*, Kommentar zum Stabilitätsgesetz 1968, Rdnr. 14 zu § 9 StabG.

[25] Der Bundesverteidigungsrat stellt weit mehr als ein vorbereitendes und beratendes Gremium dar, sondern hat sich zu einem echten Verteidigungskabinett entwickelt — nach *Böckenförde* ein Beweis dafür, „daß an dieser Stelle die staatspolitische Notwendigkeit sich durchsetzt und ihre rechtsbildende Kraft erweist". Im Interesse des Einklangs zwischen Verfassungsrecht und Verfassungswirklichkeit empfiehlt *Böckenförde* eine Ergänzung des Art. 65 GG derart: „Innerhalb der Bundesregierung können Kabinettsausschüsse mit eigenen Koordinierungsaufgaben gebildet werden", E. *Böckenförde*, Organisationsgewalt, S. 248/9.

rungsspitze in Form von Kabinettsausschüssen im Interesse einer überschaubaren und strafferen Leitung und Planung der Regierungsarbeit angesichts zunehmender Komplexität und Kohärenz der Ressorts erscheinen mag, so wenig passen koordinierende, mit Einfluß- und Führungsrechten ausgestattete Kabinettsausschüsse in das Bild der grundgesetzlich festgelegten Organisationsstruktur.

— Angesichts der zwischen Kanzler- und Ressortprinzip eingeengten Rolle des Kollegiums und ihrer entsprechend begrenzten Organisationsgewalt ist das Kabinett nicht der rechte Ort zur Einführung der Stabsarbeit in die Regierungsgeschäfte. Die ausgleichende Koordinationsfunktion des Kabinetts nach Art. 65 GG bietet keine Grundlage für die Funktion von Stäben. Aber auch soweit der Bundesregierung durch besondere Kompetenzzuweisungen Aufgaben übertragen werden, erscheint zu ihrer Erfüllung die Einrichtung von Stäben nicht gerechtfertigt — handelt es sich doch auch dabei stets um reine Koordinationsfunktionen, nicht aber um strategische Planung, der allein das Stabsystem adäquat ist.

Daraus folgt:

Nach der verfassungsrechtlichen Innenstruktur der Regierungsorganisation ist das Kabinett auf Aufgaben gesamtwirtschaftlicher Planung im Wege rein rationaler Stabsarbeit nicht zugeschnitten. Als Koordinationsgremium und politisches Entscheidungsorgan mag das Kabinett wohl befugt sein, Finanzpläne zu sanktionieren (§ 9 Abs. 2 Satz 2 StabG), jedoch überspannt die eigentlich strategische Aufgabe der Planaufstellung seinen Kompetenzbereich. Insoweit ist das Kabinett bei der Planaufstellung nicht zu beteiligen, auch nicht im Stadium der Programmierung[26]. *Dem Kabinett obliegt daher nach § 9 Abs. 2 Satz 2 StabG, den fertig programmierten, d. h. Prioritäten setzenden Finanzplan im Wege der nachträglich korrigierenden, nicht aber der antizipierenden Koordination, im politischen Nahkampf und in der Regel unter Verwendung von Kompromißformeln durchzusetzen*[27].

---

[26] A. A. A. *Möller*, Rdnr. 14 zu § 9, S. 131: „Die Programmierung des Finanzplans wird in Abs. 2 keiner besonderen Instanz innerhalb der Bundesregierung zugewiesen. Die Aufgabe der Programmierung besteht im wesentlichen darin, innerhalb der und zwischen den einzelnen Ressorts das sachlich und politisch Mögliche aufeinander abzustimmen. Diese Koordinierungsaufgabe fällt grundsätzlich in den Zuständigkeitsbereich des Kollegialorgans Bundesregierung (Art. 65 S. 3 GG)."

[27] Fraglich erscheint, ob das Kabinett lediglich Empfehlungen hinsichtlich der Revision des Finanzplans durch den Finanzminister aussprechen darf, oder selbst zur Vornahme von Korrekturen — jedenfalls soweit es sich um überschaubare Änderungen handelt — befugt ist.

Nachträgliche politische Koordination der Finanzplanung ist jedoch keine Aufgabe strategisch planender Stäbe. Das Kabinett ist nicht der adäquate Organisationsträger für die Einführung des Stabsystems.

2. *Stabsorganisation in den Ministerien*

Jeglicher organisatorisch-technische Eingriff in die Ministerialbürokratie ist an einen bestimmten Katalog zu berücksichtigender rechtlicher und tatsächlicher Möglichkeiten gebunden:

a) Eine gewisse Vorentscheidung für die Organisationsstruktur der Ministerien, auch für ihren Ausbau nach dem Stabsystem, ergibt sich aus der institutionell-organisatorischen Verbindung von Kabinettsmitgliedschaft und Ressortleitung in der Person des Ministers, der damit zur „Gelenkstelle"[28] zwischen politischer Willensbildung und administrativer Willensausführung wird. Die politisch-administrative Doppelfunktion des Ministers bestimmt seine sachliche Zuständigkeit und organisationsrechtliche Stellung[29], ist aber auch für den behördlichen Aufbau des Ministeriums von Bedeutung.

Gerade der letztere Gesichtspunkt interessiert im anstehenden Zusammenhang — scheinen doch die Organisationspläne der Ministerien bisher die Doppelfunktion nur in geringem Umfang zu berücksichtigen und vielmehr einseitig auf die administrative Seite abzustellen. Entsprechend bieten die Ministerien nahezu ausschließlich das Bild einer bürokratischen, behördenmäßig in Abteilungen und Unterabteilungen hierarchisch gegliederten Formalstruktur. Erst in jüngster Zeit werden mit der Einrichtung eines dem Minister bzw. dem Staatssekretär unmittelbar unterstehenden abteilungsfreien Planungsstabes im Auswärtigen Amt[30] und im Verteidigungsministerium Ansätze sichtbar, auch der politisch-gestaltenden Funktion des Ministers in stärkerem Maße Rechnung zu tragen[31]. Ob es sich dabei um den erwünschten Auftakt zu einer *beweglicheren Gestaltung der inneren Organisation der Ministerien* überhaupt handelt, bleibt abzuwarten. Mit dem Prinzip der Verantwortlichkeit des Ministers nicht zu vereinbaren ist eine Verlagerung seiner Entscheidungsgewalt auf weisungsunabhängige interministerielle Gremien. Zu weitgehend erscheint auch die Auflösung der bürokratischen Behörde in eine Reihe von

---

[28] A. *Köttgen*, Der Einfluß des Bundes auf die deutsche Verwaltung und die Organisation der bundeseigenen Verwaltung, JöR, N. F. 11, 1962, S. 67 ff., 104.

[29] Im einzelnen, insbesondere im Verhältnis zu Bundeskanzler und Kabinett, E. *Böckenförde*, Organisationsgewalt, S. 205 ff.

[30] Im Zuge der Umgliederung des Auswärtigen Amtes von Anfang 1963.

[31] Organisationserlaß des Bundesverteidigungsministers vom 7. 2. 1964, unveröffentlicht.

Arbeitsstäben, die in unmittelbarem Attachement an die Führungsspitze, als Annex des Ministers, gebildet werden. Dabei wird zu einseitig der *politische Charakter* berücksichtigt und die *administrative Funktion* der obersten Bundesbehörden vernachlässigt. *Der politisch-administrativen Doppelfunktion der Minister entspricht allein eine kombiniert bürokratisch-strategische Organisationsstruktur in Gestalt der Einrichtung eines fungiblen Führungsstabes zusammen mit der Exekutivbehörde, nicht im Sinne eines isolierten Nebeneinanders sondern — entsprechend der Umschaltfunktion der Minister zwischen Politik und Verwaltung — im Sinne einer gegenseitig beeinflussenden Zusammenarbeit.* Vom gleichen Ausgangspunkt her zu einem unterschiedlichen Ergebnis gelangt Köttgen[32], wenn er den Dualismus zwischen Politik und Verwaltung auf der Ministerialebene organisatorisch dadurch zu erfassen sucht, daß das „Haus" der Berufsbeamten unter Leitung der „bürokratischen Schlüsselfigur" des Staatssekretärs scharf abgehoben und abgesichert wird gegenüber den „durch das Spiel des politischen Zufalls" bestimmten, hauptsächlich Impulse setzenden Ministern. So sehr dieser Vorschlag durch das Anliegen bestimmt sein mag, in den Ministerien sowohl vorwärtstreibende, planerische Kräfte als auch die sichernde, vorhandene Errungenschaften bewahrende Verwaltung zur Sprache zu bringen, so wenig wird doch diese Konzeption einer scharfen Trennung zwischen politischer Regierungsspitze und verwaltendem Unterbau der Stellung des Ministers als Ressortchef innerhalb des gesamten Hauses gerecht[33]. Im Sozialstaat, in dem die verwaltende Förderung des gesellschaftlichen Fortschritts zu einem Hauptinhalt staatlicher Tätigkeit wird, rücken Politik und Verwaltung in nicht zufälliger Parallele zur Osmose von Staat und Gesellschaft dank der Vermittlerrolle des Sachverstandes zunehmend näher zusammen. Organisatorische Rückwirkungen können nicht ausbleiben. Das Stabsystem in den Ministerien bietet insoweit wertvolle Dienste, indem es die politische Führung erleichtert, ohne den exekutiven Bedürfnissen abträglich zu sein.

b) Eine etwaige stabsmäßige Einrichtung der Ministerien unterliegt nicht dem Vorbehalt des Gesetzes. Unabhängig von der Frage, ob gesetzesfreie Verwaltung den Bindungen des 8. Abschnittes des Grundgesetzes unterliegt, regelt Art. 87 GG „nach seinem gesamten Zusammenhang nicht die Einrichtung und die Tätigkeit der sogenannten

---

[32] A. *Köttgen*, Bundesregierung und oberste Bundesbehörden, DÖV 1954, S. 1 ff., 7 ff.; *ders.*, Einfluß des Bundes, JöR N. F. 11, 1962, S. 263 ff.

[33] In der Tat scheint hier die „Anerkennung der Bürokratie als eigene politische Kraft" zu stark zum Ausdruck zu kommen, E. *Böckenförde*, Organisationsgewalt S. 215 u. H. auf F. *Münch*, Die Bundesregierung 1954, S. 106 ff.

obersten Bundesbehörden", sondern betrifft nur Organisationsformen unter- und außerhalb dieser Stufe[34]. Andernfalls würde der „Charakter der Ministerien als Vorstufe auch der Gesetzgebungstätigkeit im Sinne des Art. 76 Abs. 1 GG" nicht beachtet. Insoweit läßt sich von einer „Organisationsgewalt der Bundesregierung im Bereich der Bundesministerialstufe" sprechen[35] — die auch die Befugnis zur Einrichtung von Stäben umfaßt. Für Inhalt und Umfang der Stabsarbeit gilt jedoch eine Grenze, welche das Bundesverfassungsgericht[36] zwar in erster Linie für die Verwaltungskompetenz gezogen hat, die aber allgemein für die Tätigkeit des Bundes gilt, daß nämlich die Reichweite der Gesetzgebungskompetenz ihre äußerste Grenze darstellt.

c) Die Zahl der Ministerien ist grundgesetzlich nicht festgelegt. Die Verfassung geht von einer flexiblen, durchaus mobilen Regierungsorganisation aus[37]. Insoweit besteht ausreichend Raum, in dem sich die Wirklichkeit und geschichtlich politischer Wandel zur Geltung bringen können. Der Aufnahme neuer Funktionen in die Regierungsarbeit ist durch die Ressorts keine Grenze gesetzt.

d) Die Einrichtung und Einteilung der Ressorts ist in der parlamentarischen Parteiendemokratie nicht nur eine Frage der optimalen Wahrnehmung von Zuständigkeiten, sondern auch der Personalpolitik[38] — so sah schon Rudolf von Gneist die Aufgabe der Ministerien vorzüglich darin, „den Bedürfnissen der Zeit ... zu genügen, für welche ‚Männer und Maßregeln' jederzeit unzertrennbar sind"[39]. Ebensowenig wie eine rein unpolitische, sachlich-neutrale Regierungsbildung der Regierung als Integration divergierender politischer Kräfte[40] gerecht wird, widerspricht eine rein politische Formierung

---

[34] *Maunz,* in: Maunz-Dürig, Rdnr. 15 zu Art. 87.

[35] *Maunz,* ebenda.

[36] *BVerfG* v. 28. 2. 1961, Fernsehurteil, E 12, S. 205 ff., 240 ff.

[37] Anders einige Landesverfassungen, Art. 45 Abs. 3 Bad. Württ. Verf.; Art. 49 Bay. Verf.; Art. 107 Bremer Verf. Mag in den Ländern, die sich aufgrund der „antiföderalistischen Tendenz der modernen Erwerbs- und Industriegesellschaft der Sache nach immer mehr zu potenzierten Selbstverwaltungskörperschaften" entwickeln, eine fixierte Regierungsorganisation noch angehen, im Bund, „wo die Regierungstätigkeit im Sinne der eigentlich politischen, staatsleitenden Tätigkeit sich konzentriert, bedarf es einer beweglichen Regierungsorganisation, auch auf die Gefahr hin, daß diese Beweglichkeit bisweilen überspannt wird", E. *Böckenförde,* Organisationsgewalt im Bereich der Regierung, S. 193.

[38] Aus politischen Gründen sind nach *Böckenförde,* ebenda, das Ministerium für Angelegenheiten des Bundesrats 1949, das Ministerium für wirtschaftliche Zusammenarbeit 1961 und das Gesundheitsministerium 1961 entstanden.

[39] R. v. *Gneist,* Gesetz und Budget, 1879, S. 48.

[40] J. *Amphoux,* Le Chancelier fédéral, Paris 1962, S. 204 f.

des Kabinetts der administrativen Aufgabe der Minister, liegt darin doch die Gefahr, daß notwendige Funktionszusammenhänge aus systemfremden Erwägungen geteilt werden.

e) Die Abstimmung von Zahl und Größe der Ministerien auf ihre optimale Funktionsfähigkeit[41] dürfte solange die Quadratur des Zirkels bedeuten, wie die Leiter der Ressorts zur politischen Einheit des Kabinetts zusammengefaßt werden, besteht dabei doch die Gefahr, daß einerseits das Kabinett Verwaltungsfunktionen wahrnimmt (wenn die Ministerien oder die Zahl der Minister zu klein sind) oder andererseits die parlamentarische Verantwortlichkeit der Minister als Leiter von Mammut-Ressorts nicht mehr gewährleistet ist. Als Ausweg aus diesem Dilemma bietet sich nur die Aufhebung der Personalunion von Ressortchef und Kabinettsmitglied an[42].

Daraus folgt:

Sowenig den Ministern „mit Portefeuille" das Recht zu strategischer Planung im Rahmen ihres Ressortbereichs und innerhalb der Richtlinien des Bundeskanzlers abgesprochen werden kann, so problematisch erscheint die über das eigene Geschäftsgebiet hinausreichende und in andere Ressorts hineinragende Kompetenz des Ministers zur politischen Strategie im Verhältnis zu den Kompetenzen des Bundeskanzleramtes — *eine Problematik, die eklatant gerade im Bereich staatlicher Finanzplanung hervortritt, erfaßt diese doch durch Ressortmauern hindurch nahezu die gesamte Staatstätigkeit von der Einnahmen- oder Ausgabenseite her, und zwar nicht nur registrierend, sondern im Wege aktiv gestaltender und umgestaltender Steuerung.* Eine öffentliche Finanzwirtschaft, die ihre Zielsetzung über die bloße Mittelbeschaffung und Mittelverwendung für die Zwecke des öffentlichen Haushalts hinaus erweitert hat und zu einem „vornehmlichen Mittel der Staats- und Wirtschaftspolitik im weitesten Sinne"[43] geworden ist, bietet in der Hand des Finanzministers ein machtvolles Gegengewicht zur Richtlinienkompetenz des Bundeskanzlers. Ein losgelöst von dem verfügbaren finanziellen Potential konzipiertes Programm ist eine ebenso stumpfe Waffe wie das Lichtenbergische Messer ohne Klinge. Aufgrund der „übergreifenden"[44] Wirkung der öffentlichen Finanzwirtschaft legt die Betrauung des Finanzministers mit den Aufgaben einer Prioritäten setzenden, in gewisser Hinsicht präjudizierenden Finanzplanung den Grundstein zu einem Mammutministerium, das mit zunehmender, im Laufe der Zeit erfolgender

---

[41] Hierzu H. J. *Wolff*, Verwaltungsrecht II, 1967, § 75 III, S. 66.

[42] E. *Böckenförde*, Die Organisationsgewalt im Bereich der Regierung, S .179, 197, 226 ff.

[43] G. *Schmölders*, Finanzpolitik, in: Ev. Staatslexikon, Sp. 514.

[44] H. *Jecht*, Finanzwirtschaft, öffentliche, in: HdSW Bd. 3, 1961, S. 677.

Aufstockung dem Regierungsgebäude des Bundeskanzlers den Rang abzulaufen droht. Die Kehrseite der Medaille hat Knöpfle[45] deutlich beschrieben: „Ohne gleichzeitige budgetmäßige Vorausplanung erscheint die volle Ausschöpfung der Befugnis der Regierungschefs zur gesamtpolitischen Lenkung und die Aufstellung eines Schwerpunktprogrammes und einer Prioritätenordnung für die Regierungsarbeit kaum mehr möglich." Entsprechend wird in zunehmendem Maße gefordert, Richtlinienkompetenz und Haushaltsplanung in der Bundesrepublik enger als bisher zusammenzubinden und im organisatorischen Aufbau der Exekutive höher an die Führungsspitze zu attachieren.[46] *In der Tat entspricht dem pyramidenförmigen Organisationsaufbau der Regierung nach dem Grundgesetz weit mehr die Zentrierung richtlinienhafter, rahmensetzender Finanzplanung im Bundeskanzleramt als in einem zu einer Nebenregierung aufgebauschten Finanzministerium*[47]. Das bedeutet noch kein Planungsverbot für den Finanzminister, läßt sich doch seit der verfassungsrechtlichen Einführung der fiscal policy eine Finanzpolitik als rein „angewandte Finanzwirtschaft" ohne Ausrichtung an Konjunktur-, Struktur- und Wachstumszielen nicht mehr führen. Jedoch sollte die Bildung von Schwerpunktprogrammen und Prioritätsordnungen in das Bundeskanzleramt verlagert werden, ein Reformziel, von dem angesichts seiner gerade in den letzten Jahren und besonders seit dem 8. Juni 1967 gewachsenen Dringlichkeit auch die Feststellung von Morstein Marx nicht abhalten sollte: „Solange andererseits das Finanzministerium gewissermaßen aus eigener Kraft den offenen Raum besetzt zu halten versucht, winkt Reformbemühungen nur ein beschränkter Erfolg."[48] *Als organisatorische Lösung bietet sich die Errichtung von untereinander verbundenen Stäben beim Bundesfinanzminister und im Bundeskanzleramt* an.

3. Stabsorganisation im Bundeskanzleramt

Den gedanklichen Ausgangspunkt für die Bestimmung der Führungsrolle des Bundeskanzlers und die Organisationsstruktur der Regierungsspitze bildet die Richtlinienkompetenz des Bundeskanzlers,

---

[45] F. *Knöpfle*, Tätigkeitssphären und Organisationsstrukturen, S. 45.

[46] F. *Morstein-Marx*, Regierungsprogramm und Haushaltsplanung in vergleichender Sicht, PVS 1965, S. 442 ff., 458: „Politische Programmformulierung und Haushaltsplanung liegen in der Bundesrepublik weder eng genug beisammen noch als Gesamtkomplex hoch genug im organisatorischen Aufbau der Exekutive" ... „weshalb die viel beredte Richtlinienkompetenz des Kanzlers als Quelle der Programminitiative kaum hervorgetreten und in der Tat insoweit zur Hauptsache ein Paradedegen geblieben ist".

[47] F. *Morstein-Marx*, ebenda, S. 458.

[48] F. *Morstein-Marx*, ebenda.

die sowohl Vorrang besitzt vor Einzelentscheidungen der Ressortminister[49] als auch vor Kollegialbeschlüssen[50]. Die verfassungsorganisatorische Hervorhebung des Kanzlerprinzips gegenüber Ressort- und Kollegialprinzip legt es nahe, das Stab-System in der Nähe des Kanzlers zur Erfüllung der Richtlinienfunktion anzusiedeln. Organisatorisch bietet das *Bundeskanzleramt*[51] zur strategischen Planung im Wege der Stabsarbeit den geeigneten Rahmen — weniger in seiner Funktion als Kabinettssekretariat zur Durchführung der Geschäfte der Bundesregierung, deren Leitung dem Bundeskanzler neben seiner Richtlinienkompetenz zusteht, als in seiner Rolle des politischen Büros, des „Arbeitsstabes für die Bestimmung der Richtlinien der Politik"[52]. Neben den Funktionen der Planung und Koordination sollen dem Bundeskanzleramt nach neuerer Auffassung auch subsidiäre Ressortfunktionen zufallen, wenn die zuständigen Minister ihre Aufgabe nicht erfüllen oder nicht erfüllen können. In solchen Fällen soll das Bundeskanzleramt einspringen, um einen staatspolitischen Leerlauf zu vermeiden[53]. Es ist gewiß kein Zufall, daß die Geburtsstunde dieses neuen Typs des politischen Büros — das Office of the President in den USA[54], die Kabinettssekretariate in England, etwa das Permanent Secretary to the Treasury[55], das Présidence du Conseil[56] in Frankreich — in die Zeit des 1. Weltkriegs fällt, als Zuwachs und Wandel der Staatsaufgaben auch eine Umstellung der Regierungsarbeit in Richtung übergreifender Koordination und Planung erforderlich werden ließen[57]. Der Ausbau des Bundeskanzleramtes zum „Zivilen Generalstab" drängt sich aufgrund der bestehen-

---

[49] *Maunz*, in: Maunz-Dürig, Rdnr. 10 zu Art. 65 GG.

[50] *Maunz*, Rdnr. 11 zu Art. 65 GG.

[51] E. *Böckenförde*, Die Organisationsgewalt im Bereich der Regierung, S. 236.

[52] J. H. *Kaiser*, Ausblicke vom Standpunkt des Staatsrechts, in: Die Staatskanzlei, Schriftenreihe Speyer, Bd. 34, 1967, S. 233 ff., 240.

[53] Zu dessen Funktionen s. Bundeshaushaltsplan für das Rechnungsjahr 1968, Vorwort zum Einzelplan 04, S. 188.

[54] K. *Loewenstein*, Verfassungsrecht und Verfassungspraxis der Vereinigten Staaten 1959, S. 320 ff.; F. *Morstein-Marx*, Amerikanische Verwaltung, Schriftenreihe Speyer, Bd. 15, 1963, S. 89 ff.; 134 ff.

[55] Seit dem berühmten Haldan-Report von 1918 ist die Notwendigkeit dieses Sekretariats kaum noch umstritten, W. Z. M. *Mackenzie*, The Structure of Central Administration; Lord *Champion*, D. H. *Chester* u. a., in: British Government since 1918, London 1951, p. 56 ff., 64 ff.

[56] H. *Hauriou*, Précis de droit constitutionnel, 1923, S. 467 f.

[57] U. *Scheuner*, Das parlamentarische Regierungssystem in der Bundesrepublik, DÖV 1957, S. 637; auch von Regierungspraktikern wird die Notwendigkeit der Umstellung der Führungsmethoden betont, F. J. *Strauß*, Vortrag in der Evangelischen Akademie in Tutzing, Die Welt v. 13. 7. 1966.

den Notwendigkeiten und der gegebenen verfassungsrechtlichen Organisationsstruktur unabweisbar auf. Die Fähigkeit eines Amtes zur Koordination und Planung setzt voraus, daß das Amt in sich selbst koordiniert und rational aufgebaut ist. Das Bundeskanzleramt war früher in zwei Abteilungen, „für die Bereiche der einfachen Politik" und in drei Büros (Außenpolitisches Büro, Kanzlerbüro, Planungsbüro) „zur Vorbereitung und Planung der hohen Politik"[58] gegliedert. Diese Büros sind Mitte der 60er Jahre untergegangen, ihre Funktionen in drei Abteilungen integriert worden[59]. Die Gliederung der Abteilungen in Referate weicht in zunehmendem Maße von dem Ressortprinzip, also einer den zu koordinierenden Ministerien entsprechenden Aufgliederung ab. Im Zuge der Verflechtung der Regelungsbereiche müssen die Abteilungen auch Grenzbereiche zwischen den Ressorts erfassen, indem sie eine die ministeriellen Sachbereiche durchschneidende Aufteilung zur Geltung bringen und dadurch die Grundlinien der Staatsführung erkennen lassen. Diese Entwicklung ist durch die Inkorporation der Planung in Abteilungsreferate bereits begonnen worden. Darüber hinaus trägt die Eingliederung der Planfunktionen in die früher ausschließlich auf Koordinationsaufgaben zugeschnittenen Abteilungen der Tatsache Rechnung, daß Planung und Koordination schwerlich zu trennen sind. Ob der Vorschlag des CSU-Vorsitzenden F. J. Strauß[60], für das Bundeskanzleramt eine Planungsabteilung und daneben eine Kontrollabteilung (wohl als Koordinierungsstelle) einzurichten, eine Abhilfe schaffen kann, richtet sich nach der Art des Aufbaus und der Ausrüstung der Planungsabteilung. Indem der Vorschlag eine Heranziehung des wissenschaftlichen, politischen und administrativen Sachverstands empfiehlt mit der Besonderheit, daß die Mitwirkenden nur sporadisch dem Bundeskanzleramt angehören sollen[61], berücksichtigt er die Tatsache, „daß es aus vielerlei Gründen untunlich ist, hochqualifizierte und spezialisierte Wissenschaftler nur zu Planungsarbeiten fest in das Bundeskanzleramt einzubauen".[62] Kritisch erscheint der Vorschlag insoweit, als er Planungs- und Kontrollabteilung trennt. Eine Zusammenarbeit zwischen beiden Abteilungen erscheint unverzichtbar und sollte auch institu-

[58] E. W. *Böckenförde*, Organisationsgewalt, S. 239; gegen diese Klassifizierung G. *Bachmann*, Das Bundeskanzleramt, in: Die Staatskanzlei, S. 177.

[59] Vgl. die Skizze des Geschäftsverteilungsplans des Bundeskanzleramtes bei G. *Bachmann*, ebenda, S. 176.

[60] Vortrag vor der Evangelischen Akademie in Tutzingen am 12. 7. 1966.

[61] Insoweit geht der Vorschlag über die Anregung des SPD-Abgeordneten U. *Lohmar* hinaus, der die verstärkte Heranziehung von Beiräten und wissenschaftlichen Gutachtern empfiehlt, Politik und Planung, Die Zeit vom 3. 12. 1965.

[62] G. *Bachmann*, Das Bundeskanzleramt, S. 180.

tionell verankert sein[63]. Immerhin werden hier Ansätze zum Ausbau des Bundeskanzleramtes nach dem Stabsystem sichtbar, die freilich einer weiteren Fortführung, Verfeinerung und Ausgestaltung bedürfen, soll nicht der time lag zwischen den Anforderungen der Zukunft und ihrer Erfüllung in der Gegenwart noch größer werden. Daß bei jedem organisatorischen Eingriff in die „machinery of government" der Faktor Mensch zur Geltung kommen sollte, bringt die Empfehlung von Knöpfle[64] deutlich zum Ausdruck: „Die Staatskanzlei bedarf in Zukunft einer mit Fachleuten verschiedener Richtungen besetzten Grundsatzabteilung, deren Angehörige nicht mit Tagesarbeit überlastet sind, sondern sich in Ruhe dem Studium der Verhältnisse aus allen Lebensbereichen widmen, um sodann die Möglichkeiten eines sinnvollen Eingreifens und Steuerns der Regierung aufzeigen zu können. Für die derzeit noch unzulängliche Ausstattung der Staatskanzlei zur Bewältigung dieser grundsatzpolitischen Planung scheint symptomatisch zu sein, daß derartige Aufgaben vielfach außenstehenden Kräften, einzelnen Sachverständigen und in der Zusammensetzung sehr unterschiedlichen Gremien, seien sie ad hoc berufen oder institutionalisiert, anvertraut werden müssen."

Jeglichem Ausbau des Bundeskanzleramtes sind neben den im Tatsächlichen (Technik, Personal, Verhältnis von Aufwand und Nutzen) liegenden Grenzen verfassungsrechtliche Schranken gezogen, die sich aus der Stellung des Bundeskanzleramtes zwischen der Entscheidungsspitze (a) und den zu koordinierenden Ressorts (b) ergeben:

a) Der stabmäßige Ausbau der Regierungsspitze wirft die Frage auf nach den rechtlichen Möglichkeiten der „zivilen Generalstäbler", auf den Regierungschef Einfluß auszuüben. Dieser Möglichkeit sind enge Grenzen gezogen, folgt man der Auffassung Böckenfördes: „Auch das Bundeskanzleramt ist nach seiner verfassungsrechtlichen Stellung als politischer Beraterstab nicht legitimiert. Seiner Organisation und Struktur nach ist es ein Arbeitsstab weisungsgebundener Beamter. Beamte sind aber, ungeachtet tatsächlicher Grenzüberschreitungen, nach ihrer rechtlichen Stellung und dem spezifisch-bürokratischen Arbeitsstil, der ihre Tätigkeit bestimmt, gerade das Gegenteil von politischen Beratern. Sie sollten das, wenn ihnen an ihrem Status liegt, auch bleiben wollen. Als nachgeordnete, nur dem Kanzler verantwortliche Dienststelle muß das Bundeskanzleramt im parlamentarischen Regierungssystem auf die Funktionen des politischen Büros des Kanz-

[63] Entsprechend empfiehlt G. *Bachmann* „als Endziel ..., je eine Koordinierungs- und Planungsabteilung unter einem Hauptabteilungsleiter zusammenzufassen, der für das engste Zusammenwirken von Praxis und Planung zu sorgen hätte", ebenda, S. 180.

[64] F. *Knöpfle,* Tätigkeitssphären und Organisationsstrukturen, in: Die Staatskanzlei, S. 39 ff., 45.

lers und des Kabinettssekretariats beschränkt bleiben. Soll der Chef des Bundeskanzleramtes nicht leitender Beamter, sondern politischer Berater des Kanzlers sein, so muß er Kabinettsmitglied werden und Ministerrang erhalten"[65]. Indessen kann bei solcher politischen Abstinenz des Zivilen Generalstabs das Kanzleramt seine Funktion als staats- und gesellschaftspolitisches Planungsbüro kaum erfüllen. Im Verfassungsrecht ist das Verbot eines politischen Engagements des parlamentarisch nicht verantwortlichen Beamten schon im willensbildenden Stadium der Vorformung der Entscheidung der Führungsspitze nicht zu entnehmen[66] — wie überhaupt der „Zugang zum Machthaber"[67] eine verfassungsrechtlich freigelassene Passage darstellt. Demnach könnte es auch in der Bundesrepublik durchaus einen Harry Hopkins oder Sherman Adams geben und dürften die sogenannten Policy-making Officers und Einrichtungen wie das sogenannte Küchenkabinett Präsident Kennedys[68] oder der eine Zeit lang in der Bundesrepublik avisierte „brain trust" bekannter Wissenschaftler als politischer Beraterstab[69] kaum auf der schwarzen Liste der Regierungsorganisation stehen[70]. Dafür spricht nicht zuletzt die Tatsache, daß sich politische Beratung von der unumstritten für notwendig erachteten fachlichen Beratung der Führungsspitze kaum trennen läßt. Angesichts zunehmender Rationalisierung und wachsender Vorherrschaft des Sachverstandes in weiten Bereichen der Innenpolitik kann eine Gegenüberstellung von politischen Stäben und fachlichen Experten-Stäben kaum durchgehalten werden, wie sich deutlich an dem nach §§ 1273 ff. RVO gebildeten Sozialbeirat zeigt, „der zu rechtlich

---

[65] E. W. *Böckenförde*, Die Organisationsgewalt, S. 190 und ebenda, S. 242: „Im konstitutionell parlamentarischen Regierungssystem ist ... politische Beratung des Kanzlers außerhalb des Parlaments nur in Ausübung eines parlamentarisch verantwortlichen Amtes möglich."

[66] Für die Länder F. *Knöpfle*, Tätigkeitssphäre und Organisationsstrukturen, in: Die Staatskanzlei, S. 61.

[67] C. *Schmitt*, Gespräch über die Macht und den Zugang zum Machthaber, 1954. Die Einführung der parlamentarischen Staatssekretäre, Bundesgesetz v. 6. 4. 1967, BGBl. I, S. 396, hat an der grundsätzlichen Problematik nicht viel geändert, vgl. die Empfehlungen *Böckenfördes* zur Einschaltung von Staatsministern, Die Organisationsgewalt, S. 225 ff.

[68] Dieser vorwiegend aus Professoren gebildete Beraterstab wurde inzwischen als Planungsamt in das State Department inkorporiert, vgl. zur Bezeichnung K. *Löwenstein*, Verfassungsrecht und Verfassungspraxis, 1959, S. 322.

[69] Vgl. die Diskussion zwischen Ernst-Wilhelm *Böckenförde* und Rüdiger *Altmann* in der Zeit vom 22. 11. 1963, S. 6.

[70] A. A. *Böckenförde*, Die Organisationsgewalt, S. 189: „Indirekte, unverantwortliche politische Berater legen unmerklich die Axt an die Wurzel des parlamentarischen Regierungssystems."

zwar nicht verbindlichen, aber politisch nur schwer umgehbaren Vorschlägen über den jeweiligen Umfang der Rentenanpassung berufen ist"[71] — De facto läßt sich ohnehin das Bundeskanzleramt nicht politisch „keimfrei" halten. Der Reichtum an Informationsmaterial, der sich bei dem Bundeskanzleramt als Sammelbecken der verschiedensten Informationsströme anlagert, verleiht den Ratschlägen seiner höheren Beamten ein Eigengewicht, das über eine reine Wissensbildung hinausgeht und sich auch auf die politische Willensbildung der Entscheidungsspitze auswirkt. Demzufolge ist der Chef des Bundeskanzleramtes nicht nur der administrative Gehilfe, sondern auch der politische Berater des Bundeskanzlers. Entsprechend kann die Stabsarbeit ausgerichtet sein. Indessen erschöpfen sich in der Beratung die Einflußmöglichkeiten des Bundeskanzleramtes auf die Regierungsspitze. Keinesfalls nimmt der Zivile Generalstab an den Entscheidungen selbst teil. Der Chef des Bundeskanzleramtes ist niemals Vertreter des Bundeskanzlers in dessen verfassungsrechtlichen Kompetenzen, das Bundeskanzleramt niemals das Ministerium des Kanzlers[72].

b) Auf die Gefahr des Auseinanderfallens der Regierungstätigkeit, der unausgetragenen Rivalitäten und fehlenden Abstimmung der Ressorts bei einem streng durchgeführten Ressortprinzip, besonders im Felde der Wirtschaftspolitik angesichts der Fülle der Regierungsgeschäfte, hat schon 1957 Scheuner[73] aufmerksam gemacht. Dennoch gibt diese Gefahr keinen Freibrief für ein schrankenloses Hineinregieren der Abteilungen des Bundeskanzleramtes in die einzelnen Ressorts unter den Stichworten Planung und Koordination. Eine konträre Gefahr liegt gerade darin, daß sich die Staatskanzlei zu einem „Oberministerium"[74] auswächst und daß die Abteilungen als „Ressorts en miniature" die Ministerien zu Exekutivorganen degradieren.[75] Das Bundeskanzleramt als das große „Koordinationsamt" und als „unentbehrliche Zentrale Kontakt- und Steuerstelle der Regierungsmaschinerie"[76], die aus den Ministerien Informationen anfordert, Ministerreporte auswertet (§ 3 GeschO der Bundesregierung),

[71] *Böckenförde*, S. 191.

[72] Die Stellung des Bundeskanzlers muß nach dem grundgesetzlichen Regierungssystem ressortfrei bleiben, *Böckenförde*, S. 43, 200, 242.

[73] U. *Scheuner*, Das parlamentarische Regierungssystem in der Bundesrepublik, DÖV 1957, S. 633 ff., 637.

[74] E. W. *Böckenförde*, Organisationsgewalt, S. 240.

[75] Die Ausgliederungen von „Krypto- oder Quasiressorts" beim Bundeskanzleramt, wie sie in den ersten Jahren in der Bundesrepublik zu beobachten waren, erklären sich aus der Übergangssituation des staatsorganisatorischen Aufbaus, A. *Köttgen*, Einfluß des Bundes, JöR N. F. 11, 1962, S. 259.

[76] E. W. *Böckenförde*, Organisationsgewalt, S. 241; vgl. auch F. *Knöpfle*, Tätigkeitssphären und Organisationsstrukturen, in: Die Staatskanzlei, S. 53.

interministerielle Divergenzen und Differenzen auszugleichen versucht (ohne den Ausgleich selbst herbeiführen zu können — das entscheidende Wort in dieser Hinsicht hat das Kabinett) und auf die Einheitlichkeit der Geschäftsführung der Bundesregierung hinwirkt, besitzt in bestimmtem Umfang und Ausmaß das Recht zur Einwirkung und Einflußnahme auf die einzelnen Ressorts — aber auch nicht mehr, daher nicht das Recht zu Übergriffen in Ministerialzuständigkeiten, die auf die Bildung einer Nebenregierung hinauslaufen, etwa durch Vorenthaltung von Ressortgeschäften[77] oder durch Übernahme neu auftretender Ressortfunktionen, etwa im Rahmen der Fondsverwaltung[78]. Die Grenze zwischen zulässigem Eingriff und unzulässigem Übergriff in Ministerialkompetenzen verläuft allerdings wenig trennscharf und ist daher kaum in allgemeingültiger Form abzustecken. Böckenförde[79] zieht die Grenze dort, wo die der Gesamtregierung „dienende Funktion" (Information, Auswertung, Koordinierung) in eine „Beherrschungsfunktion" umschlägt. Indes ist damit die Frage eher verschoben, als eine Antwort gegeben. In der kritischen Zone zwischen regierungsorganisationskonformer Funktionsausübung und verfassungswidrigem excès de pouvoir liegen insbesondere die Fachaufgaben, die von dem Bundeskanzleramt wahrgenommen werden, weil sie aa) staatspolitische Relevanz besitzen oder bb) weil sie für alle Ressorts geleistet werden.

aa) Eine „Mischform" aus Führungsstab und Ministerium bilden auf Landesebene die Staatskanzleien insoweit, als sie sich mit den staats- und gesellschaftspolitisch bedeutsamen Aufgaben der Landesplanung und Raumordnung befassen, wie gegenwärtig in Rheinland-Pfalz und Schleswig-Holstein[80]. Der Natur der Aufgaben der Landesplanung und Raumordnung als Fachaufgaben entspricht jedoch ihre Zuweisung an bestehende oder neu zu bildende ministerielle *Ressorts.* Auf der anderen Seite durchkreuzen Maßnahmen der Landesplanung und Raumordnung nahezu alle anderen Ressorts und offenbaren damit ein hohes Maß an Koordinierungsbedürfnis aber auch an

---

77 Z. B. wenn das Bundeskanzleramt die Petenten nicht an das zuständige Ressort verweist, sondern selbst Vorsprache gewährt oder schriftliche Eingaben beantwortet.

78 Dem Bundeskanzleramt steht keinerlei Förderungs- oder Zuschußverwaltung zu, abgesehen von dem sog. „Reptilienfonds", der für hochpolitische Sonderausgaben vorgesehen ist.

79 E. W. *Böckenförde,* Organisationsgewalt, S. 241.

80 In dieser Funktion sind die Staatskanzleien federführend bei Fragen der Verwaltungsreform.

Koordinationsverpflichtung, der wiederum die Zuweisung an das Büro des Regierungschefs entspricht.[81]

bb) Wenig konform mit der politischen Führungsaufgabe des Regierungsbüros erscheinen ihre „zentralen Dienste"[82], in NRW etwa die Zentralbibliothek der Landesregierung, in Niedersachsen etwa die zentrale Besoldungsstelle. Als Kernstätten der Rationalisierung mit Hilfe moderner technischer Einrichtungen erfüllen die Staatskanzleien damit sicherlich eine unabweisbare Aufgabe. Jedoch erscheint fraglich, ob nicht die Zusammenfassung der Verwaltungsfunktionen in Zentralämter, ähnlich dem Bundesverwaltungsamt[83] oder in bestimmten Ministerien entsprechend ihrer schwerpunktmäßigen Zugehörigkeit zu einem bestimmten Ressort eine verfassungskonformere Lösung darstellt, etwa durch Einrichtung einer zentralen Besoldungsstelle im Finanzministerium. Die Antwort richtet sich letztlich danach, ob das Schwergewicht der Arbeit der Staatskanzlei in der Planung und/oder Koordination liegt, d. h. ob das Büro des Regierungschefs Führungsstab und/oder Koordinationsamt ist. Planung impliziert Koordination, nicht aber ist Koordinatoin zwangsläufig mit Planung verbunden. Die Frage ist also, ob dem Büro des Regierungschefs auch rein koordinierende Tätigkeiten obliegen. Sicherlich gehören die zentralen Dienste der genannten Art nicht zur planenden Regierungsfunktion, so daß sie dem Büro des Regierungschefs nicht als Führungsstab zufallen können. Jedoch dürften sie zumindest kohärent dem gesetzlichen Auftrag „auf die Einheitlichkeit der Geschäftsführung in der Bundesregierung hinzuwirken" (§ 2 GeschO der Bundesregierung), — eine reine Koordinationsbefugnis — zugerechnet werden können. Die Grenze zwischen zulässigem Eingriff und unzulässigem Übergriff in Ministerialzuständigkeiten verläuft also ungefähr dort, wo die Richtlinienkompetenz des Regierungschefs ihre Schranken findet. Als Hilfsorgan des Regierungschefs stehen der Staatskanzlei bzw. dem Bundeskanzleramt keine eigenen exekutiven Befugnisse zu. Hoheitliche Regelungen mit Außenwirkung sind dem Büro des Regierungschefs verschlossen.

---

[81] Ähnlich trägt die Staatskanzlei NRW, die mit Angelegenheiten des Jugendplans, der Staatsbürgerlichen Bildungsstelle, des Rundfunks und Fernsehens befaßt ist, „nicht nur den Charakter eines Führungsstabes, sondern auch Wesenszüge eines Ministeriums", *Geller-Kleinrahm-Fleck*, Die Verfassung des Landes Nordrhein-Westfalen, 2. Aufl. 1963, Art. 52, Anm. 6 b, cc, S. 321.

[82] F. *Knöpfle*, Tätigkeitssphären und Organisationsstrukturen, S. 59.

[83] Gesetz über die Einrichtung des Bundesverwaltungsamtes v. 28. Dez. 1959, BGBl. I, S. 829.

Innerhalb der aufgezeigten verfassungsrechtlichen Grenzen, die sich aus dem Dreiecksverhältnis von Kanzlerprärogative, ministerieller Ressortselbständigkeit und Ausgleichsfunktion des Kabinetts ergeben, erscheint der Aufbau des Bundeskanzleramtes nach dem Stab-System nicht nur gerechtfertigt, sondern faktisch unerläßlich.

Daraus folgt:

Als übergeordnetem Plan- und Koordinationszentrum kann dem Bundeskanzleramt nicht der übergreifende, ähnlich dem Gemeinwohl alle öffentlichen und privaten Träger von Rechten und Pflichten angehende Planbereich der langfristigen Finanzpolitik verschlossen bleiben. Die Forderung, Richtlinienkompetenz und Haushaltsplanung enger aneinanderzubinden und in der Regierungsorganisation zur Spitze hin zu verlagern, bedingt organisatorische Umstrukturierungen, die nicht zuletzt in Richtung einer stabsmäßigen Ausrüstung des Bundeskanzleramtes zu strategischer, langfristiger Finanzpolitik weisen. *Seitdem öffentliche Finanzwirtschaft nicht lediglich in dem Balanceakt besteht, zwischen Mittelbeschaffung und Mittelverwendung ein Gleichgewicht herbeizuführen, sondern eine antizipierte, nach konjunktur-, struktur- und wachstumspolitischen Gesichtspunkten legitime Vorrangordnung sicherzustellen, ist Finanzpolitik nicht mehr allein eine Sache des Finanzministers.* Dadurch, daß die öffentliche Finanzwirtschaft in den Dienst der fiscal policy getreten ist, hat sie ihren Charakter als reine Ressortangelegenheit verloren. Sichtbares Zeichen für das Herauswachsen der Finanzpolitik aus dem Finanzministerium ist nicht zuletzt die Übertragung von finanzpolitischen Aufgaben an außerhalb der Regierung stehende „Lotsen"[84] in Gestalt von Kommissionen, Gremien und Räten wie den Sachverständigenrat zur Begutachtung der gesamtwirtschaftlichen Entwicklung[85], die Kommission für die Finanzreform (Träger-Ausschuß) und die Wirtschaftsforschungsinstitute — Institutionen, die J. Kaiser[86] unter der Bezeichnung „Pluralismus unabhängiger Steuerungspositionen" zusammenfaßt. Organisatorische Ausgliederungen der rationalen Wissensbildung aus der politischen Willensbildung in Form ihrer Ausklammerung aus der Regierungsorganisation durch Einrichtung eines unabhängigen sachverständigen Lotsendienstes bergen die Gefahr einer institutionellen Verankerung der Trennung von Politik und Verwal-

---

[84] F. *Morstein-Marx*, Regierungsprogramm und Haushaltsplanung in vergleichender Sicht, PVJZ 1965, 442 ff., 460, FN 30.

[85] Gesetz über die Bildung eines Sachverständigenrates zur Begutachtung der gesamtwirtschaftlichen Entwicklung v. 14. 8. 1963, BGBl. I, 685, zuletzt geändert durch das Stabilitätsgesetz.

[86] J. *Kaiser*, Ausblicke vom Standpunkt des Staatsrechts, in: Die Staatskanzlei, 1966, S. 233 ff., 238.

tung und geben dem Mißtrauen gegenüber der Politik aus der „schwarzen Kunst des Unsachlichen" weiteren Vorschub. Die allfällige Notwendigkeit sachlicher Planungsstäbe soll damit nicht bestritten werden — im Gegenteil — wohl aber die Notwendigkeit, diese Gremien aus der Regierungsorganisation auszugliedern. Der Sachverständigenrat bietet hierfür ein deutliches Beispiel. Die „Welle der Akklamation", welche die Gutachten der Sachverständigen ausgelöst haben, haben den Sachverständigenrat „auf die Höhe einer Autorität" getragen, die einen autonomen Faktor in der Verfassungswirklichkeit darstellt[87]. Zwar erscheint die Ansicht J. Kaisers, diese Zustimmung der Öffentlichkeit legitimiere die Sachverständigen — als eine Art „tribuni plebis unserer Demokratie" — zu einer deutlicheren Sprache als das Gesetz es erlaube, bedenklich, weil spekulativ, jedoch offenbart sie die Lücke in der Regierungsorganisation, die darauf beruht, daß „die durch die Verfassung an sich zum Handeln berufenen Organe ihrer Funktion nicht in dem Maße nachkommen, wie es die Gegebenheiten verlangen"[88]. Die Verantwortlichkeitstrennung zwischen Politik und Sachverstand[89], zwischen offiziellen und inoffiziellen Stellungnahmen, wie sie besonders in der Einrichtung des Sachverständigenrates, aber auch sonstiger Lotsen zum Ausdruck kommt, erscheint einem geschlossenen Regierungssystem sicherlich abträglich[90]. Parallel zur funktionalen „entente cordiale" zwischen Sachverstand und Politik sollte eine organisatorische Verbindung von Expertengremien und politischen Entscheidungsträgern erfolgen. *Als Hauptquartier strategischer Planung erscheint das Bundeskanzleramt nach der verfassungsrechtlichen Regelung wie auch nach seiner praktisch technischen Ausgestaltung als der rechte Ort zur Eingliederung rationaler Wissensbildung in den Prozeß politischer Willensbildung, ist es doch als übergreifendes Plan- und Koordinationszentrum dazu berufen, die aus den Fachressorts herausgewachsenen Funktionen zu übernehmen, die Notwendigkeit apokrypher Ausgliederungen des Sachverstandes aus der Regierungsorganisation entbehrlich zu machen und dem Pluralismus unabhängiger Steuerungspositionen einen zentralen, datenverarbeitenden Wissensspeicher gegenüberzustellen, in den statistische Ämter, Forschungsinstitute und sonstige Informationsquellen ihre*

---

87 J. *Kaiser*, ebenda, S. 239.

88 J. *Kaiser*, ebenda.

89 F. *Morstein-Marx*, Regierungsprogramm und Haushaltsplanung, PVS 1965, S. 460, FN 30.

90 Im Gegensatz dazu gilt der Wirtschaftsbericht des amerikanischen Präsidenten als *sein* Bericht, ebenso wie das von ihm dem Kongreß übermittelte Budget *sein* Budget ist. Der englische Wirtschaftsbericht des Kanzlers des Exequer trägt ebenfalls offiziellen, politisch verantwortlichen Charakter, F. *Morstein-Marx*, ebenda.

Daten einmünden lassen, um andererseits selbst von dem so gebildeten Informationspool profitieren zu können. In einer Zeit, in der die Wissensbildung weitgehend die Willensbildung präjudiziert, ist der Zugang zur Informationsquelle für alle Beteiligten des Wirtschaftslebens zur entscheidenden Frage geworden, nach der sich ihre Rolle als bestimmendes Subjekt oder manipuliertes Objekt des wirtschaftlichen Geschehens bestimmt. Die Kenntnis der entscheidenden Faktoren der Sozialabläufe entscheidet in zunehmendem Maße über den status aktivus der Bürger und über die Autonomie der Verbände und Körperschaften. Die Perspektive mag ungewohnt erscheinen aber: *die Einrichtung eines zentralen Informationspools mit Zugang für alle Teilnehmer am Wirtschaftsleben würde rechtsstaatliche Sicherungen wie Transparenz, Vorhersehbarkeit, Kalkulierbarkeit und Publizität staatlichen Handelns in moderner Form wieder aufleben lassen.* Die Bündelung wissensbildender Kräfte in einem stabsmäßig ausgerichteten Bundeskanzleramt führt zu vorteilhaften Veränderungen mannigfacher Art, wie sie als Folgeerscheinungen von Rationalisierungsmaßnahmen hinsichtlich der Kosten, des Personals, der Leistungsfähigkeit etc. auftreten. Indessen verdienen drei Gesichtspunkte eine besondere Hervorhebung:

Der in den letzten Jahren hervorgetretene Dualismus zwischen Finanzminister und Wirtschaftsminister[91] könnte durch einen ressortungebundenen, mit finanzpolitischen Grundsatzfragen befaßten strategischen Planungsstab im Bundeskanzleramt überbrückt werden. Da das Finanzministerium angesichts der heutigen Aufgaben der Finanzpolitik im Grunde ebenso wie das Wirtschaftsministerium ein Ministerium für die Gesamtwirtschaft darstellt, ist die übergeordnete Verbindung zwischen beiden Ressorts angebracht. Diese interministerielle Verbindung ist gegenüber der Bildung von Repräsentationsstellen in den einzelnen Ressorts, wie sie etwa in der Haushaltsabteilung des Bundesfinanzministers durch eine kleine Stabsgruppe für Wirtschafts-

---

[91] An die Voraussetzung eines Einvernehmens zwischen Bundesfinanzminister und Bundeswirtschaftsminister waren die Regelungen der §§ 7 Abs. 3, 8 Abs. 1 u. 2 Haushaltsgesetz v. 4. 7. 1967, BGBl. II, S. 1961, gebunden, die nunmehr in § 6 StabG enthalten sind. Das Gesetz trifft keine Regelung im Falle von Meinungsverschiedenheiten zwischen Bundesfinanzminister und Bundeswirtschaftsminister und darüber, ob die Vorschläge getrennt erfolgen können oder nur in gegenseitigem Einvernehmen. Vgl. auch § 41 Entwurf einer Bundeshaushaltsordnung (BHO), BRats-Drucks. 284/68: „Wenn die Entwicklung der Einnahmen oder Ausgaben es erfordert, kann der Bundesminister der Finanzen nach Benehmen mit dem zuständigen Bundesministerium das Eingehen von Verpflichtungen oder die Leistung von Ausgaben von seiner Einwilligung abhängig machen."

fragen bekannt ist, vorzuziehen, soweit es sich um vorausschauende gesamtwirtschaftliche Konzeptionen — also besonders mittelfristige Finanzplanung — handelt.

Die Aufstellung mittelfristiger Schwerpunktprogramme und Prioritätsordnungen durch einen Zivilen Generalstab des Bundeskanzleramtes führt zu einer organsiationskonformen Ergänzung der Funktionen des vorgesehenen Finanzplanungsrates, insbesondere mit dessen Aufgabe, Schwerpunkte für die Erfüllung der öffentlichen Aufgabe zu ermitteln[92]. Der Finanzminister ist ohnehin im Finanzplanungsrat, dessen Vorsitz er führt[93], beteiligt.

J. H. Kaiser[94] sieht eine wesentliche Aufgabe der Staatskanzlei in der Disziplinierung eines ausgabefreudigen Parlaments. In der Tat hat die Entwicklung der vergangenen Jahre die Gefahr unkontrollierter Ausgabenbewilligungen des parteipolitischen Repräsentanten nur allzu deutlich gezeigt.[95] Die Regierungsspitze dürfte dieser Gefahr wirksamer begegnen können als ein einzelner Minister[96].

Demnach erscheint nach der verfassungsrechtlichen Organisationsstruktur ebenso wie nach politisch-technischen Gesichtspunkten das Bundeskanzleramt zur Inkorporierung strategischer Planung, namentlich zur mittelfristigen Finanzplanung, besonders geeignet.

[92] § 48 Abs. 2 Entwurf eines Gesetzes über die Grundsätze des Haushaltsrechts des Bundes und der Länder (Haushaltsgrundsätzegesetz — HGrG), BRats-Drucks. 284/68.

[93] § 48 Abs. 4 Entwurf HGrG.

[94] J. H. *Kaiser*, Ausblicke vom Standpunkt des Staatsrechts, in: Die Staatskanzlei, S. 236.

[95] Während früher die Regierung dem Parlament Ausgabebewilligungen abringen mußte, erscheint sie heute zur Drosselung der Staatsausgaben genötigt. Ob die vorgesehene Neuregelung des Art. 113 GG, BRats-Drucks. 284/68 „eine für die Zukunft bedeutungsvolle und unerläßliche Weiterentwicklung des bisherigen Bundesverfassungsrechts“, Begründung ebenda, Tz 93, S. 43, bringen wird, bleibt abzuwarten.

[96] J. H. *Kaiser*, Ausblicke vom Standpunkt des Staatsrechts, S. 236: „Wäre es nicht für jene Äußerungsform politischer Macht, die jedenfalls durch die Einwirkung der Bundesbank nicht diszipliniert wird, obwohl sie — wie alle Welt weiß — einer solchen Disziplinierung doch ganz offensichtlich bedarf, die heute notwendige und mögliche Fortbildung des Rechtsstaates, wenn man in Gestalt eines Handlungsmodells, das dann „Plan“ oder wie auch immer genannt werden kann, ein Modell für das Handeln auch der über die Staatsausgaben beschließenden Gremien entwickeln würde? Ich glaube, es hat mit der Aufgabe der Staatskanzleien unmittelbar etwas zu tun, wenn man in diesem Zusammenhang einräumt, daß natürlich der Regierung durch ein solches Handlungsmodell bestimmte Handlungskompetenzen zugewiesen würden.“

II. Das matrix-management-System

Das matrix-management-System dürfte sich aus *politisch-technischen* Gründen wohl innerhalb der Ministerien, nicht aber des Kabinetts verwirklichen lassen. *Rechtlich* dürfte einer Übertragung des matrix-management-Systems auf die Regierungsebene allerdings nur die Koordinationskompetenz des Kollegiums entgegenstehen, die durch eine vollständige interministerielle Koordinierung weitgehend entbehrlich gemacht würde. Gewisse Anzeichen des matrix-management-Prinzips sind auch in der gegenwärtigen Ressortverteilung der Bundesregierung zu beobachten. Nicht alle Ressorts stellen klassische Geschäftsbereiche (Fachressorts) dar, deren Funktionen nur für das Fachgebiet gelten und keine anderen Ressorts berühren. Daneben gibt es zahlreiche Ressorts (Funktionenressorts), die als Zusammenfassung gebündelter, allen oder mehreren Ressorts gemeinsamer Funktionen erscheinen[97].

Angesichts der politischen Praxis, in der Ressortegoismen und politische Ambitionen nicht gänzlich ausgeschaltet werden können, dürfte

[97] Fachressorts im Sinne von Geschäftssparten sind etwa die Bundesministerien für Ernährung, Landwirtschaft und Forsten; für Post- und Fernmeldewesen; für das Gesundheitswesen, für Vertriebene, Flüchtlinge und Kriegsgeschädigte; für Familie und Jugend und das Bundesschatzministerium. Demgegenüber ist das Außenministerium „längst ein Generalministerium für Kontrolle und Abstimmung aller Außenbeziehungen geworden, das quer durch alle möglichen Spartentätigkeiten hindurchschlägt, die wie Landwirtschaftsministerium, Entwicklungs-, Finanz-, Verteidigungsministerium auch außenpolitische Effekte haben. Das Finanzministerium vereinigt heute praktisch als ‚Überministerium für Monetäres' Bankfunktionen, Planung und Kontrolle, während das Wirtschaftsministerium die realwirtschaftliche (nichtmonetäre) Systemanalyse und -steuerung zu vollziehen bemüht ist", H. J. *Arndt,* Neue Sachzwänge und neuer Sachverhalt, in die Staatskanzlei, S. 181 ff., 194. Desgleichen durchschneidet das Bundesministerium für Angelegenheiten des Bundesrates und der Länder zahlreiche Ressorts, indem ihm „die Verbindung zu den Ländern", Haushaltsplan 1968, Vorwort zum Einzelplan 28, S. 2764, in voller Breite obliegt. Das Bundesministerium für wirtschaftliche Zusammenarbeit ist zuständig „für die Grundsätze, das Programm und die Koordinierung der Entwicklungspolitik sowie für die Durchführung der technischen Hilfe", insbesondere für die „Zusammenarbeit zwischen Bund, Ländern und Gemeinden auf dem Gebiete der Entwicklungshilfe", Bundeshaushaltsplan 1968, Vorwort zum Einzelplan 23, S. 2505. Das Bundesministerium für gesamtdeutsche Fragen besitzt neben drei Abteilungen einen „Planungsstab" und ein „Ministerbüro" mit der Aufgabe, „Verbindung zum Bundestag und Bundesrat, zum Bundeskanzleramt, zu den Bundesministerien, den Vertretungen der Länder, den Parteien und zur Öffentlichkeit" zu halten, Bundeshaushaltsplan 1968, Vorwort zum Einzelplan 27, S. 2740.

ein System von Ministerien, die sich selbst untereinander koordinieren, sämtliche gemeinsamen Funktionen ressortmäßig speziell erfassen und eine übergeordnete Koordination nur in Ausnahmefällen erfordern, schwerlich zu bilden sein. Innerhalb der Ministerien, also in Organisationen, in denen keine politischen Isolierschichten die Kontakte erschweren, dürfte die Methode dagegen Bewährungschancen besitzen, insbesondere im Wirtschaftsministerium. Jedenfalls besitzt der dieser Methode zugrundeliegende Gedanke, bestimmte übergreifende Funktionen aus den Ressorts auszugliedern und zu selbständigen Entscheidungskörpern zusammenzufassen, einen auch für die Regierungsorganisation praktischen Aussagewert. Auf der gleichen Linie liegt es, wenn die Finanzplanung — zwar vorwiegend unter dem Aspekt des föderativen Staatsaufbaus, aber auch mit Rückwirkung auf die Regierungsstruktur — einem besonderen Finanzplanungsrat übertragen worden ist. Indessen kann auf eine organisatorische Verbindung von Richtlinienkompetenzen und Schwerpunkte bildender, Prioritäten setzender Finanzplanung in der Regierungsspitze nicht verzichtet werden.

III. Die Stellung der Bundesbank

Das Stabilitätsgesetz hat die Autonomie der Bundesbank weder aufgewertet noch entwertet, sondern unangetastet gelassen. Die quantitative Ausdehnung der Offenmarktpolitik, § 29 StabG, hat keine qualitative Veränderung der Rechte der Bundesbank bewirkt. Sie hat lediglich die faktisch-effektive Möglichkeit der Beeinflussung der gesamtwirtschaftlichen Liquidität durch die Bundesbank erhöht. Soweit eine Beteiligung der Bundesbank an der konjunktur- und wachstumspolitischen Willensbildung vorgesehen ist, §§ 18 Abs. 3, 22 StabG, geht es nicht um die Berücksichtigung einer entscheidungsbefugten, politischen Konkurrenz, sondern um die Einbeziehung des Sachverstandes der Bundesbank. Die Autonomie der Bundesbank ist auch nicht dadurch angetastet, daß der Gesetzgeber die Bundesregierung mit erhöhten Vollmachten ausgestattet hat; sie wäre es allenfalls dann, wenn die nunmehr effektvoller ausgerüstete Finanzpolitik einem anderen Ziele verpflichtet wäre als die Notenbankpolitik. Das aber ist gerade nicht der Fall. Vielmehr sollen Bundesbank und Staat in gegenseitigem Zusammenwirken den Zielen gesamtwirtschaftlichen Gleichgewichts dienen. Nicht zuletzt ist um dieser *Parallelschaltung von monetärer und fiskalpolitischer Konjunktursteuerung* willen das Stabilitätsgesetz erlassen worden. Der Koordinierung der Notenbank- und Fiskalpolitik würde eine verstärkte Kooperation beider Funktionsträger entsprechen. Die Regelung des Stabilitätsgesetzes in § 22 Abs. 2 und § 30 über das Zusammenwirken von Bundesregierung und Bundesbank weist in die gewünschte Richtung. Verfassungsrechtliche

Bedenken bestehen nur, falls die Mitwirkung der Bundesbank in verfassungsrechtlich zugewiesene Kompetenzen eines Regierungsorgans eingreift. Das Vorschlagsrecht der Bundesbank nach § 30 StabG dürfte noch keine „unzulässige Erweiterung des in Art. 80 Abs. 1 S. 1 GG enthaltenen numerus clausus der Ermächtigungsdelegate" darstellen[98], da die Bundesbank durch das Vorschlagsrecht nicht zu einem Ermächtigungsempfänger i. S. des Art. 80 GG wird. Daß die staatliche „Ordnungsfinanzpolitik" im Gegensatz zur Geld- und Währungspolitik einem angemessenen Wirtschaftswachstum zu dienen bestimmt ist, setzt die Globalsteuerung von Staat und Bundesbank auch dann nicht in Widerspruch zueinander, wenn zwischen Stabilität und Wachstum ein gewisser Zielkonflikt besteht. Sofern man daher die teilweise erfolgte Ausgliederung der Bundesbank aus dem parlamentarisch-demokratischen Regierungssystem als verfassungsmäßig ansieht, hat sich auch unter der Geltung des Stabilitätsgesetzes kein Wandel vollzogen.

IV. Horizontale und vertikale Gewaltenteilung

Ohne Zweifel hat das Stabilitätsgesetz zu einer Abschwächung sowohl der vertikalen als auch der horizontalen Gewaltenteilung geführt, indem es in erster Linie den Bund und hier wiederum an vorderster Front die Bundesregierung zum konjunkturpolitischen Hauptentscheidungsträger gemacht hat. Dennoch dürfte der Trend zu einer „progressiven Zentralisierung"[99], wie er im Zuge der Haushalts- und Finanzreform sichtbar wird, die Grenzen föderalistischer und parlamentarisch-demokratischer Verfassungsstrukturen nicht sprengen, da einerseits die Einbeziehung der Konjunkturpolitik in den gesamtstaatlichen Zusammenhang durch Art. 109 Abs. 2—4 GG gedeckt ist, andererseits die Verfassungsänderung selbst den durch Art. 79 Abs. 3 GG als unantastbar deklarierten Kern der obersten Verfassungsprinzipien kaum berührt haben dürfte, so daß sich das Problem einer verfassungswidrigen Verfassungsnorm[100] nicht stellt. Eine gänzliche Überweisung der Konjunktur- und Wachstumspolitik an den Zentralstaat oder an die Exekutive würde allerdings die Substanz der geltenden Verfassung in unzulässigem Maße attackieren. Aus diesem Grunde sieht das Stabilitätsgesetz bei allen wichtigen konjunktur- und wachstumspolitischen Entscheidungen Mitwirkungs- und Mitspracherechte

[98] So aber D. *Wilke*, Art. 109 GG und das Stabilitätsgesetz in ihrer Bedeutung für das Verwaltungsrecht, AöR Bd. 93, 1968, S. 270 ff., 303.

[99] F. *Neumark*, Fiskalpolitik und Wachstumsschwankungen 1968, S. 136 (86).

[100] Hierzu K. *Stern*, Bonner Kommentar, Zweitbearbeitung, Art. 100, Rdnr. 65 m. w. Nachw.

von Parlament und Bundesrat „als entscheidendem staatsrechtlichem Verbindungsglied zwischen Bund und Ländern“[101] vor:

Vorlage- und Begründungspflicht der Regierung gegenüber dem Parlament in §§ 2 Abs. 2, 9 Abs. 2, 12 Abs. 2 StabG;

Aufhebungsrechte des Parlaments: §§ 20 Abs. 5, 30 StabG;

Zustimmungsrechte des Parlaments: §§ 8 Abs. 1 Satz 5, 26 Nr. 3 b (2) und (3) StabG;

Vorlage- und Begründungspflicht der Regierung gegenüber dem Bundesrat in §§ 2 Abs. 2, 8 Abs. 1 Satz 3 und 4, 9 Abs. 2, 12 Abs. 2 StabG;

Zustimmungsrechte des Bundesrats: §§ 15 Abs. 1, 19 Abs. 1, 22 Abs. 2, 26 StabG;

Unzureichend erscheint jedoch die Mitwirkung des Parlaments im Rahmen der Wachstumspolitik, insbesondere der Finanzplanung. Organisatorische und verfahrenstechnische Hindernisse stehen hier der parlamentarischen Einschaltung anders als im Rahmen der auf kurzfristige Reaktion angewiesenen Konjunkturpolitik nicht im Wege.[102]

V. Der Konjunkturrat

Als „Kombination von Sachverständigengremium und gebietskörperschaftlichem interessenwahrenden Konsultativorgan“[103], dem keine eigene Entscheidungsgewalt zukommt, erscheint der Konjunkturrat mit den Prinzipien einer *Repräsentativ-Verfassung* durchaus vereinbar. Daß der Konjunkturrat nicht zu den Räten gehört, die als „selbständige und dauernde öffentliche Funktion“ ausgestaltet sind und „unmittelbar der Öffentlichkeit gegenübertreten“[104] wie der Sachverständigenrat, ergibt sich schon aus seiner Einrichtung „bei der Bundesregierung“, § 18 Abs. 1 StabG. Einer weiteren Verselbständigung des Konjunkturrats steht die Tatsache entgegen, daß der Bundeswirtschaftsminister und nicht das Gremium die Geschäftsordnung erläßt[105]. Nur bei zu weit gehender Verselbständigung des Konjunkturrates besteht eine Gefahr für die „selbständige politische Entscheidungsgewalt der Regierung“[106]. Solange die politische Verantwortung für

[101] K. *Stern*, in: Stern-Münch, 1. Teil, Einfg. B III, 3, S. 56.

[102] S. oben S. 133 ff.

[103] K. *Stern*, in: Stern-Münch, Erl. III, 1 zu § 18, S. 104.

[104] E. W. *Böckenförde*, Die Organisationsgewalt im Bereich der Regierung, 1964, S. 256.

[105] Der Vorschlag, den Konjunkturrat mit eigener Geschäftsordnungsbefugnis auszustatten, wurde gerade wegen verfassungsrechtlicher Bedenken fallengelassen, *Rechtsausschuß des Bundestages*, 318. Sitg. vom 24. 5. 1967, Prot. S. 9 f.; *Finanzausschuß des Bundestages*, 294. Sitg. vom 24. 5. 1967, Prot. S. 15 f.

[106] BVerfG E 9, 281.

alle konjunktur- und wachstumspolitischen Aufgaben[107] bei den vertretenden Bundes- und Landesregierungen verbleibt und die dem Konjunkturrat obliegende beratende Vorbereitung der Entscheidungen zu keinen illegitimen Präjudizierungen führt, erscheint der Konjunkturrat durchaus *verfassungskonform.*

VI. Der Finanzplanungsrat

Bedenklicher erscheint die verfassungsrechtliche Absicherung des Finanzplanungsrates, wie er in § 48 Entwurf eines Haushaltsgrundsätzegesetzes[108] vorgesehen ist und schon früher als § 17 a des Stabilitätsgesetzes durch Vorschlag der hessischen Landesregierung im Bundesrat[109] und davor schon durch Antrag der sozialdemokratischen Bundestagsfraktion vom 4. 10. 1967[110] angeregt worden ist. In dieser gesetzlichen Institutionalisierung liegt immerhin ein Fortschritt gegenüber einer auf vertraglichem Konsensus beruhenden gesamtstaatlichen Finanzplanung. Dennoch ist die verfassungsrechtliche Problematik damit nicht ausgeräumt.

1. Möglichkeiten und Grenzen des Art. 109 Abs. 3 GG

Art. 109 Abs. 3 GG behandelt das Thema mehrjähriger Finanzplanung allgemein, ohne einen bestimmten Adressaten anzusprechen. Der Kreis der bezogenen Adressaten ergibt sich aus dem Grundsatz, daß eine planmäßige Haushaltswirtschaft des Bundes nur unter der Voraussetzung eines gleich ausgerichteten Verhaltens aller finanzkräftigen Haushalte realisierbar erscheint. Die Abschätzung der mutmaßlichen Entwicklung des gesamtwirtschaftlichen Leistungsvermögens, erst recht dessen Projektion, ist gebunden an eine koordinierte, aufeinander abgestimmte, parallelgeführte und damit kalkulierbare

---

[107] Obwohl das Stabilitätsgesetz dem Konjunkturrat den Funktionsbereich der Wachstumspolitik nicht ausdrücklich zuweist, ergibt sich die entsprechende Zuständigkeit aus der gesetzlichen Zweckbindung auf alle zur Erreichung der Ziele dieses Gesetzes erforderlichen Maßnahmen; § 18 Abs. 2; ebenso A. *Möller,* Erl. 5 zu § 18, S. 180.

[108] BRats-Drucks. 284/68.

[109] Entwurf eines Gesetzes zur Änderung des Gesetzes zur Förderung der Stabilität und des Wachstums der Wirtschaft vom 8. Juni 1967 (BGBl. I, 582), BRats-Drucks. 514/67.

[110] BTags-Drucks. V/2134; in ihren Änderungs- und Ergänzungsanträgen vom 5. 10. 1966 zum Regierungsentwurf des Stabilitätsgesetzes hat die SPD vorgeschlagen, den Konjunkturrat auch mit der Aufgabe zu betrauen, „die Abstimmung der fünfjährigen Finanzplanung ... und der mehrjährigen Investitionsprogramme vorzunehmen". Anl. 2. Prot. d. 28. Sitg. des *Wirtschaftsausschusses des Bundestages* vom 5. 10. 1966.

und planbare Haushaltswirtschaft aller öffentlichen Haushalte. Ebenso wie eine konjunkturgerechte, gesamtwirtschaftlich-orientierte Haushaltswirtschaft nur erfolgversprechend sein kann, wenn alle öffentlichen Haushalte zusammenwirken, keinesfalls aber sich gegenseitig durch konträres Verhalten in ihren Auswirkungen hemmen, ist auch der Erfolg einer mehrjährigen Finanzplanung auf eine derartige konzertierte Aktion angewiesen, also an die Voraussetzung der Kooperation aller einflußreichen Leistungsträger gebunden.[111] Dementsprechend ist die in Art. 109 Abs. 3 GG ausgesprochene Ermächtigung zur Grundsatzgesetzgebung des „einfachen" Bundesgesetzgebers auf eine mehrjährige Finanzplanung aller öffentlichen Haushalte bezogen.

a) Die jeweiligen öffentlichen Haushalte dürfen durch den (einfachen) Bundesgesetzgeber nur durch Grundsätze, nicht durch Detailregelungen gesamtwirtschaftlich in Pflicht genommen werden. Soweit sich die Befugnis des Bundesgesetzgebers zur Grundgesetzgebung nicht nur auf das Verhältnis Bundesgesetzgeber — Landesgesetzgeber, sondern auch auf den Bund bezieht, kann sie sich nur auf die horizontale Gewaltenteilung erstrecken. Insoweit würde Grundsatzgesetzgebung bedeuten, daß der Gesetzgeber eine Materie nur in *Grundzügen und Leitlinien innerhalb eines grob umrissenen, weitgesteckten Rahmens* regeln kann und daß im übrigen ein Spielraum für die Exekutive zu eigenen Entscheidungen und Dispositionen im Wege der Detailregelung und „Feingestaltung" besteht. Keinesfalls sind die Länder zur näheren Ausgestaltung der durch den Bundesgesetzgeber statuierten Grundsätze berufen. Die Normierung der Finanzplanung des Bundes ist — daran kann kein Zweifel bestehen — allein und ausschließlich Sache des Bundes. „Die Länder sind davon ausgeschlossen."[112] Vieles

[111] Gutachten zur Finanzreform, Tz 488, S. 131; F. *Neumark*, Planung in der öffentlichen Finanzwirtschaft, in: Rationale Wirtschaftspolitik und Planung in der Wirtschaft von heute, Schriften des Vereins für Sozialpolitik, N. F. Bd. 45, S. 195 f.; K. M. *Hettlage*, Probleme einer mehrjährigen Finanzplanung, in: Finanzarchiv, N. F. Bd. 27, 1968, S. 239 f. u. 245 ff.; H. *Haller*, Probleme einer mittelfristigen Planung, in Konjunkturpolitik 1968, S. 73 ff., 89: „Zwingend geboten ist die Gesamtplanung unter Einschluß der Fisci dann, wenn die mittelfristige Planung für wachstumsstrategische Zwecke verwendet werden soll. Die Anteile der Gliedstaaten, Gemeinden und Nebenfisken an den Gesamtfinanzen sind so groß und ihr Einfluß auf das volkswirtschaftliche Geschehen ist so stark, daß mit einer wachstumsstrategischen Planung des Bundes allein die angestrebten Ziele nicht erreicht werden können. ... Zu erfolgreichem Wirken ist die gebündelte Kraft aller erforderlich", und S. 90: „Bei der mittelfristigen Finanzplanung fehlt aber noch der zwingende Griff. Ein Appell an die ‚Bundestreue' dürfte hier wohl kaum genügen."

[112] K. *Stern*, in Stern-Münch, 2. Teil A, Art. 109 GG, IV, 2, S. 68.

spricht indes dafür, daß sich die Ermächtigung zur Grundsatzgesetzgebung nicht auf den Bund selbst bezieht, sondern lediglich das Bund-Länder-Verhältnis anspricht, also auch nur die mehrjährige Finanzplanung von Ländern und kommunalen Gebietskörperschaften betrifft:

— Der Bundestag konnte schon nach bisheriger Rechtslage Grundsätze für eine mittelfristige Orientierung des Bundeshaushalts aufstellen; einer besonderen verfassungsrechtlichen Ermächtigung bedurfte es dazu nicht.
— Die Doppelsinnigkeit des Begriffs der Grundsatzgesetzgebung als Terminus des vertikalen Gewaltengefälles einerseits und als Aussage über horizontale Gewaltengliederung andererseits würde zumindest einen Stilbruch des Verfassungsgebers bedeuten. In keinem Falle enthält Art. 109 Abs. 3 GG eine Regelung über das Verhältnis Landesparlament zu Landesregierung.
— Die Bindung des Bundesgesetzgebers an die Zustimmung des Bundesrates spricht für den föderalen Bezug der Bestimmung. Die Mitwirkung des Bundesrates ist im Falle der Grundsatzgesetzgebung über die Finanzplanung des Bundes entbehrlich.

Für die Möglichkeiten und Grenzen einer Finanzplanung des Bundes besagt Art. 109 Abs. 3 GG daher nichts Neues. Die Bedeutung des Art. 109 Abs. 3 GG liegt vielmehr in Richtung einer *Vereinheitlichung der Finanzplanung auf allen Ebenen des föderativen Staatsaufbaus*, indem der Bundesgesetzgeber befugt ist, dieser Entwicklung durch Statuierung von entsprechenden Grundsätzen Vorschub zu leisten. Insofern ist der Auffassung des Berichterstatters des Rechtsausschusses beizupflichten, daß Art. 109 Abs. 3 GG eine „neue Grundsatzgesetzgebung des Bundes" enthält,[113] — neu allerdings im wesentlichen nur deswegen, weil sie nicht den besonderen, in Art. 75 und 72 GG aufgestellten Voraussetzungen für die Rahmengesetzgebung unterliegt.[114]

b) Die Spannweite der verfassungsrechtlichen Ermächtigung des Art. 109 Abs. 3 GG kann nicht weiter reichen, als übergeordnete Verfassungsprinzipien es gestatten. Trotz der Notwendigkeit einer konzertierten Aktion aller öffentlichen Haushalte im Rahmen mehrjähriger Finanzplanung ermächtigt Art. 109 Abs. 3 GG den Bundesgesetzgeber nicht zur Grundsatzgesetzgebung über eine *einheitliche Gesamtfinanzplanung* von Bund, Ländern und Gemeinden. Eine uniforme, übergreifende, umfassende, integrierende Planung wäre mit dem übergeordneten, nach Art. 79 Abs. 3 GG unveräußerlichen Ver-

---

[113] BTags-Drucks. V/1686, S. 3.
[114] A. *Möller*, Rdnr. 13 zu Art. 109 Abs. 3, S. 64.

fassungsprinzip des föderativen Staatsaufbaus nicht vereinbar und würde auch die Vereinheitlichungstendenzen eines „kooperativen Föderalismus" bei weitem überspannen. *Verfassungsmäßig adäquat ist Ländern und Gemeinden nur die Rolle von autonomen, Zukunftsgestaltung betreibenden Planungsträgern, nicht aber die von Verplanten.* Dagegen dürfte die „Gefahrengrenze" für den unverzichtbaren Gehalt an föderativer „Leistungs- und Gestaltungskraft, an Freiheits- und Gerechtigkeitsverbürgung"[115] nicht erreicht sein bei einer gleichgerichteten, aufeinander abgestimmten, getrennt entworfenen Finanzplanung. Die Unzulässigkeitsgrenze ist damit dort festzulegen, *wo Koordination in Integration umschlägt.*

Aufgrund der Ermächtigung des Art. 109 Abs. 3 GG steht es dem Bundesgesetzgeber zu, durch entsprechende Grundsätze Gemeinden und Gemeindeverbände zu einer — allerdings selbständig entworfenen — mehrjährigen Finanzplanung zu verpflichten. Ohne die Verfassungsänderungen würden derartige Grundsätze zwar nicht unbedingt gegen Art. 28 Abs. 2 verstoßen — der Grundgehalt gemeindlicher Finanzhoheiten bleibt auch bei einer grundsatzgebundenen Finanzplanung enthalten —, aber an der ausschließlichen Kompetenz der Länder, Kommunalaufsicht zu setzen, scheitern.

Art. 109 Abs. 3 GG ist daher so zu lesen:

Durch Bundesgesetz, das der Zustimmung des Bundesrates bedarf, können Grundsätze für eine konjunkturgerechte Haushaltswirtschaft und für eine mehrjährige (kooperative) Finanzplanung (von Ländern und kommunalen Gebietskörperschaften) aufgestellt werden.

2. *Möglichkeiten und Grenzen der Regelung des Stabilitätsgesetzes*

Der Gesetzgeber hat sich allgemein hinsichtlich der Statuierung von Grundsätzen über die mehrjährige Finanzplanung nur zurückhaltend geäußert. § 9 StabG hält sich im Rahmen verfassungsrechtlicher Zulässigkeit. Die Regelung bedeutet wohl eine Veränderung, nicht aber eine Beeinträchtigung des Haushaltsrechts. Zwar vermag der Finanzplan in gewisser Hinsicht die jährlichen Entscheidungen zu präjudizieren, aber mangels seiner Verbindlichkeit liegt darin keine Abstufung des Haushaltsplans zu einem Vollzugs- oder Ausführungsinstrument.

Die Regelung der §§ 14, 19 StabG über die Finanzplanung der Länder geht unmittelbar auf Art. 109 Abs. 3 GG zurück. Trotz der Schwierigkeiten, eine exakte Grenze zwischen pauschalen und detaillierten Bestimmungen zu ziehen, halten sich §§ 14, 9 StabG offen-

---

[115] K. *Stern*, Konjunktursteuerung und kommunale Selbstverwaltung, Gutachten E zum 47. DJT, 1968, E 37.

sichtlich im Rahmen der Grundsatzgesetzgebung — ohne indes deren Möglichkeiten auszuschöpfen. So dürfte auch die durch Entschließung des Bundesrats vorgeschlagene Einführung eines einheitlichen Gliederungsschemas[116] über die Finanzpläne von Bund und Ländern — um den Einbau der einzelnen Finanzpläne in ein System der volkswirtschaftlichen Gesamtrechnung zu ermöglichen — noch von der Grundsatzgesetzgebungsermächtigung des Art. 109 Abs. 3 GG erfaßt sein.[117] Abgesehen von der Möglichkeit, die Grundsätze über Form und Inhalt des Finanzplans näher auszuführen, erscheint die Regelung des Stabilitätsgesetzes über Art und Umfang der Finanzplanung in zweifacher Hinsicht ausbaufähig, nämlich hinsichtlich einer mehrjährigen Finanzplanung von Gemeinden und Gemeindeverbänden (a) und im Hinblick auf eine konzertierte Aktion aller öffentlichen Haushalte im Rahmen ihrer Finanzplanungen (b).

a) Finanzplanung der kommunalen Gebietskörperschaften

Ebenso wie Art. 109 Abs. 3 GG für eine Verpflichtung der Gemeinden zu konjunkturgerechter Haushaltswirtschaft einen Gesetzgebungstitel darstellt, von dem der Bundesgesetzgeber in § 16 Abs. 1 StabG durch die Bindung der Gemeinde und Gemeindeverbände an die Ziele des § 1 StabG Gebrauch gemacht hat, enthält Art. 109 Abs. 3 GG einen Gesetzgebungstitel für eine Verpflichtung der Gemeinden und Gemeindeverbände, ihrer Haushaltswirtschaft eine mehrjährige Finanzplanung zugrunde zu legen. Soweit sich der Bundesgesetzgeber im Rahmen dieser verfassungsrechtlichen Ermächtigung hält, lassen sich weder aus der den Ländern zustehenden Kompetenz, Kommunalrecht zu setzen, noch aus der institutionell garantierten kommunalen Selbstverwaltung Einwände herleiten. Da Art. 109 Abs. 3 GG nicht lediglich eine Kompetenznorm, sondern eine Ermächtigungsnorm darstellt, steht Art. 28 Abs. 2 GG Regelungen, die durch Art. 109 Abs. 3 GG gedeckt sind, nicht entgegen.

Denkbar wäre folgende Ergänzung des § 16 StabG:

(1) Gemeinde und Gemeindeverbände haben bei ihrer Haushaltswirtschaft, *der eine mehrjährige Finanzplanung zugrundezulegen ist,* den Zielen des § 1 Rechnung zu tragen.

(2) Die Länder haben durch geeignete Maßnahmen darauf hinzuwirken, daß die Haushaltswirtschaft *und Finanzplanung* der Gemeinden und Gemeindeverbände den Zielen des § 1 entspricht.

---

[116] BTags-Drucks. V/1890, S. 25.

[117] § 48 HGrG-Entwurf, BRats-Drucks. 284/68, verpflichtet den Finanzplanungsrat zu Empfehlungen über eine einheitliche Systematik der Finanzplanungen der Gebietskörperschaften, ohne weitere Richtlinien zu nennen.

Zwar betrifft diese Regelung Kommunalrecht, da die Institutionalisierung und die technische Bewältigung des Finanzplanungsverfahrens mit Rückwirkungen auf Organisation, Zuständigkeit und Verfahren kommunaler Instanzen verbunden ist. Dabei handelt es sich jedoch nur um sachlogisch notwendige Nebenwirkungen, die den primär finanzrechtlichen Charakter der Regelung nicht zu verdrängen vermögen. Da der Gesetzgeber damit nur das „Ob" nicht aber das „Wie" der kommunalen Finanzplanung normiert, erscheint die Grundsatzgesetzgebungsbefugnis weder ihrem Umfang noch ihrer Tiefenwirkung nach überspannt.

Die Interpretation des § 16 Abs. 2 StabG, die unter „geeigneten Maßnahmen" die landesrechtlichen Ingerenzen der „sanften Gewalt" versteht, also eine kommunalbezogene Konjunktursteuerung der „leichten Hand" befürwortet, läßt auch eine Erweiterung der Regelung auf mehrjährige Finanzplanung sinnvoll erscheinen, indem die Länder verpflichtet werden, die Gemeinden bei der Aufstellung ihrer mehrjährigen Finanzpläne zu beraten. Damit würde die in § 17 StabG begründete Verpflichtung von Bund und Ländern, sich gegenseitig die zur Aufstellung der Finanzpläne notwendigen Auskünfte zu erteilen, auf die Gemeindeebene fortgeführt und in Richtung einer Kooperation *aller* öffentlichen Haushalte im Rahmen des verfassungsrechtlich Möglichen erweitert.

b) Konzertierte Finanzplanung aller öffentlichen Haushalte

Der Bundesgesetzgeber hat im Stabilitätsgesetz von der verfassungsrechtlichen Ermächtigung des Art. 109 Abs. 3 GG, Grundsätze über eine Kooperation aller Finanzplanungsträger aufzustellen, keinen Gebrauch gemacht. Angesichts der zu erwartenden Konstituierung eines Finanzplanungsrates gemäß § 48 Entwurf des Haushaltsgrundsätzegesetzes sind die Möglichkeiten und Grenzen für eine institutionelle und funktionelle Kooperation aller Finanzplanungsträger aufzuzeigen:

aa) Institutionelle Kooperation

Voraussetzung einer verfassungskonformen Konstituierung eines Koordinationsgremiums der Gebietskörperschaften ist die Beteiligung aller Entscheidungsträger unter Wahrung ihrer Autonomie in möglichst paritätischer Besetzung in allen Stadien des Beratungs- und Entscheidungsprozesses. Es genügt jedoch nicht allein die passive Präsenz aller Beteiligten in den Sitzungen des Finanzplanungsrates. Grundlage jeder echten Kooperation ist die Möglichkeit aktiver Beteiligung aufgrund allseitiger Information. Erforderlich ist daher, daß allen Mitgliedern des Finanzplanungsrates gleicher Zugang zu den einschlägigen Quellen und Materialien offensteht.

bb) Funktionelle Koordination[118]

Bestimmend für die funktionelle Ausgestaltung einer gemeinschaftlich orientierten Finanzplanung ist auch hier die Autonomie der Mitglieder. Gesprächsergebnisse des Finanzplanungsrates können daher allenfalls Empfehlungen, unverbindliche Richtlinien, Orientierungshilfen, nicht aber bindende Entscheidungen gleich welcher Art sein. Die verfassungsrechtliche Absicherung bietet Art. 109 Abs. 3 GG. Ein Verfassungswandel durch Schaffung einer dritten Ebene des Bundesstaates oder eines Ersatz-Bundesrates ist damit nicht eingetreten.

VII. Rechtsschutz

Der gerichtliche Rechtsweg richtet sich, abgesehen von der betreffenden Regelungsmaterie und den Rechtsformen der Staatsakte, auch nach den Funktionsträgern. Eine Verfassungsstreitigkeit vor dem Bundesverfassungsgericht setzt zumindest die Beteiligung von „Subjekten des Verfassungskreises" voraus.[119] Da durch Art. 109 Abs. 2 GG Bund und Länder zu einer konjunkturgerechten Haushaltswirtschaft verfassungsrechtlich verpflichtet sind, könnte Art. 109 Abs. 2 GG den Transformator bilden, der sämtliche konjunktursteuernden Maßnahmen von Bund und Ländern im Konfliktsfall einem Bund-Länder-Streit nach Art. 93 Abs. 1 Nr. 3 GG zugänglich macht. Allerdings fragt sich, ob diese Verfassungspflichten zwischen Bund und Ländern bestehen oder ob es sich um adressatlose Verpflichtungen handelt. Soweit Art. 109 Abs. 2 GG als verbindliches Recht und nicht als sanktionslose lex imperfecta verstanden wird, ist es nur konsequent, diese Sanktionsmöglichkeit im Bund-Länder-Streit nach Art. 93 Abs. 1 Nr. 3 GG oder im Bundeszwang nach Art. 37 GG zu sehen.[120] Im übrigen sieht das Stabilitätsgesetz Pflichten und Rechte zwischen den Staatsorganen vor, deren Gegenstand jedoch nicht Verfassungsrecht bildet, insbesondere:

---

[118] Vgl. W. *Grund*, Die mehrjährige Finanzplanung des Bundes, in Planung III, 1968, S. 47 ff., S. 67 ff.; H. *Fischer-Menshausen*, Mittelfristige Finanzplanung im Bundesstaat, ebenda, S. 73 ff., 86 ff.; F. J. *Strauß*, Mittelfristige Finanzplanung in Bund, Länder und Gemeinden, Schriftenreihe des deutschen Städtebundes, Heft 10, 1968, S. 30 ff.; und besonders die 31. Mitgliederversammlung der Arbeitsgemeinschaft deutscher wirtschaftswissenschaftlicher Forschungsinstitute e. V. in Bad Godesberg am 30. u. 31. 5. 1968, Beihefte der Konjunkturpolitik, Heft 15, 1968.

[119] *Stern*, in Stern-Münch, 1. Teil, Einfg. B III, 4, S. 57; zum Grundsätzlichen ders., Bonner Kommentar, Zweitbearbeitung, Rdnr. 16 ff., zu Art. 99; vgl. auch OVG Münster, DVBl. 1967, S. 52.

[120] So im Ergebnis D. *Wilke*, AöR Bd. 93, S. 272 u. H. auf K. *Stern*, NJW 1967, S. 1831 ff., 1833.

die Begründungspflicht der Bundesregierung gegenüber Bundestag und Bundesrat, § 2 Abs. 2 StabG;

die Vorschlagspflicht von Bundesfinanzminister und Bundeswirtschaftsminister gegenüber der Bundesregierung nach § 6 Abs. 1 StabG;

die Vorlageverpflichtung der Bundesregierung gegenüber Bundestag und Bundesrat nach § 8 Abs. 1 StabG;

die Verpflichtung der übrigen Ressortminister gegenüber dem Bundesfinanzminister, Investitionsprogramme aufzustellen und sie dem Bundesfinanzminister zuzuleiten, § 10 StabG;

die Verpflichtung des Bundesfinanzministers gegenüber dem Regierungskollegium, den Finanzplan aufzustellen und zu begründen, § 9 Abs. 2 StabG;

die Verpflichtung der Bundesregierung, den Finanzplan dem Bundestag und Bundesrat vorzulegen, § 9 Abs. 2 StabG;

die Verpflichtung der Bundesregierung gegenüber Bundestag und Bundesrat zur Vorlage eines Subventionsberichtes, der in verschiedener Hinsicht substantiiert sein muß, § 12 Abs. 2—4 StabG.

Da Konflikte über eine dieser Pflichten weder verfassungsrechtliche noch verfassungsrechtsähnliche[121] Streitigkeiten darstellen, käme nach dem geltenden Rechtsschutzsystem allenfalls der Verwaltungsrechtsweg oder subsidiär (Art. 19 Abs. 4 S. 2 GG) der Rechtsweg vor den Zivilgerichten in Frage. Es liegt jedoch nicht in der Rechtsschutzrichtung dieser Gerichtsbarkeiten, den höchsten politischen Organen Rechtsschutz zu gewähren.[122] Diese materiellen Regierungstätigkeiten bleiben daher rechtswegfrei. Das gleiche Ergebnis dürfte für die Pflichten des Konjunkturrates gelten. Dagegen muß die Verpflichtung der Bundesregierung, den Gebietskörperschaften, Gewerkschaften und Unternehmensverbänden Orientierungsdaten zur Verfügung zu stellen, § 3 StabG, gerichtlich sanktioniert werden können ebenso wie die Verpflichtung der Bundesregierung, der Bundesbank Mobilisierungs- und Liquiditätspapiere auszuhändigen, § 29 StabG.

---

[121] *Stern,* ebenda.

[122] *Stern,* in Stern-Münch, 1. Teil, Einfg. B 4 a, S. 58.

FÜNFTER TEIL

Der wirtschaftsverfassungsrechtliche Funktionsrahmen

Die Frage, ob das Grundgesetz ein Glaubensbekenntnis für ein bestimmtes Wirtschaftssystem ablegt oder sich wirtschaftspolitisch neutral verhält, bildet den Gegenstand mannigfacher Stellungnahmen in Rechtsprechung[1] und Schrifttum[2]. Die Erörterung soll nicht in ihrer ganzen Breite und Tiefe aufgerollt und nachgezeichnet, vielmehr soll untersucht werden, wie sich der wirtschaftsverfassungsrechtliche Meinungsstreit vor dem Hintergrund des neugefaßten Artikels 109 GG ausnimmt, und ob Art. 109 GG dem zeitbezogenen Begriff „Wirtschaftsverfassung" neue Färbungen und Konturen hinzugefügt hat oder aber sogar das neue Credo für ein Wirtschaftsmodell oder eine bestimmte Wirtschaftskonzeption darstellt. Soweit dem Meinungsstreit in diesem Zusammenhang keine oder nur begrenzte Relevanz zukommt, ist er lediglich kursorisch zu umreißen.

I. Die wirtschaftsverfassungsrechtliche „Blankett-Theorie"

Nach dem Bericht eines der Urheber des Bonner Grundgesetzes, H. v. Mangoldt's, ist auf die Normierung einer Wirtschaftsverfassung „mit Rücksicht auf die gegenwärtige Ungewißheit über alle künftige

---

[1] BVerfGE 4, 7 ff., 17, 18 (Investitionshilfeurteil); 7, 377 ff., 400 (Apothekenurteil); in neuerer Zeit BVerfGE 16, 161, 172; 17, 243; 19, 111, 114.

[2] Aus neuester Zeit: A. *Hamann*, Wirtschaftsverfassungsrecht, 1958; H. *Ehmke*, Wirtschaft und Verfassung, 1961, S. 43 ff.; H. *Reuß*, Die Wirtschaftspolitik, im Spiegel des Verfassungsrechts, DVBl. 1961, S. 875/6; *ders.*, Verfassungsrechtliche Grundlegung der Wirtschaftsordnung in der Bundesrepublik Deutschland, DVBl. 1967, S. 349 ff.; K. *Stern*, Gedanken über den wirtschaftslenkenden Staat aus verfassungsrechtlicher Sicht, DöV 1961, S. 325 ff., 326 f.; H. C. *Nipperdey*, Soziale Marktwirtschaft und Grundgesetz, 3. Aufl., 1965; H. *Krüger*, Von der reinen Marktwirtschaft zur gemischten Wirtschaftsverfassung, 1966; J. *Kölble*, Wirtschaftsplanung und Grundgesetz, NJW 1966, S. 473 ff.; R. *Zuck*, Aktuelle Probleme der Wirtschaftspolitik und die tragenden Grundsätze der Wirtschaftsverfassung; BB 1967, S. 805 ff.; *ders.*, Die globalgesteuerte Marktwirtschaft und das neue Recht der Wirtschaftsverfassung, NJW 1967, S. 1301 ff.; E. *Tiefenbacher*, Planung in der Marktwirtschaft, BB 1967, S. 1 ff.

wirtschaftliche ... Entwicklung zunächst bewußt verzichtet" und die Regelung der Sozial- und Wirtschaftsordnung der Zukunft überlassen worden[3]. Aus diesem schon durch eine „flüchtige Durchsicht des Grundrechtsteils des Grundgesetzes"[4] belegbaren und aus dem „Relativismus der Demokratie"[5] erklärbaren Verzicht des Verfassungsgesetzgebers folgert die Lehre Herbert Krügers[6] die Unzulänglichkeit jeden Versuchs, „einer auch in ökonomischer Hinsicht wertneutralen Staatsform ein einseitiges wirtschaftstheoretisches Programm zu imputieren"[7], weil jeder wirtschaftstheoretische Monismus oder Purismus der staatlichen Wirtschaftspolitik verfassungswidrig sei[8]. Danach kann Wirtschaftspolitik nicht nach wirtschaftsideologischen (zur Realisierung eines theoretischen Systems oder Modells), sondern nur nach realpolitischen Aspekten (Sicherung staatlicher Existenz, Förderung staatlicher Wohlfahrt) betrieben werden[9]. Die wirtschaftsverfassungsrechtliche Nichtentscheidungslehre Krügers kann allerdings nicht — wie es häufig geschieht — als Grundsteinlegung zu einer wirtschaftspolitischen Neutralitätslehre verstanden werden. Es handelt sich hierbei teils um eine Fehlbezeichnung[10], teils um eine Fehlinterpretation[11] des Aussagegehaltes der Lehre Krügers. Es handelt sich bei dieser keineswegs um ein Plädoyer für eine „manchesterliche — libe-

---

[3] Das Bonner Grundgesetz, 1953, S. 35, 94.

[4] H. *Krüger*, Staatsverfassung und Wirtschaftsverfassung, DVBl. 1951, S. 361 ff., 363 u. H. auf C. *Raiser*, Wirtschaftsverfassung als Rechtsproblem, in: Festgabe für J. v. Gierke, 1950, S. 182; Th. *Maunz*, Deutsches Staatsrecht 1951, S. 83, S. 105 ff.; E. Molitor, BB 1951, S. 314.

[5] H. *Krüger*, a. a. O., S. 363. Das „relativistische Selbstverständnis der Demokratie" soll heißen, daß die Demokratie „jeder Meinung die Chance der legalen Existenz und der legitimen Verwirklichung zugesteht", ebenda, S. 362; zu dieser „recht unglücklichen" Verbindung der These von der wirtschaftsverfassungsrechtlichen Nichtentscheidung mit dem Problem des Relativismus als angeblicher Grundhaltung der Demokratie, H. *Ehmke*, a. a. O., S. 41: „Toleranz innerhalb eines Wertsystems mit Relativismus zu verwechseln, heißt Wesen und Welt der Demokratie zu verkennen" und S. 44: „Inmitten eines politischen Gemeinwesens mit einer materialen Verfassung soll die Wirtschaft durch ein frei-schwebendes System des Relativismus wie eine Insel aus dem Strom der Geschichte herausgehalten werden."

[6] Vgl. *ders.*, Wirtschaftsverfassung, Wirtschaftsverwaltung, Rechtsstaat, BB 1953, S. 565 ff.; *ders.*, Grundgesetz und Kartellgesetzgebung, 1950.

[7] H. *Krüger*, DVBl. 1951, S. 363; BB 1953, S. 565.

[8] H. *Krüger*, DVBl. 1951, S. 363.

[9] Offensichtlich richtet sich Krügers Theorie gegen die positive Wirtschaftsverfassungs-Metaphysik des Neoliberalismus, vgl. H. *Ehmke*, a. a. O., S. 44.

[10] A. *Hamann*, a. a. O., S. 31 ff.

[11] H. C. *Nipperdey*, a. a. O., S. 21; H. *Ehmke*, a. a. O., S. 44; K. *Ballerstedt*, Staatsverfassung und Wirtschaftsfreiheit, DÖV 1951, S. 159 ff.

rale Passivität des Staates"[12], denn mit der Feststellung, das Grundgesetz habe sich nicht für eine bestimmte nationalökonomische Doktrin entschieden, ist selbstverständlich nicht gemeint, daß das Grundgesetz einem wirtschaftsverfassungsrechtlichen „Agnostizismus" huldige oder gar den „Verzicht auf wirtschaftspolitische Aktivität in sich schließe"[13]. Vielmehr steht eine Wirtschaftsgestaltung aus undogmatischen realpolitischen Gesichtspunkten auch für H. Krüger außer Zweifel[14]. Neutralität bedeutet begrifflich „Position außerhalb aller Fronten, d. h. Enthaltsamkeit im positiven und im negativen Sinn"[15] — eine begriffliche Voraussetzung, die auch für die Lehre Krügers ausscheidet, da diese sich gerade gegen jede Form staatlicher Orientierung an ein bestimmtes Wirtschaftssystem ausspricht und nur eine wirtschaftstheoretisch indifferente Wirtschaftspolitik zuläßt, quasi einer „unpolitischen Politik" das Wort redet, mithin eine klare, mit Neutralitätsvorstellungen nicht auf einen Nenner zu bringende Negativ-Entscheidung gegen jede theoretische und ideologische Konzeption einer Wirtschaftsordnung trifft. Die Achilles-Verse der Lehre Krügers ist darin zu sehen, daß Krüger von der wirtschaftsverfassungsrechtlichen Nichtentscheidung nicht lediglich als tatsächlich vorfindbarem Ist-Zustand ausgeht, sondern sie erweiternd als einen auch für die Zukunft geforderten Soll-Zustand begreift. Hieran ist denn auch seine Lehre gescheitert und zwar gerade an der Neufassung des Art. 109 GG, die genau das bewirkte, was Krüger durch jene Feststellung eben ausschließen wollte: „Wenn die wirtschaftspolitische Entscheidung einer Verfassung gerade eine Nichtentscheidung ist, d. h. hier von Verfassung wegen ein Blankett geschaffen worden ist, das eben deswegen Blankett bleiben soll, dann ist es ausgeschlossen, daß irgendeine siegreiche Mehrheit dieses Blankett ausschließlich im Sinne ihrer ökonomischen Ideologie ausfüllen könnte."[16] Von der „siegreichen Mehrheit" der großen Koalition konnte dieses wirtschaftsverfassungsrechtliche Blankett nicht verschont bleiben; es wurde vielmehr dadurch zu einem „beschriebenen Blatt", daß Art. 109 Abs. 2 GG es mit dem Erforder-

---

[12] K. *Ballerstedt*, a. a. O., S. 160.

[13] H. *Krüger*, BB 1953, 565 antikritisch gegen die entsprechenden „Mißverständnisse" von *Dürig*, Verfassung und Verwaltung im Wohlfahrtsstaat, JZ 1953, S. 193 ff., 196.

[14] H. *Krüger*, DVBl. 1951, S. 363. Auch das spätere Bekenntnis Krügers zu einer gemischten Wirtschaftsverfassung, Von der reinen Marktwirtschaft zur gemischten Wirtschaftsverfassung, 1966, steht, wie *Ehmke*, a. a. O., S. 45 FN 96, konzidiert, zu seiner ursprünglichen Theorie nicht in unbedingtem Widerspruch.

[15] R. *Zuck*, BB 1967, S. 807.

[16] H. *Krüger*, Staatsverfassung und Wirtschaftsverfassung, DVBl. 1951, S. 363.

nis des gesamtwirtschaftlichen Gleichgewichts als verfassungsrechtlich erstrebtem Zustand ausgefüllt hat. Damit besitzt die Lehre Krügers, der die Bezeichnung „wirtschaftsverfassungsrechtliche Blankett-Theorie" am nächsten kommt, angesichts des neugefaßten Art. 109 Abs. 2 GG keine Gültigkeit mehr. Der Beitrag Krügers kann zu dem um eine Wirtschaftsverfassung angesiedelten Problemkreis keine Dienste mehr leisten.[17] Die das Stabilitätsgesetz tragende Verfassungsänderung hat die wirtschaftsverfassungsrechtliche Diskussion auf die Frage zurückgeführt, wie konkret die Entscheidung des Grundgesetzes für eine bestimmte Wirtschaftsordnung ist. In den Brennpunkt der wirtschaftsverfassungsrechtlichen Diskussion ist die rechte Verortung des Verhältnisses von Markt und Plan gerückt.

II. Die Lehre eines verfassungsrechtlich statuierten Wirtschaftsmodells

Der Theorie eines wirtschaftsverfassungsrechtlichen Blanketts ist jene dezisionistische Lehre konträr gegenüberzustellen, die aus der Verfassung das Bekenntnis zu einem bestimmten Wirtschaftsmodell herleitet. Für den bundesrepublikanischen Rechtskreis hat an erster Stelle Nipperdey aus einer Verfassungsinterpretation des Grundgesetzes, insbesondere der Grundrechte, die Dezision für eine Wirtschaftsordnung der sozialen Marktwirtschaft entwickelt: „Das Grundgesetz gewährleistet die Wirtschaftsverfassung der sozialen Marktwirtschaft."[18] Noch prägnanter pointiert Nipperdey seine Lehre nach einer breit angelegten Durchforstung wirtschaftsrelevanter Grundgesetzbestimmungen: Die einzelnen Bestimmungen würden die soziale Marktwirtschaft nicht nur als bestimmte Wirtschaftspolitik „ermöglichen", sondern eine formelle und materielle verfassungsmäßige „Entscheidung für die soziale Marktwirtschaft" treffen, da soziale Marktwirtschaft „alle wesentlichen Elemente dieser Wirtschaftsordnung" enthalte.[19] Damit geht Nipperdey von einer institutionellen Garantie der sozialen Marktwirtschaft als Wirtschaftsmodell und nicht als bloßer Bezeichnung einer grundgesetzlichen Vorgegebenheit aus. Daher läßt sich der Nipperdey'sche Begriff der sozialen Marktwirtschaft auch nicht verstehen als bloßer „Behelf zur gedanklichen Zusammenfassung des wirtschaftsverfassungsrechtlichen Befundes, den das Grundgesetz biete", deren „Bedeutung darin liegt, daß sie

[17] Die Blankett-Theorie ließe sich auch nicht durch das Argument retten, nicht ein bestimmtes Wirtschaftsmodell, sondern lediglich globale wirtschaftspolitische Leitlinien hätten nunmehr das Blankett ausgefüllt.

[18] H. C. *Nipperdey*, Soziale Marktwirtschaft und Grundgesetz, 3. Aufl., 1965, S. 21.

[19] *Ders.*, a. a. O., S. 64.

Arbeitshypothese oder Instrument zur geistigen Bewältigung des wirtschaftsverfassungsrechtlichen Gehaltes des Grundgesetzes" sei, so daß der Begriff der sozialen Marktwirtschaft dem Grundgesetz weder oktroyiert noch imputiert werde, sondern die „Bezeichnung einer grundgesetzlichen Vorgegebenheit"[20] darstelle. Eine derartige Auffassung — mag sie auch als apologetische Interpretation der Lehre Nipperdeys beabsichtigt sein — vermag ihr allenfalls einen Bärendienst zu erweisen, liegt doch in der Voraussetzung dessen, was es erst zu beweisen gilt, nämlich der grundgesetzlichen Vorgegebenheit der sozialen Marktwirtschaft, der klassische Fall einer petitio principii. Soziale Marktwirtschaft im Sinne der Lehre Nipperdeys ist der Begriff für ein bestimmtes — wenn nicht reinrassiges, so doch kombiniertes — Wirtschaftsmodell, scharf abzuheben von der Auffassung einer dem Grundgesetz inhärenten bestimmten wirtschaftsverfassungsrechtlichen Konzeption. Um der Frage näher zu kommen, an der letztlich die wirtschaftsverfassungsrechtliche Diskussion gemessen werden sollte, nämlich der Frage nach dem zulässigen Grad (Intensität) und Ausmaß (Umfang) staatlicher Einflußnahme in und auf das privatwirtschaftliche Marktgeschehen, geht Nipperdey den Umweg über die verfassungsrechtliche Dezision für ein bestimmtes Wirtschaftssystem als Transformator der an die Wirtschaftspolitik adressierten verfassungsrechtlichen Direktiven und Maßbestimmungen. Diese Einschaltung eines Wirtschaftsmodells zwischen Verfassung und Wirtschaftspolitik ist aber — abgesehen von der Zulässigkeit einer derartigen ökonomischen Relativierung der Verfassung — sinnvoll allenfalls dann, wenn dem Wirtschaftsmodell eine höhere Aussagefähigkeit zukommt als der Verfassung selbst abzugewinnen ist. Vermag jedoch der dem Wirtschaftsmodell implizierte Vorstellungsgehalt den Spielraum und die Grenzen staatlicher Wirtschaftspolitik nicht durch deutlichere Konturen zu umreißen, sollte die Wirtschaftspolitik besser in den Rahmen der Verfassung selbst gestellt und nicht auf ein abstrakt-theoretisches Wirtschaftsmodell projiziert werden.

III. Mittelmeinungen

In der Mitte zwischen der als Blankett-Theorie bezeichneten Lehre Krügers und der als Theorie eines grundgesetzlich garantierten Wirtschaftsmodells zu verstehenden Lehre Nipperdeys bewegt sich das breitgestreute Feld der Ansichten, die weder von einem fixierten Wirtschaftssystem noch von einer wirtschaftspolitischen Neutralität oder wirtschaftstheoretischen Nichtentscheidung ausgehen. Hierzu zählen insbesondere die Rechtsprechung und jene, die aus dem Grundgesetz

---

[20] H. *Reuß*, Verfassungsrechtliche Grundlegung der Wirtschaftsordnung in der BRD, DVBl. 1967, S. 349 ff., 351.

zwar kein Wirtschaftsmodell aber doch eine Wirtschaftskonzeption ablesen.

Nach dem „leading case" der wirtschaftsverfassungsrechtlichen Rechtsprechung des Bundesverfassungsgerichts, dem Investitionsurteil, garantiert das Grundgesetz „weder die wirtschaftspolitische Neutralität der Regierungs- und Gesetzgebungsgewalt noch eine nur mit marktkonformen Mitteln zu steuernde soziale Marktwirtschaft. Die ‚wirtschaftspolitische Neutralität' des Grundgesetzes besteht lediglich darin, daß sich der Verfassungsgeber nicht ausdrücklich für ein bestimmtes Wirtschaftssystem entschieden hat. Dies ermöglicht dem Gesetzgeber, die ihm jeweils sachgemäß erscheinende Wirtschaftspolitik zu verfolgen, sofern er dabei das Grundgesetz beachtet. Die gegenwärtige Wirtschafts- und Sozialordnung ist zwar eine nach dem Grundgesetz mögliche Ordnung, keineswegs aber die allein mögliche. Sie beruht auf einer vom Willen des Gesetzgebers getragenen wirtschafts- und sozialpolitischen Entscheidung, die durch eine andere Entscheidung ersetzt oder durchbrochen werden kann".[21] Diese Aussagen genügen, um sowohl der Theorie eines wirtschaftsverfassungsrechtlichen Agnostizismus, wie auch der Theorie einer verfassungskräftigen Festlegung auf ein bestimmtes Wirtschaftssystem eine Absage zu erteilen. Auf gleicher Linie präzisiert das Bundesverfassungsgericht im Apothekenurteil seine Klarstellung: „Das Grundgesetz ist wirtschaftspolitisch in dem Sinne neutral, daß der Gesetzgeber jede ihm sachgemäß erscheinende Wirtschaftspolitik verfolgen darf, sofern er dabei das Grundgesetz, insbesondere die Grundrechte, beachtet."[22]

Bei diesem behutsamen Kurs der Rechtsprechung zwischen der Scylla eines grundgesetzlich fixierten Wirtschaftssystems und der Charybdis wirtschaftspolitischer Neutralität bleibt unklar, ob das Bundesverfassungsgericht nicht nur die Existenz eines *Wirtschaftsmodells* von Verfassungs wegen, sondern auch das Vorhandensein einer verfassungsrechtlichen *Wirtschaftskonzeption* verneint. Sieht man in der Haltung des Bundesverfassungsgerichts lediglich die Ablehnung der grundgesetzlichen Bestimmung eines Wirtschaftssystems ohne eine positive Aussage, so liegt darin eine Absage an ein Wirtschaftsverfassungsrecht schlechthin und damit auch die Negation irgendeiner wie auch immer gearteten Wirtschaftskonzeption. Dann allerdings kann das Investitionshilfeurteil „das letzte Wort noch nicht gesprochen"[23] haben, kann doch ein so wesentlicher und an Bedeutung ständig wachsender Bereich wie die Wirtschaft kein weißer Fleck verfassungsrecht-

---

[21] BVerfGE 4, 17, 18.

[22] BVerfGE 7, 377 ff., 400.

[23] K. *Stern,* Gedanken über den wirtschaftslenkenden Staat aus verfassungsrechtlicher Sicht, DÖV 1961, S. 327.

licher Verortung bleiben. Andererseits ist zu beachten, daß in der Negierung der grundgesetzlichen Festlegung eines bestimmten Wirtschaftssystems inzidenter — als Kehrseite dieser negativen Entscheidung — die positive Entscheidung für ein bestimmtes Wirtschaftsbild liegt, mit der Besonderheit, daß es sich dabei nicht um ein bestimmtes einzelnes Wirtschaftssystem, sondern eine Skala verschiedener möglicher Wirtschaftsordnungen handelt, deren Spannweite ihre Grenze in dem verfassungsrechtlichen Rahmen findet. Dabei handelt es sich dann nur um eine terminologische Streitfrage, ob man diesen verfassungsrechtlich eröffneten Spielraum der Wirtschaftspolitik als Wirtschaftskonzeption oder nur als Negation bestimmter anderer Wirtschaftsordnungen versteht.[24]

Die Prophezeiung, das Investitionshilfeurteil habe das letzte Wort noch nicht gesprochen, scheint durch die Neuregelung des Art. 109 GG eine weitere Bestätigung erfahren zu haben. Art. 109 GG normiert die Zielverpflichtung der öffentlichen Finanzwirtschaft auf die Erfordernisse des gesamtwirtschaftlichen Gleichgewichts, enthält also eine materielle Aussage über die Ausgestaltung der Haushaltswirtschaft und nicht lediglich deren formelle Eingrenzung und stellt damit eine positive Entscheidung für Stabilität und Wachstum der Wirtschaft als Richtschnur staatlicher Wirtschafts- und Finanzpolitik dar. Art. 109 GG spricht zwar allein die öffentlichen Haushalte an und betrifft eher die Wirtschaftsprozeßpolitik als die Wirtschaftsordnungspolitik, jedoch spiegelt sich darin zugleich die Konzeption einer vorausgesetzten Wirtschaftsordnung — zumal in anderen Wirtschaftssystemen wie derjenigen extremer Planwirtschaft die Regelung des Art. 109 GG entbehrlich wäre. Aus einer Gesamtbetrachtung der Verfassung erscheint daher — insbesondere im Hinblick auf Art. 109 GG — die Deduktion einer verfassungsrechtlich fixierten Wirtschaftskonzeption durchaus vertretbar. Die Auffassung, die von einer grundgesetzlichen Konzeption als Rahmen staatlicher Wirtschafts- und Finanzpolitik ausgeht, hat in Art. 109 GG eine weitere Grundlage gefunden. Insoweit bedeutet die Verfassungsänderung einen entscheidenden Schritt auf dem Wege, auch die staatliche Wirtschaftsprozeßpolitik verfassungsrechtlich einzufangen.

---

[24] *Dürig*, in: Maunz-Dürig, Rdnr. 44 zu Art. 2 Abs. 1: „Selbstverständlich verhindert allein die Existenz des Art. 2 Abs. 1 (sowie die der Art. 9, 11, 12, 14) auch entgegengesetzte Extreme (Staatssozialismus, Dirigismus, Kommandowirtschaft)"; H. *Reuß*, DVBl. 1961, S. 875: „Einer kommunistischen Gestaltung allerdings gibt diese Rechtslage keine Chance"; *ders.*, DVBl. 1967, S. 351: „Eine durchgängige zentrale Planwirtschaft wäre mit dem Grundgesetz nicht vereinbar"; vgl. auch E. *Benda*, NJW 1967, S. 849; E. *Tiefenbacher*, BB 1967, S. 1; J. *Kölble*, NJW 1966, S. 473.

IV. Art. 109 GG als Haushaltswirtschaftsverfassungsrecht

Zweifelhaft erscheint, ob die im Grundgesetz angelegte Wirtschaftskonzeption als ein besonderes Wirtschaftsverfassungsrecht verstanden werden kann. Die Scheu vor der Anerkennung eines solchen besonderen, auf die Wirtschaft bezogenen Verfassungsrechts beruht auf dem Bedenken, allgemeingültigen Verfassungsbestimmungen wie den Grundrechten oder Verfassungsgrundsätzen wie Rechtsstaatlichkeit, Demokratie, Sozialstaatlichkeit, Föderalismus einen besonderen Zuschnitt zu geben, indem sie auf den Sektor der Wirtschaft bezogen werden. Die Tatsache, daß bestimmte Verfassungsbestimmungen und Verfassungsgrundsätze auch für den Bereich der Wirtschaft gelten, rechtfertigt es in der Tat nicht, diese Verfassungsregelungen zu einem Inbegriff der Wirtschaftsverfassung zusammenzufassen. Unter diesem Blickwinkel könnte Art. 109 GG einen Umbruch vollzogen haben insoweit, als er nicht nur *auch*, sondern ausschließlich wirtschaftlich geprägt ist und vordergründig durch seinen haushaltswirtschaftlichen Charakter klassifiziert wird. *Art. 109 GG läßt sich als Zentralnorm eines Haushaltswirtschaftsverfassungsrechts verstehen.*

V. Soziale Marktwirtschaft und Globalsteuerung

Zu prüfen bleibt die Frage, ob die Lehre der sozialen Marktwirtschaft, gleichgültig, ob man sie als ein grundgesetzlich garantiertes Wirtschaftsmodell oder als eine im Grundgesetz angelegte Wirtschaftskonzeption versteht, durch Art. 109 GG und durch das Stabilitätsgesetz bestätigt, widerlegt oder verändert worden ist. Zwei Möglichkeiten bieten sich an:

1. „Selbst wenn ... jemals mit Recht von einer grundgesetzlich garantierten ‚sozialen Marktwirtschaft' gesprochen wurde, dann ist dies ihr Ende, will man nicht Begriffe mit ständig wechselnden Inhalten anfüllen. Das Grundgesetz enthält nunmehr nicht nur eine Regelung, sondern umfangreiche Ermächtigungen für eine ‚global gesteuerte Marktwirtschaft'[25] ..." „Daß Art. 109 Abs. 3, 4 GG zu einer ganzen Reihe die Wirtschaft global steuernden Maßnahmen ermächtigen, geht über die bloße rechtstechnische Funktion der Bestimmungen als Ermächtigungsnormen hinaus. Im Zusammenhang mit Art. 109 Abs. 2 GG wird man jetzt davon auszugehen haben, daß nunmehr wesentliche Ziele der Wirtschaftspolitik in der Verfassung selbst gesetzt worden sind und zugleich eine Reihe von Mitteln zu ihrer Durchsetzung[26]." Damit ist ein „Bruch zum Konzept der sozialen Markt-

[25] R. *Zuck*, Aktuelle Probleme der Wirtschaftspolitik und die tragenden Grundsätze der Wirtschaftsverfassung, BB 1967, S. 805 ff., 807.

[26] *Ders.*, Die globalgesteuerte Marktwirtschaft und das neue Recht der Wirtschaftsverfassung, NJW 1967, S. 1301 ff., 1304.

wirtschaft" geschaffen[27]. „Vor uns liegt die Wirtschaftsverfassung der global gesteuerten Marktwirtschaft."[28]

2. Das gesamtwirtschaftliche Gleichgewicht ist zwar „eine wirtschaftspolitische Zielentscheidung mit Verfassungsrang", die das „Wirtschaftsverfassungsrecht des Grundgesetzes in seinem Inhalt verändert, jedenfalls aber ausgestaltet. Hierin muß aber keine Abkehr vom Konzept der sozialen Marktwirtschaft liegen".[29] Zwar ist durch das Stabilitätsgesetz in Verbindung mit Art. 109 GG, also durch die Konzeption der Globalsteuerung „ein wichtiger Abschnitt neuen Denkens betreten" worden. Auch bedeutet es „eine wirtschaftsverfassungsrechtliche Grundentscheidung von prinzipieller Bedeutung, wenn heute die wesentliche Zielsetzung in der Verfassung selbst bestimmt" wird[30]. Aber „eine solche Methode neuer Wirtschaftspolitik kann die soziale Marktwirtschaft nicht gefährden, sondern wird sie sichern und stärken".[31] Entsprechend lauten die amtlichen Stellungnahmen zur Wirtschafts- und Finanzpolitik: „Diese grundsätzliche Überlegenheit der Marktwirtschaft hinsichtlich der Koordinierung der mikroökonomischen Beziehungen bedeutet aber nicht, daß die Wirtschaftspolitik sich mit der Einführung des marktwirtschaftlichen Preismechanismus und der — von der Freiburger Schule mit Recht so sehr betonten — ordnungspolitischen Sicherung des Wettbewerbs begnügen darf. Auch ein noch so funktionsfähiger Wettbewerb reicht nicht aus, so gewichtige gesamtwirtschaftliche Ziele wie Stabilität des Preisniveaus, hohen Beschäftigungsstand, außenwirtschaftliches Gleichgewicht und stetiges und angemessenes Wachstum in befriedigendem Maße zu erfüllen ... Wirtschaftspolitik in der Marktwirtschaft der zweiten Hälfte des 20. Jahrhunderts darf nicht nur Ordnungspolitik sein, sie muß auch Prozeßpolitik im Sinne einer planmäßigen Globalsteuerung der großen Aggregate des gesamtwirtschaftlichen Kreislaufs sein ... Die Beeinflussung der gesamtwirtschaftlichen Kreislaufgrößen durch global wirkende Steuerungsmaßnahmen der Wirtschaftspolitik soll die Funktionsfähigkeit des marktwirtschaftlichen Steuerungs- und Lenkungsprozesses selbst stärken und sichern ... Die Alternative zu dieser Kombination von Marktwirtschaft und Globalsteuerung heißt: Vordringen von Einzeldirigismen und damit innere Aushöhlung der

---

[27] *Ders.*, ebenda, S. 1304, FN 47.

[28] *Ders.*, ebenda, S. 1301 und BB 1967, 807: „Schon die — folgerichtig — in Art. 109 Abs. 2 GG aufgenommenen wirtschaftsverfassungsrechtlichen Direktiven erlauben es deshalb auch positiv gesehen nicht mehr, von wirtschaftspolitischer Neutralität des Grundgesetzes zu sprechen."

[29] E. *Benda*, Die aktuellen Ziele der Wirtschaftspolitik und die folgenden Grundsätze der Wirtschaftsverfassung, NJW 1967, S. 849 ff., 851.

[30] *Ders.*, a. a. O., 853, l.

[31] *Ders.*, ebenda.

Marktwirtschaft ... Gerade die überzeugten Anhänger einer marktwirtschaftlichen Ordnung sollten deshalb erkennen, daß die Marktwirtschaft ohne Ergänzung durch eine globale Steuerung in der Gefahr steht, immer mehr an Boden zu verlieren."[32]

3. Beiden aufgezeigten Bemühungen, die Vereinbarkeit bzw. Unvereinbarkeit von sozialer Marktwirtschaft und Globalsteuerung nachzuweisen, ist jedoch entgegenzuhalten, daß sie von einem *wirtschaftspolitischen* aber nicht einem *wirtschaftsverfassungsrechtlichen* Begriff der sozialen Marktwirtschaft ausgehen. Tatsächlich bestehen auch keine Bedenken, den wirtschaftspolitischen Begriff der sozialen Marktwirtschaft mit dem Stabilitätsgesetz als „Aktionsmodell der Globalsteuerung" in Beziehung zu setzen.[33] Das gilt indessen nicht für den wirtschaftsverfassungsrechtlichen Begriff der sozialen Marktwirtschaft, der allein an Art. 109 GG gemessen werden kann und nur dann von Art. 109 GG tangiert wird, wenn diese Bestimmung Ausdruck einer Wirtschaftsverfassung der Globalsteuerung ist und ein Wirtschaftsmodell normiert, welches das Wirtschaftsmodell der sozialen Marktwirtschaft ablösen oder einschränken könnte. Das ist indes nicht der Fall:

Die soziale Marktwirtschaft kennzeichnet das Verhältnis von Staat und Privatwirtschaft in seiner spezifischen gegenseitigen Zuordnung und Einflußnahme. Art. 109 GG ist jedoch ausgerichtet auf das Verhältnis der Gebietskörperschaften untereinander, indem er in Abs. 2 alle öffentlichen Haushalte auf die Beachtung gesamtwirtschaftlicher Belange zielverpflichtet und in Abs. 3 dem Bund die verfassungsrechtliche Möglichkeit gibt, „aus konjunkturpolitischen Gründen die Finanzwirtschaft der Länder und Gemeinden in gewissen engen Grenzen im Sinne einer antizyklischen Haushaltspolitik zu beeinflussen"[34].

Insofern erfüllt Art. 109 GG eine mehrfache Funktion: Im Vordergrund steht die konjunkturpolitische Erschließung der öffentlichen Haushalte zum Zweck einer antizyklischen Haushaltspolitik, also die

---

[32] Aktuelle Beiträge zur Wirtschafts- und Finanzpolitik, Nr. 5/67, hrsg. v. Presse- und Informationsdienst der Bundesregierung, teilw. abgedr. in BB 1967, S. 216.

[33] K. H. *Hansmeyer,* Stabilitätsgesetz und Marktwirtschaft, in: „Die Aussprache 1966, S. 90: „Der ... § 1 des Stabilitätsgesetzes rückt zweifellos die marktwirtschaftliche Ordnung als Rahmenbedingung in den Mittelpunkt. Damit hat — und dies sei ausdrücklich vermerkt — das Stabilitätsgesetz hinsichtlich der Wirtschaftsordnung Position bezogen und sich im Gegensatz zum wirtschaftsordnungsneutralen Grundgesetz für die Marktwirtschaft entschieden."

[34] So bestimmt der Berichterstatter des Rechtsausschusses des BT den Zweck der Grundgesetzänderung, BTags-Drucks. V/1686 Anhang.

politische Budgetfunktion — nicht nur im Sinne einer verfassungsrechtlichen Ermächtigung, sondern echt konstitutionell-obligatorisch. Daraus resultiert die Forderung, durch entsprechende Koordinierungs- und Abstimmungsregelungen der in einer föderativ gegliederten staatlichen Haushaltswirtschaft liegenden Gefahr einer antizyklischen Wende zur verfassungsrechtlichen Institutionalisierung einer fiskal-Gegeneinanderarbeitens der einzelnen Haushalte präventiv entgegenzuwirken. Beide Funktionen sind also nicht isoliert, sondern nur in ihrer sachlogischen Beziehung zu verstehen. Der Abbau der föderativen Budget-Separatismen wird in dem Moment unausweichlich, in dem der Haushalt aus seiner rein bedarfsdeckenden Aufgabe entbunden und gesamt-ökonomisch orientiert wird.

Art. 109 GG inthronisiert mit verpflichtender Kraft die ökonomische, spezifisch antizyklische Funktion der öffentlichen Haushalte und ebnet durch Abbau der föderativen Grenzen und Hemmnisse den Weg zu einer koordinierten antizyklischen Haushaltswirtschaft aller Gebietskörperschaften.

Damit ist zugleich eine Beschränkung parlamentarischer „Budgetgewalt" zugunsten einer „gouvernementalen Konjunkturpolitik" und eine Stärkung zentralstaatlicher Kräfte verbunden. Die wirtschaftsverfassungsrechtliche Neuregelung trägt insoweit föderativ-gewaltentrennenden Charakter und betrifft weniger den rechtsstaatlich-demokratischen Aspekt, unter dem die „Wirtschaftsverfassung" der sozialen Marktwirtschaft steht. Art. 109 GG enthält eine intern-haushaltswirtschaftliche Regelung, tangiert die Privatwirtschaft nur als Reflex, ohne sie als Gegenpol staatlicher Haushaltswirtschaft anzusprechen und kann daher — weil in anderen Bereichen als die Lehre der sozialen Marktwirtschaft gelagert — nicht als deren Abdanken verstanden werden. Die auf die Privatwirtschaft und Marktmechanismus bezogene Globalsteuerung, wie sie in den §§ 26 ff. StabG zum Ausdruck kommt, ist nicht erst durch Art. 109 GG ermöglicht worden; vielmehr beruht sie auf der sich aus Art. 74 Nr. 12, 88, 105 Abs. 2 GG ergebenden Kompetenz des Bundesgesetzgebers. Die insoweit durch das Stabilitätsgesetz eingeführte Globalsteuerung[35] kann daher nicht als wirtschaftsverfassungsrechtliche Neuerung angesehen werden, will man nicht in den Fehler verfallen, auch sub-konstitutionelle Normen dem Wirtschaftsverfassungsrecht zuzurechnen. Mithin ist das durch das Stabilitätsgesetz bereitgestellte Instrumentarium der Globalsteue-

---

[35] Nur unter diesem Vorbehalt ist die Bemerkung von Bundeswirtschaftsminister Schiller zu verstehen: „Das dann später gründlich ergänzte und umgebaute Stabilitäts- und Wachstumsgesetz ist nun also sozusagen das Grundgesetz moderner Prozeßpolitik geworden", K. *Schiller*, Konjunkturpolitik auf dem Wege zu einer Affluent Society, Kieler Vorträge, N. F. 54, 1968, S. 9.

rung ohne direkte neue wirtschaftsverfassungsrechtliche Relevanz, sondern allenfalls von indirekter Bedeutung, indem das Stabilitätsgesetz zur Auslegung der „Wirtschaftsverfassung" herangezogen wird. Durch Art. 109 GG hat sich das auf die Privatwirtschaft und den Marktmechanismus bezogene Verfassungsrecht nicht gewandelt.

VI. Zusammenfassung

Eine Lehre der wirtschaftspolitischen Neutralität des Grundgesetzes hat es in Wahrheit nie gegeben. Soweit die als Blankett-Theorie zu bezeichnende Lehre Krügers oder die als Theorie eines wirtschaftspolitischen Spielraums zu verstehende Rechtsprechung als solche bezeichnet werden, handelt es sich um eine Fehlbezeichnung bzw. eine Fehlinterpretation. Neutralität als Position außerhalb aller Fronten bedeutet, daß sich das Grundgesetz weder für noch gegen eine bestimmte Wirtschaftsordnung entschieden hat. Nach Krüger enthält das Grundgesetz jedoch eine Negativ-Entscheidung gegen jegliches wirtschaftstheoretische Konzept, erst recht gegen ein Wirtschaftsmodell oder ein bestimmtes Wirtschaftssystem. Die Rechtsprechung ist deswegen nicht neutral, weil sie sich positiv für eine bestimmte Bandbreite wirtschaftspolitisch zulässiger Aktivitäten und Entfaltungsmöglichkeiten entscheidet, indem sie negativ bestimmte Wirtschaftsordnungen wie die extreme Planwirtschaft oder einen chemisch reinen Liberalismus ausschließt.

Das „wirtschaftsverfassungsrechtliche Blankett" — geht man davon als Prämisse aus — ist durch Art. 109 GG — jedenfalls auf dem Sektor der Haushaltswirtschaft — ausgefüllt worden. Insofern ist die Blankett-Theorie von der Entwicklung überholt worden.

Die Lehre von der verfassungsrechtlichen Garantie eines Wirtschaftsmodells sollte — das gilt für die wirtschaftsverfassungsrechtliche Diskussion insgesamt — an der Frage nach dem zulässigen Grad und Umfang staatlicher Präsenz in der Wirtschaft und seiner Einflußnahme auf den Marktmechanismus gesehen und gemessen werden. Vor dem Hintergrund dieser Betrachtungsweise erscheint die Einschaltung eines Wirtschaftsmodells zwischen Verfassung und Wirtschaftspolitik als Transformator der an die Wirtschaftspolitik adressierten verfassungsrechtlichen Richtlinien und Maßbestimmungen fragwürdig. Sie wäre sinnvoll allenfalls dann, wenn dem Modell als Maßstab für die Zulässigkeit staatlicher Wirtschaftsregulierung eine höhere Aussagefähigkeit zukommt als der Verfassung selbst. Diese Voraussetzung kann der vielschichtige und schillernde Begriff der sozialen Marktwirtschaft kaum erfüllen. Die Zulässigkeitsprüfung wirtschaftsregulierender Maßnahmen kann nicht anhand eines wirtschaftstheoretischen Modellbegriffs erfolgen, sondern nur von einzelnen Verfassungsbestimmungen und ihrer vergleichenden Gesamtbetrachtung ausgehen.

Art. 109 GG normiert „Haushaltswirtschaftsverfassungsrecht", tangiert also im Gegensatz zur sozialen Marktwirtschaft die Privatwirtschaft und den Marktmechanismus nur als Reflex und kann schon deshalb nicht als Ende der Lehre von der sozialen Marktwirtschaft und als Wendepunkt zu einer globalgesteuerten Marktwirtschaft verstanden werden, weil er einen anderen Sektor des Verfassungsrechts betrifft als die soziale Marktwirtschaft.

Art. 109 GG ist weder Ermächtigungsnorm zum ganzen Stabilitätsgesetz noch Ausdruck einer Wirtschaftsverfassung der Globalsteuerung. Die Verfassungsänderung ermächtigt vielmehr nur zu dem Teil des Stabilitätsgesetzes, der sich als Organgesetz oder Kooperationsgesetz charakterisieren läßt, also föderativ-gewaltentrennende Züge aufweist. Soweit sich das Stabilitätsgesetz nicht an die Gebietskörperschaften wendet, sondern an die Privatwirtschaft richtet und den Marktmechanismus betrifft, also vorwiegend rechtsstaatlich-demokratisch bezogen ist, bringt die Verfassungsänderung keine Neuregelung. Globalsteuerung ist eine Erscheinungsform der Wirtschaftsregulierung, die sich zwischen extremer Planwirtschaft und reinem laisser-faire Liberalismus ansiedeln läßt, gehört also in das Schema von Markt und Plan. In einer extremen Planwirtschaft ist Globalsteuerung überflüssig. Globalsteuerung setzt einen funktionierenden Marktmechanismus voraus, der indirekt und mittelbar, also global, zu beeinflussen ist. Die globale Wirtschaftssteuerung wird daher vorwiegend durch den Teil des Stabilitätsgesetzes eingeführt, der gerade nicht auf Art. 109 GG beruht. Läßt sich das Stabilitätsgesetz durchaus als ein Aktionsmodell der Globalsteuerung definieren, so gehört dagegen Art. 109 GG in das Schema Markt — Plan nur insoweit, als die Verpflichtung der öffentlichen Haushalte zu antizyklischer Finanzpolitik auch auf den Markt einwirkt. Art. 109 GG ist vielmehr in das Schema Zentralismus — Dezentralismus einbezogen und entscheidet sich in diesem Spannungsfeld für eine bestimmte Form der Kooperation und Koordination. Insofern ist Art. 109 GG weniger Ausdruck einer Wirtschaftsverfassung der Globalsteuerung als einer Haushaltswirtschaftsverfassung der „konzertierten Aktion".

FSC
www.fsc.org
MIX
Papier | Fördert gute Waldnutzung
FSC® C083411

Kolibri 360 GmbH
Ferdinand-Jühlke-Straße 7
99095 Erfurt, Deutschland
produktsicherheit@kolibri360.de